—— 真账实操全图解 ——

会计 出纳
税务 财报
一本通

朱菲菲◎编著

中国铁道出版社有限公司
CHINA RAILWAY PUBLISHING HOUSE CO., LTD.

内 容 简 介

这是一本全面介绍企业财税知识的图书，书中包括了企业会计、出纳、税务、财报、成本会计、预算和财务在 Excel 中的运用等各方面的内容。

全书共 16 章，主要分为五部分：第一部分介绍企业内部的会计实操工作；第二部分介绍出纳工作；第三部分介绍税务工作；第四部分介绍财报编制与管理；第五部分为技能篇，主要是对财税工作中的技能进行提升，包括预算编制与执行、会计电算化及用 Excel 分析财务数据等。

书中明确地划分了财会工作的几大模块，并针对每一个模块进行系统地讲解，内容涵盖全面，知识逻辑性强，操作性与实务性兼具。所有从事财会和税务工作或者与财税有关的岗位人员，都可通过对本书的学习，提高财会工作效率和相关技能。

图书在版编目（CIP）数据

真账实操全图解：会计、出纳、税务、财报一本通 / 朱菲菲编著 . —北京：中国铁道出版社有限公司，2021.9（2025.3 重印）

ISBN 978-7-113-27500-6

Ⅰ.①真… Ⅱ.①朱… Ⅲ.①会计学－图解 Ⅳ.① F230-64

中国版本图书馆 CIP 数据核字（2021）第 027663 号

书　　名：**真账实操全图解：会计、出纳、税务、财报一本通**
　　　　　ZHENZHANG SHICAO QUANTUJIE：KUAIJI、CHUNA、SHUIWU、CAIBAO YI BEN TONG
作　　者：朱菲菲

责任编辑：王　佩　　编辑部电话：(010) 51873022　　邮箱：505733396@qq.com
封面制作：宿　萌
责任校对：王　杰
责任印制：赵星辰

出版发行：中国铁道出版社有限公司（100054，北京市西城区右安门西街 8 号）
网　　址：https://www.tdpress.com
印　　刷：三河市兴达印务有限公司
版　　次：2021 年 9 月第 1 版　　2025 年 3 月第 4 次印刷
开　　本：710mm×1 000mm　1/16　印张：25.5　字数：418 千
书　　号：ISBN 978-7-113-27500-6
定　　价：88.00 元

前言

　　无论是什么类型的企业，在经营管理过程中都一定离不开"财税"这一话题。其中，"财"主要是指企业内部的财务会计工作，"税"则指的是税务工作。财务部门的日常工作内容涉及数据核算、做账、登账、编制报表和财务预算、申报纳税以及缴纳税款等，这些事务烦杂却重要。

　　实务中，很少有人能够全面掌握这些工作内容，大多都是专人专岗。而且无论是从适应多元化的工作内容方面考虑，还是从提高自身工作能力或是晋升机会方面考虑，尽可能多地掌握这些财税知识显得尤其重要。

　　市面上有很多关于这些知识的书籍，但大多数都只涉及其中一两个方面，较少有一本书同时包含会计、出纳、税务、财报、预算、电算化和Excel财务操作等方面的知识。在这样的需求背景下，我们编著了这本大全，在书中尽量为读者们囊括前述这些财税知识，厘清它们之间的关系，并采用大量图形化表达，让读者学习起来更全面、更系统。

全书包括 16 章内容，可分为 5 个部分，各部分的内容如下所示。

◎ 第一部分：第 1 ~ 6 章

　　该部分主要介绍了企业内部会计方面的知识，如各种账务处理、凭证填制、账簿登记、报表编制及成本会计管理等。

◎ 第二部分：第 7 ~ 9 章

　　该部分主要介绍了企业内部出纳方面的知识，如银行账户及货币资金的管理、原始凭证的填制和特种日记账的登记及工资与社保、住房公积金的核算管理等。

◎ 第三部分：第 10 ~ 11 章

　　该部分主要介绍企业的税务知识，包括各税种应纳税额的计算与账务处理、纳税申报及税务筹划工作内容等。

◎ 第四部分：第 12 ~ 13 章

　　该部分主要介绍企业财务报表方面的知识，包括编制报表前的工作、各种报表的样式与编制规则及利用财务报表数据分析重要的财务指标等。

◎ 第五部分：第 14 ~ 16 章

　　该部分主要介绍企业的预算编制、财务电算化做账及利用 Excel 进行财务数据分析等工作内容。

　　本书内容全面、系统，语言通俗易懂，对企业财务部门的日常工作进行了模块化区分讲解，结合图示、表格和小栏目等，形象具体地展示了财会人员需要了解的方方面面的财税知识。适合企业的管理人员、财会人员以及对财税工作有兴趣的人群学习使用。

　　最后，希望所有读者都能从本书中获益。由于编者能力有限，对于本书内容不完善的地方希望获得读者的指正。

编　者

目录

第 1 章　会计基础要打牢

1.1　初识会计时规则和要求是关键..................... 2

1.1.1　了解会计在经济管理中发挥的职能 2

1.1.2　牢记会计基本假设和会计基础..................2

1.1.3　需要严格遵守的会计信息质量要求..................4

1.2　会计核算前应储备的基础知识..................... 5

1.2.1　区别会计要素并熟知其确认条件..................6

1.2.2　会计科目和账户要分清..................8

1.2.3　借贷记账法与试算平衡..................11

1.2.4　认识会计恒等式的各种变化..................14

1.2.5　熟知会计资料的类型和保管期限..................15

1.3　填制记账凭证和登记会计账簿..................... 17

1.3.1　不同类型的记账凭证记录不同性质的业务..................17

1.3.2　要时刻牢记各种记账凭证的填制要求..................19

1.3.3　认识账页结构和账簿类型..................21

1.4 定期或不定期进行财产清查 25

1.4.1 不同类型的财产使用不同的清查方法 25

1.4.2 现金盘盈、盘亏的账务处理 27

|范例解析| 现金盘盈涉及的处理方法 27

|范例解析| 现金盘亏涉及的处理方法 28

1.4.3 存货盘盈、盘亏的账务处理 28

|范例解析| 原材料盘盈涉及的处理方法 28

|范例解析| 原材料盘亏涉及的处理方法 29

1.4.4 固定资产盘盈、盘亏的账务处理 30

|范例解析| 固定资产盘盈影响利润 31

|范例解析| 固定资产盘亏要做进项税额转出 32

第 2 章 财产变动核算资本账

2.1 固定资产的增减引起资产的变化 34

2.1.1 外购固定资产如何入账 34

|范例解析| 公司购入生产设备增加固定资产 34

|范例解析| 公司购入需安装的生产设备先记在建工程 34

2.1.2 自建固定资产要分在建环节和达到使用状态 35

|范例解析| 固定资产从修建到完工使用的账务处理 35

2.1.3 固定资产使用过程中要计提折旧 36

|范例解析| 采用直线法计提生产设备的折旧 38

2.1.4 出售使用过的固定资产要做固定资产清理 38

|范例解析| 出售的固定资产要先将其转入清理 39

|范例解析| 公司仓库遭遇火灾而毁损的账务处理 40

2.1.5 固定资产发生减值要做账 41

|范例解析| 计提固定资产的减值准备 42

2.2 无形资产的价值变动处理 42

2.2.1 核算外购无形资产的入账价值 43

|范例解析| 购买其他公司专利权的账务处理 43

2.2.2 企业自行研发无形资产应如何入账 43

|范例解析| 公司研发支出的费用化和资本化处理 44

2.2.3 无形资产使用过程中要进行摊销 45

|范例解析| 自用和出租的无形资产摊销处理不同 46

2.2.4 处置无形资产要分情况处理 47

|范例解析| 出售无形资产的账务处理 47

|范例解析| 无形资产报废的账务处理 47

2.2.5 无形资产也可能发生减值 48

|范例解析| 计提无形资产的减值准备 48

2.3 长期待摊费用属于资产要素 **49**

|范例解析| 长期待摊费用的核算与摊销处理 49

2.4 融资取得的资产形成负债或所有者权益 **51**

2.4.1 向银行借款获得运营资金 51

|范例解析| 向银行借入为期一年的借款 51

2.4.2 接受投资者的投资要核算所有者权益 52

|范例解析| 接受投资者投入的现金款 53

|范例解析| 接受投资者投入的生产设备 53

2.5 投资行为引起资产结构变动 **54**

|范例解析| 公司购买股票的账务处理 55

|范例解析| 向外单位投入资金获取股权 57

第 3 章 经济交易核算往来账

3.1 向供应商采购货物的账务处理 **60**

3.1.1 生产性企业采购原材料分时间段做账 60

│范例解析│原材料从购买到入库的账务处理 60

│范例解析│原材料已入库但款项尚未支付 61

3.1.2 商品流通企业购入日后待售的物品 62

│范例解析│公司买入留待直接出售的商品 62

3.1.3 公司购买材料预先支付了定金 62

│范例解析│核算采购原材料发生的预付账款 63

3.2 销售商品给客户的账务处理 64

3.2.1 销售商品给客户要确认主营业务收入 64

│范例解析│出售的商品已发出但尚未收到货款 65

│范例解析│核算发生商业折扣的收入 66

│范例解析│核算发生现金折扣的收入 67

│范例解析│核算发生销售折让的收入 69

│范例解析│发生销售退回的账务处理 71

3.2.2 出售原材料给外单位要确认其他业务收入 73

│范例解析│将多余的原材料卖给其他公司 73

3.2.3 产品还未交付就已收到客户预付的货款 74

│范例解析│核算销售商品发生的预收账款 74

3.2.4 存货若减值也需要做账 75

│范例解析│存货发生减值时的账务处理 76

3.2.5 应收款项减值的处理 76

│范例解析│应收账款的坏账准备计提与转销处理 77

3.3 其他应收款和其他应付款的处理 78

3.3.1 需要计入其他应收款的款项 78

│范例解析│核算出租包装物应收取的租金 78

│范例解析│核算应由保险公司赔偿的款项 78

│范例解析│公司为员工垫付医药费 79

3.3.2 需要计入其他应付款的款项 79

│范例解析│核算租入包装物应支付的租金 79

│范例解析│核算经营租赁方式租入固定资产的租金 80

第4章　经营消耗核算成本费用账

4.1　不同员工的薪酬要分别计入成本和费用 82

4.1.1　生产工人的工资应计入生产成本 82
│范例解析│将应发给生产一线的员工工资确认为生产成本 82

4.1.2　财务人员和行政管理人员的工资计入管理费用 83
│范例解析│将应发给管理人员的工资确认为管理费用 83

4.1.3　车间管理人员的工资计入制造费用 84
│范例解析│将应发给车间管理人员的工资确认为制造费用 84

4.1.4　销售人员的工资计入销售费用 85
│范例解析│将应发给销售人员的工资确认为销售费用 85

4.1.5　不同员工的职工福利费应分别计入成本和费用 85
│范例解析│公司员工福利费的计提与支付 86

4.1.6　社保与住房公积金也要进行相应的账务处理 87
│范例解析│计提并缴纳企业和员工应交的社保和住房公积金 88

4.2　其他经营耗费产生的开支 90

4.2.1　核算经营过程中支付的水电费 90
│范例解析│公司生产车间以外发生的水电费的处理 90

4.2.2　核算各种固定资产的维修费用 91
│范例解析│公司各部门固定资产发生大修理费用的账务处理 92
│范例解析│生产车间固定资产发生日常维修费的账务处理 93

4.2.3　核算因做产品宣传而发生的广告宣传费 94
│范例解析│核算公司支付的产品广告宣传费 94

4.2.4　核算员工出差借用或报销的差旅费 94
│范例解析│核算员工借支备用金出差的差旅费 95
│范例解析│核算员工垫付的差旅费 96

4.2.5　核算经济交易中发生的业务招待费 96
│范例解析│销售人员商谈合作发生业务招待费的处理 97

4.2.6　核算因借款而需要支付的借款利息 97
│范例解析│经营期间企业向银行借款需支付利息 97

第5章 利润收益核算所有者权益账

5.1 核算企业发生的营业外收支......................100

5.1.1 处理与生产经营没有直接关系的营业外收入........................100

　|范例解析| 公司接受外单位的现金捐赠....................100

　|范例解析| 公司接受外单位捐赠的生产设备..................100

　|范例解析| 公司接受外单位捐赠的非专利技术..................101

　|范例解析| 公司接受外单位捐赠的原材料...................101

5.1.2 核算与生产经营没有直接关系的营业外支出........................101

　|范例解析| 企业通过某慈善基金会向贫困地区捐款..............102

　|范例解析| 企业违反税收规定被罚款.....................102

5.2 核算会计利润和应缴纳的企业所得税...............103

5.2.1 将经营过程中的各种成本费用结转到本年利润........................103

　|范例解析| 会计期末结转当期的经营成本与费用..............104

5.2.2 将经营过程中的各种收益结转到本年利润........................104

　|范例解析| 会计期末结转当期的经营收入和收益..............105

5.2.3 企业盈利时要做企业所得税的计缴处理........................105

　|范例解析| 会计期末处理应缴纳的企业所得税账务..............106

5.3 核算净利润并进行利润分配.....................107

5.3.1 计算企业经营实现的净利润........................108

　|范例解析| 结转所得税费用并计算净利润...................108

5.3.2 实现的盈利要先弥补以前年度亏损........................109

　|范例解析| 以税前利润弥补以前年度亏损...................110

5.3.3 对可供分配的利润计提盈余公积........................110

　|范例解析| 公司按规定计提盈余公积.....................111

　|范例解析| 用盈余公积弥补公司的亏损...................112

　|范例解析| 用盈余公积转增公司的资本...................112

　|范例解析| 用盈余公积分配现金股利....................113

5.3.4 将利润分配转入未分配利润........................113

　|范例解析| 核算企业的未分配利润.....................114

第 6 章　成本会计的账务处理

6.1　深入认识产品成本的核算内容................116

6.1.1　核算产品的成本要遵循一定的要求................116

6.1.2　产品成本的核算对象和具体项目................118

6.1.3　核算产品成本的一般程序................119

6.1.4　了解产品成本核算的三种方法................120

6.2　产品成本的归集和分配................125

6.2.1　产品的成本包括生产成本和制造费用两部分................126

6.2.2　材料及各种燃料、动力的归集与分配................127

|范例解析| 核算生产车间各材料、燃料的消耗................128

6.2.3　车间工人职工薪酬的归集与分配................129

|范例解析| 核算产品成本中包含的车间工人职工薪酬................130

6.2.4　辅助生产费用的归集与分配................131

|范例解析| 采用交互分配法分配辅助生产费用................133

6.2.5　制造费用的归集与分配................135

|范例解析| 对公司发生的制造费用进行分配................137

6.2.6　单独核算废品损失和停工损失的账务处理................137

|范例解析| 核算公司生产时发生的废品损失................139

|范例解析| 核算公司发生的停工损失................141

6.3　生产费用在完工产品和在产品之间的归集与分配.....142

6.3.1　以合理的方法确定在产品的数量................142

|范例解析| 利用约当产量法确定在产品的数量................142

6.3.2　将生产费用分配给完工产品和在产品................142

|范例解析| 利用约当产量比例法核算完工产品成本和在产品成本....145

6.4　联产品和副产品的成本分配................145

6.4.1　生产联产品应如何进行产品成本的分配................146

|范例解析| 用实物量分配法分配联产品的联合成本.................147

6.4.2 生产副产品应如何进行产品成本的分配.................147

　　　|范例解析| 按计划价格计算法分配主副产品的成本.................148

第7章　银行账户管理与货币资金收付

7.1　经营企业要开立单位银行结算账户.................150

7.1.1 基本存款账户的开立和使用.................150

7.1.2 一般存款账户的开立和使用.................152

7.1.3 专用存款账户的开立和使用.................153

7.1.4 临时存款账户的开立和使用.................156

7.2　要知道单位银行结算账户怎么变更和撤销.................158

7.2.1 银行结算账户发生变更要做的事.................158

7.2.2 银行结算账户不再使用要及时撤销.................160

7.3　企业经营时还会涉及结算票据.................162

7.3.1 了解票据的功能和当事人.................162

7.3.2 票据权利丧失时必须要会的补救措施.................164

7.3.3 银行本票的使用与管理.................166

7.3.4 银行汇票的使用与管理.................168

7.3.5 商业汇票的使用与管理.................170

7.3.6 支票的使用与管理.................173

7.4　现金与银行存款的收支处理.................175

7.4.1 学会辨别人民币的真伪.................175

7.4.2 掌握点钞技术.................180

7.4.3 正确使用保险柜.................182

7.4.4 员工借备用金出差 183

　|范例解析| 员工向公司申请差旅费借款 184

7.4.5 出纳人员将现金送存银行 184

　|范例解析| 将超过限额的现金送存银行 184

7.4.6 出纳人员从银行提取现金 185

　|范例解析| 从银行提取现金支付临时工工资 185

7.4.7 员工归还未使用的备用金 186

　|范例解析| 员工出差回公司交还剩余未使用的差旅费 ...186

第8章　填制原始凭证并登记日记账

8.1　做好原始凭证的填制与审核工作 188

8.1.1 了解原始凭证的种类 188

8.1.2 牢记填制原始凭证的基本要求 191

8.1.3 原始凭证具体要审核什么 192

8.2　需要经手人审核的外来原始凭证 193

8.2.1 出纳要审核报销费用提供的外来单据 193

8.2.2 采购人员要审核购货收到的增值税发票 195

8.3　需要出纳和经手人填制的自制原始凭证 196

8.3.1 会计人员要开具销货发票 196

　|范例解析| 公司发生销售业务开具增值税专用发票 ...197

8.3.2 出纳要监督借款人填写借款单 198

　|范例解析| 员工李倩向公司借款购置办公用品 198

8.3.3 出纳要协助报销人员填写费用报销单 199

　|范例解析| 员工李倩向公司报销办公费用 199

8.4　登记现金和银行存款日记账 200

8.4.1 登记账簿前要先编制现金收付凭证 200

| 范例解析 | 公司发生现金收付业务需要编制现金收付凭证............200

8.4.2　如何审核填制的记账凭证是合规的 202

8.4.3　根据现金收付凭证登记现金日记账 204

| 范例解析 | 登记 2020 年 5 月 19 日和 20 日的现金日记账 205

8.4.4　登记账簿前要先编制银行存款收付凭证 206

| 范例解析 | 公司发生银行存款收付业务需编制银行存款收付凭证....206

8.4.5　根据银行存款收付凭证登记银行存款日记账 207

| 范例解析 | 登记 2020 年 5 月 25 日和 26 日的银行存款日记账......208

第 9 章　工资核算与社保公积金管理

9.1　汇总并统计考勤表数据 210

9.2　计算员工工资并编制工资表 211

9.2.1　常见的员工工资的核算 211

| 范例解析 | 核算员工个人的应发工资和实发工资 212

9.2.2　计时工资的计算 212

| 范例解析 | 不同方法下计时工资的计算 213

9.2.3　计件工资的计算 214

| 范例解析 | 不同形式的计件工资制核算计件工资 215

9.2.4　了解不同性质的加班工资如何计算 216

| 范例解析 | 计算员工的加班工资 216

9.3　社保与公积金的核算与缴纳 217

9.3.1　了解社保与住房公积金的开户办理手续 217

9.3.2　基本养老保险的计算与缴纳 219

| 范例解析 | 计提并缴纳企业和员工应交基本养老保险费 220

9.3.3　基本医疗保险的计算与缴纳 221

| 范例解析 | 计提并缴纳企业和员工应交基本医疗保险费 221

9.3.4　失业保险的计算与缴纳 223

　　|范例解析| 计提并缴纳企业和员工应交失业保险费 223

9.3.5　工伤保险的计算与缴纳 224

　　|范例解析| 计提并缴纳企业应交工伤保险费 226

9.3.6　生育保险的计算与缴纳 226

　　|范例解析| 计提并缴纳企业应交生育保险费 227

9.3.7　住房公积金的计算与缴纳 228

　　|范例解析| 计提并缴存企业和个人应交住房公积金 228

第 10 章　各税种的涉税事项处理

10.1　增值税、消费税、附加税和关税的税务处理 232

10.1.1　增值税的征税范围和适用税率 232

　　|范例解析| 公司销售一批食品应缴纳增值税 235

10.1.2　消费税的征税范围和对应税率 235

　　|范例解析| 公司产销甲类卷烟要按规定缴纳消费税 238

10.1.3　城市维护建设税的征税范围和税率 239

　　|范例解析| 计算公司当月应缴纳的城市维护建设税 239

10.1.4　教育费附加和地方教育附加的征收范围及税率 239

　　|范例解析| 计算公司当月应缴纳的教育费附加和地方教育附加 ...240

10.1.5　关税的计税依据和适用税率 240

　　|范例解析| 企业进口小汽车自用需要缴纳关税 242

10.2　企业所得税和个人所得税的税务处理 242

10.2.1　企业所得税的应税收入和扣除项目 243

10.2.2　企业所得税的税率标准 245

　　|范例解析| 企业每月应缴纳的企业所得税 245

10.2.3　个人所得税的应税所得和扣除项目 246

10.2.4 个人所得税的税率与征收管理规定 249

|范例解析| 综合所得应缴纳的个人所得税 250

10.3 土地增值税的税务处理 251

10.3.1 土地增值税的征税范围和扣除项目 251

10.3.2 土地增值税的计税依据和税率标准 253

|范例解析| 房地产开发企业销售商品房应缴纳的土地增值税 253

10.4 其他税种的税务处理 255

10.4.1 城镇土地使用税的征税范围和适用税率 255

|范例解析| 核算企业应缴纳的城镇土地使用税 256

10.4.2 耕地占用税的征税范围和适用税率 256

|范例解析| 核算企业应缴纳的耕地占用税 257

10.4.3 车辆购置税的征税范围和对应税率 257

|范例解析| 核算企业应缴纳的车辆购置税 258

10.4.4 车船税的征收范围和对应税率 259

|范例解析| 核算企业应缴纳的车船税 260

10.4.5 房产税的征税范围和适用税率 261

|范例解析| 核算企业应缴纳的房产税 261

10.4.6 契税的征税范围和适用税率 262

|范例解析| 核算企业应缴纳的契税 263

10.4.7 印花税的征税范围和对应税率 264

|范例解析| 核算企业应缴纳的印花税 265

第11章 申报纳税和税务筹划

11.1 税务登记、变更和注销处理 267

11.1.1 营业初期做好税务登记并领购发票 267

11.1.2 营业期间发生变化要做税务变更登记 268

11.1.3 公司不再继续经营时要办理税务注销登记 270

11.2 各种税费的纳税申报处理 ⋯⋯⋯⋯⋯⋯⋯ **271**

11.2.1 增值税、消费税、城市维护建设税和教育附加费的
申报与缴纳 ⋯⋯⋯⋯⋯⋯⋯⋯⋯⋯⋯⋯⋯ 271

11.2.2 企业所得税和个人所得税的申报与缴纳 ⋯⋯⋯⋯ 273

11.2.3 其他税种的申报与缴纳 ⋯⋯⋯⋯⋯⋯⋯⋯⋯ 274

11.3 常见税费的政策优惠及税务筹划方法 ⋯⋯⋯⋯ **279**

11.3.1 找准恰当的税务筹划切入点 ⋯⋯⋯⋯⋯⋯⋯ 279

11.3.2 增值税的优惠政策和税务筹划方法 ⋯⋯⋯⋯⋯ 280

|范例解析| 通过纳税人身份筹划税收 ⋯⋯⋯⋯⋯ 281

11.3.3 企业所得税的优惠政策和税务筹划方法 ⋯⋯⋯⋯ 282

|范例解析| 公司发生的业务招待费可以进行税收筹划 ⋯⋯⋯⋯ 283

第 12 章 认识并编制主要财务报表

12.1 对账、更正错账和结账工作不能少 ⋯⋯⋯⋯⋯ **286**

12.1.1 通过对账发现错账 ⋯⋯⋯⋯⋯⋯⋯⋯⋯⋯ 286

12.1.2 学习错账更正方法，修改错误凭证和账簿记录 ⋯⋯⋯⋯ 287

|范例解析| 用划线更正法更正错误的账簿记录 ⋯⋯⋯⋯ 288

|范例解析| 凭证金额多记用红字更正法 ⋯⋯⋯⋯⋯ 289

|范例解析| 用补充登记法调整记账凭证中的少记金额 ⋯⋯⋯⋯ 291

12.1.3 月结、季结和年结的工作内容 ⋯⋯⋯⋯⋯⋯ 293

12.2 反映企业"家底"情况的资产负债表 ⋯⋯⋯⋯ **295**

12.2.1 资产负债表的结构和常用格式 ⋯⋯⋯⋯⋯⋯ 296

12.2.2 按规定编制资产负债表 ⋯⋯⋯⋯⋯⋯⋯⋯ 297

12.3 体现企业"面子"的利润表 ⋯⋯⋯⋯⋯⋯⋯ **298**

12.3.1 利润表的结构和常用格式 ⋯⋯⋯⋯⋯⋯⋯ 298

12.3.2 按规定编制利润表 300

12.4 说明企业如何过"日子"的现金流量表..........301

12.4.1 现金流量表的结构和格式 301

12.4.2 按规定编制现金流量表 302

12.5 投资者最关心的所有者权益变动表 303

第13章 分析财务报表的各项指标

13.1 衡量和反映企业偿债能力的财务指标 306

13.1.1 企业短期偿债能力的判断可用哪些指标 306

13.1.2 企业长期偿债能力的分析可用哪些指标 307

13.2 衡量和反映企业运营能力的财务指标 309

|范例解析| 利用财务指标判断企业运营能力的强弱 311

13.3 衡量和反映企业盈利能力的财务指标 313

13.3.1 通过个别报酬率来判断企业盈利能力 313

|范例解析| 从资产和股东权益等报酬率角度看盈利能力 314

13.3.2 利用部分利润率来说明企业盈利能力 314

|范例解析| 从销售活动看企业的盈利能力 316

13.4 衡量和反映企业发展能力的财务指标 317

第14章 制定并实施财务预算完成财务监控

14.1 做好财务预算必须要打下的基础 320

14.1.1 财务预算包含哪些预算内容 320

14.1.2 了解财务预算的各种编制方法 322

14.2 编制和实施财务预算 323

14.2.1 编制财务预算的基本流程 323

14.2.2 实施财务预算时的具体工作内容 327

14.2.3 做好财务预算的控制 328

14.2.4 对财务预算的执行结果进行考评 329

第 15 章　熟练运用财务软件实现会计电算化

15.1 建账并启用账套 332

15.1.1 新建账套并完成基础设置 332

15.1.2 系统初始化后建立核算框架 335

15.1.3 录入各种财务初始数据 341

15.2 填制凭证和审核过账 344

15.2.1 利用财务软件填制会计凭证 344

15.2.2 在财务软件系统中审核凭证并过账 346

15.2.3 打印凭证形成纸质资料 349

15.3 进行其他会计电算化操作 350

15.3.1 登记日记账和其他账簿 351

15.3.2 进行应收应付管理 354

15.3.3 进行固定资产管理 357

15.3.4 进行存货出入库管理 358

15.4 期末时的电算化工作 360

15.4.1 期末自动转账并结算损益 361

15.4.2 完成期末结账工作 362

第16章 运用 Excel 技术使财务数据可视化

16.1 用 Excel 制作表格并管理数据 364

16.1.1 制作银行存款余额调节表 364

16.1.2 制作应收账款月报表 366

16.1.3 制作员工工资汇总表 367

16.1.4 制作员工社保和住房公积金代扣情况表 369

16.2 直观显示财务数据结果的方法 371

16.2.1 自动突出显示试算平衡结果 371

16.2.2 直观分析坏账金额组成情况 373

16.2.3 将账龄分析数据应用到催款通知单中 375

16.2.4 突出显示不同付款方案下的应付款对比情况 377

16.3 用数据透视功能分析财务数据 380

16.3.1 分析各类资产的总数及购置金额总和 380

16.3.2 编辑固定资产透视分析表的外观效果 383

16.3.3 利用数据透视图分析费用预算与实际开支 385

01

会计基础要打牢

企业会计工作繁多，处理方式各异，想要会计工作顺利进行，掌握会计基础知识、了解会计基础工作是必不可少的。比如，会计在企业经营管理中发挥的作用、会计的基本假设、会计信息的质量要求、记账方法、资料的保管期限、凭证和账簿的类型以及必须要做的财产清查工作等。

1.1
初识会计时规则和要求是关键

俗话说得好：没有规矩，不成方圆。会计工作对企业来说至关重要，因此必要的规则和要求会计人员一定要遵守，这样才能保证在会计工作中不出现原则性的低级错误。

1.1.1　了解会计在经济管理中发挥的职能

会计在经济管理中具有两方面职能，即基本职能和拓展职能，具体内容如表 1-1 所示。

表 1-1　会计的职能

类型	具体职能	内容
基本职能	核算	是以货币为主要计量单位，对特定主体的经济活动进行确认、计量和报告的工作过程。主要核算款项和有价证券的收付、财务的收发和增减使用、债权和债务的发生与结算、资本和基金的增减、财务成果的计算和处理以及收入、支出、费用、成本的计算和需要办理会计手续、进行会计核算的其他事项。这一职能是会计监督职能的基础
基本职能	监督	对特定主体的经济活动和相关会计核算的真实性、合法性和合理性进行审查。这一职能是会计核算职能中核算会计信息质量的保障
拓展职能	预测	指预测经济前景，根据财务报告等会计资料提供的信息，定量或定性地判断和推测经济活动的发展规律，从而指导和调节经济活动
拓展职能	决策	会计工作要求会计人员参与经济决策，即根据财务报告等会计资料提供的信息，运用定量和定性分析，对各种备选方案进行经济可行性分析，为企业经营管理提供决策信息
拓展职能	评价	指会计工作可以评价企业的经营业绩，会计人员利用财务报告等会计资料提供的信息，采用适当方法，对照有关评价标准，对企业一定经营期间的资产运营和经济效益等经营成果进行定量和定性分析，作出真实、客观的综合评判

1.1.2　牢记会计基本假设和会计基础

由于企业的经营管理工作受到自然环境和社会环境的共同影响，存在明显的不可预知性。为了更准确、方便地进行会计核算和监督管理工作，需要给出相应的会计假设和基础，为会计工作创造有利条件。

（1）会计基本假设

假设即前提，会计工作的实施要符合的前提包括会计核算时间的确定、空间环境的假定等。会计基本假设包括4点：会计主体、持续经营、会计分期和货币计量。相关说明如表1-2所示。

表1-2　会计的4个基本假设

类别	假设	说明
空间范围的假定	会计主体	指会计工作的服务对象。有了该假设，会计核算和财务报告的编制工作才能集中反映企业这一特定对象的经济活动，才能向报告使用者反映企业财务状况、经营成果和现金流量等信息
时间范围的假定	持续经营	指在可预见的未来，企业将会按当前的规模和状态继续经营下去，既不会停业，也不会大规模削减业务。有了该假设，会计工作中的会计确认、计量和报告等操作才是合理的。如果没有持续经营这一假设，说明企业在下一时刻就很可能破产，而破产时的会计核算就变成了破产清算，而不是日常会计核算
	会计分期	指将一个持续经营的生产经营活动划分为一个个连续的、长短相同的期间。有了该假设，企业才能更好地结算某一段时间内的盈亏，同时按期编制财务报告，以便及时向报告使用者提供有关企业财务状况、经营成果和现金流量等信息
核算参照的假定	货币计量	指会计主体在会计确认、计量和报告时以货币来计量数额，反映企业这一会计主体的生产经营活动详情。因为货币是商品的一般等价物，所以在该假设下，企业的会计核算工作有了统一的尺度，能准确、统一且全面地反映企业的生产经营情况

（2）会计基础

会计基础是企业进行会计确认、计量和报告的基础，是界定收入和费用等入账时间的规定。具体有如下两种。

◆ 权责发生制

权责发生制是指收入和费用的确认时间应以收入和费用的实际发生时间为标准，而不是实际收取或支出款项的时间，也就是"应该确认"与"不应该确认"的划分。当权利行使了或责任产生了，就应该确认收入或费用。

该会计基础适用于一般的企业和部分事业单位。比如，当企业对外售出商品时，款项已经收到，但商品还没有发出，且还未开具增值税专用发票，则此时企业即使收到了货款也不应该确认销售收入，更不应该结转销售成本。

◆ 收付实现制

收付实现制是指收入和费用的确认时间以实际收到或支出款项的时间为标准，与权责发生制相对。只要款项已经收到或支出，就要确认收入或费用，并不考虑权利是否已经行使完成或责任是否已经产生。

该会计基础适用于行政单位和部分经营事业单位。比如，当采用收付实现制的经营事业单位收到相关拨款时，即使没有收到相关拨款凭证，只要收到了款项，就可确认为相应的收入。

1.1.3 需要严格遵守的会计信息质量要求

与企业有关联的各方，如投资者、债权人、工商、税务以及债务人等，都可以直接或间接从企业的各种会计信息中获取有用的信息，从而作出决策。因此，为了向社会各方提供优质、全面且系统的会计信息，企业必须注重会计信息的质量，换句话说，企业必须严格遵守会计信息的质量要求。

相关法律、法规规定了企业会计信息的质量要求，最基本也是一定要遵守的质量要求共 8 个，如表 1-3 所示。

表 1-3　会计信息质量要求

要求	说明
可靠性	要求企业应以实际发生的交易或事项为依据，进行会计确认、计量和报告，如实反映企业符合确认和计量要求的会计要素和其他相关信息，保证会计信息是可靠的
相关性	要求企业提供的会计信息应与投资者和债权人等会计信息使用者的经济决策需要相关，保证这些会计信息的使用者能对企业的过去、现在和未来的情况作出客观的评价及预测，进而各自作出准确的决策
可理解性	要求企业提供的会计信息能清晰明了地表达意思，使会计信息使用者能够理解会计信息包含的经济信息，从而更好地使用会计信息

续上表

要求	说明
可比性	要求企业提供的会计信息应与自身不同时期的会计信息可比，也应与其他企业在同一时期的会计信息可比。这是因为企业的会计信息很可能被用来与自身前期会计信息或其他企业同期的会计信息进行比较，从而作出孰优孰劣、该投资哪家企业等决策。在该质量要求下，企业就必须确保会计信息口径一致，否则会计信息之间没有可比性
实质重于形式	要求企业应按照交易或事项的经济实质进行会计确认、计量和报告，而不只是以交易或事项的法律形式为依据。典型的例子就是，企业以融资方式租入的固定资产，因为最终这项资产的所有权归支付租金的企业，所以企业在租入时就要确认资产，而不是按照形式上支付租金来确认其他业务成本
重要性	要求企业提供的会计信息应反映与企业财务状况、经营成果和现金流量等有关的所有重要交易或事项，对于不重要的信息，企业可适当忽略或不做会计处理。对于会计信息使用者来说，他们想要知道的企业信息当然是对企业来说很重要的，这样才能准确掌握企业的发展情况
谨慎性	要求企业对交易或事项进行会计确认、计量和报告时应谨慎，不应高估资产和收益，也不应低估负债和费用。因为企业经营过程中，面对的环境是非常复杂的，很多不确定因素都可能导致企业无法正常经营下去，也会使企业面临各种各样的经营风险，只有保证处事谨慎，才能降低企业面临的各种经营风险。所以会计信息也要谨慎处理
及时性	要求企业对已经发生的交易或事项应及时进行会计确认、计量和报告，不能提前或延后。会计信息是反映企业经营状况的数据载体，本身已经是对过去发生的交易或事项进行确认、计量和报告，若再延迟，则会计信息就会失去其利用价值；反之，提前给出的会计信息会不准确

1.2
会计核算前应储备的基础知识

企业会计人员在进行会计核算前，要充分掌握会计基础知识，如会计要素的确认条件、会计科目有哪些、会计记账方法、会计资料的保管期限以及企业需要做的财产清查工作有哪些等，这样才能保证会计确认、计量和报告等工作的执行是正确的、符合规定的。

1.2.1 区别会计要素并熟知其确认条件

会计要素是对会计核算对象进行的基本分类，我国《企业会计准则》将会计要素分为 6 类：资产、负债、所有者权益、收入、费用和利润。其中资产、负债和所有者权益为资产负债表的主要会计要素，反映了企业的财务状况，而收入、费用和利润为利润表的主要会计要素，反映了企业的经营成果。

（1）资产

资产是指企业过去的交易或事项形成的、由企业拥有或控制的、预期会给企业带来经济利益的资源。定义也是资产的特征描述。

但是，要将一项资源确认为企业的资产，不仅需要符合资产的定义，还应同时满足以下两个条件。

◆ 与该资源有关的经济利益很可能流入企业。
◆ 该资源的成本或价值能够可靠地计量。

（2）负债

负债是指企业过去的交易或事项形成的，预期会导致经济利益流出企业的现时义务。同样，定义也是负债的特征描述。

要将一项现时义务确认为企业的负债，不仅需要符合负债的定义，还应同时满足以下两个条件。

◆ 与该现时义务有关的经济利益很可能流出企业。
◆ 未来流出的经济利益的金额能够可靠地计量。

（3）所有者权益

所有者权益是指企业资产扣除负债后由所有者享有的剩余权益，具有的特征如下所示。在股份公司中，所有者权益一般称为"股东权益"。

◆ 通常来说，企业不需要偿还所有者权益，但企业发生减资、清算或分派现金股利时，会影响所有者权益。
◆ 企业进行清算时，必须先清偿所有负债，然后才能将所有者权益返还给所有者。
◆ 企业的所有者可凭借所有者权益参与企业利润的分配。

所有者权益的确认和计量主要取决于资产、负债、收入、费用等其他会计要素的确认和计量，它在数量上等于企业资产总额减去负债总额（即债权人权益）后的净额。由此可见，所有者权益是企业的净资产。

（4）收入

收入是指企业在日常活动中形成的、会导致所有者权益增加的、与所有者投入资本无关的经济利益的总流入。在《企业会计准则第 14 号——收入（财会〔2017〕22 号）》的第四条规定：企业应当在履行了合同中的履约义务，即在客户取得相关商品控制权时确认收入。

所谓取得相关商品控制权，是指能够主导该商品的使用并从中获得几乎全部的经济利益。当企业与客户之间的合同同时满足下列条件时，企业应当在客户取得相关商品控制权时确认收入：

◆ 合同各方已批准该合同并承诺将履行各自义务。
◆ 该合同明确了合同各方与所转让商品或提供劳务（以下简称"转让商品"）相关的权利和义务。
◆ 该合同有明确的与所转让商品相关的支付条款。
◆ 该合同具有商业实质，即履行该合同将改变企业未来现金流量的风险、时间分布或金额。
◆ 企业因向客户转让商品而有权取得的对价很可能收回。

（5）费用

费用是指企业在日常经营活动中发生的、会导致所有者权益减少的、与向所有者分配利润无关的经济利益的总流出。定义也是费用的特征描述。

企业的一项经济利益流出要确认为费用，不仅要符合定义，还应同时满足下列 3 个条件。

◆ 与费用相关的经济利益应很可能流出企业。
◆ 经济利益流出企业的结果会导致资产的减少或负债的增加。
◆ 经济利益的流出金额能可靠地计量。

（6）利润

利润是指企业在一定会计期间的经营成果，通常情况下表现有两种。

◆ 企业实现了利润，表明企业的所有者权益会增加。

◆ 企业发生了亏损（即利润为负数），表明企业的所有者权益会减少。

利润的确认主要取决于收入和费用，以及直接计入当期利润的利得和损失。在数量上，利润等于收入和利得之和减去费用和损失之和后的净额。

1.2.2　会计科目和账户要分清

会计科目是对6种会计要素的具体内容进行分类核算的项目，实质上只是一种名称。而会计账户是根据会计科目设置的，具有一定格式和结构，可以分类反映各种会计要素的增减变动情况和结果，实质上是一种载体。

（1）会计科目

会计科目一般按照其所属的会计要素进行分类，但与会计要素的命名又有一些区别，并不是完全一致的。因此，会计科目在这种分类依据下，可分为六大类，如表1-4所示。

表1-4　会计科目的类别

科目类别	对应会计要素
资产类科目	对资产要素的具体内容进行分类核算，如库存现金、银行存款、应收账款、原材料、库存商品、固定资产和无形资产等科目
负债类科目	对负债要素的具体内容进行分类核算，如短期借款、应付职工薪酬、应付利息、应交税费、长期借款和其他应付款等科目
共同类科目	对既有资产性质又有负债性质的要素的具体内容进行分类核算，具体会计科目在一般的会计知识中不要求掌握，这里不作详述
所有者权益类科目	对所有者权益要素的具体内容进行分类核算，如实收资本、资本公积、盈余公积、本年利润和利润分配等科目
成本类科目	对归属于产品生产成本或劳务成本等的具体内容进行分类核算，通俗地说，该类科目一般用于结转核算，没有对应的会计要素，如生产成本、制造费用、劳务成本和研发支出等科目
损益类科目	对收入和费用两类要素的具体内容进行分类核算，如主营业务收入、其他业务收入、公允价值变动损益、资产处置损益、投资收益、营业外收入、主营业务成本、其他业务成本、营业外支出、税金及附加、销售费用、管理费用、财务费用和所得税费用等科目

除了这种分类依据外，会计科目还可根据科目提供信息的详细程度或统驭关系进行分类，这种分类依据下，会计科目分为两大类。

◆ **总分类科目**：总分类科目也可称为总账科目或一级科目，是对各种会计要素的具体内容进行总括分类，提供总括信息而形成的会计科目。

◆ **明细分类科目**：明细分类科目也可称为明细科目，是对总账科目做的进一步分类，提供更详细和具体的会计信息而形成的科目。一级科目下的明细科目为二级科目，二级科目下的明细科目为三级科目，以此类推。

（2）会计账户

由于会计账户是根据会计科目设置的，所以，其分类方式与会计科目一致，可按照反映的会计要素内容分为 6 类，即资产类账户、负债类账户、共同类账户、所有者权益类账户、成本类账户和损益类账户。

但此时要注意，某些资产类账户、负债类账户和所有者权益类账户存在自身的备抵账户，即抵减账户，用来抵减被调整账户余额，以确定被调整账户的实有数而设置的独立账户，如资产类账户中"固定资产"账户的备抵账户为"累计折旧"账户，"固定资产"账户的账面价值要以资产负债表中"固定资产"期末余额扣减"累计折旧"期末余额后的余额为准。

根据会计科目提供信息的详细程度和统驭关系，对应划分会计账户，可分为总分类账户和明细分类账户。总分类账户和明细分类账户核算的内容相同，只是明细分类账户的核算内容更详细，用以补充总分类账户的核算内容。同时，两种账户之间还可进行账目核对，以此查出有错误的账目，及时调整，避免企业账目混乱而陷入经营风险和纳税风险。

会计账户有格式和结构，包括的内容主要有账户名称（即会计科目）、依据的记账凭证注明的日期、凭证字号、摘要及金额等，在会计账簿中表现为一张账页。常用的账户类型为"T"型账户，不同的账户类型，其"T"型账户的结构有差别，如图 1-1 所示。

资产类、成本类账户

期初余额	
加：本期借方发生额合计	减：本期贷方发生额合计
期末余额	

负债类、所有者权益类账户

	期初余额
减：本期借方发生额合计	加：本期贷方发生额合计
	期末余额

收入类账户

减：本期借方发生额合计	加：本期贷方发生额合计

费用类账户

加：本期借方发生额合计	减：本期贷方发生额合计

图 1-1　各类会计账户的 "T" 型结构

由上图可知，账户内容中的 "金额" 有 4 个要素：期初余额、期末余额、本期增加发生额和本期减少发生额。无论是哪一类账户，这 4 个要素之间的数量关系如下。

期末余额 = 期初余额 + 本期增加发生额 − 本期减少发生额。

对资产类和成本类账户，"期末余额 = 期初余额 + 借方发生额合计 − 贷方发生额合计"，这里的 "借方发生额合计" 就是 "本期增加发生额"，"贷方发生额合计" 就是 "本期减少发生额"。

对负债类和所有者权益类账户，"期末余额 = 期初余额 + 贷方发生额合计 − 借方发生额合计"，这里的 "贷方发生额合计" 就是 "本期增加发生额"，

"借方发生额合计"就是"本期减少发生额"。

收入类账户和费用类账户一般没有期末余额，本期借方发生额合计与本期贷方发生额合计通常都是相等的，会计处理上表现为期末将收入和成本都结转到本年利润中。

1.2.3　借贷记账法与试算平衡

复式记账法是指将每一笔经济业务用相等的金额在两个或两个以上相互联系的账户中进行登记。该记账方法可全面系统地反映会计要素的增减变化情况，有借贷记账法、增减记账法和收付记账法这 3 种复式记账法。其中，企业常用的为借贷记账法，即以"借"和"贷"作为记账符号的一种复式记账法。借贷记账法与"T"型账户之间有着密切的联系。

在借贷记账法下，1.2.2 节中各类账户的账户结构中，左方为借方，右方为贷方，所有账户的借方和贷方按照相反方向记录增加数和减少数。但符号"借"表示增加还是减少，或者符号"贷"表示减少还是增加，要根据具体的账户类型来确定。

（1）借贷记账法下各账户的结构

在借贷记账法下，账户结构可大致分为以下 4 类。

◆　资产类和成本类账户

在借贷记账法下，资产类和成本类账户的"借"表示增加，即这两类账户的借方登记增加额；"贷"表示减少，即贷方登记减少额。资产类和成本类账户的期末余额一般在借方，有时也可能没有余额。在这种记账方法下，这两类账户的期末余额通过如下公式计算得出。

期末借方余额=期初借方余额+本期借方发生额合计−本期贷方发生额合计

◆　负债类和所有者权益类账户

在借贷记账法下，负债类和所有者权益类账户的"借"表示减少，即这两类账户的借方登记减少额；"贷"表示增加，即贷方登记增加额。负债类和所有者权益类账户的期末余额一般在贷方，有时也可能没有余额。在这种记账方法下，这两类账户的期末余额通过如下公式计算得出。

期末贷方余额=期初贷方余额+本期贷方发生额合计−本期借方发生额合计

◆ 收入类账户

在借贷记账法下，收入类账户的"借"表示减少，即这类账户的借方登记减少额；"贷"表示增加，即贷方登记增加额。本期借方和贷方的差额为本期收入净额，在期末时转入"本年利润"账户，用以计算当期损益，因此，该类账户期末没有余额。

◆ 费用类账户

在借贷记账法下，费用类账户的"借"表示增加，即这类账户的借方登记增加额；"贷"表示减少，即贷方登记减少额。本期借方和贷方的差额为本期费用净额，在期末时转入"本年利润"账户，用以计算当期损益，因此，该类账户期末也没有余额。

（2）记账规则、账户对应关系和会计分录

企业会计人员在使用借贷记账法记账时，需要遵循的记账规则是"有借必有贷，借贷必相等"。

会计人员在采用借贷记账法记录每一笔交易或事项时，相关账户之间都应有对应关系，且这种对应关系主要表现为应借、应贷关系。而有着对应关系的账户被称为对应账户。注意，方向相关的账户之间才可能存在对应关系，同方向的账户之间不可能存在对应关系。

在借贷记账法下，借助符号"借"和"贷"，结合发生的交易或事项以及相关金额数据等做出的一种记录，就是会计分录。它由应借应贷方向、相互对应的会计科目以及对应金额这3个要素构成，在我国，会计分录记录在记账凭证中。

会计分录有简单和复杂之分，简单的会计分录即"一借一贷"，借方和贷方分别只有一个账户，且借贷方账户相互对应。复杂的会计分录通常被称为复合会计分录，主要有"一借多贷"、"多借一贷"和"多借多贷"3种，即借方账户只有一个而贷方账户有多个、借方账户有多个但贷方账户只有一个及借方和贷方均有多个账户。

（3）试算平衡

由于借贷记账法存在"借贷必相等"的记账规则，且存在"资产 = 负债 + 所有者权益"这样的守恒关系，因此可用这两个标准来对企业的账目进行试算平衡，以此发现做账过程中可能出现的错误。

试算平衡有两种：一是发生额试算平衡；二是余额试算平衡。发生额试算平衡直接根据借贷记账法的记账规则进行，余额试算平衡直接根据"资产 = 负债 + 所有者权益"恒等式进行。两种试算平衡涉及的计算公式如表1-5所示。

表1-5　两种试算平衡

试算平衡类型	对应会计要素
发生额试算平衡	全部账户的本期借方发生额合计 = 全部账户的本期贷方发生额合计
余额试算平衡	全部账户的借方期末（初）余额合计 = 全部账户的贷方期末（初）余额合计

实务中，试算平衡工作是通过编制试算平衡表进行的。该表一般在期末结出各账户本期发生额合计和期末余额后编制，设"期初余额"、"本期发生额"和"期末余额"三大栏目，每个栏目下分设"借方"和"贷方"两个小栏目。

如果试算平衡，则各大栏目中的借方合计与贷方合计的数额应该相等，其中"本期发生额"栏中的借方合计数额与贷方合计数额相等，就说明发生额试算平衡；而"期初余额"和"期末余额"栏中的借方合计数额与贷方合计数额相等，就说明余额试算平衡。

如果各大栏目中的借方合计与贷方合计的数额不相等，则说明存在记账错误，需要及时检查错账并调整账目。

但有时，为了简化试算平衡表的编制工作，只根据各个账户的本期发生额进行编制，不填列各个账户的期初余额和期末余额。如图1-2所示的是规范的试算平衡表。

试算平衡表

编制单位：				年　月　日				单位：元

科目代码	科目名称	期初余额		本期发生额		期末余额	
		借方	贷方	借方	贷方	借方	贷方
合计							

会计主管：　　　　　　制表人：

图1-2　规范的试算平衡表

1.2.4 认识会计恒等式的各种变化

在会计核算工作中，始终贯穿的会计恒等式主要有两个，如下所示。

资产=负债+所有者权益（或，资产-负债=所有者权益）

收入-费用=利润

其中，第一个公式为财务状况等式，反映企业某一时点的资产、负债和所有者权益之间的平衡关系。第二个公式为经营成果等式，反映企业在某一会计期间的收入、费用和利润之间的关系。在这两个会计恒等式中，财务状况等式会随着不同的经济业务发生变化，最基本的变化有以下 9 种。

◆ 资产（↑↓）= 负债 + 所有者权益

在经济业务上，该会计恒等式表示一项资产增加，同时另一项资产等额减少的业务，如从银行提取现金、将多余现金送存银行等。

◆ 资产 = 负债（↑↓）+ 所有者权益

在经济业务上，该会计恒等式表示一项负债增加，同时另一项负债等额减少的业务，如开出商业汇票偿付应付账款。

◆ 资产 = 负债（↑）+ 所有者权益（↓）

在经济业务上，该会计恒等式表示一项负债增加，同时一项所有者权益等额减少的业务，如决定向股东分配股利。

◆ 资产 = 负债（↓）+ 所有者权益（↑）

在经济业务上，该会计恒等式表示一项负债减少，同时一项所有者权益等额增加的业务，如债务重组过程中发生的债权转股权。

◆ 资产 = 负债 + 所有者权益（↑↓）

在经济业务上，该会计恒等式表示一项所有者权益增加，同时另一项所有者权益等额减少的业务，如盈余公积转增资本、盈余公积弥补亏损等。

◆ 资产（↑）= 负债（↑）+ 所有者权益

在经济业务上，该会计恒等式表示一项资产增加，同时一项负债等额增加的业务，如向银行借入短期借款或长期借款、收回应收账款等。

◆ 资产（↑）= 负债 + 所有者权益（↑）

在经济业务上，该会计恒等式表示一项资产增加，同时一项所有者权益等额增加的业务，如接受投资者投入的现金或实物资产等。

◆ 资产（↓）= 负债（↓）+ 所有者权益

在经济业务上，该会计恒等式表示一项资产减少，同时一项负债等额减少的业务，如用银行存款偿付短期借款或长期借款、用银行存款偿付应付账款等。

◆ 资产（↓）= 负债 + 所有者权益（↓）

在经济业务上，该会计恒等式表示一项资产减少，同时一项所有者权益等额减少的业务，如投资者减少投资、回购企业的股票等。

在这9种变化的恒等式中，前5种使等式左右两边的金额保持不变；第6种和第7种使等式左右两边的金额等额增加；第8种和第9种使等式左右两边的金额等额减少。但无论等式怎样变化，其结果都是恒等式左右两边守恒。

1.2.5 熟知会计资料的类型和保管期限

在企业经营过程中，会产生很多会计资料，根据记载经济内容的详略程度和外观形态等不同可分为不同的会计资料，最常见的就是会计凭证、会计账簿、财务会计报告以及其他一些表格类的会计资料。企业会计人员不仅要牢记会计资料的类型，还要清楚各种会计资料的保管期限。

（1）会计资料的类型

会计资料会因为记录的经济业务内容不同而存在不同的类型，而不同类型又会因为记录的详略程度或统驭关系不同分成不同的种类，比如会计凭证又分为原始凭证和记账凭证，会计账簿又分为总账、明细账和日记账等，如表1-6所示为会计资料的大致类型。

表1-6 会计资料的各种类型

类型	种类	简述
会计凭证	原始凭证	是在经济业务发生时取得或填制的，是企业的第一手会计资料
	记账凭证	是企业财务部门根据原始凭证填制的，是企业的第二手会计资料

续上表

类型	种类	简述
会计账簿	总账	是总分类账簿的简称，是根据总分类账户开设的账簿，用来登记全部经济业务
	明细账	是明细分类账簿的简称，是按照明细分类账户开设的账簿，用来分类登记某类经济业务的详细情况
	日记账	又称序时账簿，是按经济业务发生和完成时间的先后顺序进行登记的账簿，如现金、银行存款日记账
	固定资产卡片账	是一种特殊的明细账，专门记载企业的固定资产情况
	其他辅助性账簿	一般指各种备查账簿，如应收、应付款项备查簿
财务会计报告	中期财务会计报告	即月度、季度和半年度财务会计报告。格式都相同，只是记载的内容会因为会计期间的长短而有所区别。这3种财务会计报告可统称为"中期财务会计报告"
	年度财务会计报告	即每个会计年度终了后编制的财务会计报告
其他会计资料	包括一些账单、表格和清册，如银行对账单、银行存款余额调节表、纳税申报表、会计档案移交清册、会计档案保管清册、会计档案销毁清册等	

这些会计资料的详细介绍将在本章的第1.3节及本书的第8章、第12章和第16章等章节呈现。

（2）会计资料的保管期限

通常所说的会计资料保管期限是指最低保管期限，也就是说，各种会计资料的实际保管期限不能短于标准的保管期限。如表1-7所示的是各种会计资料的最低保管期限标准。

表1-7 各种会计资料的保管期限

资料类型	资料名称	最低保管期限
会计凭证	原始凭证	30年
	记账凭证	30年
会计账簿	总账	30年

续上表

资料类型	资料名称	最低保管期限
会计账簿	明细账	30 年
	日记账	30 年
	固定资产卡片账	固定资产报废清理后保管 5 年
	其他辅助性账簿	30 年
财务会计报告	月度、季度、半年度财务会计报告	10 年
	年度财务会计报告	永久
其他会计资料	银行存款余额调节表	10 年
	银行对账单	10 年
	纳税申报表	10 年
	会计档案移交清册	30 年
	会计档案保管清册	永久
	会计档案销毁清册	永久
	会计档案鉴定意见书	永久

1.3
填制记账凭证和登记会计账簿

如果细分企业出纳员和会计人员的工作，则会计人员的工作起点应该是记账凭证的填制。至于原始凭证的取得和填写，大多都和出纳人员相关，这部分内容将在本书第 7 章作详细说明。本小节重点学习会计人员的工作内容，即记账凭证的填制和会计账簿的登记。

1.3.1　不同类型的记账凭证记录不同性质的业务

在学习如何填制记账凭证前，必须要了解记账凭证的种类。企业常常根据记账凭证的用途不同对其进行分类，包括专用记账凭证和通用记账凭证两大类。其中专用记账凭证比较特殊，可分类反映企业的经济业务。而通用记账凭证不对经济业务进行分类，可登记所有业务。在专用记账凭证这一大类中，又可按照反映的具体经济业务内容进行分类，有以下 3 种。

（1）收款凭证

收款凭证是用于记录企业库存现金和银行存款收款业务的记账凭证，实务中根据库存现金和银行存款收入业务的原始凭证填制。该类记账凭证是登记库存现金日记账、银行存款日记账、有关明细分类账和总分类账的直接依据，样式如图 1-3 所示。

收款凭证

借方科目：　　　　年　月　日　　　　银收字第　号

摘要	贷方科目		记账	金额								
	总账科目	明细科目		百	十	万	千	百	十	元	角	分
合计												

附件　张

会计主管：　　记账：　　出纳：　　审核：　　制单：

图 1-3　收款凭证

（2）付款凭证

付款凭证是用于记录企业库存现金和银行存款付款业务的记账凭证，实务中根据库存现金和银行存款支付业务的原始凭证填制。该类记账凭证也是登记库存现金日记账、银行存款日记账、有关明细分类账和总分类账的直接依据，样式如图 1-4 所示。

付款凭证

贷方科目：　　　　年　月　日　　　　现付字第　号

摘要	借方科目		记账	金额								
	总账科目	明细科目		百	十	万	千	百	十	元	角	分
合计												

附件　张

会计主管：　　记账：　　出纳：　　审核：　　制单：

图 1-4　付款凭证

（3）转账凭证

转账凭证是用于记录除库存现金和银行存款业务以外的其他业务的记账凭证，实务中根据有关转账业务的原始凭证填制。该类记账凭证是登记有关明细分类账和总分类账的直接依据，样式如图 1-5 所示。

转账凭证

摘要	总账科目	明细科目	记账	借方金额										记账	贷方金额										附件
				百	十	万	千	百	十	元	角	分		百	十	万	千	百	十	元	角	分	
																							张
合计																							

年 月 日　　　　　　　　转字第　号

会计主管：　　记账：　　出纳：　　审核：　　制单：

图 1-5　转账凭证

通用记账凭证的样式与转账记账凭证的样式基本相同，只是在凭证右上角的凭证编号为"记字第 × 号"。

知识延伸｜记账凭证的其他分类

企业的记账凭证按照填列的会计科目数量不同，划分为单式记账凭证和复式记账凭证。单式记账凭证的每一张只填列经济业务事项涉及的一个会计科目及其金额，填列借方科目的为借项凭证，填列贷方科目的为贷项凭证。复式记账凭证的每一张记录每一笔经济业务事项涉及的全部会计科目及其金额。

企业的记账凭证按照凭证包括的内容不同，划分为单一记账凭证、汇总记账凭证和记账凭证汇总表（即科目汇总表）。单一记账凭证的每一张只记录一笔经济业务事项的会计分录。汇总记账凭证记录某一段时期内同类单一记账凭证记录的所有经济业务事项的会计分录。记账凭证汇总表记录某一段时期内所有记账凭证的会计分录。

1.3.2　要时刻牢记各种记账凭证的填制要求

不管是哪种记账凭证，在填制时都需要遵循一些基本要求，如内容完整、书写清楚和格式规范等。除此以外，还有一些需要特别注意遵守的基本要求。

◆ 除了结账和更正错账的记账凭证不需要附带原始凭证外，其他记账凭证必须附有原始凭证。

◆ 不同内容和类别的原始凭证的记录不能汇总填制在一张记账凭证上。

◆ 记账凭证应连续编号。

◆ 记账凭证填制错误时应重新填制，或者按规定的更正方法进行更正。

◆ 记账凭证填制完后若有空行，应从金额栏最后一笔金额数字的右下角的空行处至合计数的左上角的空行处画线注销。

由于不同的记账凭证登记不同性质的经济业务事项，所以在填制相关记账凭证时，填制要求会有差异。

（1）收款凭证的填制要求

凭证中间最上方为凭证名称"收款凭证"，下方为凭证的填制日期"×年×月×日"；凭证左上角的"借方科目"按收款性质填写"库存现金"或"银行存款"；凭证右上角填写凭证的编号，如"银收字第×号""现收字第×号"。

凭证中间填写经济业务或事项的具体内容，"摘要"栏填写涉及的经济业务的简要说明；"贷方科目"填写与收入现金或银行存款相对应的会计科目名称，有明细科目的还应填写明细科目；"记账"栏标注记账符号"√"，表示该凭证已经登记入账，可防止重记或漏记；"金额"栏填写相关经济业务的发生额。

凭证最右边填写记账凭证的附件张数"附件×张"或"附单据×张"；凭证的最下方由相关责任人签字或盖章，以明确经济责任。

（2）付款凭证的填制要求

凭证中间最上方为凭证名称"付款凭证"，下方为凭证的填制日期"×年×月×日"；凭证左上角的"贷方科目"按付款形式填写"库存现金"或"银行存款"；凭证右上角填写凭证的编号，如"银付字第×号""现付字第×号"。

凭证中间填写经济业务或事项的具体内容，"摘要"栏填写涉及的经济业务的简要说明；"借方科目"填写与支出现金或银行存款相对应的会计科目名称，有明细科目的还应填写明细科目；"记账"栏标注记账符号"√"，以示该凭证已经登记入账，用于防止重记或漏记；"金额"栏填写相关经济业务的发生额。

凭证最右边填写记账凭证的附件张数"附件 × 张"或"附单据 × 张"；凭证最下方由相关责任人签字或盖章，以明确经济责任。

在填制付款凭证时需要特别注意，涉及库存现金存入银行或从银行提取现金的业务，统一只填制付款凭证，也就是说，当企业将超过库存现金限额的现金存入银行时，只填制现金付款凭证，即"现付字第 × 号"凭证；当企业从银行提取现金作为备用金时，只填制银行存款付款凭证，即"银付字第 × 号"凭证。这是为了避免重复记账而作出的规定。

（3）转账凭证的填制要求

与收、付款凭证一样，凭证中间最上方为凭证名称，即"转账凭证"，其下方也是凭证的填制日期；凭证左上角不再需要填写科目名称，经济业务或事项涉及的会计科目将全部登记在凭证的中间位置；凭证右上角同样填写凭证的编号，如"转字第 × 号"。

凭证中间填写经济业务或事项的具体内容，"摘要"栏填写涉及的经济业务的简要说明；"总账科目"填写会计分录中的一级科目；"明细科目"填写会计分录中的二级甚至三级科目；"借方金额"栏对应填写借方科目的具体金额；"贷方金额"栏对应填写贷方科目的具体金额；"记账"栏标注记账符号"√"，以示该凭证中的借贷方金额已经登记入账，用于防止重记或漏记。

凭证最右边也需要填写记账凭证的附件张数"附件 × 张"或"附单据 × 张"；凭证最下方依然需要由相关责任人签字或盖章，以明确经济责任。

1.3.3　认识账页结构和账簿类型

会计账簿是企业编制财务会计报表的直接依据，它根据审核无误的记账凭证登记，由具有一定格式的账页组成。会计账簿可全面、系统且连续地记录企业的各项经济业务情况。无论是哪种类型的账簿，其大体由如表 1-8 所示的 3 个组成部分。

表 1-8　会计账簿的组成部分

部分	简述
封面	通俗地说就是账簿最外层的一张纸，上面标明当前账簿的名称，如总分类账、× × 明细分类账、现金日记账或银行存款日记账等
扉页	是翻开封面后看到的部分，主要用来列明当前会计账簿的使用信息，如科目索引、账簿启用和经管人员一览表等，包括账簿名称、账簿编号、账簿页数、单位名称、账簿册数、启用日期、会计主管记账人员、移交日期、移交人姓名、接管日期及接管人姓名等内容
账页	这是具体记录企业经济业务的部分，是经济数据的载体，包括账户名称、日期栏、凭证种类和编号栏、摘要栏、金额栏及总页次和分户页次等内容

（1）账页结构

账簿的账页结构主要分为 3 类：三栏式、多栏式和数量金额式。除此以外，还有一类账页格式比较特殊，即横线登记式。下面就来认识一下这些账页。

◆ 三栏式

三栏式的账页设有“借方”、“贷方”和“余额”3 个金额栏目，分别登记某账户的借方发生额及合计数、贷方发生额及合计数以及每日余额和期末余额。在企业经营过程中，各种日记账、总账和资本、债权、债务的明细账都使用三栏式账页格式的账簿，即三栏式账簿。如图 1-6 所示的是常见的三栏式账页。

明细账

年		记账凭证号数	摘要	页数	借方									贷方									借或贷	余额								
月	日				百	十	万	千	百	十	元	角	分	百	十	万	千	百	十	元	角	分		百	十	万	千	百	十	元	角	分

图 1-6　常见的三栏式账页

◆ 多栏式

多栏式的账页同样设有“借方”、“贷方”和“余额”3 个金额栏目，不同的是，在"借方"和"贷方"栏下面还会按需要分设若干专栏，可以同时分设专栏，也可选其一分设专栏。经营过程中，收入、成本和费用类账户的明细账都使用多栏式账页格式的账簿，即多栏式账簿。如图 1-7 所示的是常见的多栏式账页。

明细账

年 月 日	记账凭证号数	摘要	借 方				贷 方				借或贷	余 额
			合 计	进项税额	已交税额		合 计	销项税额	进项税额转出			
			万千百十元角分	万千百十元角分	万千百十元角分		万千百十元角分	万千百十元角分	万千百十元角分			万千百十元角分

图 1-7 常见的多栏式账页

◆ 数量金额式

数量金额式的账页依然设有"借方"、"贷方"和"余额"3 个金额栏目，不同的是，在这 3 个栏目下会再分设"数量"、"单价"和"金额"这 3 个小栏，以此反映企业财产物资的实物数量和价值量。经营过程中，原材料和库存商品等存货的明细账都使用数量金额式账页格式的账簿，即数量金额式账簿。如图 1-8 所示的是常见的数量金额式账页。

明细账

存货仓名：_____　　规格：_____　　单位：_____

年 月 日	记账凭证号数	摘要	页数	收入			发出			结存		
				数量	单价	金额 百十万千百十元角分	数量	单价	金额 百十万千百十元角分	数量	单价	金额 百十万千百十元角分

图 1-8 常见的数量金额式账页

上图所示的数量金额式账页中，"收入"代表"借方"栏，"发出"代表"贷方"栏，"结存"代表"余额"栏。

◆ 横线登记式

横线登记式账页中，会计人员将前后密切相关的经济业务登记在同一横格，以便检查每一笔业务的发生和完成情况。经营过程中，其他应收款和在途物资等明细账通常采用横线登记式账页格式的账簿，即横线登记式账簿，也称平行登记式账簿。如图 1-9 所示的是常见的横线登记式账页。

						借方			贷方	余额

明细账

年		记账凭证号数	摘要	计量单位	发票数量	实收数量	借方			贷方	余额
月	日						发票价格 / 运杂费等 / 合计			十万千百十元角分	十万千百十元角分

图 1-9　常见的横线登记式账页

综上所述，企业会计账簿的类型可按账页格式的不同，分为三栏式账簿、多栏式账簿、数量金额式账簿和横线登记式账簿 4 类。那么除此以外，企业还可根据账簿的外形特征或者具体用途进行分类。

（2）账簿类型

根据账簿的外形特征，可将其分为订本式账簿、活页式账簿和卡片式账簿 3 类，每种类型都有其优缺点，如表 1-9 所示。

表 1-9　不同外形特征的会计账簿

类型	简述	优点	缺点
订本式账簿	简称订本账，是在启用前就已经将编有页码的一定数量的账页按顺序装订成册的账簿	可避免账页散失或被抽换	不能人性化地为各账户预留账页
活页式账簿	简称活页账，是将一定数量的账页先放在活页夹中，根据记账内容的变化随时增加或减少账页，会计期间结束后再进行装订的账簿	记账时可根据实际需要随时增减空白账页，便于分工记账	容易造成账页散失或被抽换
卡片式账簿	简称卡片账，是将一定数量的卡片式账页存放在专设的卡片箱中，记账时根据需要随时增加账页的账簿	—	如果卡片箱保管不当，卡片式账页容易丢失

结合会计实务，订本式账簿适用于企业重要的和具有统驭性的账簿，如

总分类账、库存现金日记账和银行存款日记账等；活页式账簿适用于企业的各账户的明细分类账；在我国，卡片式账簿只应用于固定资产的核算和记录，还有少数企业的材料核算会用到该类账簿。

除此以外，账簿的类型还可以根据其用途划分，主要有三大类：序时账簿、分类账簿和备查账簿，相关说明如表 1-10 所示。

表 1-10　按用途划分会计账簿种类

类型	简述	种类
序时账簿	也称日记账或流水账，是按照经济业务发生时间的先后顺序逐日、逐笔登记的账簿	库存现金日记账、银行存款日记账
分类账簿	是按照分类账户设置并登记的账簿	总分类账和明细分类账
备查账簿	又称辅助登记簿或补充登记簿，是对某些在序时账簿和分类账簿中未能记载或记载不全的经济业务进行补充登记的账簿	租入固定资产登记簿、代管商品物资登记簿和应收票据登记簿等

其中，库存现金日记账专门用于登记企业的库存现金收入支出情况；银行存款日记账专门登记企业的银行存款收入支出情况；总分类账简称总账，根据总分类账户开设，整体反映某类经济活动；明细分类账简称明细账，根据明细分类账簿开设，用来提供明细核算资料；备查账簿专门用于补充记录。

1.4
定期或不定期进行财产清查

为了保证企业的财产安全、完整，需要组织相关人员对企业拥有的各类财产进行清查盘点工作，其中最常见的是对库存现金、存货以及固定资产的清查盘点。

1.4.1　不同类型的财产使用不同的清查方法

当企业在对自身的财产进行清查盘点时，主要有 4 种方法可供选择：实地盘点法、与银行对账法、技术推算法和发函询证法。但在实务中，不同的财产有其适合的清查方法，具体介绍如下。

◆ 库存现金、固定资产——实地盘点法

实地盘点法就是通过点数、过磅或量尺等手法来确定实物资产实有数量的一种清查方法。该方法适用范围较广，在多数财产清查工作中都适用。

库存现金采用实地盘点法确定其实存数，然后与库存现金日记账的账面余额进行核对，确定账实是否相符。在清查时，一般由主管会计或财务负责人与出纳人员共同清点各种面值钞票的张数和硬币的个数，最终还要填制库存现金盘点报告表，作为原始凭证。在盘点时，不仅要注意库存现金的账实是否相符，还要检查企业现金管理制度的遵守情况，如库存现金是否超过限额，有无白条抵库或挪用舞弊等情况。

◆ 银行存款——与银行对账法

银行存款的清查主要是将企业的银行存款日记账与开户银行的对账单进行核对的一种方法。银行存款的清查一般在月末进行，该方法主要针对企业的银行存款账。

企业将本单位的银行存款日记账账簿记录与开户银行发来的对账单进行逐笔核对，查明银行存款的实有数。如果两者余额相符，一般说明企业和银行记账都没有错误。但如果两者余额不相符，则可能是企业或银行中的一方或双方记账错误，又或者是存在未达账项。

如果银行存款清查时发现有未达账项，企业财会人员必须编制银行存款余额调节表，调节企业和银行双方的账面余额，从而确定企业的银行存款实有数。这一实有数也是企业目前可以使用的银行存款数额。

◆ 除库存现金外的其他实物资产——技术推算法

技术推算法即利用技术方法对财产物资的实存数进行推算，一般通过量方、计尺等手段进行推算。该方法只适用于成堆量大但价值不高，难以逐一清点的财产物资的清查，如露天堆放的泥沙。

在实物清查过程中，实物保管人员和盘点人员必须同时在场，对于盘点结果必须登记盘存单，并由盘点人和实物保管人员签字或盖章，以明确经济责任。盘存单既是记录盘点结果的书面证明，也是反映财产物资实存数的原始凭证。

◆ 往来款项——发函询证法

发函询证法是指企业向其合作的供应商或客户等发出对账单，请求对方协助查账的方法。往来款项主要包括应收、应付款项和预收、预付款项等。

企业在清查往来款项时，应在确保各种往来款项记录准确的前提下，按每一个经济业务往来单位填制往来款项对账单（一式两联），其中一联送交对方企业核对账目，另一联作为回单联。对方企业经过核对相符后，在回单联上加盖其公司的公章退回清查企业，表示已核对账目。如果有账目不符，对方企业应在对账单中注明具体情况并退回清查企业，企业进一步查明原因，再行核对。清查结束后，要根据清查结果编制往来款项清查报告单，填列各项债权、债务的余额。对有争执的款项和无法收回的款项，应在报告单上详细列明情况，帮助企业采取措施进行积极处理，避免或减少坏账损失。

1.4.2 现金盘盈、盘亏的账务处理

现金的盘盈、盘亏是指企业对自身持有的库存现金进行盘点后得出的清查结果。现金盘盈指盘点的库存现金实有数大于库存现金的账面余额，现金盘亏指盘点的库存现金实有数小于库存现金的账面余额。无论是盘盈还是盘亏，在报经审批处理前，处理方法都是一样的，先通过"待处理财产损溢"科目核算。在报经审批处理后，根据不同的处理意见进行不同的账务处理。

| 范例解析 | 现金盘盈涉及的处理方法

2020年12月31日，乙公司对其内部的库存现金进行了一次盘点清查，最终盘盈300.00元。由于无法找到现金溢余的原因，所以报经批准后，处理意见是"计入营业外收入"，相关账务处理如下。

1.审批前，调整库存现金账面余额。

借：库存现金　　　　　　　　　　　　　　300.00
　　贷：待处理财产损溢　　　　　　　　　　　300.00

2.审批后，根据审批意见将盘盈的现金计入营业外收入。

借：待处理财产损溢　　　　　　　　　　　300.00
　　贷：营业外收入　　　　　　　　　　　　　300.00

如果企业最终找到了现金溢余的原因，是企业应该付给某员工的差旅费还没有支付，则应将盘盈的现金计入其他应付款。

借：待处理财产损溢 　　　　　　　　　　　　　300.00

　　贷：其他应付款 　　　　　　　　　　　　　　　　300.00

在库存现金盘亏时，也需要根据不同的处理意见或情况进行会计核算。

| 范例解析 |　现金盘亏涉及的处理方法

2020年12月31日，丙公司对其内部的库存现金进行了一次盘点清查，最终盘亏200.00元。经过调查是由于出纳人员保管不善导致的资金丢失，报经批准后，处理意见为"全部由出纳人员赔偿"，相关账务处理如下。

1.审批前，调整库存现金账面余额。

借：待处理财产损溢 　　　　　　　　　　　　　200.00

　　贷：库存现金 　　　　　　　　　　　　　　　　200.00

2.审批后，根据审批意见将盘亏的现金计入其他应收款。

借：其他应收款 　　　　　　　　　　　　　　　200.00

　　贷：待处理财产损溢 　　　　　　　　　　　　　　200.00

如果企业最终无法找到现金短缺的原因，则审批意见一般是核算管理费用，即将现金短缺的金额确认为管理费用。

借：管理费用 　　　　　　　　　　　　　　　　200.00

　　贷：待处理财产损溢 　　　　　　　　　　　　　　200.00

1.4.3　存货盘盈、盘亏的账务处理

存货的清查盘点对象包括原材料和库存商品，且两者的处理是一致的，本小节以原材料的清查盘点为例，讲解盘盈、盘亏的各种账务处理情形。

原材料或库存商品在清查盘点时，无论是盘盈还是盘亏，也都要通过"待处理财产损溢"科目核算。这里需要注意的是，盘盈的原材料一般不考虑增值税税额，但盘亏的原材料通常需要做增值税进项税额转出的处理。而且盘盈、盘亏经审批后，要根据不同的情形和审批意见，做不同的处理。

| 范例解析 |　原材料盘盈涉及的处理方法

2020年12月31日，甲公司对内部存储的原材料进行了清查盘点，最终盘盈了价值1 000.00元的原材料。随即安排人员查明原因，发现是因为材料在收发计量方面出现了差错，报经审批后，处理意见为"冲减管理费用"，账务

处理如下。

1.审批前，调整原材料的账面余额。

借：原材料　　　　　　　　　　　　　　　　1 000.00

　　贷：待处理财产损溢　　　　　　　　　　　1 000.00

2.审批后，根据审批意见将盘盈的原材料计入管理费用的贷方。

借：待处理财产损溢　　　　　　　　　　　　1 000.00

　　贷：管理费用　　　　　　　　　　　　　　1 000.00

针对原材料盘盈的这一结果，原因一般是材料收发计量错误，因此原材料盘盈时通常都计入"管理费用"的贷方，以冲减企业当期的管理费用。

存货的盘亏处理稍微有些复杂。当企业的原材料或库存商品发生盘亏或者毁损时，在报经审批后应分如下两种情况进行相应的账务处理。

◆ 毁损的材料有入库的残料价值时，增加原材料的账面余额，即计入"原材料"科目的借方。

◆ 盘亏或毁损的原材料有保险公司和过失人赔偿的，赔偿的部分计入"其他应收款"科目的借方。

注意，在原材料盘亏的账务处理工作中，除了台风、洪水等自然灾害原因造成原材料损失外，其余原因造成的原材料盘亏都要做增值税进项税额的转出处理。火灾造成的损失比较特殊，它本身带有人为性质，因此火灾造成的原材料损失也要做增值税进项税额的转出处理。

最终，扣除了残料回收价值和保险公司及过失人赔偿款后，还有净损失的，属于一般经营损失的部分计入"管理费用"科目的借方；属于非常损失的部分计入"营业外支出"科目的借方。

| 范例解析 | 原材料盘亏涉及的处理方法

2020年12月31日，乙公司对其内部的原材料进行了一次盘点清查，最终盘亏了500.00元（不含税价格）。随即查明是因为管理制度的缺陷导致管理不善，造成的原材料损失，属于一般经营损失。账务处理如下。

1.审批前，调整原材料的账面余额。

需要转出的增值税进项税额=500.00×13%=65.00（元）

借：待处理财产损溢 565.00

    贷：原材料 500.00

        应交税费——应交增值税（进项税额转出） 65.00

2.审批后，根据审批意见将盘亏的原材料计入管理费用。

借：管理费用 565.00

    贷：待处理财产损溢 565.00

如果查明原因发现是仓管人员的过失导致原材料被盗，则审批意见一般为"由过失人全额赔偿"或"由过失人赔偿×元"等。

借：其他应收款——×× 565.00

    贷：待处理财产损溢 565.00

如果过失人只赔偿一半的损失，还有一半的损失将计入管理费用。

借：其他应收款——×× 282.50

    管理费用 282.50

    贷：待处理财产损溢 565.00

如果是因为台风、洪水等自然灾害造成原材料盘亏500.00元（不含税价格），且由保险公司赔偿500.00元，剩下的65.00元（500.00×13%）损失属于非常损失，计入营业外支出。

借：其他应收款——×× 500.00

    营业外支出——非常损失 65.00

    贷：待处理财产损溢 565.00

1.4.4 固定资产盘盈、盘亏的账务处理

固定资产是一家企业赖以生产、经营的基础，其管理必须严格，因此也需要定期或不定期地对固定资产进行清查盘点。固定资产的清查盘点方法一般采用实地盘点法，核对固定资产实有数和固定资产账面余额数是否相符。

在固定资产的清查盘点过程中，如果发现盘盈或盘亏的固定资产，应填制固定资产盘盈盘亏报告表。

（1）固定资产盘盈

固定资产的盘盈处理与现金、原材料等的盘盈处理不同，因为根据企业

会计准则的相关规定，盘盈的固定资产应作为重要的前期差错进行会计处理，在按管理权限报经批准处理前，应通过"以前年度损益调整"科目核算，而不是"待处理财产损溢"科目。

如果企业盘盈了固定资产，应按固定资产的重置成本确认入账价值，借记"固定资产"科目，贷记"以前年度损益调整"科目，以调增固定资产的账面余额。同时还应补缴企业所得税，后期涉及补提盈余公积（已提足盈余公积的除外）。由此可见，固定资产盘盈的账务处理，会影响企业当期的利润和所有者权益。

| 范例解析 |　固定资产盘盈影响利润

2020年1月10日，乙公司在财产清查过程中发现，2019年12月购入的一台生产设备没有入账，该设备的重置成本为6.00万元。乙公司根据企业会计准则的相关规定，做了补缴企业所得税和计提法定盈余公积（按10%的比例计提）的账务处理，具体如下。乙公司适用的企业所得税税率为25%。

1.盘盈固定资产，调增固定资产的账面余额。

借：固定资产　　　　　　　　　　　　　　　　　　60 000.00

　　贷：以前年度损益调整　　　　　　　　　　　　　　60 000.00

2.报经批准处理后，补缴企业所得税。

应补缴的企业所得税＝60 000.00×25%＝15 000.00（元）

借：以前年度损益调整　　　　　　　　　　　　　　15 000.00

　　贷：应交税费——应交企业所得税　　　　　　　　　15 000.00

3.按规定的比例计提法定盈余公积，并将盘盈的固定资产价值结转为留存收益。

可用来计提法定盈余公积的金额＝60 000.00−15 000.00＝45 000.00（元）

计提的法定盈余公积＝45 000.00×10%＝4 500.00（元）

借：以前年度损益调整　　　　　　　　　　　　　　45 000.00

　　贷：盈余公积——法定盈余公积　　　　　　　　　　4 500.00

　　　　利润分配——未分配利润　　　　　　　　　　40 500.00

从案例可知，固定资产的盘盈处理比较复杂，至于是否计提法定盈余公积，要根据企业的实际情况而定。如果此处不计提法定盈余公积，则"利润分配——未分配利润"科目对应的金额就为 45 000.00 元。

（2）固定资产盘亏

固定资产的盘亏处理与现金、原材料等的处理类似，通过"待处理财产损溢"科目核算，按照盘亏的固定资产账面价值，借记"待处理财产损溢"科目；按照已经计提的累计折旧，借记"累计折旧"科目；按照已计提的减值准备，借记"固定资产减值准备"科目；按照固定资产的原价，贷记"固定资产"科目。从而，调减固定资产的账面价值。

需要注意的是，盘亏的固定资产，如果是人为原因造成的，需要转出盘亏固定资产对应的增值税进项税额；如果是非人为原因造成的，如自然灾害，则不需要做进项税额转出处理。

| 范例解析 | 固定资产盘亏要做进项税额转出

2020年1月初，丙公司在财产清查过程中发现短缺一台台式计算机，原价为6 000.00元，购入时的增值税税额为780.00元。通过查账得知这台计算机已计提折旧2 000.00元，没有计提减值准备。经查明，该计算机短缺的原因是员工不小心弄坏导致报废，公司决定由过失人赔偿500.00元，其余损失确认为营业外支出，应做的账务处理如下。

1.盘亏固定资产时，调减固定资产的账面价值，转出不可抵扣的增值税进项税额。

借：待处理财产损溢   4 000.00

    累计折旧   2 000.00

    贷：固定资产   6 000.00

借：待处理财产损溢   780.00

    贷：应交税费——应交增值税（进项税额转出）   780.00

2.报经批准处理后，进行转销。

净损失=4 000.00+780.00−500.00=4 280.00（元）

借：其他应收款——××   500.00

    营业外支出——盘亏损失   4 280.00

    贷：待处理财产损溢   4 780.00

| 02 |

财产变动核算资本账

企业的各种财产价值发生变动时，必然会影响整个资产结构，从而使企业的偿债能力、运营能力和发展能力等发生改变。这些能力直接关系到企业后期能否继续顺利地经营下去，因此，核算相关的资本账是非常重要的会计工作。

2.1
固定资产的增减引起资产的变化

当企业购入固定资产时，资产的账面价值就会增加；在企业使用固定资产的过程中会发生正常的损耗，资产的账面价值就会减少；企业出售或报废固定资产后，资产的账面价值也会减少。资产的这些变动会影响企业的资产结构，与经营效率息息相关，因此财会人员要学会固定资产增减变化的账务处理。

2.1.1 外购固定资产如何入账

生产性企业在开始生产经营前，必须要购置相应的生产设备，才能产出日后待售的产品。企业购置的生产设备一般计入企业的固定资产，购进时要对这类固定资产做入账处理，按购买支付的价款，借记"固定资产"科目，增加固定资产的账面价值（也可借记"固定资产——××"科目进行明细核算）；按发票记载的增值税税额，借记"应交税费——应交增值税（销项税额）"科目；按照实际支付的金额，贷记"银行存款"科目。

| 范例解析 | 公司购入生产设备增加固定资产

2020年2月18日，甲公司新购进两台生产设备，每台价格9.00万元，收到的增值税专用发票注明税额共23 400.00元，公司共支付价款20.34万元。该设备无需安装即可投入使用，则财会人员需按照如下会计分录做账。

借：固定资产——××设备　　　　　　　　　180 000.00
　　应交税费——应交增值税（进项税额）　　 23 400.00
　　贷：银行存款　　　　　　　　　　　　　　　　 203 400.00

企业购入的生产设备是无需安装且可立即投入使用的，直接计入"固定资产"科目核算；但如果购入的生产设备需要安装后才能投入使用，则要将设备先计入"在建工程"科目核算，最后安装完毕达到预定可使用状态时再从"在建工程"科目转入"固定资产"科目。

| 范例解析 | 公司购入需安装的生产设备先记在建工程

2020年2月18日，甲公司新购进两台生产设备，每台价格9.00万元，收到

的增值税专用发票注明税额共23 400.00元，公司共支付价款20.34万元。假设该设备需要安装后才能投入使用，两台设备共发生安装费800.00元，当天设备安装完毕并达到预定可使用状态。财会人员需按照如下步骤做账。

1.购入生产设备，安装前。

借：在建工程——××设备　　　　　　　　　180 000.00

　　应交税费——应交增值税（进项税额）　　 23 400.00

　　贷：银行存款　　　　　　　　　　　　　　203 400.00

2.安装设备，支付安装费。

借：在建工程　　　　　　　　　　　　　　　　800.00

　　贷：银行存款　　　　　　　　　　　　　　　800.00

3.设备达到预定可使用状态，确认固定资产，做入账处理。

固定资产入账价值=180 000+800=180 800.00（元）

借：固定资产——××设备　　　　　　　　　180 800.00

　　贷：在建工程　　　　　　　　　　　　　　180 800.00

除此之外，企业还可能外购厂房、办公楼等不动产，购入时也要做入账处理，增加固定资产的账面价值，具体账务处理可参考第一个案例。

2.1.2　自建固定资产要分在建环节和达到使用状态

对于有能力和有精力的企业，可自行建造厂房、办公楼和生产线等固定资产，自建的账务处理与外购的账务处理存在明显的区别。

首先，需采购自建工程所需的物资，会计上通过"工程物资"科目核算这些物资的价值（即成本）。然后将这些物资投入建造固定资产的项目中，使物资的价值从"工程物资"科目转到"在建工程"科目，过程中还会发生建造人员工资和福利费等支出，一并计入"在建工程"科目。最后自建固定资产完工并达到预定可使用状态时，将在建工程的总价值转入"固定资产"科目核算。

下面通过一个案例来深入了解自建固定资产的账务处理过程。

| 范例解析 |　固定资产从修建到完工使用的账务处理

2020年2月10日，丙公司开始自建一栋厂房，当天购入的工程物资价值

45.00万元，收到销售方开具的增值税专用发票注明税额为58 500.00元。物资当天全部投入使用。2月底，厂房修建完毕并达到预定可使用状态，其间还发生了施工人员工资10.00万元。公司均以银行存款付清了全部款项，不考虑其他相关税费，财会人员需按照如下的会计分录做账。

1. 2020年2月10日，购入工程物资并全部投入使用。

借：工程物资   450 000.00

应交税费——应交增值税（进项税额）   58 500.00

    贷：银行存款   508 500.00

借：在建工程   450 000.00

    贷：工程物资   450 000.00

2. 期间支付施工人员工资。

借：在建工程   100 000.00

    贷：应付职工薪酬   100 000.00

借：应付职工薪酬   100 000.00

    贷：银行存款   100 000.00

3. 2月底，厂房完工并达到预定可使用状态，做固定资产入账处理。

固定资产入账价值=450 000.00+100 000.00=550 000.00（元）

借：固定资产——厂房   550 000.00

    贷：在建工程   550 000.00

从该案例可知，企业自建固定资产的过程中会发生施工人员的工资支出，这项支出要计入固定资产的价值中。因此，最终厂房的入账价值是包括工程物资价值和施工人员工资的，即涵盖了原材料成本和人工成本。

当然，实际修建过程中还可能征用了土地，会相应地缴纳城镇土地使用税和耕地占用税，而缴纳的耕地占用税会直接计入对应的固定资产成本中，构成固定资产价值的一部分。此时，固定资产的入账价值包括原材料成本、人工成本和相关税费。

2.1.3 固定资产使用过程中要计提折旧

财会人员都知道，企业最终核算经营成果时会用到的要素无非是成本、费用、收入和收益等。那么，在经营过程中因购买固定资产支出的钱如何反映到经营成本中去呢？这就需要通过对固定资产计提折旧来实现了。

在固定资产使用过程中，因为正常的自然耗损会使固定资产的价值越来越低，其中，被耗损的那部分价值就需要通过计提折旧来归入企业的相关经营成本或费用中去，如生产车间的固定资产折旧计入制造费用，行政管理部门和财务部的固定资产折旧计入管理费用，销售部门的固定资产折旧计入销售费用，以便正确核算企业的盈利情况。

在计提折旧的过程中，通常用到"累计折旧"这一会计科目核算固定资产的折旧额，并将这部分折旧额按照固定资产的用途计入不同的成本、费用。

知识延伸 | 计提折旧的方法

固定资产的折旧主要有4种计提方法：一是年限平均法（即直线法）；二是工作量法；三是双倍余额递减法；四是年数总和法。其中，双倍余额递减法和年数总和法被称为加速折旧法，显著的特点是固定资产前期计提的折旧额远高于后期。

1.年限平均法

年折旧额=（固定资产原值-预计净残值）÷预计使用年限

年折旧率=（1-净残值率）÷折旧年限

2.工总量法

单位里程折旧额=固定资产原值×（1-预计净残值率）÷总行驶里程

每工作小时折旧额=固定资产原值×（1-净残值率）÷工作总小时

每台班折旧额=固定资产原值×（1-净残值率）÷工作总台班数

应计提折旧额=单位里程/每工作小时/每台班折旧额×实际行驶里程/工作小时/工作台班

3.双倍余额递减法

年折旧率=2÷预计折旧年限×100%

年折旧额=（固定资产原值-已计提折旧额）×年折旧率

最后两年每年折旧额=（固定资产原值-累计折旧额-预计净残值）÷2

4.年数总和法

年折旧率=尚可使用年数÷年数总和×100%

年折旧额=（固定资产原值-预计净残值）×年折旧率

| 范例解析 | 采用直线法计提生产设备的折旧

2020年2月17日，乙公司购入一台新的生产设备预计使用年限为10年，价值25.00万元（不含增值税），且预计净残值为0。假设企业对固定资产采用直线法计提折旧，那么2020年该公司应对这一台生产设备计提多少折旧额呢？每月在计提固定资产折旧时账务处理是怎样的呢？

相关计算和账务处理如下。

每年应计提折旧额=（25.00-0）÷10=2.50（万元）

每月应计提折旧额=25 000.00÷12=2 083.33（元）

借：制造费用　　　　　　　　　　　　　2 083.33
　　贷：累计折旧　　　　　　　　　　　　　　　2 083.33

2020年该设备需要计提3～12月的折旧，共10个月，则：

2020年该设备共计提折旧=25 000.00÷12×10=20 833.33（元）

该案例中的生产设备在2020年的2月购入，则需从3月开始计提折旧，到2020年12月底，共计提10个月，不足一年，所以需要做如案例所示的计算。

2.1.4　出售使用过的固定资产要做固定资产清理

对固定资产计提折旧是固定资产的正常减少操作，过程是漫长的。但企业将使用过的固定资产出售，这一行为是短暂的、一次性的，会立即将某一项资产的账面价值清零。

当企业出售使用过的固定资产时，需通过"固定资产清理"科目进行核算，反映固定资产的剩余价值、清理过程中发生的各项费用以及清理收入等。

如表2-1所示的是企业处置固定资产时不同情形下的"固定资产清理"科目的运用。

表2-1　"固定资产清理"科目的运用

情形	科目运用
因出售、报废、毁损和对外投资等转出固定资产	按转出的固定资产的账面价值，借记"固定资产清理"科目；按已经计提的累计折旧，借记"累计折旧"科目；按已经计提的减值准备，借记"固定资产减值准备"科目；按固定资产的原价，贷记"固定资产"科目

续上表

情形	科目运用
处置固定资产时发生清理费用	按清理费用和对应可抵扣的增值税进项税额，借记"固定资产清理"和"应交税费——应交增值税（进项税额）"科目；按实际支付的价款，贷记"银行存款"等科目
处置固定资产收到价款、残料价值和变价收入等	收到价款和变价收入等，按实际收到的款项，借记"银行存款"科目；按增值税专用发票上注明的价款和税额，贷记"固定资产清理"和"应交税费——应交增值税（进项税额）"科目。 收到残料，按残料价值，借记"原材料"科目，贷记"固定资产清理"科目
固定资产毁损而应由保险公司或责任人赔偿的部分	按应由保险公司或过失人赔偿的金额，借记"其他应收款"科目，贷记"固定资产清理"科目
处置固定资产的净损益处理	1. 属于生产经营期间的正常处置损益 按正常处置净损失，借记"资产处置损益"科目，贷记"固定资产清理"科目；按正常处置净收益，借记"固定资产清理"科目，贷记"资产处置损益"科目。 2. 属于自然灾害等非正常原因造成的处置损益 按处置净损失，借记"营业外支出——非常损失"科目，贷记"固定资产清理"科目；按处置净收益，借记"固定资产清理"科目，贷记"营业外收入——非流动资产处置利得"科目

| 范例解析 | 出售的固定资产要先将其转入清理

　　乙公司是增值税一般纳税人，为了提高生产效率，2020年2月24日将一台生产设备对外出售，后期打算购置新的设备。已知这台出售的设备原价为12.00万元，已计提折旧4.80万元，没有计提减值准备，出售时收到的价款为8.20万元，收到的增值税专用发票注明进项税额为10 660.00元（出售动产的增值税税率为13%），发生清理费用1 000.00元，可抵扣的增值税进项税额为130.00元。所有款项均以银行存款办结，相关账务处理如下。

　　1.将需要出售的生产设备先转入清理。

　　生产设备转入清理的价值=12.00-4.80=7.20（万元）

　　借：固定资产清理　　　　　　　　　　　　　　72 000.00

　　　　累计折旧　　　　　　　　　　　　　　　　48 000.00

贷：固定资产	120 000.00

2.收到出售生产设备的价款。

借：银行存款	92 660.00
贷：固定资产清理	82 000.00
应交税费——应交增值税（销项税额）	10 660.00

3.发生清理费用。

借：固定资产清理	1 000.00
应交税费——应交增值税（进项税额）	130.00
贷：银行存款	1 130.00

4.结转出售生产设备产生的净损益。

出售生产设备的过程中，"固定资产清理"科目的借方发生额合计数为73 000.00元（72 000.00+1 000.00），贷方发生额合计数为82 000.00元，余额9 000.00元在贷方。因此，出售该生产设备时形成了处置收益。由于是生产经营期间正常处置情形，因此会计分录如下。

借：固定资产清理	9 000.00
贷：资产处置损益——非流动资产处置利得	9 000.00

注意，企业在处置固定资产时，不动产适用增值税税率为9%，动产适用的增值税税率为13%。

| 范例解析 |　公司仓库遭遇火灾而毁损的账务处理

甲公司是一家服装生产企业，公司有自己的存货仓库。2020年1月21日，仓库发生火灾，整个仓库被烧毁，只收回部分残料，价值4.80万元，已经办理入库。已知该仓库原值为150.00万元，已计提折旧60.00万元，未计提减值准备，其间发生清理费用5 000.00元，增值税进项税额650.00元。经保险公司核定，应由其赔偿公司损失63.00万元。所有款项均已用银行存款结清，假定不考虑其他相关税费，账务处理如下。

1.将毁损的仓库转入清理。

仓库转入清理的价值=150.00-60.00=90.00（万元）

借：固定资产清理	900 000.00
累计折旧	600 000.00

　　　　贷：固定资产　　　　　　　　　　　　　　　1 500 000.00

　　2.仓库毁损后的残料入库。

　　借：原材料　　　　　　　　　　　　　　　　　48 000.00

　　　　贷：固定资产清理　　　　　　　　　　　　　48 000.00

　　3.发生清理费用，用银行存款支付。

　　借：固定资产清理　　　　　　　　　　　　　　5 000.00

　　　　应交税费——应交增值税（进项税额）　　　　650.00

　　　　贷：银行存款　　　　　　　　　　　　　　　5 650.00

　　4.保险公司赔偿损失。

　　借：其他应收款——保险公司　　　　　　　　630 000.00

　　　　贷：固定资产清理　　　　　　　　　　　　630 000.00

　　借：银行存款　　　　　　　　　　　　　　　630 000.00

　　　　贷：其他应收款　　　　　　　　　　　　　630 000.00

　　5.结转毁损仓库的处置净损益。

　　在处置毁损的仓库时，"固定资产清理"科目借方发生额合计905 000.00元（900 000.00+5 000.00），贷方发生额合计678 000.00元（48 000.00+630 000.00），余额在借方，金额为227 000.00元（905 000.00-678 000.00），说明该公司在处置毁损的仓库时形成了净损失。由于是火灾这种非正常原因造成的损失，所以会计分录如下。

　　借：营业外支出——非常损失　　　　　　　　227 000.00

　　　　贷：固定资产清理　　　　　　　　　　　　227 000.00

　　从上述两个案例的账务处理结果可知，固定资产处置过程中，发生的净损益需根据"固定资产清理"科目的余额及其方向确定结转分录。如果企业处置固定资产产生净收益，即"固定资产清理"科目的借贷方差额在贷方，则结转分录中"固定资产清理"科目就在借方；反之，产生净损失时"固定资产清理"科目的借贷方差额在借方，则结转分录中"固定资产清理"科目就在贷方。这样一来，"固定资产清理"账户才能结平。

2.1.5　固定资产发生减值要做账

　　企业在使用各种固定资产的过程中，难免会因为经营环境的变化、科技的进步以及自身经营管理不善等，导致固定资产存在真实价值低于其账面价值的可能性。如果有这种可能性，企业就必须在会计期末对相应的固定资产进行减值损失的确认，账务上体现为计提固定资产减值准备。

当固定资产可能发生减值时，即可收回金额小于账面价值，就应将该固定资产的账面价值减记至可收回金额，而减记的金额就确认为减值损失，计入企业的当期损益，通过"资产减值损失"科目核算，借记"固定资产减值损失——计提的固定资产减值准备"科目，贷记"固定资产减值准备"科目。

| 范例解析 |　计提固定资产的减值准备

2019年底，丙公司对企业内部的财产进行了一次大型的清查盘点工作，发现一台生产设备存在有发生减值的迹象。已知该设备原值为12.00万元，已计提折旧2.40万元，经测定该设备可收回金额只有8.80万元。相关分析和账务处理如下。

生产设备的账面价值=12.00－2.40=9.60（万元）＞可收回金额8.80万元

可收回金额低于设备的账面价值，两者的差额为0.80万元（9.60－8.80）。需要按两者之间的差额计提固定资产减值准备。

借：资产减值损失——计提的固定资产减值准备　　　8 000.00
　　贷：固定资产减值准备　　　　　　　　　　　　　　　　8 000.00

在对固定资产计提减值准备的会计工作中，需要财会人员特别注意的是，固定资产的减值损失一旦确认，在以后会计期间不得转回。换句话说，如果固定资产在以后会计期间测算恢复了部分或全部价值，使可收回金额等于账面价值，也不得进行转回处理。在这方面，与存货和应收账款是不同的，存货和应收账款已经确定的减值损失，如果在以后会计期间又恢复了，则需做转回处理，具体内容见本书第3章的3.2.4和3.2.5节。

2.2
无形资产的价值变动处理

无形资产可简单理解为企业拥有或控制的没有实物形态的可辨认非货币

性资产，会计上一般对无形资产作狭义的理解，将商标权、专利权、非专利技术、著作权以及知识产权等归为无形资产。对企业来说，无形资产也是总资产的一部分，其增减变动同样会引起企业资产结构的变化，因此，财会人员也必须掌握无形资产的有关账务处理。

2.2.1 核算外购无形资产的入账价值

一些处于创立期和成长期的企业，自身没有实力和精力研发生产技术或规划商标，就需要外购技术或请专人设计商标，这样的行为就是外购无形资产。企业外购无形资产时，做账的关键是要确认无形资产的入账价值，即成本。

外购的无形资产入账价值包括购买价款、相关税费和属于使该无形资产达到预定用途的其他支出。外购时，按购买价款和其他支出，借记"无形资产"科目；按增值税专用发票注明的增值税税额，借记"应交税费——应交增值税（进项税额）"科目；按实际支付的货款金额，贷记"银行存款"等科目。

| 范例解析 | 购买其他公司专利权的账务处理

2020年2月25日，乙公司从某企业购得一项专利权，支付价款1 800.00万元，收到增值税专用发票注明税额为108.00万元，所有款项均以银行存款结清。相关账务处理如下。

借：无形资产——专利权	18 000 000.00
应交税费——应交增值税（进项税额）	1 080 000.00
贷：银行存款	19 080 000.00

在外购无形资产时，如果企业收到的增值税发票为普通发票，则发票上记载的增值税税额不能用于抵扣当期的增值税销项税额，所以必须将该部分税额确认为该无形资产的成本入账。另外，无形资产入账价值中的"相关税费"不包括增值税进项税额。

2.2.2 企业自行研发无形资产应如何入账

一些处于成熟期或者经济实力雄厚的企业，通常会组建自己的技术研发团队自行研发技术，或者组织相关人员设计企业的商标，这些行为可统称为自行研发无形资产。以这种方式取得的无形资产，在做账时需要区分研究阶段和开发阶段分别核算费用支出。

如表 2-2 所示的是自行研发无形资产的过程中会涉及的账务处理。

表 2-2　自行研发无形资产的账务处理

情形	账务处理
研究阶段的研发支出	全部费用化处理，通过"研发支出——费用化支出"科目核算，计入当期损益，如借记"管理费用"科目等
开发阶段的研发支出	不满足资本化条件的，通过"研发支出——费用化支出"科目核算，计入当期损益，如借记"管理费用"科目等；满足资本化条件的，通过"研发支出——资本化支出"科目核算，发生时借记该科目，贷记"原材料""银行存款"或"应付职工薪酬"等科目，确认时计入相关资产的成本，如借记"无形资产"科目
无法区分研究阶段和开发阶段的支出	将发生的研发支出全部费用化处理，通过"研发支出——费用化支出"科目核算，计入当期损益，如借记"管理费用"科目

｜范例解析｜　公司研发支出的费用化和资本化处理

2020年初，甲公司为了提高自身生产效率，决定自行研发一项生产技术。截至2020年3月底，共发生研发支出240.00万元，经核定，该项研发活动的研究阶段已经完成，从2020年4月1日开始，该活动正式进入开发阶段。4月底，开发的生产技术经测定达到了预定用途，形成一项非专利技术，4月发生研发支出共200.00万元，其中180.00万元符合相关规定可予以资本化处理，对应的增值税进项税额为23.40万元。所有款项均以银行存款结清。对于该非专利技术的形成，账务处理如下。

1. 2020年1~3月发生研发支出。

借：研发支出——费用化支出　　　　　　　　　　2 400 000.00
　　贷：银行存款　　　　　　　　　　　　　　　　　　　2 400 000.00

2. 2020年3月底，将发生的研发支出计入当期损益。

借：管理费用　　　　　　　　　　　　　　　　　2 400 000.00
　　贷：研发支出——费用化支出　　　　　　　　　　　　2 400 000.00

3. 2020年4月发生研发支出。

费用化的研发支出=200.00-180.00=20.00（万元）

企业共支付款项金额=200.00+23.40=223.40（万元）

借：研发支出——费用化支出   200 000.00

     ——资本化支出   1 800 000.00

  应交税费——应交增值税（进项税额） 234 000.00

  贷：银行存款   2 234 000.00

4. 2020年4月底，将发生的研发支出计入当期损益，并确认无形资产的入账价值。

借：管理费用   200 000.00

  贷：研发支出——费用化支出   200 000.00

借：无形资产   1 800 000.00

  贷：研发支出——资本化支出   1 800 000.00

由该案例的账务处理结果可知，该生产技术的入账成本为180万元。在该案例中，我们没有考虑费用化研发支出的税费问题，实务中费用化研发支出如果有对应的增值税税额，且取得的是增值税专用发票，则也需单独核算这部分税额，借记"应交税费——应交增值税（进项税额）"科目。

2.2.3　无形资产使用过程中要进行摊销

不仅是固定资产使用过程中会发生损耗，就连无形资产使用时间长了，其价值也会降低。且这部分降低的价值需要进行摊销，计入相应的成本、费用中。通俗地讲，对无形资产进行摊销，就是将用于购买或形成无形资产的所有支出确认为相应的成本、费用，从而核算当期的经营损益。

在学习无形资产的摊销账务之前，先要了解摊销工作的一些注意事项，内容如下。

◆ 使用寿命有限的无形资产需进行摊销，使用寿命不确定的无形资产不做摊销处理。

◆ 使用寿命有限的无形资产，其残值一般视为0。

◆ 使用寿命有限的无形资产，从可供使用或达到预定用途的当月开始摊销，而处置当月不再摊销。

◆ 无形资产的摊销方法主要有年限平均法（即直线法）和生产总量法等。

◆ 企业选择的无形资产摊销方法应反映与该项无形资产有关的经济利益的预期实现方式，不能可靠确定预期实现方式的，规定用年限平均法摊销。

通常，无形资产应按月摊销，摊销额应计入企业当期损益。管理用的无形资产，摊销额计入管理费用；出租的无形资产，摊销额计入其他业务成本；生产用的无形资产，摊销额计入生产成本或制造费用。实际摊销时，借记"管理费用""其他业务成本""生产成本"和"制造费用"等科目，贷记"累计摊销"科目。

| 范例解析 |　自用和出租的无形资产摊销处理不同

乙公司拥有一项非专利技术，入账价值为420.00万元，预计使用寿命为20年，2020年1月开始用于生产车间的生产活动。公司采用年限平均法按月对该技术进行摊销，每月摊销时应编制如下会计分录。

每月应摊销的金额=420.00÷20÷12=1.75（万元）

借：生产成本　　　　　　　　　　　　　　　　17 500.00

　　贷：累计摊销　　　　　　　　　　　　　　　　17 500.00

2020年3月，公司将该项非专利技术出租给外单位使用，双方签订合同，并约定租赁期限为5年。同样采用年限平均法摊销。

这时乙公司每月需要摊销的金额依然为1.75万元，只是摊销额不再计入"生产成本"科目，而是计入"其他业务成本"科目。

借：其他业务成本　　　　　　　　　　　　　　　17 500.00

　　贷：累计摊销　　　　　　　　　　　　　　　　17 500.00

在公司将这项非专利技术出租给外单位使用时，收到的租金收入需计入"其他业务收入"科目，这样才能与"其他业务成本"相对应。并且，从2020年3月开始及以后的5年内，每个月都需要编制第二个会计分录，核算非专利技术在出租期间的摊销额。

"累计摊销"科目是"无形资产"科目的备抵科目，即用来准备抵销的科目，是资产负债表中的"无形资产"科目的减项，在会计方向上的增减变动与"无形资产"科目刚好相反，简单来说，就是"累计摊销"科目的增加记贷方，减少记借方，余额一般在贷方。

2.2.4　处置无形资产要分情况处理

处置无形资产时，净损益通过"资产处置损益"或"营业外支出"等科目核算。

如果是将还有使用价值的无形资产进行出售，则按取得的价款扣除无形资产账面价值和出售时发生的相关税费后的差额，计入"资产处置损益"科目。在出售时，按实际收到或应收的款项，借记"银行存款"等科目；按已经计提的摊销额，借记"累计摊销"科目；按无形资产的账面价值，贷记"无形资产"科目；按开具的增值税专用发票注明的增值税税额，贷记"应交税费——应交增值税（销项税额）"科目；按借贷方差额，贷记或借记"资产处置损益"科目（净收益则贷记，净损失则借记）。

| 范例解析 |　出售无形资产的账务处理

甲公司为增值税一般纳税人，2020年2月26日将拥有的一项专利权出售给丁公司，并向丁公司开具了增值税专用发票，注明价款80.00万元，税额6.60万元（税率为6%）。已知该专利权的入账价值为140.00万元，已计提摊销额70.00万元。假设没有发生其他费用，核算公司出售该项专利权的损益情况。

借：银行存款　　　　　　　　　　　　　　　866 000.00
　　累计摊销　　　　　　　　　　　　　　　700 000.00
　　贷：无形资产　　　　　　　　　　　　　　　　1 400 000.00
　　　　应交税费——应交增值税（销项税额）　　　　66 000.00
　　　　资产处置损益　　　　　　　　　　　　　　100 000.00

"资产处置损益"科目100 000.00元由"866 000.00+700 000.00－1 400 000.00－66 000.00"计算得出，因借方合计比贷方合计多100 000.00元，所以"资产处置损益"科目记贷方，表示企业出售无形资产获得收益10.00万元。

如果企业是将没有使用价值的无形资产做报废处理，那么直接将无形资产的账面价值做转销处理，计入"营业外支出"科目。

| 范例解析 |　无形资产报废的账务处理

2020年2月，丙公司对企业的经营范围做了重大调整，因此导致原来的某项专利权没有了任何使用价值，公司只能对其进行报废处理。已知该专利权的入账价值为160.00万元，已计提折旧额112.00万元。假设未发生其他费用，

报废时，财会人员须做如下账务处理。

借：营业外支出　　　　　　　　　　　　　480 000.00

　　累计摊销　　　　　　　　　　　　　1 120 000.00

　　贷：无形资产　　　　　　　　　　　　　　　　1 600 000.00

由该案例的账务处理结果可知，企业报废这一项专利权，最终发生48.00万元的净损失。仔细分析，当企业报废无形资产时，不可能会产生净收益，因为无形资产报废时累计摊销额最多是无形资产的入账价值，此时借方营业外支出为0，表现为不亏不盈。

2.2.5　无形资产也可能发生减值

无形资产在使用过程中和固定资产一样，可能发生可收回金额低于账面价值的迹象，这种迹象就是无形资产减值。按照企业会计信息质量要求中的谨慎性原则，企业不能低估费用，所以需要将无形资产的账面价值减记至可收回金额，减记的金额确认为减值损失，计入当期损益，通过"资产减值损失"科目核算，同时计提资产减值准备。

做会计核算时，按照减记的金额，借记"资产减值损失——计提的无形资产减值准备"科目，贷记"无形资产减值准备"科目。

| 范例解析 |　计提无形资产的减值准备

丁公司为增值税一般纳税人，从成立开始销售业绩一直不错。但从2020年初开始业绩突然下滑。通过调查发现，市场上出现了一种新技术，生产出的产品销售势头非常好，对丁公司的产品造成了重大的不利影响。这也意味着，丁公司的生产技术不再给企业带来竞争优势。经减值测试，发现该专利技术可收回金额为64.00万元。已知丁公司的生产技术入账价值为270.00万元，已计提摊销额175.50万元。对于该生产技术，分析与账务处理如下。

2020年初生产技术账面价值=270.00-175.50=94.50（万元）

账面价值94.50万元＞可收回金额64.00万元，说明该生产设备发生了减值损失，会计人员应按照两者的差额30.50万元（94.50-64.00）对该无形资产计提减值准备。

借：资产减值损失——计提的无形资产减值准备　　305 000.00

　　贷：无形资产减值准备　　　　　　　　　　　　　305 000.00

与固定资产一样,企业无形资产的减值损失一经确认,在以后会计期间不得转回,即使无形资产的价值有所恢复也不得转回。

2.3
长期待摊费用属于资产要素

长期待摊费用是指企业已经支出的,应由本期和以后各个会计期间负担的,分摊期限在一年以上的各项费用,如以经营租赁方式租入的固定资产发生的改良支出、固定资产修理费支出等。

企业应设置"长期待摊费用"科目来核算上述费用支出,有需要的还可按照具体的费用支出项目进行明细核算。当企业发生长期待摊费用时,按照费用金额,借记"长期待摊费用"科目;按当期可抵扣的增值税进项税额,借记"应交税费——应交增值税(进项税额)"科目;按费用金额与税额之和,贷记"原材料""银行存款"等科目。当企业摊销长期待摊费用时,借记"管理费用""销售费用"等科目,贷记"长期待摊费用"科目。

如果"长期待摊费用"科目期末有余额,且余额在借方,则反映企业还没有摊销完的长期待摊费用。

| 范例解析 | 长期待摊费用的核算与摊销处理

2020年1月初,某公司以经营租赁方式租入一栋厂房,并对该厂房进行了改良装修。装修期间发生相关费用80.00万元,装修人员工资30.00万元,已知装修过程中领用了一些购进的生产用材料,价值60.00万元,对应的增值税税额为7.80万元,前期已经全部抵扣完毕。2020年2月底,该厂房装修完工并达到预定可使用状态且交付使用。公司按照租赁期10年采用年限平均法对装修期间产生的待摊费用进行摊销。假定不考虑其他因素,公司财会人员应做如下账务处理。

1.发生的相关费用支出。

借:长期待摊费用   800 000.00

    贷:银行存款   800 000.00

2.发生应付给装修人员的工资。

借：长期待摊费用　　　　　　　　　　　　　　　300 000.00

　　贷：应付职工薪酬　　　　　　　　　　　　　　　300 000.00

3.领用生产用材料，前期已经抵扣的增值税进项税额要做转出处理。

借：长期待摊费用　　　　　　　　　　　　　　　678 000.00

　　贷：原材料　　　　　　　　　　　　　　　　　600 000.00

　　　　应交税费——应交增值税（进项税额转出）　 78 000.00

4.2020年3月开始，每月摊销装修支出。

长期待摊费用总额=800 000.00+300 000.00+678 000.00=1 778 000.00（元）

每月应摊销金额=1 778 000.00÷10÷12=14 816.67（元）

借：管理费用　　　　　　　　　　　　　　　　　14 816.67

　　贷：长期待摊费用　　　　　　　　　　　　　　 14 816.67

　　从该案例的账务处理结果可知，虽然以经营方式租入的固定资产是用于生产活动的厂房，但摊销费用时依然计入"管理费用"科目。这里要说明的是，以经营租赁方式租入的不动产、机器设备等，除了用于销售活动发生的长期待摊费用计入"销售费用"科目，其余的长期待摊费用均计入"管理费用"科目进行核算。

　　需要注意，税法的规定有所不同，比如，企业以经营租赁方式租入固定资产发生的改良支出，应予以资本化，作为长期待摊费用进行合理摊销。而租入固定资产的修理费支出，则可一次性扣除。

　　另外，在对经营租赁方式租入的不动产、生产设备等进行装修、维修时，无论使用的是外购的原材料还是商品，都应将对应已经抵扣的增值税进项税额作转出处理，因为这些材料和商品都已经改变了它们原本的用途。还有一些需要注意的事项如下。

◆　企业租入固定资产的改良支出或装修支出应在租赁期限与预计可使用年限两者孰短的期限内按规定方法摊销。

◆　固定资产发生的大修理支出应在大修理期间按规定方法摊销。

◆　其他长期待摊销费用应在受益期内按规定方法摊销。

知识延伸 固定资产大修理支出的含义

固定资产的修理费用支出，需要同时符合下列条件才可确认为大修理支出。

1.修理支出达到取得固定资产时的计税基础50%以上。

2.修理后固定资产的使用年限延长两年以上。

2.4
融资取得的资产形成负债或所有者权益

企业在设立期或经营过程中都可能因为运营资金短缺而向银行等金融机构借款，或者接受其他投资者投入的资金，从而形成企业的负债或所有者权益。实际上，企业的负债代表企业债权人的权益，因此可概括理解为企业融资取得的资产会形成各方权益。本节主要介绍这些资金来源的账务处理。

2.4.1 向银行借款获得运营资金

当企业向银行借款用于生产、经营活动时，不仅会形成负债，通过"短期借款"或者"长期借款"科目核算，还会形成应支付的借款利息，需通过"应付利息"科目核算。

当企业向银行借入款项时，按实际借得的金额，借记"银行存款"科目，贷记"短期借款"或"长期借款"科目；当核算应支付的借款利息时，借记"财务费用"科目，贷记"应付利息"科目；当实际偿还借款本金和利息时，按借款本金数额，借记"短期借款"或"长期借款"科目，按实际支付的利息数额，借记"应付利息"科目，但实际支付的本息和，贷记"银行存款"科目。

| 范例解析 | 向银行借入为期一年的借款

2020年1月2日，甲公司向其开户行借入一笔生产经营用的短期借款共80.00万元，期限为一年，年利率为4.35%。根据公司与银行签订的借款协议可知，该项借款的本金在到期后一次性偿还，而借款利息需要按月计提、按季支付。该业务的一系列账务处理如下。

1. 1月2日借入为期一年的短期借款。

借：银行存款   800 000.00

　　贷：短期借款   800 000.00

2. 1月末，计提1月的应付利息。

每月应付利息=800 000.00×4.35%÷12=2 900.00（元）

借：财务费用   2 900.00

　　贷：应付利息   2 900.00

2月末需编制计提应付利息的相同会计分录。

3. 3月末无需计提应付利息，直接支付应付利息2 900.00元，计入"财务费用"科目，同时转销已计提的1月和2月的应付利息5 800.00元（2 900.00×2）。

借：财务费用   2 900.00

　　应付利息   5 800.00

　　贷：银行存款   8 700.00

4. 到2021年1月2日偿还银行借款本金和第四季度的借款利息。

借：财务费用   2 900.00

　　应付利息   5 800.00

　　短期借款   800 000.00

　　贷：银行存款   808 700.00

　　一般来说，在实务中企业向银行借款如果按月支付利息，则不需要计提应付利息，直接在每月支付利息时将利息支出计入"财务费用"科目核算，同时以银行存款支付即可。对企业来说，借入短期借款或者长期借款，会形成企业的一项负债，对应的则是借款银行这一债权人的权益。

2.4.2　接受投资者的投资要核算所有者权益

　　很多企业在设立初期会接受一些投资者对企业的投资，包括现金、实物等，形成企业的所有者权益。当企业接受投资时，需要按照实际收到的现金或者实物资产价值，借记"银行存款""原材料"或"固定资产"等科目，贷记"实收资本"和"资本公积"等科目。

　　通常，投资者投入的资本均计入实收资本，但有时投资者投入的资本超过了其在企业注册资本中所占份额，就会多出一部分投资款，这部分多出的投资款就需要计入资本公积，所以会计分录的贷方可能涉及"资本公积"科目。

| 范例解析 |　接受投资者投入的现金款

2020年3月9日，某公司正式成立，具体由3位投资者投资组建。已知A、B、C分别投入现金款150.00万元、150.00万元和200.00万元，公司的注册资本刚好为500.00万元。账务处理如下。

借：银行存款　　　　　　　　　　　　　　　5 000 000.00
　　贷：实收资本——A　　　　　　　　　　　1 500 000.00
　　　　　　　　——B　　　　　　　　　　　1 500 000.00
　　　　　　　　——C　　　　　　　　　　　2 000 000.00

如果该公司的注册资本为400.00万元，投资协议中约定A和B分别占比30%，C占比40%。则此时账务处理如下。

确认A和B的实收资本分别为：400.00×30%=120.00（万元）。

确认C的实收资本为：400.00×40%=160.00（万元）。

多出的投资款=150.00+150.00+200.00-120.00-120.00-160.00=100.00（万元）

借：银行存款　　　　　　　　　　　　　　　5 000 000.00
　　贷：实收资本——A　　　　　　　　　　　1 200 000.00
　　　　　　　　——B　　　　　　　　　　　1 200 000.00
　　　　　　　　——C　　　　　　　　　　　1 600 000.00
　　　　资本公积——资本溢价　　　　　　　　1 000 000.00

实际上，有一些投资者在决定对某企业进行投资时，手里并没有多余的现金，但又想要开展投资活动，于是就向被投资企业投入原材料或者生产设备等实物资产，以评估价格入账确认实收资本。注意，确认实收资本和资本公积的方法与接受现金款投资是一样的，只是借方科目有所区别。

| 范例解析 |　接受投资者投入的生产设备

假设2020年3月9日，某公司由A、B、C3位投资者投资组建成立。已知A投入一台生产设备，评估价值为150.00万元，B投入现金款150.00万元，C投入现金款200.00万元，公司的注册资本为500.00万元。相关账务处理如下。

借：银行存款   3 500 000.00

   固定资产——生产设备   1 500 000.00

  贷：实收资本——A   1 500 000.00

       ——B   1 500 000.00

       ——C   2 000 000.00

如果该公司注册资本为400.00万元，且投资协议中约定A和B分别占比30%，C占比40%。则此时账务处理如下。

借：银行存款   3 500 000.00

   固定资产——生产设备   1 500 000.00

  贷：实收资本——A   1 200 000.00

       ——B   1 200 000.00

       ——C   1 600 000.00

   资本公积——资本溢价   1 000 000.00

同理，如果企业接受的投资是以原材料作价，则将案例中会计分录的借方科目"固定资产——生产设备"改成"原材料"科目即可。在这两个案例中，涉及的"实收资本"和"资本公积"科目都是所有者权益类科目，是企业所有者权益的组成部分。

2.5
投资行为引起资产结构变动

企业的投资行为在经营管理工作中具体指各种投资活动，包括企业长期资产的购建和不包括在现金等价物内的投资及其处置活动。比如固定资产、无形资产、其他资产和持有期限在一年或一个营业周期以上的资产的购建，企业向外单位投资以期获得投资收益的各种活动。

那么，投资行为如何影响企业的资产结构呢？一方面，企业利用现金购建各种资产时，资产中的库存现金或银行存款会相应减少，但同时资产中的固定资产、无形资产和长期股权投资等会相应增加，这直接影响企业内部流动资产与非流动资产之间的结构。另一方面，企业进行对外投资时若获得投资收益，则会影响企业当期经营利润，进而影响企业盈余公积的分配（当盈余公积已经提足比例的除外），从而增加企业所有者权益，引起资产结构变动。下面对企业除购建资产外的一些典型的投资行为作介绍分析。

◆ 企业购买外单位发行的股票

一般来说，企业购买股票、债券或基金的目的大多数都是赚取差价，从而获得收益。在会计上，统一将企业为近期内出售而持有的这样一些金融资金划归为交易性金融资产，并通过"交易性金融资产"科目进行核算。

该科目借方登记金融资产的取得成本、资产负债表日金融资产公允价值高于账面余额的差额，以及出售金融资产时结转公允价值低于账面余额的变动金额；贷方登记资产负债表日金融资产公允价值低于账面余额的差额和出售金融资产时结转的成本以及公允价值高于账面余额的变动金额。

另外，企业应按照交易性金融资产的类别和品种，设置"成本"和"公允价值变动"等明细科目进行明细核算。在核算过程中还需通过"公允价值变动损益"科目核算企业的各种交易性金融资产的公允价值变动形成的应计入当期损益的利得或损失。

"公允价值变动损益"科目的借方登记资产负债表日企业持有的交易性金融资产的公允价值低于账面余额的差额；贷方登记资产负债表日企业持有的交易性金融资产的公允价值高于账面余额的差额。

在持有交易性金融资产期间，企业还需借助"应收利息""应收股利"和"投资收益"等科目核算获取的债券利息、股票股利和具体的投资获利。下面就通过一个实际案例来了解企业购买股票的整个流程中可能涉及的账务处理。

| 范例解析 | 公司购买股票的账务处理

2019年3月1日，乙公司从某证券交易所购入丙上市公司的一只股票80.00万股，该笔股票投资在购买日的公允价值为800.00万元（其中包含了已宣告但尚未发放的现金股利48.00万元），另外还支付了相关交易费用2.00万元，并取得增值税专用发票，注明增值税税额为1 200.00元（金融服务的增值税税率为6%）。

2019年3月20日，乙公司收到丙上市公司向其发放的现金股利48.00万元，并存入银行。2019年6月30日，乙公司持有的丙公司股票的公允价值为688.00万元。2019年12月31日，乙公司持有的丙公司股票的公允价值为992.00

万元。2020年3月31日，乙公司出售了持有的全部丙上市公司股票，收到价款为968.00万元。不考虑相关税费和其他因素，账务处理如下。

1.2019年3月1日，购入股票，确认交易性金融资产的成本和应收项目，同时支付交易费用。

借：交易性金融资产——丙上市公司股票——成本　　 7 520 000.00
　　应收股利——丙上市公司股票 　　　　　　　　　 480 000.00
　　　贷：其他货币资金——存出投资款 　　　　　　　　　　 8 000 000.00
借：投资收益——丙上市公司股票 　　　　　　　　　　 20 000.00
　　应交税费——应交增值税（进项税额） 　　　　　　　 1 200.00
　　　贷：其他货币资金——存出投资款 　　　　　　　　　　　 21 200.00

2.2019年3月20日，收到丙公司发放的现金股利。

借：其他货币资金——存出投资款 　　　　　　　　　 480 000.00
　　　贷：应收股利——丙上市公司股票 　　　　　　　　　　 480 000.00

3.2019年6月30日，确认丙上市公司股票的公允价值变动损益64.00万元（752.00-688.00），公允价值在减小。

借：公允价值变动损益——丙上市公司股票 　　　　　　 640 000.00
　　　贷：交易性金融资产——丙上市公司股票——公允价值变动 　 640 000.00

4.2019年12月31日，确认丙上市公司股票的公允价值变动损益304.00万元（992.00-688.00），公允价值在增大。

借：交易性金融资产——丙上市公司股票——公允价值变动　 3 040 000.00
　　　贷：公允价值变动损益——丙上市公司股票 　　　　　　 3 040 000.00

5.2020年3月31日，出售持有的股票，确认投资收益，转销股票成本。

由于前期乙公司持有丙公司股票发生了共240.00万元（304.00-64.00）的公允价值变动，且为公允价值上升，而股票初始成本为752.00万元，当前出售所持股票获得968.00万元低于其公允价值992.00万元，因此表现为投资损失，"投资收益"科目应在借方，金额为24.00万元（992.00-968.00）。

借：其他货币资金——存出投资款 　　　　　　　　　 9 680 000.00
　　投资收益——丙上市公司股票 　　　　　　　　　　 240 000.00
　　　贷：交易性金融资产——丙上市公司股票——成本 　　　 7 520 000.00
　　　　　　　　　　　　　　　　　　——公允价值变动 2 400 000.00

知识延伸｜股票买卖的账务处理细节说明

企业在取得交易性金融资产时，应按照交易性金融资产取得时的公允价值作为入账金额，确认成本；取得交易性金融资产所支付的价款中包含了已宣告但尚未发放的现金股利或已到付息期但尚未领取的债券利息，应单独确认为应收项目，如"应收股利"或"应收利息"；取得交易性金融资产时支付的交易费用，不构成交易性金融资产的入账金额，应单独计入"投资收益"的借方，以冲减股票的投资收益。另外，股票交易中涉及的资金往来，均需通过专门开设的资金账户进行款项划转，因此需通过"其他货币资金——存出投资款"科目进行资金往来核算。

◆ 直接对外单位投资资金以获取股权

以现金购入长期股权投资，按实际支付的全部价款（包括支付的税金和手续费等相关费用）作为投资成本，但如果实际支付的价款中含有已宣告但尚未领取的现金股利，则需按减去现金股利后的差额作为投资的实际成本。投资并取得股权时，借记"长期股权投资""应收股利"等科目，贷记"银行存款"科目。

采用不同的方法核算长期股权投资时，账务处理是不同的。采用成本法核算的，除了追加或收回投资时长期股权投资的账面余额会变，其他情况下账面余额一般应保持不变。采用权益法核算的，账面余额需根据享有被投资单位所有者权益份额的变动进行调整。

｜范例解析｜ 向外单位投入资金获取股权

2019年3月15日甲公司支付现金500.00万元取得丁公司15%的股权（不具有重大影响），发生相关税费1.50万元，以成本法核算。2019年6月15日，丁公司宣告分配2018年实现的净利润，待分配现金股利100.00万元，2019年6月25日甲公司收到这部分现金股利。

2019年丁公司发生巨额亏损，年末甲公司对丁公司的投资按当时市场收益率对未来现金流量折现确定的现值为300.00万元。2020年3月20日甲公司将持有的丁公司全部股权转让给其他企业，收到股权转让款310.00万元。不考虑相关税费和其他因素，账务处理如下。

1.2019年3月15日支付投资款并取得股权，入账金额为501.50万元。

借：长期股权投资——丁公司　　　　　　　　　5 015 000.00

    贷：银行存款   5 015 000.00

  2.2019年6月15日，确认应收股利15.00万元（100.00×15%），6月25日，收到现金股利。

    借：应收股利   150 000.00
      贷：投资收益   150 000.00
    借：银行存款   150 000.00
      贷：应收股利   150 000.00

  3.2019年末，确认资产减值损失201.50万元（501.50-300.00）。

    借：资产减值损失   2 015 000.00
      贷：长期股权投资减值准备   2 015 000.00

  4.2020年3月20日转让股权，确认投资收益10.00万元（310.00+201.50-501.50）。

    借：银行存款   3 100 000.00
      长期股权投资减值准备   2 015 000.00
      贷：长期股权投资——丁公司   5 015 000.00
        投资收益   100 000.00

03

经济交易核算往来账

当企业与外单位发生经济交易时，会计处理上会涉及一些应收应付款、预收预付款、其他应收应付款及坏账损失等问题的处理，目的是记录经济交易的往来账情况，督促企业及时收回货款或偿还债务。

3.1
向供应商采购货物的账务处理

对生产性企业来说，经营的初始必然是向供应商采购用于生产产品的原材料，才能开展后续的销售业务。但在与供应商发生原材料采购的经济交易时，如果没有当即付款，则必然产生往来账，财会人员要认真做好记录。同样，商品流通企业在购进待售的商品时，也可能出现往来账，也需做账。

3.1.1 生产性企业采购原材料分时间段做账

生产性企业在采购原材料时，若支付方式不同，那么原材料的入库时间和付款时间可能一致，也可能不一致，账务处理上就会有区别。比如购销业务一发生就立即付款并收到原材料的，这时的账务处理最简单，如下所示。

借：原材料

应交税费——应交增值税（进项税额）

贷：银行存款

实际经济交易中，并不会有太多这种现货现款的情况，大多数都是材料入库时间与付款时间不一致，此时需要企业设置"应付账款"科目来核算应付而尚未支付的款项。下面通过比较详细的过程介绍生产性企业采购原材料分时间段做账的处理。

当企业向供应商采购原材料后，货物已经发出，且供应商已经开出增值税专用发票，但企业尚未收到货物，也未支付货款。此时不能将货物作原材料入账，同时还需确认应付账款。

| 范例解析 | 原材料从购买到入库的账务处理

2020年3月16日，甲公司向某原材料供应商购进一批原材料，价值12.00万元，当天供应商开出增值税专用发票，注明税额为15 600.00元（增值税税率13%），当天未收到材料。3月17日，甲公司收到原材料并验收入库，同时用银行存款向供应商支付了该笔货款。相关账务处理如下。

1. 2020年3月16日，采购原材料未入库，且未付款，需确认在途物资和应付账款。

借：在途物资   120 000.00

     应交税费——应交增值税（进项税额）   15 600.00

     贷：应付账款——××供应商   135 600.00

2. 3月17日，收到材料并验收入库，支付货款，需将在途物资转入原材料，核算原材料入账价值，同时转销应付账款。

借：原材料   120 000.00

     贷：在途物资   120 000.00

借：应付账款——××供应商   135 600.00

     贷：银行存款   135 600.00

针对该案例中的甲公司，如果在 3 月 17 日收到原材料并验收入库后，当天依然没有支付货款，则此时账务处理又与案例中的有些差别。

| 范例解析 | 原材料已入库但款项尚未支付

2020年3月16日，甲公司向某原材料供应商购进一批原材料，价值12.00万元，当天已收到供应商开出的增值税专用发票，注明税额15 600.00元，但当天没有收到货物，也没有支付货款。3月17日原材料验收入库，当天依然没有支付货款，3月18日，公司用银行存款支付了该批原材料货款和相关税费。

这种情况下，甲公司2020年3月16日要编制的会计分录与前一个案例相同，账务处理的不同点从3月17日开始。

1. 3月17日，收到材料并验收入库，未付货款，需将在途物资转入原材料，核算原材料入账价值。

借：原材料   120 000.00

     贷：在途物资   120 000.00

2. 3月18日，支付货款和相关税费，转销应付账款。

借：应付账款——××供应商   135 600.00

     贷：银行存款   135 600.00

从会计分录本身来看，两个案例中涉及的会计分录是一样的，但是从按时间顺序填制记账凭证的角度看，会计分录的编制时间是不同的。在权责发生制的会计基础前提下，这样的账务处理也被认为是不同的。

3.1.2　商品流通企业购入日后待售的物品

从生产经营环节的不同来区分经济市场中的企业类型时，除了有生产性企业，还有一类比较典型的就是商品流通企业，它们不参与商品的生产活动，而是直接涉足商品的各个销售环节，主要以商品的进销差价作为盈利方式。可简单理解为，商品流通企业购入的货物通常是能直接出售的商品，而不是原材料。

商品流通企业在采购货物时同样会遇到不能立即支付货款的情况，此时也需要通过"应付账款"科目核算应付而未付的款项。与生产性企业不同的是，商品流通企业购入的货物一般是准备直接出售的，因此购入时需要确认的是库存商品的入账价值，而不再是原材料的入账价值。增值税的处理参照原材料采购业务。

┃范例解析┃　公司买入留待直接出售的商品

某公司为商品流通型企业，2020年3月13日从外单位购入一批价值9.00万元的产品，收到外单位开具的增值税专用发票，注明增值税税率和税额分别为13%和11 700.00元。当天商品全部验收入库但款项尚未支付。账务处理如下。

借：库存商品　　　　　　　　　　　　　　　90 000.00
　　应交税费——应交增值税（进项税额）　　11 700.00
　　贷：应付账款——××公司　　　　　　　　　101 700.00

3.1.3　公司购买材料预先支付了定金

在实务中，除了常见的购买货物暂未支付款项的情况外，还有一类是购买方还未收到货物就已经先支付一定货款的情况。这类情况一般出现在购销双方还未建立良好的合作关系或双方之间的信任度还不够时，需要购买方先支付一定数额的定金来担保对应的购销业务会发生。

对采购企业来说，虽然是预付了一部分货款，但在购买的货物所有权还没有从销售方转移出来时，支付的货款就仍然算是采购企业的资金，对应涉及的"预付账款"科目就属于企业会计核算中的资产类科目。这与"应付账款"科目属于企业会计核算中的负债类科目不同。

"预付账款"科目用来反映和监督企业预付账款的增减变动和结存情况，

借方登记预付的款项和补付的款项，贷方登记计入"原材料"等科目的金额和收回的多付款项的金额，期末借方余额表示企业实际预付的款项，贷方余额表示企业应付或应补付的金额。

| 范例解析 | **核算采购原材料发生的预付账款**

2020年3月17日，乙公司向某新开拓的供应商采购原材料，价款8.00万元，双方签订购销合同，约定乙公司先支付3.00万元货款，货物验收无误后再支付剩余的货款。3月19日，乙公司收到供应商开具的增值税专用发票，注明增值税税率和税额分别为13%和10 400.00元，当天还将原材料做了验收入库，并用银行存款支付了剩余货款。该购货交易涉及的账务处理如下。

1. 2020年3月17日，签订合同，预付部分货款。

借：预付账款　　　　　　　　　　　　　　　　30 000.00

　　贷：银行存款　　　　　　　　　　　　　　　　30 000.00

2. 3月19日，收到增值税发票，材料验收入库，支付剩余货款。

剩余货款=80 000.00+80 000.00×13%−30 000.00=60 400.00（元）

借：原材料　　　　　　　　　　　　　　　　　80 000.00

　　应交税费——应交增值税（进项税额）　　　10 400.00

　　贷：预付账款　　　　　　　　　　　　　　　　90 400.00

借：预付账款　　　　　　　　　　　　　　　　60 400.00

　　贷：银行存款　　　　　　　　　　　　　　　　60 400.00

对于预先支付部分或全部货款的情况，采购企业需在最后验收原材料或货物时先以材料价款和税费合计的全额冲减预付账款，然后编制补付货款的会计分录。

知识延伸 | 不单独设置"预付账款"科目时如何做账

在实际业务中，有些企业的预付款项情况不多，此时可不用单独设置"预付账款"科目，可以将预付的款项通过"应付账款"科目核算。比如，实际支付预付款项时，借记"应付账款"科目，贷记有关科目，可简单理解为冲减该笔业务后期的应付账款。

3.2
销售商品给客户的账务处理

无论是生产性企业，还是商品流通企业，在将经营商品或拥有的材料卖给购货方时，均要确认主营业务收入或其他业务收入，至于确认收入的时间，要根据不同情况而定，主要有如表3-1所示的一些情况。

表 3-1　销售商品确认收入的时间

情况	收入确认时间
销售商品采用托收承付方式的	在办妥托收手续时确认收入
销售商品采用预收款方式的	在发出商品时确认收入
销售商品采用支付手续费方式委托代销的	在收到受托方提供的代销清单时确认收入
销售商品需要安装和检验的	在购买方接受商品以及安装和检验完毕时确认收入

另外，企业在销售业务中，具体将哪一个金额确认为主营业务收入或其他业务收入，这也是有讲究的。本节就来学习不同销售情况下的收入确认处理。

3.2.1　销售商品给客户要确认主营业务收入

主营业务收入是指企业从事营业执照注明的经营范围内的经营活动取得的营业收入，通俗理解为是企业销售主营产品或提供主要服务而取得的收入。比如工业企业的主营业务收入通常是产品销售收入，建筑业企业的主营业务收入通常是工程结算收入，房地产业企业的主营业务收入通常是房屋销售收入。换句话说，主营业务收入与企业的主要经济活动直接相关。

企业需设置"主营业务收入"科目来核算主营业务收入的获取情况，同时，在确认主营业务收入时，还需确认增值税销项税额。下面就从不同情形的销售业务出发，了解主营业务收入的账务处理。

（1）一般的销售业务核算主营业务收入

这里所说的一般销售业务是指销货方按照购销合同约定的原价将货物售

给购买方，购买方验收无误入库并按时支付了货款的，不存在任何商业折扣、现金折扣、销售折让甚至销售退回等特殊问题。

在一般销售业务中，如果遇到立即交付商品并立即收到货款的情况，则账务处理比较简单，编制如下会计分录即可。

借：银行存款

　　贷：主营业务收入

　　　　应交税费——应交增值税（销项税额）

然而，在实际经济交易过程中，作为购买方可能有不能立即支付货款的情况，则此时作为销货方，也就不能立即收到货款，那么就需要借助"应收账款"科目核算应收而尚未收到的款项。

该科目在企业会计处理上属于资产类科目，借方登记应收账款的增加数，贷方登记应收账款的收回和确认的坏账损失，期末余额一般在借方，表示企业应收但尚未收回的应收账款，但如果期末余额在贷方，一般表示企业预收的账款。

| 范例解析 | 出售的商品已发出但尚未收到货款

2020年3月16日，丙公司对外出售一批商品，价值10.00万元，当天向购买方发出了商品，并开具了增值税专用发票，注明增值税税率和税额分别为13%和13 000.00元。当天未收到货款，账务处理如下。

借：应收账款　　　　　　　　　　　　　113 000.00

　　贷：主营业务收入　　　　　　　　　100 000.00

　　　　应交税费——应交增值税（销项税额）　13 000.00

在该案例中，由于丙公司在3月16日发出了商品，且开出了增值税专用发票，所以会计上应确认主营业务收入和增值税销项税额，但因为没有收到货款，所以将应收的货款和相应的增值税销项税额合计数核算为应收账款。到后期，丙公司收到货款时，将应收账款进行转销，编制如下会计分录。

借：银行存款　　　　　　　　　　　　　113 000.00

　　贷：应收账款　　　　　　　　　　　113 000.00

（2）发生商业折扣的主营业务收入的处理

商业折扣是销售方为了促进商品的销售而给予购货方的价格优惠，一般与销售行为同时发生，因此，要按照商品原价扣除商业折扣金额后的余额作为主营业务收入的入账金额。用公式表示如下。

$$收入金额=售价-商业折扣金额$$

在经济活动中，常见的商业折扣方案有：购买×件以上商品给予客户×%的折扣，或者是客户购买×件送×件等。下面来看一个实例。

│范例解析│　核算发生商业折扣的收入

2020年3月18日，甲公司与乙公司针对商品购销业务签订买卖合同。甲公司承诺乙公司购买500套及以上可享受8%的折扣。乙公司经再三考虑，决定与甲公司签订500套商品买卖合同，不含税价格75 000.00元，折扣后的不含税价格69 000.00元。

3月19日甲公司将该批商品发往乙公司（暂不考虑运费），并开出增值税专用发票，注明税率、售价、折扣金额和税额等分别为13%、75 000.00元、6 000.00元（75 000×8%）和8 970.00元（75 000.00×92%×13%）。

已知该批商品的成本为40 500.00元，当天收到乙公司开具的一张不带息银行承兑汇票，面额为77 970.00元。针对该项业务做出如下账务处理。

根据业务情况可确定此次商品买卖活动发生了商业折扣，在确认主营业务收入时需以扣除商业折扣金额后的余额入账。

扣除商业折扣金额后的余额=75 000.00-6 000.00=69 000.00（元）

借：应收票据　　　　　　　　　　　　　　77 970.00
　　贷：主营业务收入　　　　　　　　　　　69 000.00
　　　　应交税费——应交增值税（销项税额）　8 970.00
借：主营业务成本　　　　　　　　　　　　40 500.00
　　贷：库存商品　　　　　　　　　　　　　40 500.00

当甲公司在票据到期后的规定时间内提示付款并收到货款时，编制如下会计分录。

借：银行存款　　　　　　　　　　　　　　　77 970.00
　　贷：应收票据　　　　　　　　　　　　　　　77 970.00

注意，在销售业务中，一般会在确认收入时结转商品的成本，同时减少销售方的库存商品账面余额。

> **知识延伸｜关于"应收票据"科目的说明**
>
> "应收票据"科目用于反映和监督企业应收票据的取得与收回等情况，借方登记取得的应收票据的面值，贷方登记到期收回票款或到期前向银行贴现的应收票据的票面余额，期末余额在借方，表示企业持有的商业汇票的票面余额。由此可见，"应收票据"属于资产类科目。如果涉及带息票据，则票据利息可冲减企业的财务费用。
>
> 商业汇票是一种由出票人签发的，委托付款人在指定日期无条件支付确定金额给收款人或持票人的票据。经济交易中常见的商业汇票有两种：商业承兑汇票和银行承兑汇票。

（3）发生现金折扣的主营业务收入的处理

现金折扣是销售方为了鼓励购货方在规定的期限内付款而向购货方提供的债务扣除，一般在销售行为发生后发生。因此，要按照商品原价确认主营业务收入的入账金额，发生的现金折扣金额确认为销售方的财务费用。用公式表示如下。

$$收入金额=售价$$

在经济活动中，现金折扣通常用符号"折扣率／付款期限"来表示，常见的折扣方案如"2/10，1/20，N/30"，表示销货方允许购货方最长的付款期限为 30 天，如果购货方在 10 天内付款，则销货方可按商品售价给予其 2%的折扣；如果在 11～20 天内付款，则销货方可按商品售价给予其 1%的折扣；如果在 21～30 天内付款，购货方将不能享受现金折扣。来看一个具体案例。

｜范例解析｜　核算发生现金折扣的收入

2020年3月19日，甲公司与丙公司签订了商品购销合同，合同约定了现金折扣方案为"2/10，1/20，N/30"，并约定按不包含增值税的价款提供现金折扣。

已知该批商品不含税售价为68 000.00元，成本为39 800.00元，当天发出了商品并开出了增值税专用发票，注明税率和税额分别为13%和8 840.00元。3月23日甲公司收到丙公司支付的货款，银行收讫。相关账务处理如下。

甲公司售出商品的时间为3月19日，丙公司支付价款的时间为3月23日，属于10天内付款，按合同约定可享受2%的现金折扣。

现金折扣金额=68 000.00×2%=1 360.00（元）

1. 2020年3月19日，签订合同并发出商品，开出增值税专用发票。需要确认收入并结转成本。

借：应收账款　　　　　　　　　　　　　　　　76 840.00
　　贷：主营业务收入　　　　　　　　　　　　　　68 000.00
　　　　应交税费——应交增值税（销项税额）　　　8 840.00
借：主营业务成本　　　　　　　　　　　　　　39 800.00
　　贷：库存商品　　　　　　　　　　　　　　　39 800.00

2. 3月23日，收到货款，发生现金折扣，确认财务费用。

实际收到的货款金额=76 840.00−1 360.00=75 480.00（元）

借：银行存款　　　　　　　　　　　　　　　　75 480.00
　　财务费用　　　　　　　　　　　　　　　　　1 360.00
　　贷：应收账款　　　　　　　　　　　　　　　76 840.00

如果该案例中，甲公司与乙公司签订的购销合同中约定按包含增值税的价款提供现金折扣，其他条件不变，则现金折扣金额为：（68 000.00+8 840.00）×2%=1 536.80（元），此时，3月19日编制的会计分录不变，而3月23日实际收到的货款就会变成75 303.20元（76 840.00−1 536.80），也就是说，23日编制的会计分录中，"银行存款"科目对应金额为75 303.20元，"财务费用"科目对应金额为1 536.80元。

（4）发生销售折让的主营业务收入的处理

销售折让是指销货方因售出的商品质量不符合要求等原因而在售价上给予购货方的减让，可能发生在销货方确认收入前，也可能发生在确认收入后，两种情形下的账务处理是不同的。

如果销售折让发生在销货方确认收入前，则在最终确认收入时按照售价扣除销售折让金额后的余额入账，计算时可参考发生商业折扣的计算公式，并按余额计算增值税销项税额。因为此时销货方售出的商品没有退回，所以结转的成本是所有商品的成本。

如果销售折让发生在销货方确认收入后，则在开始确认收入时按照售价入账，并按售价计算增值税销项税额；在发生销售折让时冲减主营业务收入和增值税销项税额，但主营业务成本依然是所有售出商品的成本。

下面通过一个具体的案例，分析这两种情况下的账务处理。

| 范例解析 |　核算发生销售折让的收入

2020年3月20日，乙公司向丙公司销售了一批商品，售价7.00万元，成本3.80万元，当天商品已发出，并开具了增值税专用发票，注明税率和税额分别为13%和9 100.00元，确认收入但货款尚未收到。

21日商品到达丙公司后在验收时发现质量不符合合同的要求，要求乙公司在价格上给予5%的折让。经查证，丙公司提出的销售折让要求符合合同的约定，于是乙公司同意并办妥了相关手续。

23日乙公司按照折让金额向丙公司开具了红字增值税专用发票，发生的销售折让允许扣减当期增值税销项税额。相关账务处理如下。

乙公司在3月20日发出商品并开出增值税专用发票时就确认了收入，而销售折让发生在23日，在确认收入之后。

1. 2020年3月20日，发出商品，确认收入，结转成本。

借：应收账款　　　　　　　　　　　　　　　79 100.00

　　贷：主营业务收入　　　　　　　　　　　70 000.00

　　　　应交税费——应交增值税（销项税额）　9 100.00

借：主营业务成本　　　　　　　　　　　　　38 000.00

　　贷：库存商品　　　　　　　　　　　　　38 000.00

2. 3月23日，开出红字发票，发生销售折让，冲减收入并扣减当期增值税销项税额。

销售折让金额=70 000.00×5%=3 500.00（元）

允许扣减的当期销项税额=3 500.00×13%=455.00（元）

借：主营业务收入   3 500.00

     应交税费——应交增值税（销项税额）   455.00

  贷：应收账款   3 955.00

3.乙公司后期收到货款时实际可以收到的金额为75 145.00元（79 100.00-3 955.00），需编制如下会计分录。

借：银行存款   75 145.00

  贷：应收账款   75 145.00

如果3月20日乙公司没有开出增值税专用发票，同时也没有确认收入，只是向丙公司发出了这批商品，然后在21日同意丙公司的销售折让请求后收到丙公司的付款承诺，23日乙公司向丙公司开具了增值税专用发票，注明相应的价款和税率，同时确认收入。这种情形下，乙公司的账务处理如下。

乙公司在23日发生实际的销售折让，并且是在折让后才确认收入。

1. 2020年3月20日，发出商品。

借：发出商品   38 000.00

  贷：库存商品   38 000.00

2. 3月23日，开出增值税专用发票，确认收入，结转成本。

以扣除销售折让后的金额作为收入入账，为66 500.00元（70 000.00-3 500.00），增值税销项税额为8 645.00元（66 500.00×13%）。

借：应收账款   75 145.00

  贷：主营业务收入   66 500.00

     应交税费——应交增值税（销项税额）   8 645.00

借：主营业务成本   38 000.00

  贷：发出商品   38 000.00

乙公司后期收到货款时，应编制的会计分录与第一种情形的一样。

从案例可知，如果企业发生的销售折让是在确认收入之后，则前期需按照原来的售价确认主营业务收入和增值税销项税额，在发生销售折让时进行收入和销项税额的冲减。

如果发生在确认收入之前，则会涉及一个新的会计科目"发出商品"，以暂时核算发出商品的成本，最后确认主营业务收入时直接以原价扣除了销售折让后的金额入账。

（5）发生销售退回的主营业务收入的处理

销售退回是指购货方在收到购买的商品时发现商品有质量问题而向销货方请求退回商品，可能发生在销货方确认收入前，也可能发生在确认收入后，两种情形的账务处理有区别。

如果销售退回发生在销货方确认收入前，则在最终确认收入时按照售价扣除销售退回金额后的余额入账，并按余额计算增值税销项税额。因为此时销货方售出的商品被退回，所以还需冲减当期发出商品的成本。

如果销售退回发生在销货方确认收入后，则在开始确认收入时按照售价入账，并按售价计算增值税销项税额，同时结转成本。在发生销售退回时冲减主营业务收入、增值税销项税额和商品成本。

下面同样通过一个具体的案例，了解这两种情形下的账务处理。

| 范例解析 | 发生销售退回的账务处理

2020年3月18日，乙公司向丁公司销售了一批商品，售价12.00万元，成本为7.90万元。当天商品已经发出，并开具了增值税专用发票，注明税率和税额分别为13%和15 600.00元，当天收到了货款并确认了收入。19日丁公司收到商品，但在验收时发现了1/3的商品有严重的质量问题，于是向乙公司提出退货要求。

乙公司经查证丁公司提出的退货要求符合双方签订的购销合同的约定，于是同意退货。19日向丁公司开具了红字增值税专用发票，注明退回金额和对应的销项税额分别为40 000.00元（120 000.00×1/3）和5 200.00元（15 600.00×1/3），当天验收了退回的商品并做了入库处理，向丁公司退还了相应的货款。账务处理如下。

3月18日乙公司确认了收入，3月19日发生销售退回，属于发生在确认收入之后的情形。

1. 2020年3月18日，发出商品，开具发票，确认收入并收到货款，结转商品的成本。

借：银行存款　　　　　　　　　　　　　　　135 600.00

　　贷：主营业务收入　　　　　　　　　　　120 000.00

　　　　应交税费——应交增值税（销项税额）　 15 600.00

借：主营业务成本　　　　　　　　　　　　　 79 000.00

　　贷：库存商品　　　　　　　　　　　　　　79 000.00

2. 3月19日，开出红字增值税专用发票，发生销售退回，冲减当期销售收入、增值税销项税额和商品成本。

退回商品对应的成本=79 000.00×1/3=26 333.33（元）

借：主营业务收入　　　　　　　　　　　　　 40 000.00

　　应交税费——应交增值税（销项税额）　　　 5 200.00

　　贷：银行存款　　　　　　　　　　　　　　45 200.00

借：库存商品　　　　　　　　　　　　　　　 26 333.33

　　贷：主营业务成本　　　　　　　　　　　　26 333.33

如果3月18日只是发出了商品，没有开具增值税专用发票，也没有收到货款，更没有确认收入，然后在19日同意丁公司提出的退货要求后，收到丁公司的付款承诺，向丁公司开具了增值税专用发票，注明了相关的金额和税率，当天收到退回的商品并验收入库，同时收到了丁公司支付的货款，确认收入。该情形下的账务处理如下。

1. 2020年3月18日，发出商品。

借：发出商品　　　　　　　　　　　　　　　 79 000.00

　　贷：库存商品　　　　　　　　　　　　　　79 000.00

2. 3月19日，开出发票，收到退回的商品并验收入库，需要冲减商品成本，同时收到货款并确认收入。

收入的入账金额=120 000.00×（1-1/3）=80 000.00（元）

增值税销项税额=80 000.00×13%=10 400.00（元）

借：银行存款　　　　　　　　　　　　　　　 90 400.00

　　贷：主营业务收入　　　　　　　　　　　　80 000.00

　　　　应交税费——应交增值税（销项税额）　 10 400.00

借：库存商品　　　　　　　　　　　　　　　 26 333.33

　　贷：发出商品　　　　　　　　　　　　　　26 333.33

借：主营业务成本   52 666.67

    贷：发出商品   52 666.67

从案例可知，如果企业发生的销售退回是在确认收入之后，则前期需按照原来的售价确认主营业务收入和增值税销项税额，在发生销售退回时进行收入、销项税额和成本的冲减；如果发生在确认收入之前，则先通过"发出商品"科目核算发出商品的成本，最后确认主营业务收入时直接以原价扣除了销售退回后的金额入账，同时计算对应的增值税销项税额，冲减商品成本，增加库存商品的账面余额，结转商品最终的成本。

3.2.2 出售原材料给外单位要确认其他业务收入

对于生产性企业来说，主营业务是销售产出的商品，但在实际经营过程中难免会遇到销售多余的或者无用的原材料的情形，此时销售收到的货款要确认为其他业务收入，而不是主营业务收入。

简单理解就是，其他业务收入是企业除主营业务收入以外的其他日常经营活动产生的收入，如材料物资及包装物销售、无形资产使用权转让、固定资产或包装物出租等取得的收入。

其他业务收入的账务处理与主营业务收入类似，只是核算时用到的会计科目不同。下面通过一个案例来学习其他业务收入的账务处理。

| 范例解析 | 将多余的原材料卖给其他公司

2020年3月，甲公司决定改变其产品的口味，因此生产原料就会发生调整。3月20日，公司将其中一款原材料的剩余部分出售给其他公司，收到货款4.00万元（含税）和增值税专用发票，注明税率为13%。已知这部分原材料的实际成本为3.40万元，相关账务处理如下。

确认收入的同时要转销原材料的成本，增值税销项税额为 4 601.77 元（40 000.00 ÷ 113% × 13%）。

借：银行存款   40 000.00

    贷：其他业务收入   35 398.23

        应交税费——应交增值税（销项税额）   4 601.77

借：其他业务成本   34 000.00

    贷：原材料   34 000.00

当企业销售原材料时，用"其他业务收入"科目核算销售货款，对应的，在转销原材料的实际成本时，要用"其他业务成本"科目核算。

3.2.3 产品还未交付就已收到客户预付的货款

在实际的经济活动中，企业的销售业务还可能存在先收到购货方的预付款，再发出商品完成交易的情形，此时销货方会涉及预收账款的处理。对于此类业务较多的企业，可单独设置"预收账款"科目进行核算；对于此类业务不多的企业，可不单独设置该科目，直接通过"应收账款"科目核算。

当企业还未发出商品就预收了款项，这种情况通常需要在销货方发出商品时才确认收入。如果是典型的采用预收款方式销售商品，则需要在收到购货方的最后一笔货款时才发出商品，同时确认收入。

"预收账款"科目贷方登记发生的预收账款金额和购货单位补付账款的金额，借方登记销货方向购货方发货后冲销的预收账款金额和退回购货方多付款的金额；期末贷方余额，表示企业预收的款项；借方余额，表示企业尚未转销的预收款。实务中，需按照购货单位设置明细科目进行明细核算。

| 范例解析 | 核算销售商品发生的预收账款

丙公司和丁公司签订了购销合同，采用预收款方式向丁公司销售一批商品，实际成本为11.00万元。合同约定该批商品的售价为16.80万元，增值税税额为21 840.00元，交货时间为2020年3月23日。3月20日，丁公司预先支付了10.00万元的货款，丙公司确认预收账款。3月23日，丙公司向丁公司发出商品，并一次性开具了增值税专用发票，注明价款、税率和税额，当天收到丁公司支付的剩余货款和税款。整个业务流程需做如下账务处理。

1.3月20日收到丁公司支付的预付款，确认预收账款。

借：银行存款　　　　　　　　　　　　　　　　　　100 000.00
　　贷：预收账款　　　　　　　　　　　　　　　　　100 000.00

2.3月23日发出商品并确认收入，收到补付款89 840.00万元（168 000.00+21 840.00−100 000.00），冲减预收款，结转商品的成本。

借：预收账款　　　　　　　　　　　　　　　　　　189 840.00
　　贷：主营业务收入　　　　　　　　　　　　　　　168 000.00

　　　　　应交税费——应交增值税（销项税额）　　　　　21 840.00
　　借：银行存款　　　　　　　　　　　　　　　　89 840.00
　　　贷：预收账款　　　　　　　　　　　　　　　　　89 840.00
　　借：主营业务成本　　　　　　　　　　　　　　110 000.00
　　　贷：库存商品　　　　　　　　　　　　　　　　　110 000.00

　　有些企业在冲减前期的预收款时，只冲减实际预收的货款金额，如该案例中的 100 000.00 元，不是全额冲减。也就是说，此种处理方式下，该案例中第 2 步中的第一个和第二个会计分录合并编制，如下所示。

　　借：预收账款　　　　　　　　　　　　　　　　100 000.00
　　　银行存款　　　　　　　　　　　　　　　　　89 840.00
　　　贷：主营业务收入　　　　　　　　　　　　　　168 000.00
　　　　应交税费——应交增值税（销项税额）　　　　21 840.00

　　实务中，究竟采用哪种账务处理方式，需根据相关法律、法规和企业会计准则与制度的规定执行。

3.2.4　存货若减值也需要做账

　　对于生产性企业来说，存货包括各类材料、在产品、半成品、产成品或库存商品，以及包装物、低值易耗品和委托加工物资等。一般来说，存货在会计期末以成本和可变现净值孰低进行计量。如果在会计期末或者资产负债表日，存货的可变现净值低于成本，说明存货有减值迹象，此时需要做相关的账务处理。

　　可变现净值是指企业日常经营活动中，存货的估计售价减去至完工时估计会发生的成本、销售费用和相关税费后的金额。一旦存货成本高于其可变现净值，则表明存货可能发生损失，应在存货销售之前确认这一损失，计入当期损益，并相应减少存货的账面价值。

　　需要注意的是，以前减记的存货价值的影响因素如果消失，则应将减记的金额予以恢复，并在原来已经计提的存货跌价准备金额内转回，转回的金额计入当期损益。

　　企业应设置"存货跌价准备"科目，核算、反映和监督存货跌价准备的计提、转回和转销等情况，该科目贷方登记计提的存货跌价准备金额，借方登记实际发生的存货跌价损失金额以及转回的存货跌价准备金额，期末余额一般在贷方，反映企业已经计提但尚未转销的存货跌价准备。

| 范例解析 |　**存货发生减值时的账务处理**

2019年12月31日，丁公司生产的某商品的账面余额为9.00万元。当前市场上该类商品的价格持续下跌，预计公司这批商品的可变现净值为7.20万元。2020年3月31日，该类商品的市场价格有所上升，可变现净值为8.30万元。已知公司前期没有计提过存货跌价准备，账务处理如下。

1.2019年12月31日，丁公司应计提存货跌价准备1.80万元（9.00－7.20）。

借：资产减值损失——计提的存货跌价准备　　　　18 000.00

　　贷：存货跌价准备　　　　　　　　　　　　　　　18 000.00

2.2020年3月31日，商品可变现净值变为8.30万元，与成本9.00万元相比，应计提0.70万元的减值准备，但因为前期已经计提了1.80万元的减值准备，所以此时反而需要转回1.10万元（1.80－0.70）的存货跌价准备。

借：存货跌价准备　　　　　　　　　　　　　　　11 000.00

　　贷：资产减值损失——计提的存货跌价准备　　　　11 000.00

针对该案例，如果3月31日时该批商品的可变现净值高于9.00万元，则此时需要转回的存货跌价准备最多为1.80万元，即将存货的可变现净值恢复至其成本。这一点是存货跌价准备账务处理过程中的一个重要细节。

3.2.5　应收款项减值的处理

应收款项减值在经营活动中一般表现为坏账损失，即应收取的款项收不回来。企业应在资产负债表日对应收款项的账面价值进行评估，发生减值的，应将减值金额确认为减值损失，同时计提坏账准备。在我国，采用备抵法核算应收款项的减值。

该方法下，设置"坏账准备"科目来核算应收款项的坏账准备计提与转销等情况。该科目是"应收账款"和"其他应收款"等科目的备抵科目，贷方登记当期计提的坏账准备、收回已转销的应收账款而恢复的坏账准备，借方登记实际发生的坏账损失金额和冲减的坏账准备金额，期末贷方余额，表示企业已经计提但尚未转销的坏账准备。

实际发生坏账损失时，借记"坏账准备"科目，贷记"应收账款""其他应收款"等科目。已确认并转销的应收款项在以后会计期间又收回的，应按照实际收到的金额增加坏账准备的账面余额，借记"应收账款""其他应收款"等科目，贷记"坏账准备"科目，同时借记"银行存款"科目，贷记"应收账款""其他应收款"等科目。

| 范例解析 |　应收账款的坏账准备计提与转销处理

2020年3月31日，乙公司的应收账款账面余额为25.00万元，根据企业会计准则的相关规定，公司应计提相应比例的坏账准备。4月10日，乙公司对丙公司的应收账款实际发生坏账损失1.00万元。但4月13日，乙公司又收回了已作坏账转销的应收账款1.00万元，存入银行账户。相关账务处理如下。

1. 2020年3月31日，乙公司按5%的计提比例计提应收账款的坏账准备。

坏账准备金额=250 000.00×5%=12 500.00（元）

借：信用减值损失——计提的坏账准备　　　　　12 500.00
　　贷：坏账准备　　　　　　　　　　　　　　　　　12 500.00

2. 4月10日，乙公司实际发生坏账损失1.00万元，转销已计提的坏账准备。

借：坏账准备　　　　　　　　　　　　　　　10 000.00
　　贷：应收账款　　　　　　　　　　　　　　　　10 000.00

3. 4月13日，收回已作坏账转销的应收账款1.00万元。

借：应收账款　　　　　　　　　　　　　　　10 000.00
　　贷：坏账准备　　　　　　　　　　　　　　　　10 000.00
借：银行存款　　　　　　　　　　　　　　　10 000.00
　　贷：应收账款　　　　　　　　　　　　　　　　10 000.00

在实际经营管理活动中，如果企业计提的坏账准备超过了计提标准，则需冲减多计提的坏账准备，借记"坏账准备"科目，贷记"信用减值损失——计提的坏账准备"科目。企业一般一年按比例计提一次坏账准备。

3.3
其他应收款和其他应付款的处理

其他应收款和其他应付款是企业除应收票据、应收账款、预付账款、应收股利、应收利息、应付票据、应付账款、预收账款、应付股利和应付利息等以外的其他各种应收、暂付款项。在企业经营过程中常常发生，需要财会人员学会其账务处理。

3.3.1　需要计入其他应收款的款项

在企业的各种经济业务中，应收的各种赔款、罚款，出租包装物租金，应向职工收取的各种垫付款项，存出保证金，以及其他各种应收、暂付款项，都需要计入其他应收款，通过"其他应收款"科目核算。

"其他应收款"科目用来核算、反映和监督其他应收账款的增减变动和结存情况，借方登记实际应收取的其他账款，贷方登记其他应收款的收回金额，期末余额一般在借方，表示企业尚未收回的其他应收款。实务中，需根据其他应收款的性质设置明细科目，进行明细核算。下面通过 3 个案例了解其他应收款的账务处理。

| 范例解析 |　核算出租包装物应收取的租金

2020年3月18日，甲公司向某公司租入一批包装物，支付押金8 000.00元，以银行存款付讫。公司财会人员应编制如下会计分录。

借：其他应收款——××公司　　　　　　　　　　　　　8 000.00
　　贷：银行存款　　　　　　　　　　　　　　　　　　　　　8 000.00

| 范例解析 |　核算应由保险公司赔偿的款项

2020年3月24日，某个位于沿海地区的企业遭到了台风的破坏，造成了严重的经济损失。经确定，该部分经济损失中有12.00万元的材料损失应由某保险公司赔偿，款项尚未收到。3月31日，公司收到保险公司支付的12.00万元赔偿款。相关账务处理如下。

1. 2020年3月24日，确认应收取保险公司的赔偿款。

借：其他应收款——××保险公司   120 000.00

  贷：原材料   120 000.00

2.3月31日，收到保险公司支付的赔偿款。

借：银行存款   120 000.00

  贷：其他应收款——××保险公司   120 000.00

| 范例解析 | **公司为员工垫付医药费**

2020年3月19日，乙公司的员工高某因生病住院，发生医药费4 800.00元，公司以库存现金替高某垫付了这笔医药费，并拟从其工资中扣回。相关账务处理如下。

1. 2020年3月19日，公司为员工垫付医药费时确认其他应收款。

借：其他应收款——高某   4 800.00

  贷：库存现金   4 800.00

2. 后期公司从高某的工资中扣回该笔垫付款时，编制如下会计分录。

借：应付职工薪酬   4 800.00

  贷：其他应收款——高某   4 800.00

其他应收款的账务处理比较简单，关键是要区分哪些款项属于其他应收款。

3.3.2 需要计入其他应付款的款项

对于企业来说，应付经营租赁固定资产的租金、租入包装物租金以及存入保证金等，均需计入其他应付款，通过"其他应付款"科目核算。该科目用来核算、反映和监督企业其他应付款的增减变动和结存情况，贷方登记实际发生的各种其他应付、暂收款项，借方登记偿还或转销的各种其他应付、暂收款项，期末余额一般在贷方，反映企业应付而未付的其他应付款。实务中，需根据其他应付款的性质设置明细科目，进行明细核算。

下面通过两个例子来了解其他应付款的账务处理。

| 范例解析 | **核算租入包装物应支付的租金**

2020年3月18日，丁公司向某公司租入一批包装物供管理部门使用，需支付租金1.50万元。3月19日丁公司收到增值税专用发票，注明税率和税额分别

为13%和1 950.00元，同时向该公司支付了所有租金及税款。账务处理如下。

1. 3月18日，计提应支付的包装物租金。

借：管理费用 15 000.00
　　应交税费——应交增值税（进项税额） 1 950.00
　　　贷：其他应付款——包装物租金 16 950.00

2. 3月19日，支付包装物租金和税款。

借：其他应付款——包装物租金 16 950.00
　　　贷：银行存款 16 950.00

| 范例解析 |　核算经营租赁方式租入固定资产的租金

乙公司从2020年1月初起，以经营租赁方式从外单位租入一台管理用办公设备，约定每月租金6 000.00元，按季支付。3月31日，公司以银行存款支付了该季度的租金1.80万元。暂不考虑增值税，账务处理如下。

1. 2020年1月底、2月底均需计提应支付的办公设备租金。

借：管理费用 6 000.00
　　　贷：其他应付款——××公司 6 000.00

2. 2020年3月底，支付当季的办公设备租金。

借：其他应付款——××公司 12 000.00
　　管理费用 6 000.00
　　　贷：银行存款 18 000.00

| 04 |

经营消耗核算成本费用账

任何企业，只有投入才会有产出。但对于企业来说，生产经营过程中的投入会根据其性质区分为成本或者费用。投入的人力、物力和财力等均需通过成本或费用计入相应的产出的产品或服务中。因此，经营中的消耗需要财会人员核算成本费用账。

4.1
不同员工的薪酬要分别计入成本和费用

企业发给各类员工的薪酬属于人力成本，最终需计入营业成本中。但是，不同职能部门的员工薪酬需要分别计入相应的费用或者成本，以此来反映薪酬的用途和去向。

在核算企业员工的工资、薪金等生产投入时，需设置"应付职工薪酬"科目进行核算。该科目用来核算、反映和监督企业应付职工薪酬的计提和支付等情况，贷方登记应支付的工资、薪金、社保、住房公积金以及职工福利费等数额，借方登记实际支付的工资、薪金、社保和住房公积金等数额，期末余额一般在贷方，表示企业应付但尚未支付给员工的工资、薪金、社保、住房公积金以及职工福利费。

4.1.1　生产工人的工资应计入生产成本

生产成本是指生产活动的成本，通俗地说就是企业为了生产产品而发生的成本，包括直接材料费、直接人工工资、其他直接费用和分配转入的间接费用。由此可见，生产工人是参与生产活动的一线员工，企业发给他们的薪酬应该计入生产成本进行核算。

企业应设置"生产成本"科目核算、反映并监督生产成本的形成和结转等情况。该科目借方登记发生的生产成本数额和结转到生产成本中的其他成本、费用数额，贷方登记转入库存商品的生产成本数额，期末余额在借方，表明尚未转入库存商品的生产成本。

在生产成本划分较细致的企业中，会按照基本生产成本和辅助生产成本对生产成本进行明细核算。这部分内容将在本书第 6 章作详细介绍，这里先来了解简单的生产成本的账务处理。

| 范例解析 |　将应发给生产一线的员工工资确认为生产成本

甲公司为电子产品生产企业，2020年3月9日由公司财务部核算出2月应发给一线生产工人的工资总额为28.00万元。暂不考虑社保和住房公积金问题，3月10日，公司向员工发放了工资，账务处理如下。

1. 3月9日，计提一线生产工人的应发工资。

借：生产成本   280 000.00

　　贷：应付职工薪酬——工资   280 000.00

2. 3月10日，发放工资。

借：应付职工薪酬——工资   280 000.00

　　贷：银行存款   280 000.00

实务中，企业会将应发给员工的工资以及应为员工缴纳的社保和公积金（企业部分）在同一时间进行处理，这里我们为了更清晰地学习每个薪酬组成部分的账务处理，特地将社保与公积金的核算单独在 4.1.6 节讲解。

而关于生产成本结转到库存商品的账务处理，需根据企业实际情况和相关会计核算办法，在每一个会计期间结束或者每一份订单完成后进行。

4.1.2　财务人员和行政管理人员的工资计入管理费用

对企业来说，财务人员和行政管理人员均归类为管理方面的员工，这些员工对应的工资、薪金等需计入管理费用进行核算。

管理费用是指企业行政管理部门为了组织和管理生产经营活动而发生的各种费用，包括公司经费、工会经费、劳动保险费、咨询费、诉讼费、业务招待费、办公费、差旅费以及管理人员的工资和福利费等。本节我们只了解管理人员的工资账务。

管理费用属于期间费用，在发生时计入当期损益。企业应设置"管理费用"科目，核算、反映和监督管理费用的发生与结转情况。该科目借方登记企业发生的各项管理费用，贷方登记期末转入"本年利润"科目的管理费用，结转后，期末该科目应没有余额。该科目应按照管理费用的具体费用项目设置明细科目，进行明细核算。

| 范例解析 |　将应发给管理人员的工资确认为管理费用

甲公司为电子产品生产企业，2020年3月9日由公司财务部核算出2月应发给本部门员工以及其他行政管理部门员工的工资总额为16.00万元。暂不考虑社保和住房公积金问题，3月10日，公司向员工发放了工资，账务处理如下。

1. 3月9日，计提管理人员的应发工资。

借：管理费用 160 000.00

    贷：应付职工薪酬——工资 160 000.00

2. 3月10日，发放工资。

借：应付职工薪酬——工资 160 000.00

    贷：银行存款 160 000.00

关于管理费用的结转，需在每月、每季或者每年等会计期末进行，且是将管理费用的期末余额进行结转，其间涉及"管理费用"科目借贷方金额的加减问题，这里暂不作介绍。

4.1.3 车间管理人员的工资计入制造费用

制造费用是指企业为了生产产品和提供劳务而发生的各项间接费用，包括企业生产部门或生产车间发生的水电费、固定资产折旧、无形资产摊销以及管理人员的职工薪酬和劳动保护费等。

因为车间管理人员既不能算是一般的行政管理人员，也不算生产一线员工，所以这些管理人员的工资应通过另一个费用项目——制造费用进行核算。企业应设置"制造费用"科目核算、反映和监督企业各类制造费用的发生、计提与结转等情况。该科目借方登记归集发生的制造费用数额，贷方登记结转入生产成本的制造费用数额或制造费用的分配数额，期末应无余额。

下面来看一个简单的案例，初步了解车间管理人员的工资核算处理。

| 范例解析 | 将应发给车间管理人员的工资确认为制造费用

甲公司为电子产品生产企业，2020年3月9日由公司财务部核算出2月应发给车间管理人员的工资总额为4.00万元。暂不考虑社保和住房公积金问题，3月10日，公司向员工发放了工资，账务处理如下。

1. 3月9日，计提车间管理人员的应发工资。

借：制造费用 40 000.00

    贷：应付职工薪酬——工资 40 000.00

2. 3月10日，发放工资。

借：应付职工薪酬——工资 40 000.00

    贷：银行存款 40 000.00

企业发生的制造费用，需在每个会计期间结束时将其转入"生产成本"科目，再由生产成本转入库存商品的成本。

4.1.4 销售人员的工资计入销售费用

销售费用是指企业销售商品和材料、提供劳务等过程中发生的各种费用，如保险费、包装费、展览费、广告费、运输费、装卸费以及为了销售本企业的商品或服务而专设的销售机构的职工薪酬、业务费和折旧费等。需要注意的是，销售商品本身的成本和劳务成本，不归类到销售费用中，而是属于主营业务成本。

企业应设置"销售费用"科目，核算、反映和监督销售费用的发生与结转情况。该科目借方登记企业发生的各项销售费用，贷方登记期末转入"本年利润"科目的销售费用，期末应无余额。该科目应按照销售费用的费用项目进行明细核算。

| 范例解析 | 将应发给销售人员的工资确认为销售费用

甲公司为电子产品生产企业，2020年3月9日由公司财务部核算出2月应发给销售人员的工资总额为8.50万元。暂不考虑社保和住房公积金问题，3月10日，公司向员工发放了工资，账务处理如下。

1.3月9日，计提销售人员的应发工资。

借：销售费用　　　　　　　　　　　　　　　　85 000.00

　　贷：应付职工薪酬——工资　　　　　　　　　　　85 000.00

2.3月10日，发放工资。

借：应付职工薪酬——工资　　　　　　　　　　　85 000.00

　　贷：银行存款　　　　　　　　　　　　　　　85 000.00

企业发生的销售费用，需在每个会计期间结束时将其转入"本年利润"科目，用于核算企业当期的经营利润。

4.1.5 不同员工的职工福利费应分别计入成本和费用

职工福利费，顾名思义就是企业给予员工的一些福利费用，站在专业的角度讲是指企业用于增进职工物质利益、帮助职工和其家属解决某些特殊困难和兴办集体福利事业而发生的费用。比如职工医药费、职工生活困难补助、集体福利补贴、上下班交通补贴、通信费补贴和高温补贴费等。

不同岗位性质的员工，其对应的职工福利费计入不同的成本和费用，具体的分配标准可参考工资的分配标准。下面就通过一个实例来了解企业员工福利费的核算情况。

| 范例解析 |　公司员工福利费的计提与支付

甲公司为电子产品生产企业，2020年3月9日由公司财务部核算出2月应发给车间生产工人的福利补贴共1.20万元，车间管理人员的福利补贴共1 600.00元，管理人员和财务人员的福利补贴共6 000.00元，销售人员的福利补贴共2 400.00元。暂不考虑社保和住房公积金问题，3月10日，公司向员工发放了工资及相应的福利费，账务处理如下。

1.3月9日，计提公司员工的应发福利补贴费。

借：生产成本　　　　　　　　　　　　　　　　　12 000.00

　　制造费用　　　　　　　　　　　　　　　　　 1 600.00

　　管理费用　　　　　　　　　　　　　　　　　 6 000.00

　　销售费用　　　　　　　　　　　　　　　　　 2 400.00

　　贷：应付职工薪酬——职工福利费　　　　　　　　　 22 000.00

2.3月10日发放工资时，核算发放的福利费。

借：应付职工薪酬——职工福利费　　　　　　　　22 000.00

　　贷：银行存款　　　　　　　　　　　　　　　　　　 22 000.00

实务中，企业会在同一时间计提应发给员工的工资、薪金和福利费，这里为了突出讲解员工福利费的核算处理，将工资、薪金与福利费分开介绍。也就是说，在不考虑社保和住房公积金的情况下，4.1.1 ~ 4.1.5 节的内容可直接编制成如下的会计分录。

借：生产成本　　　　　　　　　　　　　　　　 292 000.00

　　制造费用　　　　　　　　　　　　　　　　　41 600.00

　　管理费用　　　　　　　　　　　　　　　　 166 000.00

　　销售费用　　　　　　　　　　　　　　　　　87 400.00

　　贷：应付职工薪酬——工资　　　　　　　　　　　 565 000.00

　　　　　　　　　　——职工福利费　　　　　　　　　 22 000.00

借：应付职工薪酬——工资　　　　　　　　　565 000.00

　　　　　　——职工福利费　　　　　　　　　22 000.00

　　贷：银行存款　　　　　　　　　　　　　　587 000.00

上述会计分录中，"生产成本"科目的金额 292 000.00 由（280 000.00+12 000.00）得来，"制造费用"科目的金额 41 600.00 由（40 000.00+1 600.00）得来，"管理费用"科目的金额 166 000.00 由（160 000.00+6 000.00）得来，"销售费用"科目的金额 87 400.00 由（85 000.00+2 400.00）得来，"应付职工薪酬——工资"科目的金额 565 000.00 由（280 000.00+40 000.00+160 000.00+85 000.00）得来，"应付职工薪酬——职工福利费"科目的金额 22 000.00 由（12 000.00+1 600.00+6 000.00+2 400.00）得来。

4.1.6　社保与住房公积金也要进行相应的账务处理

社保是社会保险的简称，是一种社会和经济制度。社会保险是为丧失劳动能力、暂时失去劳动岗位或因健康原因造成损失的人口提供收入或补偿。社保的主要项目有 5 个：基本养老保险、基本医疗保险、失业保险、工伤保险和生育保险。

在社保的 5 个项目中，基本养老保险、基本医疗保险和失业保险需要企业和职工同时缴纳相应的保险费，而工伤保险和生育保险只需企业缴纳。各地对社保的缴纳比例及标准有不同的规定，但都是在全国统一标准的范围内。

住房公积金是指国家机关、事业单位、国有企业、城镇集体企业、外商投资企业、城镇私营企业及其他城镇企业和事业单位、民办非企业单位、社会团体以及其在职职工，对等缴存的一项长期住房储蓄。企业和职工个人都需缴存住房公积金，且两方的缴存比例一般是相同的。

对企业来说，针对社保和住房公积金的账务处理分 3 个阶段：计提、代扣和代缴。

1. 计提企业应缴纳的社保和住房公积金。

借：生产成本/制造费用/管理费用/销售费用等

　　贷：应付职工薪酬——社会保险费（企业）

　　　　　　　　——住房公积金（企业）

2. 发放工资时代扣员工的社保和住房公积金。

借：应付职工薪酬

　　贷：其他应收款——社会保险费（个人）

　　　　　　——住房公积金（个人）

　　　　银行存款

在该环节中，如果员工工资水平达到了缴纳个人所得税的标准，则会计分录的贷方还应加上"应交税费——应交个人所得税"科目。

3. 企业上缴并代缴社保和住房公积金。

借：应付职工薪酬——社会保险费（企业）

　　　　　　——住房公积金（企业）

　　其他应收款——社会保险费（个人）

　　　　　　——住房公积金（个人）

　　贷：银行存款

如果员工工资水平达到了应缴纳个人所得税的标准，那么这一环节还需另外编制如下的会计分录。

借：应交税费——应交个人所得税

　　贷：银行存款

关于个人所得税的账务处理，在本书第 10 章会作详细的介绍，这里我们来看一个简单的关于社保和住房公积金的账务处理案例。

| 范例解析 | 计提并缴纳企业和员工应交的社保和住房公积金

在前述案例基础上，假设甲公司需要为员工缴纳的社保费共计191 362.00元，其中生产工人的共95 192.00元，车间管理人员的共13 561.60元，管理人员的共54 116.00元，销售人员的共28 492.40元。需要为员工缴存住房公积金46 960.00元，其中生产工人的共23 360.00元，车间管理人员的共3 328.00元，管理人员的共13 280.00元，销售人员的共6 992.00元。

员工个人需要缴纳的社保费共计48 326.00元，其中生产工人的共24 034.00元，车间管理人员的共3 423.20元，管理人员的共13 672.00元，销售人员的共7 196.80元。个人需缴存的住房公积金共46 960.00元，每一类员工需缴存的金额与企业缴存情况一致。在不考虑个人所得税的情况下，相关账务处理如下。

1.计提企业应缴纳和缴存的社保与住房公积金。

根据社保和住房公积金的具体缴纳与缴存情况可知，需归集为生产成本的金额为118 552.00元（95 192.00+23 360.00），归集为制造费用的金额为16 889.60元（13 561.60+3 328.00），归集为管理费用的金额为67 396.00元（54 116.00+13 280.00），归集为销售费用的金额为35 484.40元（28 492.40+6 992.00）。

借：生产成本　　　　　　　　　　　　　　118 552.00
　　制造费用　　　　　　　　　　　　　　 16 889.60
　　管理费用　　　　　　　　　　　　　　 67 396.00
　　销售费用　　　　　　　　　　　　　　 35 484.40
　　贷：应付职工薪酬——社会保险费（企业）　191 362.00
　　　　　　　　　　——住房公积金（企业）　 46 960.00

2.发放工资时代扣员工应缴纳和缴存的社保与住房公积金。

由于企业应发给员工的工资总额包括工资和职工福利费，即587 000.00元，而代扣员工应缴纳和缴存的社保与住房公积金后，企业实际支付的工资款总额为491 714.00元（587 000.00-48 326.00-46 960.00）。

借：应付职工薪酬　　　　　　　　　　　　587 000.00
　　贷：其他应收款——社会保险费（个人）　 48 326.00
　　　　　　　　　　——住房公积金（个人）　46 960.00
　　　　银行存款　　　　　　　　　　　　 491 714.00

3.企业上缴并代缴社保和住房公积金。

借：应付职工薪酬——社会保险费（企业）　　191 362.00
　　　　　　　　——住房公积金（企业）　　 46 960.00
　　其他应收款——社会保险费（个人）　　　 48 326.00
　　　　　　　　——住房公积金（个人）　　 46 960.00
　　贷：银行存款　　　　　　　　　　　　 333 608.00

由该案例核算结果和账务处理可知，甲公司实际要向员工支付的工资总额为491 714.00元，需要为员工缴纳和缴存以及代扣代缴的社保和住房公积金共 333 608.00 元。

　　而社保与住房公积金等归集到相应成本和费用的数额，也需要和员工工资一样，在会计期末转入"库存商品"和"本年利润"等科目。

　　关于社保与住房公积金的具体核算以及相应的缴存标准，将在本书第 9 章作详细介绍。

4.2
其他经营耗费产生的开支

　　对企业来说，经营的耗费不仅包括人工，还包括材料和其他费用开支。材料的耗费处理会在本书的第 6 章作详细讲解，本节将对企业生产经营过程中发生的其他经营耗费进行详细介绍，如水电费、维修费、广告宣传费、差旅费、业务招待费、借款利息以及保险费等开支。

4.2.1　核算经营过程中支付的水电费

　　经营过程中，企业一定会产生电费和水费，对于一些依赖电力或者水力进行生产的企业来说，这两笔费用也是两项较大的开支。对于基本生产车间和辅助生产车间发生的水费和电费，一般归集到制造费用中，最终分配到生产成本中，构成产品成本的一部分；而除了生产车间以外的其他部门因工作原因发生的水费、电费等，通常全部归集到管理费用中，核算当期损益。

　　下面通过一个实例来了解企业除生产部门以外的其他部门的水电费账务处理。

| 范例解析 |　公司生产车间以外发生的水电费的处理

　　乙公司为增值税一般纳税人，2020年3月5日支付了2月的水费5 000.00元和电费6 000.00元，均收到了增值税专用发票，注明税率分别为9%、13%，进项税额分别为450.00元和780.00元。由于这两项费用在发生时很难核算，所以直接在支付款项时做账，编制如下会计分录。

　　　　借：管理费用——水费　　　　　　　　　　　　　5 000.00

——电费	6 000.00
应交税费——应交增值税（进项税额）	1 230.00
贷：银行存款	12 230.00

实务中，企业一般不会再区分销售部门使用的水电费和管理部门使用的水电费，而是直接将除生产部门以外的其他所有部门发生的水电费全部确认为管理费用进行核算。

4.2.2　核算各种固定资产的维修费用

对于企业来说，固定资产的维修费用按照不同的情形分为两大类：一是固定资产大修理费用；二是固定资产日常维修费。这两类固定资产维修费用在会计上的处理是不同的。

（1）固定资产大修理费用

固定资产大修理费用是指为了恢复固定资产的性能，对其进行大部分或全部的修理，需要通过"在建工程""待摊费用"或"长期待摊费用"科目进行核算。

一般来说，在进行大修理之前，先将固定资产的账面价值转入在建工程，编制如下会计分录。

借：在建工程　　　　　　　　　　（按固定资产账面价值）

　　累计折旧

　　贷：固定资产　　　　　　　　　（按固定资产原值）

发生大修理费用时，将可以资本化的费用支出计入"在建工程"科目，不能资本化且摊销期限在一年（含）以内的费用支出计入"待摊费用"科目，不能资本化且摊销期限在一年以上的费用支出计入"长期待摊费用"科目。

借：在建工程/待摊费用/长期待摊费用

　　贷：银行存款

在大修理完成后，将资本化的大修理费用支出与固定资产原账面价值一同转入固定资产，重新确认固定资产的账面价值；后期将待摊费用和长期待摊费用按照固定资产的使用部门或用途等分别计入相应的损益科目，如管理费用、制造费用等。

借：固定资产

　　贷：在建工程

借：管理费用/制造费用

　　贷：待摊费用（或长期待摊费用）

下面通过一个案例来对照学习固定资产发生大修理费用支出的核算。

| 范例解析 |　公司各部门固定资产发生大修理费用的账务处理

　　2020年3月30日，丁公司对企业内部各部门使用的各种固定资产进行大检查，发现生产车间、管理部门和销售部门均有固定资产需要修理，且预计修理费用将超过各固定资产取得时的计税基础的50%，因此确定这部分修理费为大修理费用支出。

　　已知生产车间需要修理的固定资产原值为10.00万元，已计提折旧5.00万元，修理费用需6.50万元，其中5.00万元予以资本化处理，1.50万元在未来一年内摊销；管理部门需要修理的固定资产原值为3.60万元，已计提折旧1.80万元，修理费用需2.10万元，不符合资本化条件，需在以后两年内摊销这笔费用；销售部门需要修理的固定资产原值为1.20万元，已计提折旧0.80万元，修理费用需0.80万元，不符合资本化条件，需在未来一年内摊销这笔费用。3月31日，公司支付了这些修理费用。

　　相关账务处理如下。

　　1.对于生产车间需要修理的固定资产，5.00万元修理费用可予以资本化，1.50万元需在一年内摊销；管理部门和销售部门需要修理的固定资产，修理费用不能资本化，且管理部门修理费用在两年内摊销，销售部门修理费用在一年内摊销。3月31日发生大修理费用时，编制如下会计分录。

借：在建工程　　　　　　　　　　　　　　50 000.00

　　长期待摊费用　　　　　　　　　　　　21 000.00

　　待摊费用　　　　　　　　　　　　　　23 000.00

　　贷：银行存款　　　　　　　　　　　　　　94 000.00

　　2.大修理完成后，将生产车间大修理费用可予以资本化的部分转入固定资产，将不能资本化的部分通过摊销计入制造费用。

借：固定资产　　　　　　　　　　　　　　50 000.00

　　贷：在建工程　　　　　　　　　　　　　　50 000.00

借：制造费用——修理费   15 000.00

  贷：待摊费用   15 000.00

管理部门发生的大修理费用2.10万元在未来两年内进行摊销，假设采用五五摊销法，每年摊销一半的费用，则每年应编制如下会计分录。

借：管理费用——修理费   10 500.00

  贷：长期待摊费用   10 500.00

销售部门发生的大修理费用0.80万元在未来一年内进行摊销，编制如下会计分录。

借：管理费用——修理费   8 000.00

  贷：待摊费用   8 000.00

在经营实务中，企业一般不会花费超过固定资产账面价值的费用去修理管理部门和销售部门等使用的固定资产，因为代价过大，所以常常是重新购买。案例介绍这样的大修理费用，目的是帮助理解企业不同固定资产的大修理费用的不同账务处理。

（2）固定资产日常维修费

固定资产的日常维修费通常是指小额的修理费，在发生时直接一次性计入当期损益，并且需要注意的是，这类维修费用一般都计入"管理费用"科目核算，不再区分生产车间和生产车间以外的其他部门。

在发生固定资产日常维修费时，直接借记"管理费用——维修费"科目，贷记"银行存款"或"库存现金"等科目。

| 范例解析 | 生产车间固定资产发生日常维修费的账务处理

2020年3月31日，丙公司对生产车间的所有设备进行了一次日常维修，发生修理费共500.00元，暂不考虑税费问题，财会人员需根据相关单据编制如下会计分录。

借：管理费用——修理费   500.00

  贷：银行存款   500.00

如果出纳人员直接以库存现金支付维修费，则贷方科目记为"库存现金"。其他部门发生固定资产日常维修费的，账务处理与案例相同。

4.2.3 核算因做产品宣传而发生的广告宣传费

企业因为宣传产品而发生的广告宣传费，可理解为与销售活动相关的费用支出，所以确认为销售费用，通过"销售费用"科目核算。发生费用支出时，直接借记该科目，贷记"银行存款"或"库存现金"科目。

│范例解析│ 核算公司支付的产品广告宣传费

2020年4月1日，乙公司与某广告公司签订了合同，对本公司的新产品实施广告宣传计划。已知此次需要支付的广告宣传费共8 000.00元，收到广告公司开具的增值税专用发票，注明增值税税额为480.00元（税率为6%），款项已用银行存款支付，暂不考虑印花税，需要做的账务处理如下。

借：销售费用——广告宣传费　　　　　　　　　　8 000.00

　　应交税费——应交增值税（进项税额）　　　　　480.00

　　　贷：银行存款　　　　　　　　　　　　　　　　　8 480.00

在企业的生产经营过程中，并不只有产品需要做宣传，有时企业本身也需要做宣传，以此提高企业在经济市场中的知名度，那么此时发生的广告宣传费就不能计入"销售费用"科目，而应以"管理费用"科目进行核算。

借：管理费用——广告宣传费

　　应交税费——应交增值税（进项税额）

　　　贷：银行存款/库存现金等

知识延伸│广告公司的主营业务收入

对于广告公司来说，其主营业务就是为其他企业提供广告服务，从其他企业获取的广告宣传费，无论是宣传产品，还是宣传企业本身，均确认为主营业务收入。

4.2.4 核算员工出差借用或报销的差旅费

对企业来说，员工出差先借用资金然后报销与先自行垫付然后报销的账务处理有一些不同。但不管是哪种方式，员工出差发生的差旅费一般都要按照员工所在的部门确认为不同的费用。

比如，财务部员工和其他管理人员出差发生的差旅费，确认为管理费用；

销售部员工出差发生的差旅费，确认为销售费用；车间管理人员出差发生的差旅费，可以确认为制造费用。但是不同行业对差旅费的处理会有不同，有些行业会将企业内部所有员工发生的差旅费统一确认为管理费用。

下面分别从员工先借用资金然后报销和先自行垫付差旅费然后报销这两种方式入手，讲解各自的账务处理。

（1）员工借备用金出差然后报销

员工借备用金出差然后回公司报销的，公司需先通过"其他应收款"科目核算员工借支的备用金，最后在员工报销差旅费时，确认相应的费用，即借记"管理费用""销售费用"或"制造费用"等科目。

｜范例解析｜ 核算员工借支备用金出差的差旅费

2020年4月2日，甲公司财务部分别接到一名车间管理人员、一名销售人员和一名行政管理人员的出差借支备用金的申请，经审核同意后，由出纳分别向这3位员工发放了备用金，车间管理人员800.00元，销售人员1 500.00元，行政管理人员3 000.00元。

员工出差回公司后，向出纳人员报销账目，车间管理人员刚好用完借款，销售人员还自行垫付了200.00元的差旅费，由出纳以库存现金支付其垫付的钱款，行政管理人员退回剩余差旅费400.00元，由出纳人员收回。相关账务处理如下。

1.财会人员需根据相应的借款单，编制如下会计分录。

借：其他应收款——××	800.00
——××	1 500.00
——××	3 000.00
贷：银行存款	5 300.00

2.员工出差回公司后，报销费用，财会人员需根据相应的单据做账。

借：制造费用——差旅费	800.00
贷：其他应收款——××	800.00
借：销售费用——差旅费	1 700.00
贷：其他应收款——××	1 500.00

	库存现金		200.00
借：	管理费用——差旅费		2 600.00
	库存现金		400.00
贷：	其他应收款——××		3 000.00

从案例可知，当员工先向公司借备用金出差时，公司的其他应收款增加；当员工出差回公司后报销差旅费时，公司需转销其他应收款，同时该补付的补付；该收回的要将剩余的差旅费收回，同时确认相应的费用。

（2）员工垫付差旅费然后报销

员工出差时，先自己垫付差旅费，然后回公司进行报销的，公司只需要根据相关的报销单据，做一次账即可，即在员工申请报销时，直接将差旅费确认为相应的费用，计算入账。

| 范例解析 |　核算员工垫付的差旅费

假设甲公司的出纳人员在2020年4月7日，分别接到一名车间管理人员、一名销售人员和一名行政管理人员的差旅费报销申请，已知车间管理人员报销差旅费800.00元，销售人员报销差旅费1 700.00元，行政管理人员报销差旅费2 600.00元。

出纳将3名员工提交的报销单递交给财务部审核，通过后由出纳人员分别向这3名员工支付了报销费用，款项通过银行转账支付。此时，财会人员需根据这些报销单进行如下所示的账务处理。

借：	制造费用——差旅费	800.00
	贷：银行存款	800.00
借：	销售费用——差旅费	1 700.00
	贷：银行存款	1 700.00
借：	管理费用——差旅费	2 600.00
	贷：银行存款	2 600.00

4.2.5　核算经济交易中发生的业务招待费

企业发生的业务招待费一般是发生以后由相关负责人向出纳人员报销，然后将报销申请提交给财务部门审核，通过后由出纳人员支付报销款。

财务部和其他行政管理部门发生的业务招待费，确认为管理费用；销售部发生的业务招待费，确认为销售费用；车间发生的与产品生产有关的业务招待费，可以将其确认为管理费用。不同行业对业务招待费的归集处理也可能会不同。

| 范例解析 | **销售人员商谈合作发生业务招待费的处理**

2020年4月2日，乙公司的销售部人员与外单位商谈合作事宜，为了促进双方的合作关系，发生必要且合理的业务招待费950.00元，相关负责人向出纳人员提交了费用单据，申请报销。财务部审核通过后，由出纳人员向申请人支付了报销款。财会人员需做如下账务处理。

借：销售费用——业务招待费 950.00
　　贷：银行存款 950.00

实务中，除销售部门以外的其他部门发生的业务招待费，均可通过"管理费用"科目核算，借记"管理费用——业务招待费"科目，贷记"银行存款"或"库存现金"科目。

4.2.6　核算因借款而需要支付的借款利息

企业在生产经营过程中，难免会遇到资金短缺的困难，此时一般会向银行借款。对企业来说，借款不仅需要偿还本金，还需支付借款期内生成的借款利息。

如果是在企业筹建期间向银行借款产生借款利息，则应支付的利息需计入开办费（利息不能资本化）或有关资产的成本（利息可资本化）；如果在经营期间向银行借款产生借款利息，一般将应付的利息计入财务费用。

| 范例解析 | **经营期间企业向银行借款需支付利息**

2020年1月初，丙公司向其开户行申请借款80.00万元，期限为一年，假设年利率为4.35%，按月支付利息，到期偿还本金。账务处理如下。

1. 2020年1月初，丙公司向银行借款，核算并支付应偿还的借款利息。这里暂不做借款本金的账务处理。

每月应付利息=800 000.00 × 4.35% ÷ 12=2 900.00（元）

借：财务费用——利息支出   2 900.00

  贷：应付利息   2 900.00

借：应付利息   2 900.00

  贷：银行存款   2 900.00

2020年2月～11月，每月需编制同上的会计分录。

2. 2020年12月底，支付第12个月的借款利息并偿还本金时，不再核算应付利息，直接编制如下会计分录。

借：长期借款   800 000.00

  财务费用——利息支出   2 900.00

  贷：银行存款   802 900.00

知识延伸 | 企业购买财产保险支付的保险费

  除了本节提及的水电费、固定资产维修费、广告宣传费、差旅费、业务招待费和借款利息外，企业生产经营过程中还可能发生保险费支出，比如为企业财产购买财产保险所需支付的保险费，以及购买雇主责任险等需支付的保险费等。

  一般来说，企业购买财产保险所支付的保险费，计入管理费用中，通过"管理费用"科目核算，并设置"保险费"明细科目进行明细核算，即发生保险费支出时，借记"管理费用——保险费"科目，贷记"银行存款"科目。

05

利润收益核算所有者权益账

    对各类企业、社会团体和其他组织等单位来说，会计当期获取的利润或者收益，最终会流向企业的所有者权益，使所有者权益增加。而企业的所有者关系着企业的权益资本和资产结构，因此利润、收益的核算也颇为重要。

5.1
核算企业发生的营业外收支

在生产经营过程中，企业除了会发生与日常经营活动有关的收支外，还会发生与日常经营活动无直接关系的收支，通常会将这部分收支划归为企业的营业外收入和营业外支出。

企业的营业外收支直接影响企业的净利润，并与本书的第 2 章主营业务收入和主营业务成本等共同决定企业的盈利情况，从而影响企业的所有者权益，因此财会人员必须懂得如何核算这部分收支。

5.1.1　处理与生产经营没有直接关系的营业外收入

营业外收入并不是企业经营资金耗费而产生的，本质上是企业经济利益的净流入，不需要与有关的费用或成本进行配比。那么在经济实务中，究竟哪些收入是与日常经营活动没有直接关系的，需要确认为营业外收入呢？

营业外收入主要有：现金盘盈、非流动资产处置时属于非常原因的收益、接受捐赠的利得、非货币性资产交换利得以及债务重组利得等。由于现金盘盈和非流动资产处置分别在本书的第 1 章 1.4.3 节和第 2 章 2.1.4 节内容中已经介绍过，且非货币性资产交换利息和债务重组利得在经营过程中不常见，因此本小节重点介绍企业接受捐赠的利得。

当企业接受捐赠时，根据企业接受捐赠所获的是物体还是资金，借记"固定资产""无形资产""原材料"或"银行存款"等科目，贷记"营业外收入——捐赠利得"科目。

| 范例解析 |　公司接受外单位的现金捐赠

2020 年 3 月 19 日，丁公司接受某单位捐赠的现金 10.00 万元，款项已存入银行账户。暂不考虑税费问题，财会人员需做如下所示的账务处理。

借：银行存款　　　　　　　　　　　　　　　　100 000.00
　　贷：营业外收入——捐赠利得　　　　　　　　　　100 000.00

| 范例解析 |　公司接受外单位捐赠的生产设备

2020年3月19日，丁公司接受某单位捐赠的一台生产设备，价值6.00万元，收到外单位开具的增值税专用发票，注明税额为7 800.00元。丁公司财会人员需做如下账务处理。

借：固定资产   60 000.00

  应交税费——应交增值税（进项税额） 7 800.00

 贷：营业外收入——捐赠利得   67 800.00

根据相关税法和税收政策的规定，单位将自产、委托加工或外购的货物无偿赠送给他人或外单位，视同销售行为，所以可以开具增值税发票。因此，该案例中丁公司收到了捐赠单位开具的增值税专用发票，相应的，发票只要进行了认证，其对应的增值税进项税额就可以抵扣。

| 范例解析 | 公司接受外单位捐赠的非专利技术

2020年3月19日，丁公司接受某单位捐赠的一项非专利技术，价值180.00万元，收到外单位开具的增值税专用发票，注明税额为10.80万元（增值税税率为6%）。丁公司财会人员需做如下账务处理。

借：无形资产——非专利技术   1 800 000.00

  应交税费——应交增值税（进项税额） 108 000.00

 贷：营业外收入——捐赠利得   1 908 000.00

对于外单位捐赠非专利技术这一行为，视同销售无形资产，对应的增值税税率为6%，因此增值税专用发票上注明的税额为10.80万元（180.00×6%）。

| 范例解析 | 公司接受外单位捐赠的原材料

2020年3月19日，丁公司接受同行某企业捐赠的一批原材料，价值12.00万元，收到外单位开具的增值税专用发票，注明税额为15 600.00元。丁公司财会人员需做如下账务处理。

借：原材料   120 000.00

  应交税费——应交增值税（进项税额） 15 600.00

 贷：营业外收入——捐赠利得   135 600.00

5.1.2 核算与生产经营没有直接关系的营业外支出

营业外支出的发生并不会对应获取相应的收益，对企业来说，本质上是经济利益的净流出。那么经济实务中，哪些支出是与企业日常经营活动没有直接关系而需要确认为营业外支出的呢？

营业外支出主要有：存货盘亏中属于非常损失的部分、固定资产盘亏损失、非流动资产处置时属于自然灾害等非正常原因造成的损失、公益性捐赠支出、罚款支出、非货币性资产交换损失以及债务重组损失等。由于前3种已经分别在本书的第1章1.4.3和1.4.4以及第2章2.1.4节内容中介绍过，且非货币性资产交换和债务重组不常见，因此本小节主要针对公益性捐赠支出和罚款支出进行详细介绍。

（1）公益性捐赠支出

公益性捐赠支出是指企业对外进行的公益性捐赠而发生的支出。需要注意的是，税法规定的公益性捐赠必须是通过公益性社会组织或县级（含）以上人民政府及其组成部门和直属机构等进行的慈善活动和公益事业。换句话说，如果是企业自身在没有通过前述机构而对外进行的捐赠，不属于公益性捐赠，支出不能确认为营业外支出。下面来看一个具体的案例。

│ 范例解析 │ 企业通过某慈善基金会向贫困地区捐款

2020年3月31日，甲公司通过当地的某慈善基金会，向某贫困地区捐款10.00元，不考虑税费问题，财会人员应做如下账务处理。

借：营业外支出——捐赠支出　　　　　　　　100 000.00
　　贷：银行存款　　　　　　　　　　　　　　100 000.00

（2）罚款支出

罚款支出主要是指企业支付的行政罚款、税务罚款以及其他违反法律法规或合同规定而支付的罚款、违约金及赔偿金等支出。

│ 范例解析 │ 企业违反税收规定被罚款

2020年4月2日，企业收到主管税务机关的罚款通知，说明企业违反了某税收规定。已知罚款金额为500.00元，财会人员需做如下账务处理。

借：营业外支出——罚款支出　　　　　　　　500.00
　　贷：银行存款　　　　　　　　　　　　　　500.00

当企业因为违反法律、法规或合同规定而被罚款或需要支付违约金、赔偿金等时，直接以银行存款支付罚款，并将罚款支出确认为营业外支出。

5.2
核算会计利润和应缴纳的企业所得税

企业经营的最终目的就是盈利，而企业是否盈利，具体体现在利润上，这就需要财会人员认真、正确地核算会计利润。如果企业盈利了，按照相关税法的规定，企业必须缴纳所得税，这又需要财会人员会核算应纳企业所得税税额。

5.2.1 将经营过程中的各种成本费用结转到本年利润

当企业财会人员要核算具体的盈利金额时，需要先将经营期间发生的各项成本费用以及收入、收益结转到本年利润，然后才能核算出盈利结果。本小节先来学习成本费用的结转。

企业应设置"本年利润"科目核算企业本年或本期实现的净利润或发生的净亏损。结转成本费用时，财会人员需将"主营业务成本""其他业务成本""税金及附加""销售费用""管理费用""财务费用""资产减值损失""信用减值损失"和"营业外支出"等科目的借方余额均转入"本年利润"科目的借方，同时还要将"公允价值变动损益""投资收益"和"资产处置损益"等科目的净损失转入"本年利润"科目的借方。会计分录如下。

借：本年利润
  贷：主营业务成本
    其他业务成本
    税金及附加
    销售费用
    管理费用
    财务费用
    资产减值损失
    信用减值损失
    营业外支出
    公允价值变动损益（指期末为借方余额，即公允价值变动损失）
    投资收益   （指期末为借方余额，即投资损失）
    资产处置损益 （指期末为借方余额，即资产处置损失）

需要注意的是，如果当年或当期企业的销售费用、管理费用和财务费用等的余额在贷方，则上述结转分录中这3个费用科目应列示在借方。另外，公允价值变动损益、投资收益和资产处置损益表现为净损失时，会计分录如上编制，此时金额填写正数，但是在填写利润表时，这3项损失应分别填入"公允价值变动收益""投资收益"和"资产处置收益"这3栏中，并且要以"-"号填列，表示净损失。具体的利润表填写说明见本书第12章12.3节内容。

| 范例解析 |　会计期末结转当期的经营成本与费用

2020年3月31日，经过核算后，丁公司当月发生主营业务成本613 452.44元，其他业务成本81 641.28元，税金及附加30 567.36元，销售费用借方余额25 685.46元，管理费用借方余额60 200.38元，财务费用借方余额2 340.12元，营业外支出8 000.00元，资产减值损失7 890.96元，信用减值损失2 173.40元，没有发生公允价值变动损益，也没有投资损失和资产处置损失。财会人员需要编制如下结转分录。

借：本年利润　　　　　　　　　　　　　831 951.40
　　贷：主营业务成本　　　　　　　　　613 452.44
　　　　其他业务成本　　　　　　　　　 81 641.28
　　　　税金及附加　　　　　　　　　　 30 567.36
　　　　销售费用　　　　　　　　　　　 25 685.46
　　　　管理费用　　　　　　　　　　　 60 200.38
　　　　财务费用　　　　　　　　　　　　2 340.12
　　　　资产减值损失　　　　　　　　　　7 890.96
　　　　信用减值损失　　　　　　　　　　2 173.40
　　　　营业外支出　　　　　　　　　　　8 000.00

由此可知，丁公司当月发生的经营成本总计为831 951.40元。

5.2.2　将经营过程中的各种收益结转到本年利润

对个人来说，"收入－支出＝结余"，同理，对企业来说，"收入－成本＝利润"。因此，财会人员在会计期末不仅需要结转成本、费用，还需结转企业获得的收入和收益，并且也用"本年利润"科目核算。

企业财会人员在结转收入、收益时，需将"主营业务收入""其他业务收入"和"营业外收入"等科目的贷方余额均转入"本年利润"科目的贷方，同时还要将"公允价值变动损益""投资收益"和"资产处置损益"等科目的净收益转入"本年利润"科目的贷方。会计分录如下。

借：主营业务收入

其他业务收入

公允价值变动损益 （指期末为贷方余额，即公允价值变动收益）

投资收益 （指期末为贷方余额，即投资收益）

资产处置损益 （指期末为贷方余额，即资产处置收益）

营业外收入

贷：本年利润

在该会计分录中，"公允价值变动损益""投资收益"和"资产处置损益"这3个会计科目对应的金额为正，表示净收益。在填写利润的相关项目时，直接以正数金额填列即可。

| 范例解析 | 会计期末结转当期的经营收入和收益

2020年3月31日，经过核算后，丁公司当月实现主营业务收入101.80万元，其他业务收入12.20万元，营业外收入1.02万元，没有发生公允价值变动收益，也没有投资收益和资产处置收益。财会人员需要编制如下结转分录。

借：主营业务收入   1 018 000.00

其他业务收入   122 000.00

营业外收入   10 200.00

贷：本年利润   1 150 200.00

由此可知，丁公司当月实现的经营收入总计为1 150 200.00元。

5.2.3 企业盈利时要做企业所得税的计缴处理

对企业来说，如果某一会计期间所有收入合计额减去所有成本费用合计额后，得出的余额为正数，就说明企业当期盈利了，此时我们结合利润表项目，将这时的盈利数额称为"利润总额"，企业需要根据利润总额计缴企业所得税。当然，如果余额为负数，则说明企业当期表现为经营亏损，不需要缴纳企业所得税。

那么，在会计工作中，如何体现这一余额呢？这就需要结合5.2.1和5.2.2节的内容了。财会人员核算结转成本费用时"本年利润"科目的借方发生额以及结转收入收益时"本年利润"科目的贷方发生额，从而核算出"本年利润"科目的余额及其方向，若为借方余额，则说明企业当期经营发生亏损，即收入减去成本费用的余额为负数，当期不需要缴纳企业所得税；若为贷方余额，则说明企业当期经营获利，即收入减去成本费用的余额为正数，当期需要按税法规定及时、足额缴纳企业所得税。下面通过案例来具体说明。

| 范例解析 |　会计期末处理应缴纳的企业所得税账务

2020年3月31日，经过核算后，丁公司当月实现总收入1 150 200.00元，即"本年利润"科目的贷方发生额为1 150 200.00元；当月发生总成本费用831 951.40元，即"本年利润"科目的借方发生额为831 951.40元。这说明丁公司当月"本年利润"科目的余额在贷方，为318 248.60元（1 150 200.00-831 951.40），企业当期经营获利，需要按相关税法的规定缴纳企业所得税。假设企业当期没有纳税调整事项，也没有递延所得税资产和递延所得税负债。已知丁公司适用企业所得税税率为25%，相关账务处理如下。

由已知可得，丁公司2020年3月的企业所得税应纳税所得额为318 248.60元，则：

企业所得税应纳税额=318 248.60×25%=79 562.15（元）

1.核算应缴纳的企业所得税。

借：所得税费用　　　　　　　　　　　　　　　79 562.15
　　贷：应交税费——应交企业所得税　　　　　　　　79 562.15

2.实际缴纳企业所得税。

借：应交税费——应交企业所得税　　　　　　　79 562.15
　　贷：银行存款　　　　　　　　　　　　　　　　79 562.15

核算出企业应缴纳的企业所得税后，财会人员接下来的工作就是核算企业经营当期实现的净利润，并对该利润进行利润分配，这些都需要做账。

知识延伸｜关于纳税调整事项、递延所得税资产和递延所得税负债

1.纳税调整事项

纳税调整事项又称纳税调整项目，即税务处理和会计处理上有差异的项目。经营实务中，同一个企业的同一个会计期间内，按照会计法规计算确定的会计利润与按

照税收法规计算确定的应税利润往往是不一致的，在计算口径和确认时间等方面均存在一定的差异，即计税差异，这些差异就是纳税调整项目。

比如职工福利费、工会经费、职工教育经费和业务招待费等，会计处理上可在当期全部扣减，但在税务处理上，必须是在规定范围内的部分才能扣减，超过规定范围的部分不能从应税利润中扣减，必须按规定计缴企业所得税。具体的扣减标准将在本书第11章11.3节内容中作详细介绍。

2.递延所得税资产

递延所得税资产是指预计在未来可用来抵税的资产。递延所得税是时间性差异对所得税的影响，在纳税影响会计处理时才会产生递延税款。

3.递延所得税负债

递延所得税负债是指根据应税暂时性差异计算的未来期间应付的所得税金额。

在核算企业当期的所得税费用时，更准确的数额应根据如下所示的公式计算。

所得税费用=当期所得税+递延所得税

递延所得税=（递延所得税负债的期末余额-递延所得税负债的期初余额）-（递延所得税资产的期末余额-递延所得税资产的期初余额）

由于正文案例中不涉及递延所得税资产和递延所得税负债，所以所得税费用就等于当期所得税，即79 562.15元。

假设丁公司2020年3月初有递延所得税负债2.00万元，递延所得税资产1.50万元，月末有递延所得税负债3.00万元，递延所得税资产2.00万元。那么：

丁公司2020年3月递延所得税=（3.00-2.00）-（2.00-1.50）=0.50（万元）

丁公司2020年3月所得税费用=79 562.15+5 000=84 562.15（元）

借：所得税费用　　　　　　　　　　　84 562.15
　　贷：应交税费——应交企业所得税　　　　　　84 562.15
借：应交税费——应交企业所得税　　　84 562.15
　　贷：银行存款　　　　　　　　　　　　　　84 562.15

5.3
核算净利润并进行利润分配

从会计处理的角度看，企业的净利润通过利润总额减去应缴纳的企业所得税计算得出。为了企业的长远发展，必须对企业生产经营过程中获得的利润进行合理的分配，扩大企业的经营范围，提升企业的竞争力。

5.3.1 计算企业经营实现的净利润

在会计处理上，企业要算出经营实现的净利润，还需对所得税费用进行结转，同样需要通过"本年利润"科目进行核算，其原理相当于结转成本费用。会计分录如下。

借：本年利润
　　贷：所得税费用

也就是说，在考虑了企业当期所得税费用的结转后，此时"本年利润"科目的贷方余额就是净利润。但在账务处理方面，需要将"本年利润"科目的期末余额转入"利润分配"科目中，以此来体现获得的净利润。会计分录如下。

借：本年利润
　　贷：利润分配——未分配利润

下面通过案例来清楚了解净利润的核算。

| 范例解析 |　结转所得税费用并计算净利润

2020年3月31日，经过核算后，丁公司当月应缴纳企业所得税79 562.15元，且当月实现的总收入为1 150 200.00元，发生的总成本费用为831 951.40元。相关计算和账务处理如下。

1.结转所得税费用。

借：本年利润　　　　　　　　　　　　　　　79 562.15
　　贷：所得税费用　　　　　　　　　　　　　　79 562.15

2.核算公司当月实现的净利润。

"本年利润"科目借方发生额合计=831 951.40+79 562.15=911 513.55（元）

"本年利润"科目贷方发生额合计=1 150 200.00（元）

"本年利润"科目贷方余额=1 150 200.00−911 513.55=238 686.45（元）

公司当月实现的净利润为238 686.45元。

借：本年利润　　　　　　　　　　　　　　　238 686.45

　　贷：利润分配——未分配利润　　　　　　　238 686.45

　　注意，这里的238 686.45元对企业来说，属于可供分配利润，后期如果需要提取法定公益金和法定盈余公积金，甚至有需要弥补的以前年度亏损，就需要从这238 686.45元中扣减，最终得出的结果才是确确实实的未分配利润，即"利润分配"科目的最终余额才是未分配利润。

知识延伸 | 本年利润的表结法和账结法

　　对企业来说，本年利润的结转方法有表结法和账结法两种。

　　1.表结法

　　表结法下，诸如"主营业务收入""其他业务收入""营业外收入""投资收益""主营业务成本""其他业务成本""税金及附加""营业外支出""销售费用""管理费用"和"财务费用"等损益类科目每月只需结计出本月发生额和月末累计余额，不结转到"本年利润"科目，只有在年末时才将全年累计余额结转入"本年利润"科目。但是每月末要将损益类科目的本月发生额合计数填入当月利润表的"本月数"栏内，同时将本月末累计余额填入利润表的"本年累计数"栏。

　　2.账结法

　　账结法下，每月末均需将账上结计出的各损益类科目的余额结转入"本年利润"科目，结转后"本年利润"科目的本月余额反映当月实现的净利润或发生的净亏损；"本年利润"科目的本年余额反映本年累计实现的净利润或发生的净亏损。如该小节正文案例的处理方式，就是本年利润的账结法。该方法增加了转账环节和工作量，所以在会计实务中很少有企业会采用这种方式，使用更多的是表结法。

5.3.2　实现的盈利要先弥补以前年度亏损

　　狭义上讲，以前年度亏损就是指本年度以前的经营期间发生的亏损；广义上理解，以前年度亏损就是指本会计期间以前的经营期间发生的亏损。由于大多数企业在结转本年利润时采用的是表结法，即在每年年末时将全年累计余额结转入"本年利润"科目，而不会像5.3.1节内容一样进行账结法处理。所以，企业常说的以前年度亏损是指当年度以前的经营期间发生的亏损。

　　税法规定，企业用盈利弥补以前年度亏损时，并不能一直弥补，最长弥补期限不超过5年。比如，2019年实现的盈利，最早只能弥补2014年及以后年度发生的亏损，不能弥补2013年及以前年度发生的亏损；倒推回去，企业 2013 年发生的经营亏损，如果在 2018 年弥补后还没有弥补完，则剩余没有弥补的亏损后期不能再用企业的税前利润弥补。这里要说明的是，若企业利用税前利润弥补亏损，则会影响当期净利润的结果。下面通过案例详细解释。

| 范例解析 |　以税前利润弥补以前年度亏损

假设丁公司 2019 年实现的利润总额为 3 818 983.20 元，以前年度亏损为 885 672.80 元，全部可弥补。公司决定用当年税前利润弥补以前年度亏损。适用的企业所得税税率为 25%，相关账务处理如下。

如果丁公司不存在以前年度亏损，则：

全年应缴纳企业所得税=3 818 983.20×25%=954 745.80（元）

当年净利润=3 818 983.20−954 745.80=2 864 237.40（元）

但丁公司存在以前年度亏损，且全部可弥补，则：

企业所得税全年应纳税所得额=3 818 983.20−885 672.80=2 933 310.40（元）

全年应缴纳企业所得税=2 933 310.40×25%=733 327.60（元）

当年净利润=2 933 310.40−733 327.60=2 199 982.80（元）

注意，当企业用税前利润弥补以前年度亏损时，不需要做账，即不需要编制会计分录，直接在报送财务会计报表时将弥补亏损的情况填写到相应的表格中即可。

当企业连续 5 年用税前利润弥补以前年度亏损时，不能弥补完，则第 6 年起可以用税后利润进行弥补。同样的，用税后利润弥补以前年度亏损的情况下不需要做账，不需要编制会计分录，也直接在相关表格中填写具体弥补亏损的情况即可。

但是，如果企业利用计提的盈余公积弥补亏损，就需要做账，编制相应的会计分录，减少盈余公积的账面价值。

借：盈余公积
　　贷：利润分配——盈余公积补亏

5.3.3　对可供分配的利润计提盈余公积

严格来说，企业当期可供分配的利润包括年初未分配利润和当年度实现的净利润。但需要特别注意的是，财会人员在计提法定盈余公积时，基数不应包括企业年初未分配利润，而是直接以企业当年度的净利润为计提基数。

盈余公积是指企业从税后利润中提取形成的、留存于企业内部并具有特定用途的收益积累，它可以分为两大类：一是法定盈余公积；二是任意盈余公积。按照相关法律法规的规定，企业必须按照 10% 的比例从净利润中提取法定盈余公积，直到其累计额达到注册资本的 50% 时可以不再提取。而任意盈余公积一般由企业自己按照股东大会的决议提取，提取比例没有统一规定。

企业按规定计提盈余公积时增加盈余公积的账面余额，同时减少可供分配的利润。由于涉及"盈余公积"和"利润分配"等科目，且这些科目属于所有者权益类，其增加数记贷方，减少数记借方，所以计提时，借记"利润分配——提取法定盈余公积"或"利润分配——提取任意盈余公积"科目，贷记"盈余公积——法定盈余公积"或"盈余公积——任意盈余公积"科目。

| 范例解析 | 公司按规定计提盈余公积

假设丁公司2019年实现的利润总额为3 818 983.20元，以前年度亏损为885 672.80元，全部可弥补。公司决定用当年税前利润弥补以前年度亏损。适用的企业所得税税率为25%，并按照国家有关规定以10%的比例计提法定盈余公积，再根据公司股东大会的决议，按照5%的比例计提任意盈余公积。相关账务处理如下。

全年应缴纳企业所得税=（3 818 983.20-885 672.80）×25%=733 327.60（元）

当年净利润=3 818 983.20-885 672.80-733 327.60=2 199 982.80（元）

应计提的法定盈余公积=2 199 982.80×10%=219 998.28（元）

应计提的任意盈余公积=2 199 982.80×5%=109 999.14（元）

借：利润分配——计提的法定盈余公积　　　　　219 998.28

　　　　　　——计提的任意盈余公积　　　　　109 999.14

　　贷：盈余公积——法定盈余公积　　　　　　219 998.28

　　　　　　——任意盈余公积　　　　　　　　109 999.14

在企业的经营过程中，有时会遇到用盈余公积弥补亏损，或者是用盈余公积转增资本，又或者用盈余公积分配股利等情形。这些操作都会减少盈余公积的账面余额。而盈余公积弥补亏损的这一做法，应由企业董事会提议，并经股东大会批准。补亏时，财会人员需编制如下会计分录。

借：盈余公积——法定盈余公积
　　贷：利润分配——盈余公积补亏

| 范例解析 | 用盈余公积弥补公司的亏损

甲公司2019年发生经营亏损58.01万元，经董事会提议，股东大会批准，该公司决定以其账面的盈余公积（法定盈余公积）弥补亏损。已知公司盈余公积的账面余额为125.00万元，账务处理如下。

由于公司盈余公积账面余额为125.00万元，所以2019年发生的58.01万元亏损可以全额弥补。

借：盈余公积——法定盈余公积　　　　　　　　580 100.00
　　贷：利润分配——盈余公积补亏　　　　　　　　　580 100.00

当企业用盈余公积转增资本时，同样需要得到企业股东大会的决议批准，并且要按股东原有持股比例结转，转增后留存的盈余公积的账面余额不能少于注册资本的25%。盈余公积转增资本时，财会人员编制如下会计分录。

借：盈余公积——法定盈余公积/任意盈余公积
　　贷：实收资本/股本（股份制企业用"股本"科目）

| 范例解析 | 用盈余公积转增公司的资本

2019年底，乙公司董事会提议用法定盈余公积15.00万元转增公司的资本，经股东大会决议，由于公司的注册资本为500.00万元，用盈余公积转增资本后剩余的盈余公积不能少于125.00万元（500.00×25%），而盈余公积当前账面余额为135.00万元，因此股东大会批准公司可用10.00万元的法定盈余公积转增公司的资本。账务处理如下。

借：盈余公积——法定盈余公积　　　　　　　　100 000.00
　　贷：实收资本　　　　　　　　　　　　　　　　100 000.00

实际经营过程中，原则上企业当年没有实现盈利的不得分配股利，但有时为了维护企业信誉，可使用盈余公积分配股利，但也必须符合如下条件。

◆ 用盈余公积弥补亏损后，该项盈余公积还有结余。

◆ 用盈余公积分配股利时，股利率不能太高，不得超过股票面值的6%。

◆ 分配股利后，法定盈余公积金不得低于注册资本的25%。

用盈余公积分配股利时，要区分宣布发放和实际支付两个阶段进行账务处理，财会人员分别编制如下两个会计分录。

借：盈余公积——法定盈余公积/任意盈余公积
　　　贷：应付股利
借：应付股利
　　　贷：银行存款

如果企业当年度有可供分配的利润，并决定向投资者或股东分配现金股利或利润，则上述第一个会计分录的借方还需列示"利润分配——应付现金股利或利润"科目。

| 范例解析 |　用盈余公积分配现金股利

2019年底，经财务人员核算，丙公司没有可供分配的利润，但为了维护公司的信誉，决定用法定盈余公积向股东分配现金股利。已知丙公司的年底资产负债表日的股本为4 000.00万元（每股面值1.00元），法定盈余公积为1 800.00万元。2020年3月2日，股东大会批准了公司2019年度的利润分配方案，决定按每10股1.50元发放现金股利。已知该公司注册资本为3 000.00万元，账务处理如下。

股本股数=40 000 000.00÷1.00=40 000 000（股）

需要分配的现金股利=40 000 000÷10×1.50=6 000 000.00（元）

由于公司注册资本为3 000.00万元，法定盈余公积分配现金股利后剩余的部分不能低于750.00万元（3 000.00×25%），结合法定盈余公积1 800.00万元分配现金股利600.00万元后剩余部分为1 200.00万元可知，该方案可行。

1.宣布发放现金股利。

借：盈余公积——法定盈余公积　　　　　　　6 000 000.00
　　　贷：应付股利　　　　　　　　　　　　　　　6 000 000.00
2.支付现金股利。

借：应付股利　　　　　　　　　　　　　　　6 000 000.00
　　　贷：银行存款　　　　　　　　　　　　　　　6 000 000.00

5.3.4　将利润分配转入未分配利润

当企业按照相应的规定弥补了以前年度亏损、计提了盈余公积，就需要将剩余没有分配的利润转入企业的未分配利润中。

　　由5.3.1节内容可知，企业当期实现的净利润是其可供分配利润中的一部分，与企业前期账面上的未分配利润一起合计为企业的可供分配利润，主要体现为会计科目"利润分配——未分配利润"贷方余额；而企业用净利润弥补亏损虽然不用做账，但会影响当期最终的净利润数额，进而影响可供分配利润。另外，用盈余公积弥补亏损、计提盈余公积以及用盈余公积转增资本或分配股利等，都会影响企业最终的未分配利润，体现为未分配利润减少，将这些减少额转入"利润分配——未分配利润"科目的借方。

　　借：利润分配——未分配利润
　　　　贷：利润分配——提取法定盈余公积
　　　　　　　　　　——提取任意盈余公积
　　　　　　　　　　——应付股利

| 范例解析 |　核算企业的未分配利润

　　2019年底，乙公司核算本年实现净利润600.00万元，经公司股东大会决议批准，本年提取法定盈余公积60.00万元，宣告发放现金股利100.00万元。已知公司年初未分配利润为0元，假定不考虑其他因素，账务处理如下。

　　1.结转实现的净利润。

　　借：本年利润　　　　　　　　　　　　　　6 000 000.00
　　　　贷：利润分配——未分配利润　　　　　　　　 6 000 000.00

　　2.提取法定盈余公积并宣告发放现金股利。

　　借：利润分配——提取法定盈余公积　　　　600 000.00
　　　　　　　　——应付股利　　　　　　　 1 000 000.00
　　　　贷：盈余公积　　　　　　　　　　　　　　 600 000.00
　　　　　　应付股利　　　　　　　　　　　　　 1 000 000.00

　　3.将"利润分配"科目的明细科目余额结转至"未分配利润"明细科目。

　　借：利润分配——未分配利润　　　　　　 1 600 000.00
　　　　贷：利润分配——提取法定盈余公积　　　　　 600 000.00
　　　　　　　　　　——应付股利　　　　　　　 1 000 000.00

年末"利润分配——未分配利润"科目的贷方余额即为最终的未分配利润。

06

成本会计的账务处理

成本会计主要针对企业的产品，是在商品经济条件下，为了求得产品总成本和单位成本而核算全部生产成本与费用的会计活动。从管理角度看，成本会计是成本会计人员协助企业管理计划和控制经营，制定长期性或策略性的决策，建立有利的成本控制方法，降低成本并改良品质，跟踪控制产品和服务成本的一整套流程。

6.1
深入认识产品成本的核算内容

产品成本包括了企业为生产产品而发生的各种耗费，如原材料、燃料和动力、生产工人的工资以及各项制造费用等。产品成本可以指一定时期内为了生产一定数量的产品而发生的总成本数额，也可指一定时期内所生产产品的单位成本。其核算内容不仅是了解产品成本的组成部分（即核算对象），还要掌握产品成本的核算要求、核算程序和核算方法。

6.1.1　核算产品的成本要遵循一定的要求

成本会计人员在核算企业的产品成本时，一定要遵循相关要求，这样才能保证产品成本核算的准确性。

（1）要做好前期工作

为了加强企业对生产费用的审核和控制，以便精准的成本核算，企业应建立健全各项原始记录，生产部门应提供生产费用支出的真实资料，并做好各项材料、物资的计量、收发、领退、转移、报废和盘点等工作。具体的工作内容如下。

◆ 要做好产品成本的定额制定和修订工作，包括材料、工时和费用的各项定额，使产品成本的核算具有可靠的基础。

◆ 细分到每个生产车间的基础数据统计工作，各核算员必须将每个车间的生产人员的工资进行汇总，同时还要将领料单进行汇总。

◆ 对于不合理的费用开支，要坚决抵制。

◆ 对于超过成本预算计划的费用开支，要按照相关规定办理审批手续。

◆ 对于产品生产过程中发生的各项浪费和损失，要查明原因，并追究相关人员的责任。

◆ 要充分利用现代信息技术，编制和执行企业的产品成本预算，并对执行情况进行分析、考核，加强对产品生产事前、事中和事后的全过程控制。

（2）要正确划分各种费用的界限

对企业来说，费用的归集一般更倾向于按照会计期间进行，而产品成本的核算主要是按照产品本身进行归集，两者在时间上和空间上都存在交叉点和不同点。为了正确核算产品的成本，成本会计人员必须划清各项费用的界限，以便进行产品成本的归集。费用界限的划分主要包括如下 5 个方面。

◆ 正确划分资本性支出和收益性支出的界限。

◆ 正确划分成本费用和期间费用的界限。

◆ 正确划分当期的费用和以后会计期间的费用的界限。

◆ 正确划分各种产品的成本费用的界限。

◆ 正确划分当期完工产品与当期期末在产品之间的成本费用界限。

无论是哪个方面的费用界限划分，都应遵循受益原则，即"谁受益谁承担、何时受益何时承担、费用承担与受益程度应成正比"。费用的划分也是产品成本核算的其中一个环节。

（3）要遵守一致性原则

产品的成本核算牵扯各个方面的经营数据，因此各种处理方法要前后一致，这样才能使前后各项成本资料和经济数据相互可比。常见的有如下所示的一些会计处理方法需要遵守一致性原则。

◆ 企业应根据企业会计准则的规定正确确定固定资产的折旧方法、使用年限和预计净残值。

◆ 企业还应根据企业会计准则的规定正确确定无形资产的摊销方法和摊销期限等。

◆ 企业应根据相关规定正确确定存货成本的计价方法。

◆ 企业应根据规定正确确定材料、产品等的计量单位。

上述这些会计处理方法以及其他没有提及的方法，一经确定，不得随意变更。总的来说，就是企业的产品成本核算所采用的会计政策和会计估计一经确定，不得随意变更。

（4）要编制产品成本报表

企业一般应按月编制产品成本报表，全面且细致地反映企业生产成本、成本计划执行情况、产品成本及其变动情况等信息。企业可以根据自身管理要求，按照产品项目成本进行列示，或者按照产品品种进行列示，具体的报表格式选择适合本企业经营管理的即可。

6.1.2　产品成本的核算对象和具体项目

产品成本的核算对象就是需要用来进行费用归集和分配的客体，以制造业为例，产品成本的核算对象有产品的品种、产品的批次或件数，或者是每种产品的各个生产步骤等。

具体核算对象的确定可参照如表 6-1 所示的标准。

表 6-1　产品成本核算对象的确定

会计情形	产品成本核算对象
大批、大量、单步骤生产产品，或管理上不要求提供有关生产步骤成本信息的	以产品的品种为成本核算对象
小批、单件生产产品的	以每批或每件产品为成本核算对象
多步骤连续加工产品且管理上要求提供有关生产步骤成本信息的	以每种产品及其各个生产步骤为成本核算对象
产品规格繁多的	可将产品结构、耗用原材料和工艺过程等基本相同的各种产品进行适当合并，然后以品种作为成本核算对象

如果企业的会计核算制度非常健全，且有能力更详细地核算产品的成本，则可以从多维度出发，划分出工序、车间班组、生产设备和客户订单等成本核算对象，使产品成本的核算更精确。

为了具体反映计入产品成本中的各项费用的各种经济用途，会计处理上会对产品成本进行深入的划分，形成若干项目，即产品成本项目。

企业财务设置产品成本项目，不仅可以反映产品成本的具体构成情况，满足成本管理的要求和目的，还有利于管理者了解企业生产费用的经济用途，便于分析和考核产品成本计划的执行情况。

不同性质的企业，需根据自身生产、经营特点和管理需求，设置产品成本项目。比如，对于制造业企业来说，一般可设置如表 6-2 所示的 4 项产品成本项目。

表 6-2　制造业企业设置的产品成本项目

项目	说明
直接材料	指构成产品实体的原材料和有助于产品成型的主要材料和辅助材料，如原材料、辅助材料、备品配件、外购半成品、包装物和低值易耗品等
燃料及动力	指直接用于产品生产的外购或自制的各种燃料和动力，如煤炭
直接人工	指直接从事产品生产工作的工人的职工薪酬、福利费等
制造费用	指企业为了生产产品和提供劳务而发生的各项间接费用，如生产部门发生的水电费、固定资产折旧、无形资产摊销、车间管理人员的职工薪酬、劳动保护费、国家规定的有关环保费用以及季节性和固定资产修理期间的停工损失等

上表中的直接材料、燃料及动力、直接人工等，属于直接费用，可成本会计人员可根据实际发生数进行核算，并按照成本核算对象进行归集，同时根据原始凭证或汇总原始凭证直接计入产品成本。

但制造费用中的各类费用支出，不能根据原始凭证或汇总原始凭证直接计入产品成本，需要按照一定的标准分配计入产品成本核算对象。

虽然同属于制造业，但企业与企业之间在生产特点、各种生产费用的支出比重以及成本管理和核算要求等方面也存在差异，因此可根据企业自身的实际情况，适当增加一些项目。

同理，商品流通行业中的各企业也有其特定的产品成本核算对象的划分标准，具体以企业实际规定为准，这里不再详述。

6.1.3　核算产品成本的一般程序

企业成本会计人员核算产品成本的一般程序主要包括 3 个大环节：归集、分配和计算，具体核算流程如图 6-1 所示。

| 核算产品成本的流程 |

确定成本核算对象	根据生产特点和成本管理要求，确定是以品种、批别还是生产步骤等为成本核算对象。
确定成本项目	对生产性企业来说，设置"原材料""应付职工薪酬"和"制造费用"等成本项目；对商品流通企业来说，产品成本就是购入价款。
设置有关成本和费用明细账	如生产成本明细账、制造费用明细账、产成品和在产品明细账及自制半成品明细账等。
统计各产品数量并审核凭证	统计各种产品的生产量、入库量、在产品存量和材料、工时、动力消耗情况等，并对已发生的各种费用进行原始凭证的审核。
归集、分配费用并核算产品成本计算库存商品成本	归集所有发生的生产费用，并按确定的成本核算对象予以分配，按照产品成本项目计算各种产品的在产品成本、产成品成本和产品单位成本。
	结转完工产品成本。

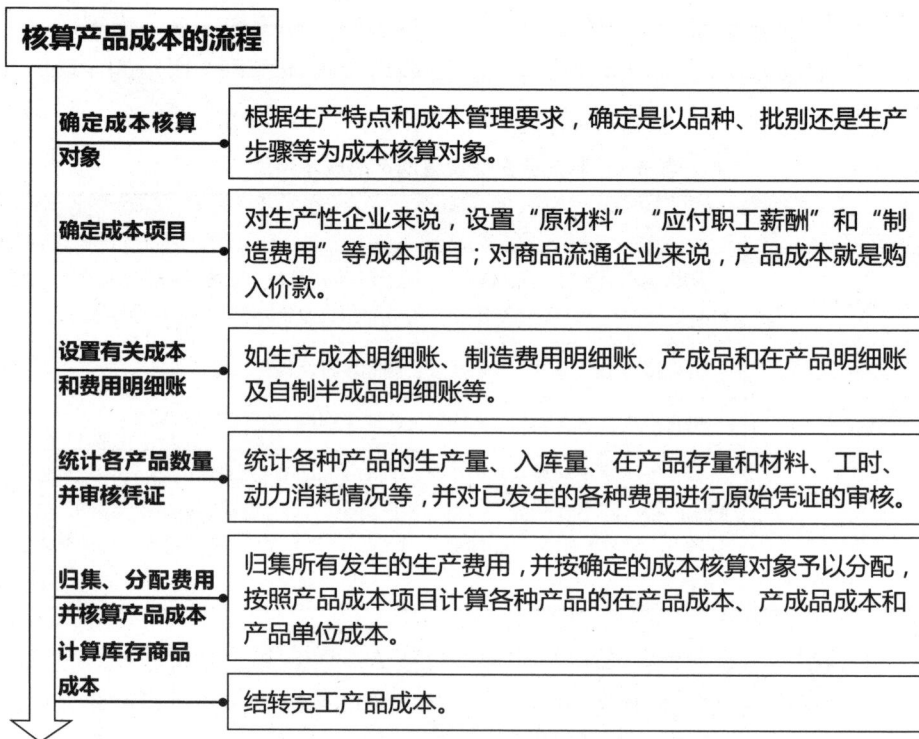

图 6-1　核算产品成本的一般程序

从该流程图可看出，企业产品成本的归集与分配是相辅相成的，在时间和空间上并没有明确的界限，归集的同时就要按照成本项目进行分配。另外，不同的产品成本核算方法，在核算流程上会有一些不同。

需要注意的是，成本会计人员核算的完工产品的成本，实际上就是在会计处理上需要计入"库存商品"科目的库存商品的入账价值，也是日后销售库存商品时需要确认的主营业务收入。由此，企业采购原材料、支付员工薪酬等支出逐步从在产品成本流向完工产品成本，最终流向主营业务成本。

6.1.4　了解产品成本核算的三种方法

实际上，产品成本核算的方法不止3种，具体包括品种法、分批法、分步法、分配法、定额法和标准成本法等，其中品种法、分批法和分步法这3种使用最普遍。本小节就主要针对这3种产品成本核算方法作详细介绍。

（1）品种法

品种法是一种以产品的品种为成本核算对象，归集、分配生产成本、费用并计算产品成本的方法。该方法的相关要点如表 6-3 所示。

表 6-3 核算产品成本的品种法要点

要点	说明
适用范围	单步骤、大量生产的企业适用，如发电、供水和采掘等企业。这一类型的企业特点是，企业本身或生产车间等规模较小，或者生产车间是封闭的，一般从材料投入到产品产出的全部生产过程都在一个生产车间内进行，或者生产活动按照流水线组织，管理上不要求按生产步骤计算产品成本
方法特点	1. 成本核算对象是产品。 2. 一般定期核算产品成本，如每月月末。 3. 月末时一般要将当月发生的生产成本总额在完工产品和在产品之间进行分配。 4. 产品成本的核算周期与财务报告期一致，但与产品生产周期不一致

使用该方法时，产品成本的具体核算流程如图 6-2 所示。

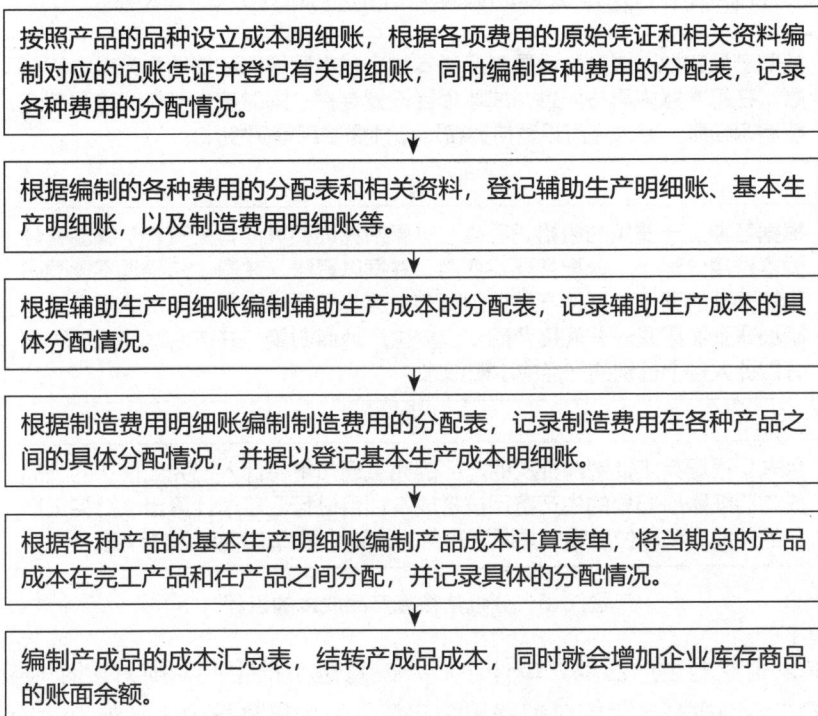

按照产品的品种设立成本明细账，根据各项费用的原始凭证和相关资料编制对应的记账凭证并登记有关明细账，同时编制各种费用的分配表，记录各种费用的分配情况。

↓

根据编制的各种费用的分配表和相关资料，登记辅助生产明细账、基本生产明细账，以及制造费用明细账等。

↓

根据辅助生产明细账编制辅助生产成本的分配表，记录辅助生产成本的具体分配情况。

↓

根据制造费用明细账编制制造费用的分配表，记录制造费用在各种产品之间的具体分配情况，并据以登记基本生产成本明细账。

↓

根据各种产品的基本生产明细账编制产品成本计算表单，将当期总的产品成本在完工产品和在产品之间分配，并记录具体的分配情况。

↓

编制产成品的成本汇总表，结转产成品成本，同时就会增加企业库存商品的账面余额。

图 6-2 品种法核算产品成本的流程

（2）分批法

分批法是指将产品的批次或批别作为产品成本核算对象，归集、分配生产成本、费用并计算产品成本的方法。由于批次或批别一般与订单有关，因此分批法还被称为"订单法"。该方法的相关要点如表6-4所示。

表6-4 核算产品成本的分批法要点

要点	说明
适用范围	单件、小批生产的企业适用，如造船、重型机器和精密仪器制造等，一般企业的新产品试制或试验的生产、在建工程及设备修理作业等也适用
方法特点	1. 核算对象是产品批别或批次。 2. 产品成本的计算是与生产任务通知单的签发与结束紧密配合的，所以成本计算是不定期的。 3. 一般不存在完工产品和产品之间分配成本的问题。 4. 产品成本的核算周期与产品生产周期基本一致，但与财务报告期不一致

使用分批法时，产品成本的具体核算流程如图6-3所示。

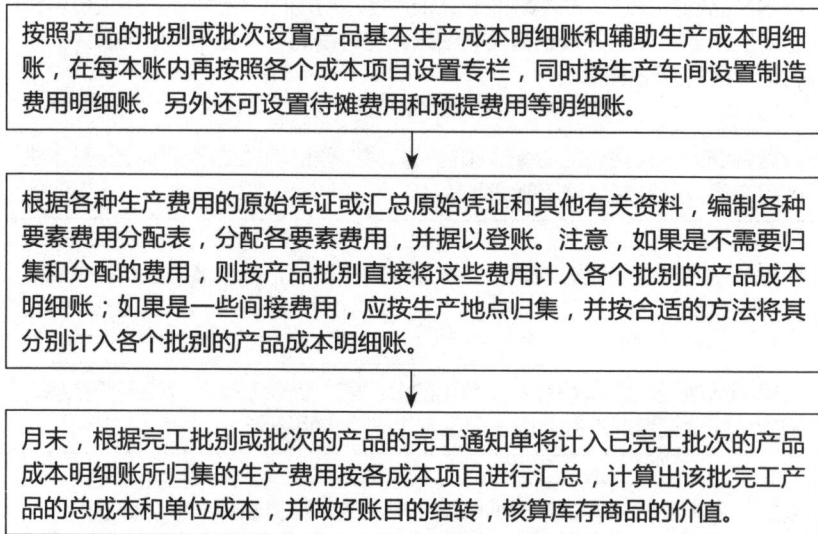

按照产品的批别或批次设置产品基本生产成本明细账和辅助生产成本明细账，在每本账内再按照各个成本项目设置专栏，同时按生产车间设置制造费用明细账。另外还可设置待摊费用和预提费用等明细账。

↓

根据各种生产费用的原始凭证或汇总原始凭证和其他有关资料，编制各种要素费用分配表，分配各要素费用，并据以登账。注意，如果是不需要归集和分配的费用，则按产品批别直接将这些费用计入各个批别的产品成本明细账；如果是一些间接费用，应按生产地点归集，并按合适的方法将其分别计入各个批别的产品成本明细账。

↓

月末，根据完工批别或批次的产品的完工通知单将计入已完工批次的产品成本明细账所归集的生产费用按各成本项目进行汇总，计算出该批完工产品的总成本和单位成本，并做好账目的结转，核算库存商品的价值。

图6-3 分批法核算产品成本的流程

如果企业的生产活动是单件生产，或者是小批生产，则月末时一般不涉及完工产品和在产品之间分配费用的问题。但如果是批内产品跨月陆续完工，这时就需要在完工产品和在产品之间进行费用分配了，具体可按计划单位成本、定额单位成本或最近一期相同产品的实际单位成本等简化方法处理，月末从产品成本明细账中转出完工产品成本后，最终各项费用的余额之和就是在产品成本。

（3）分步法

分步法是指将产品生产过程中各个加工步骤作为产品成本核算对象，归集、分配生产成本、费用并计算各步骤中半成品和完工产品成本的方法。该方法的相关要点如表 6-5 所示。

表 6-5　核算产品成本的分步法要点

要点	说明
适用范围	大量、大批的多步骤生产企业适用，如冶金、纺织和机械制造等。这一类型的企业特点是，产品的生产成本管理可分为若干个生产步骤，一般来说，不仅需要按产品品种计算每一种产品的成本，还要按生产步骤计算每个步骤发生的生产成本，为考核和分析各种产品及各个生产步骤的成本计划的执行情况提供详细的资料
方法特点	1. 核算对象是各种产品的生产步骤。 2. 除了需要按品种计算和结转产品成本，还需要计算和结转产品的各个步骤的成本。 3. 月末需要将归集在生产成本明细账中的生产成本在完工产品和在产品之间进行分配。 4. 产品成本的核算期是固定的，与财务报告期一致，但与产品的生产周期不一致

在经营实务中，各企业自身的成本管理要求和对各个生产步骤的成本资料的要求都会不同，导致各生产步骤的成本计算与结转处理不同，一般有逐步结转和平行结转之分，从而将分步法划分为逐步结转分步法和平行结转分步法。

◆　逐步结转分步法

逐步结转分步法是为了分步计算企业半成品成本而形成的一种分步法，所以也称为半成品成本分步法。大致操作是：按照产品的加工顺序，逐步计算并结转半成品成本，直到最后加工步骤完成，计算出完工产品成本。

该方法适用于大量、大批且连续式复杂性生产的企业，如钢铁厂的生铁、钢锭，纺织厂的棉纱等，都需要使用该方法计算半成品成本。这类企业不仅将完工产品作为商品对外出售，而且生产过程中形成的半成品也经常作为商品对外出售。

逐步结转分步法的大致流程如图 6-4 所示。

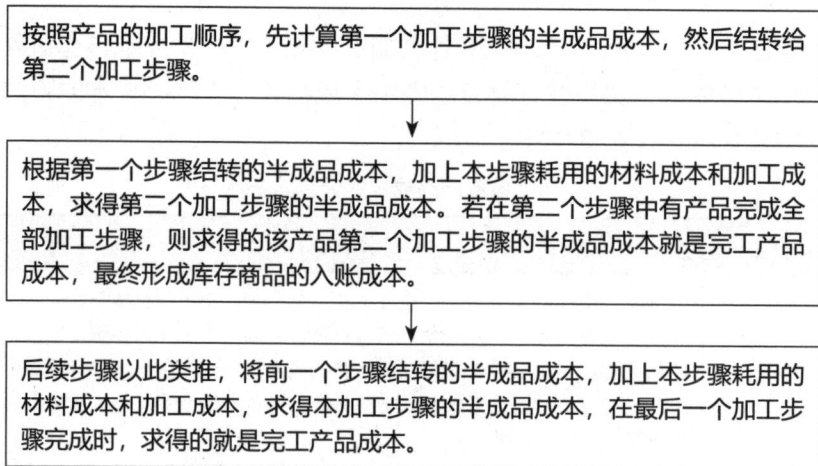

按照产品的加工顺序，先计算第一个加工步骤的半成品成本，然后结转给第二个加工步骤。

↓

根据第一个步骤结转的半成品成本，加上本步骤耗用的材料成本和加工成本，求得第二个加工步骤的半成品成本。若在第二个步骤中有产品完成全部加工步骤，则求得的该产品第二个加工步骤的半成品成本就是完工产品成本，最终形成库存商品的入账成本。

↓

后续步骤以此类推，将前一个步骤结转的半成品成本，加上本步骤耗用的材料成本和加工成本，求得本加工步骤的半成品成本，在最后一个加工步骤完成时，求得的就是完工产品成本。

图 6-4　逐步结转分步法核算产品成本的流程

由上图可知，逐步结转分步法下生产成本需要在完工产品和半成品（或在成品）之间进行分配。优点有以下 3 个。

一是能提供各个生产步骤的半成品成本核算资料。

二是可以为各生产步骤的在产品实物管理和资金管理提供依据。

三是能全面地反映各生产步骤的生产耗费水平，更好地帮助企业实施各生产步骤的成本管理计划。

但是，该方法缺点很明显，即成本结转工作量很大。

◆　平行结转分步法

平行结转分步法与逐步结转分步法相对，采用该方法时不计算半成品成本，具体是指企业在计算各生产步骤的成本时，不计算各步骤形成的半成品成本，也不计算各步骤从上一步骤结转而来的半成品成本，只计算本步骤发生的各项其他成本和这些成本中应计入产成品（即完工产品）的份额，最后将相同产品的各步骤成本明细账中的这些份额进行平行结转、汇总，计算出该种产品的完工产品成本。

使用平行结转分步法时，产品的成本核算对象是各种完工产品及其经过的各生产步骤中的成本份额。大致流程如图 6-5 所示。

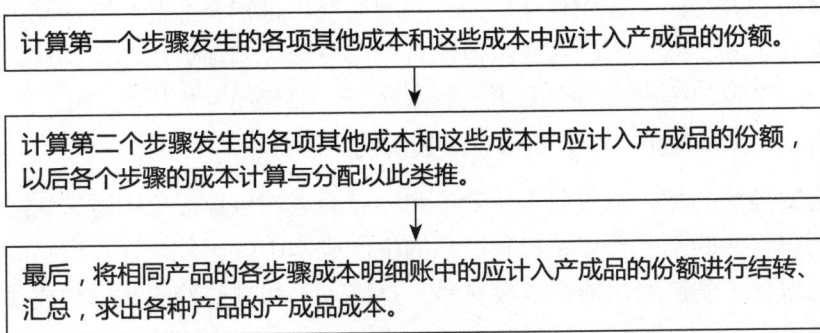

计算第一个步骤发生的各项其他成本和这些成本中应计入产成品的份额。

计算第二个步骤发生的各项其他成本和这些成本中应计入产成品的份额，以后各个步骤的成本计算与分配以此类推。

最后，将相同产品的各步骤成本明细账中的应计入产成品的份额进行结转、汇总，求出各种产品的产成品成本。

图 6-5　平行结转分步法核算产品成本的流程

使用该方法的优点是：各个生产步骤可以同时计算产品成本，且因为不必逐步结转半成品成本，所以成本核算工作量比逐步结转分步法的少。另外，使用该方法还可直接提供按原始成本项目反映的产成品成本核算资料，不必进行成本还原，进一步简化了成本核算工作，提高了效率。

但是，该方法也有缺点，不能提供各个生产步骤的半成品成本核算资料，不能为各个生产步骤的在产品实物管理和资金管理提供依据，不能全面地反映各生产步骤的产品生产耗费水平（第一个步骤除外），不能更好地实施成本管理与控制。

6.2
产品成本的归集和分配

企业生产过程中发生的生产费用，如果能确定由某一成本核算对象负担，则应按对应的产品成本项目类别直接计入产品成本核算对象的生产成本中。

但实务中有一些生产费用需要在几个成本核算对象之间进行分配，即由这些成本核算对象共同负担这类生产费用，此时应选择合理的分配标准进行要素费用的分配和归集。这就是本节要介绍的主要知识点。

6.2.1 产品的成本包括生产成本和制造费用两部分

产品成本中的生产成本主要是指一些能直接归集到某一成本核算对象的直接材料、直接人工和燃料及动力，而制造费用是指企业为生产产品或提供劳务而发生的，应计入产品成本但没有专门设置成本项目的各项间接生产费用。一般来说，生产环节中发生的制造费用，都要通过恰当的归集、分配方法将其分配到产品成本中，构成产品成本的一部分。

需要说明的是，制造费用在分配到相应的成本核算对象中时，实际上就是将相应份额的制造费用结转到产品的生产成本中，也就是说，产品的生产成本是包括了制造费用的，直接材料、直接人工和制造费用共同构成了产品的生产成本。

因此，要准确核算产品的成本，企业需设置"生产成本"科目和"制造费用"科目。这两个科目的使用说明如表6-6所示。

表6-6 "生产成本"与"制造费用"科目的使用说明

科目	说明
生产成本	核算企业进行工业性生产时发生的各项生产成本，借方登记发生的各项生产费用，贷方登记完工转出的产品成本，期末借方余额表示尚未加工完成的各项在产品的成本。该科目应按产品品种或产品批别等成本核算对象设置明细科目，如"基本生产成本"和"辅助生产成本"等，基本生产成本应按照基本生产车间和相应的成本核算对象设置明细账，并按规定的成本项目设置专栏，如"直接材料""直接人工"等；而辅助生产成本应按辅助生产车间和提供的产品、劳务分设辅助生产成本明细账，并按辅助生产的成本项目分设专栏，期末将共同负担的生产费用按照一定分配标准分配给各受益对象
制造费用	核算企业生产部门（或车间）为了生产产品或提供劳务而发生的各项间接生产费用，以及管理上不要求或不便于单独核算的生产费用，借方登记实际发生的制造费用，贷方登记转入生产成本的制造费用，期末借方余额表示尚未结转的制造费用。该科目可按不同的生产车间、部门或费用项目进行明细核算。一般来说，除了季节性生产外，其他生产性企业的该科目期末应无余额。 有些企业会单独核算废品损失和停工损失，这样的话可以另外增设相应的科目

如表 6-7 所示的是关于生产成本与制造费用的主要账务处理情形。

表 6-7　生产成本与制造费用的主要账务处理

业务	账务处理
企业发生各项直接生产成本	借：生产成本——基本生产成本 　　　　——辅助生产成本 　贷：原材料 / 库存现金 / 银行存款 / 应付职工薪酬等
各生产车间应负担的制造费用转入生产成本	借：生产成本——基本生产成本 　　　　——辅助生产成本 　贷：制造费用
辅助生产车间为基本生产车间和企业其他部门提供的劳务和产品	借：生产成本——基本生产成本 　　管理费用 　　销售费用 　　其他业务成本 　　在建工程 　贷：生产成本——辅助生产成本
产成品生产完成或自制半成品等验收入库	借：库存商品 　贷：生产成本——基本生产成本

6.2.2　材料及各种燃料、动力的归集与分配

对于制造业企业来说，发生的直接材料费用能直接计入成本核算对象的，应直接计入成本核算对象的生产成本，不能直接计入的，应按合理的分配标准分配计入各成本核算对象。

耗用的燃料和动力，应根据实际耗用量或合理的分配标准进行归集、分配，生产部门直接用于生产的，直接计入生产成本，间接用于生产的，计入制造费用。

无论是计入成本核算对象的生产成本，还是计入制造费用，材料、燃料及动力只要涉及分配，就需要采用适当的分配方法，按照分配标准进行要素费用的分配，如材料、燃料和动力的耗用量与产品重量、体积等有关的，按期重量或体积分配，动力一般可按照产品的生产工时或机器工时进行分配。

常用分配计算公式如下。

材料、燃料和动力的费用分配率=材料、燃料、动力消耗总额÷分配标准（即产品重量、耗用的原材料、生产工时等）

某种产品应负担的材料、燃料和动力的费用=该产品的重量、耗用的原材料、生产工时等×材料、燃料和动力的费用分配率

如果产品的材料、燃料和动力等的消耗定额比较准确，则材料、燃料和动力等可按照产品的材料定额消耗量比例或材料定额费用比例进行分配，此时涉及的计算公式如下。

某种产品的材料定额消耗量=该产品实际产量×单位产品材料消耗定额

材料消耗量分配率=材料实际总消耗量÷各种产品材料定额消耗量之和

某种产品应分配的材料费用=该产品的材料定额消耗量×材料消耗量分配率×材料单价

下面通过一个具体的案例来学习材料、燃料和动力的归集与分配处理。

| 范例解析 |　核算生产车间各材料、燃料的消耗

2020年3月甲生产企业生产A、B两种产品，领用某原材料共5 000千克（全部用于产品生产），单价为15.00元/千克，A产品的单位产品材料消耗定额为6千克，B产品的单位产品材料消耗定额为3.5千克。同时还领用了4 000千克的燃料，单价为1.00元/千克，基本生产车间耗用3 500千克（按产品投产量进行分配），辅助生产车间耗用500千克。

已知该企业本月投产A产品共300件，B产品共200件。相关计算与账务处理如下。

A产品的原材料定额消耗量=300×6=1 800（千克）

B产品的原材料定额消耗量=200×3.5=700（千克）

材料消耗量分配率=5 000÷（1 800+700）=2

A产品应分配的原材料费用=1 800×2×15.00=54 000.00（元）

B产品应分配的原材料费用=700×2×15.00=21 000.00（元）

A和B产品的原材料费用合计=54 000.00+21 000.00=5 000×15.00=75 000.00（元）

A和B产品的燃料费用合计=3 500×1.00=3 500.00（元）

A产品应分配的燃料费用=3 500.00×300÷（300+200）=2 100.00（元）

B产品应分配的燃料费用=3 500.00×200÷（300+200）=1 400.00（元）

辅助生产车间的燃料费用合计=500×1.00=500.00（元）

A产品的生产成本=54 000.00+2 100.00=56 100.00（元）

B产品的生产成本=21 000.00+1 400.00=22 400.00（元）

耗用的原材料和燃料的总费用=75 000.00+4 000×1.00=79 000.00（元）

借：生产成本——基本生产成本——A产品　　　　　56 100.00

　　　　　　　　　　　　　——B产品　　　　　22 400.00

　　　制造费用　　　　　　　　　　　　　　　　500.00

　　贷：原材料　　　　　　　　　　　　　　　　79 000.00

由此可知，企业生产过程中消耗的原材料和燃料，均通过"原材料"科目核算，而直接用于产品生产的燃料，计入产品的生产成本，如案例中的2 100.00元和1 400.00元；间接用于生产的燃料，计入制造费用，如案例中的500.00元。也就是说，燃料和动力的使用按照与产品生产是否直接相关而形成生产成本和制造费用。

该案例中领用的原材料全部用于产品生产，如果领用的原材料还用于其他辅助车间的生产活动，则需计入"生产成本——辅助生产成本"科目进行核算。也就是说，原材料的使用按照部门不同形成基本生产成本和辅助生产成本。

6.2.3　车间工人职工薪酬的归集与分配

车间工人的职工薪酬包括各种直接和间接人工费用，归集时必须要凭借有效的原始凭证，如计时工资以考勤记录中的工作时间为依据，计件工资以产量记录中的产品数量和质量等为依据，而计时工资与计件工资以外的各种奖金、津贴和补贴等，按照国家和企业的有关制度与规定进行核算。

在分配车间工人的职工薪酬时，一种是按照本月应付金额分配本月职工薪酬费用，另一种是按照本月支付职工薪酬的金额分配职工薪酬费用。前一种适用于月份之间职工薪酬差别较大的情况，后一种适用于差别不大的情况。

实务中，财会人员在对车间工人进行职工薪酬归集与分配时，必须以工资结算单或工资单为依据。直接参与产品生产的生产工人的职工薪酬，直接计入产品成本的"直接人工"成本项目，不能直接计入的，按工时、产品产量或产值比例等标准进行合理分配，然后计入产品成本的"直接人工"成本项目。相关计算公式如下。

生产工人职工薪酬费用分配率=各种产品生产职工薪酬总额÷各种产品生产工时之和

某种产品应分配的生产工人职工薪酬=该产品生产工时×生产工人职工薪酬费用分配率

如果企业很难确定各种产品的实际生产工时数据，但各种产品的单件工时定额比较稳定和准确，则可按产品的定额工时比例分配生产工人职工薪酬，计算公式如下。

某种产品耗用的定额工时=该产品投产量×该产品单位产品工时定额

生产工人职工薪酬费用分配率=各种产品生产工人职工薪酬总额÷各种产品定额工时之和

某种产品应分配的生产工人职工薪酬=该产品定额工时×生产工人职工薪酬费用分配率

计入产品成本的"直接人工"通过"基本生产成本"明细科目核算；辅助生产车间的生产工人的"直接人工"通过"辅助生产成本"明细科目核算；基本生产车间和辅助生产车间的管理人员的"直接人工"通过"制造费用"科目核算。

知识延伸 | 其他员工的职工薪酬处理

行政管理部门的"直接人工"通过"管理费用"科目核算；销售部门的"直接人工"通过"销售费用"科目核算。

| 范例解析 | **核算产品成本中包含的车间工人职工薪酬**

乙公司生产C、D两种产品，2020年3月生产部门共发生应付职工薪酬

30.00万元，其中产品生产车间发生应付职工薪酬23.00万元，包括车间管理人员的薪酬3.00万元；辅助生产车间发生应付职工薪酬7.00万元，包括车间管理人员的薪酬2.00万元。

已知当月C产品的生产工时为600小时，D产品的生产工时为400小时，相关计算和账务处理如下。

直接参与产品生产的车间工人对应的应付职工薪酬应计入产品的成本，即20.00万元（23.00-3.00），而辅助生产车间的生产工人对应的应付职工薪酬应计入辅助生产成本，即5.00万元（7.00-2.00），两类车间的管理人员对应的应付职工薪酬应确认为制造费用。

生产工人职工薪酬费用分配率=20.00÷（600+400）=0.02（万元/小时）

C产品应分配的生产工人职工薪酬=600×0.02=12.00（万元）

D产品应分配的生产工人职工薪酬=400×0.02=8.00（万元）

借：生产成本——基本生产成本——C产品　　　　　　120 000.00

　　　　　　　　　　　　　　——D产品　　　　　　　80 000.00

　　　　　——辅助生产成本　　　　　　　　　　　　50 000.00

　　制造费用　　　　　　　　　　　　　　　　　　　50 000.00

　　贷：应付职工薪酬　　　　　　　　　　　　　　　300 000.00

虽然车间生产工人和车间管理人员同属于车间工人，但因为岗位性质的不同，所以其职工薪酬的归集是不同的，直接参与产品生产的员工工资计入产品生产成本，而不直接参与产品生产的车间管理人员工资计入制造费用。

6.2.4　辅助生产费用的归集与分配

辅助生产费用主要是指为基本生产车间、企业行政管理部门等服务的辅助生产车间进行产品生产和劳务供应所发生的费用。也就是说，辅助生产车间提供的可能是产品，也可能是劳务。

辅助生产费用的归集通过辅助生产成本总账和明细账完成，且一般按车间、产品或劳务等设立明细账。当辅助生产发生各项生产费用时，将其计入"辅助生产成本"科目及其明细科目进行核算。

一般来说，辅助生产的制造费用先通过"制造费用"科目进行核算，然后再转入"辅助生产成本"科目，基本生产的制造费用处理也是如此。

如果辅助生产车间规模较小、制造费用很少且辅助生产不对外提供产品和劳务的，则辅助生产的制造费用可不通过"制造费用"科目核算而直接计入"辅助生产成本"科目，从而简化核算工作。

实务中，企业发生的辅助生产费用的归集与分配工作比较复杂，但就其分配账务而言，方法有很多种，如直接分配法、交互分配法、计划成本分配法、顺序分配法和代数分配法等。如表 6-8 所示为这几种分配方法的详细介绍。

表 6-8　辅助生产费用的各种分配方法

方法	说明	适用范围
直接分配法	不考虑各个辅助生产车间之间相互提供劳务或产品的情况，直接将各种辅助生产费用分配给辅助生产以外的各收益单位。使用该方法时，各辅助生产费用只进行对外分配，且只分配一次，虽然计算简单，但是分配结果不够准确	适用于辅助生产内部相互提供产品或劳务不多、对辅助生产成本和产品成本影响不大的情况
交互分配法	先将各辅助生产车间发生的生产费用在辅助生产车间之间进行分配，然后将各辅助生产车间交互分配后的实际费用再按提供的劳务量或产品量在辅助生产车间以外的各受益单位之间进行分配。该方法下的分配结果比较准确，但分配工作量较大	适用于辅助生产内部相互提供产品或劳务较多、需进行费用的交互分配、对辅助生产成本和产品成本的影响较大的情况
计划成本分配法	辅助生产为企业的各受益单位提供的劳务或产品都按照劳务或产品的计划单位成本进行分配，而辅助生产车间实际发生的费用与按计划单位成本分配转出的费用之间的差额采用简化算法全部计入管理费用。该方法便于考核和分析各受益单位的成本，明确各单位的经济责任，但分配不够准确	适用于辅助生产提供的劳务或产品的计划单位成本比较准确的企业
顺序分配法	按照辅助生产车间受益多少的顺序对生产费用进行分配，即受益少的先分配，受益多的后分配，且先分配的辅助生产车间不负担后分配的辅助生产车间的生产费用	适用于各辅助生产车间之间的相互受益程度有明显先后顺序的企业

续上表

方法	说明	适用范围
代数分配法	先根据求解联立方程式的原理，计算辅助生产提供的劳务或产品的单位成本，然后根据各受益单位耗用的数量和单位成本分配辅助生产成本。该方法下辅助生产费用的分配结果最准确，但辅助生产车间较多时，联立方程式中的未知数就会很多，计算比较复杂	适用于经营管理已全面实现电算化的企业

下面通过一个案例，来深入学习交互分配法下的辅助生产费用的归集与分配处理。

| 范例解析 | 采用交互分配法分配辅助生产费用

已知丙公司设有供电和机修两个辅助生产车间，2020年3月，在进行辅助生产费用的分配前，供电车间发生生产费用60.00万元，供电度数共50万度，按照耗电度数分配生产费用，其中机修车间耗用6万度，生产一车间耗用20万度，生产二车间耗用14万度，行政管理部门耗用5万度，销售部门耗用5万度。机修车间发生生产费用90.00万元，提供修理工时120小时，按修理工时分配生产费用，其中供电车间耗用20小时，生产一车间耗用50小时，生产二车间耗用40小时，行政管理部门耗用6小时，销售部门耗用4小时。

采用交互分配法分配辅助生产费用，相关计算、分析和账务处理如下。

1.将辅助生产费用在两个辅助生产车间之间进行分配。

供电生产费用的交互分配率=60.00÷50=1.20（元/度）

分配计入机修车间的供电生产费用=6×1.20=7.20（万元）

机修生产费用的交互分配率=90.00÷120=0.75（万元/小时）

分配计入供电车间的机修生产费用=20×0.75=15.00（万元）

供电车间待分配的生产费用=60.00-7.20+15.00=67.80（万元）

机修车间待分配的生产费用=90.00-15.00+7.20=82.20（万元）

借：生产成本——辅助生产成本——供电车间　　　　　150 000.00

　　　　　　　　　　　　　　——机修车间　　　　　 72 000.00

    贷：生产成本——辅助生产成本——供电车间　　　　72 000.00

                   ——机修车间　　　　150 000.00

2.将两个辅助生产车间交互分配后的实际费用在各受益单位之间分配。

供电生产费用的对外分配率=67.80÷（50−6）=1.54（元/度）

生产一车间应负担的供电生产费用=1.54×20=30.80（万元）

生产二车间应负担的供电生产费用=1.54×14=21.56（万元）

行政管理部门应负担的供电生产费用=1.54×5=7.70（万元）

销售部门应负担的供电生产费用=1.54×5=7.70（万元）

由于在计算对外分配率时对结果进行了四舍五入处理，所以30.80+21.56+7.70+7.70=67.76万元≠67.80万元，这不影响计算分析思路。

机修生产费用的对外分配率=82.20÷（120−20）=0.822（万元/小时）

生产一车间应负担的机修生产费用=50×0.822=41.10（万元）

生产二车间应负担的机修生产费用=40×0.822=32.88（万元）

行政管理部门应负担的机修生产费用=6×0.822=4.932（万元）

销售部门应负担的机修生产费用=4×0.822=3.288（万元）

生产一车间应负担的供电生产费用和机修生产费用共71.90万元（30.80+41.10），确认为制造费用；生产二车间应负担的供电生产费用和机修生产费用共54.44万元（21.56+32.88），确认为制造费用；行政管理部门应负担的供电生产费用和机修生产费用共12.632万元（7.70+4.932），确认为管理费用；销售部门应负担的供电生产费用和机修生产费用共10.988万元（7.70+3.288），确认为销售费用。

    借：制造费用——生产一车间　　　　719 000.00

           ——生产二车间　　　　544 400.00

      管理费用　　　　126 320.00

      销售费用　　　　109 880.00

    贷：生产成本——辅助生产成本——供电车间　　　　677 600.00

                   ——机修车间　　　　822 000.00

由此可知，企业在采用交互分配法分配辅助生产费用时，关键点有两个。

一是区分计算辅助生产车间之间进行辅助生产费用分配的分配率时采用的劳务数量和计算辅助生产费用在辅助生产车间以外的各受益部门之间进行分配的分配率时采用的劳务数量。

二是确定辅助生产费用交互分配后的各辅助生产车间的待分配生产费用数额。

直接分配法的分配结果不够准确，其他分配方法计算复杂，这里均不作详解。

6.2.5　制造费用的归集与分配

对生产性企业来说，制造费用的内容很复杂，具体包括了本章 6.2.2 节涉及的物料消耗、6.2.3 节涉及的车间管理人员的职工薪酬、6.2.4 节涉及的车间管理用水费和机修费，以及本书前面章节涉及的车间管理用房屋与设备的折旧费、车间工人差旅费及 6.2.6 节将要学习的废品损失和停工损失中的某些部分。

为了简化制造费用的核算工作，可将性质相同的费用合并设立相应的费用项目。比如，将用于产品生产的固定资产折旧费合并设立"折旧费"项目。但是，为了使各会计期间的成本、费用资料具有可比性，制造费用项目一经确定，不能随意变更。

财会人员应根据有关付款凭证、转账凭证和各种成本、费用分配表，登记"制造费用"账户，并按不同的车间设立明细账，账内按成本项目设置专栏，分别反映各车间各项制造费用的发生与分配转出情况。

基本生产车间和辅助生产车间发生的直接用于生产和组织管理生产活动的各种材料成本，在没有专设成本项目时，一般借记"制造费用"及其明细科目的相关成本项目，贷记"原材料"等科目。基本生产车间和辅助生产车间的车间管理人员工资、福利费等职工薪酬，应借记"制造费用"及其明细科目的借方，贷记"应付职工薪酬"科目。这些是制造费用的归集。

月末，应按照恰当的方法将通过"制造费用"科目归集的制造费用从其贷方分配转入有关成本核算对象。分配时主要按如图 6-6 所示的操作步骤进行。

| 先分配辅助生产的制造费用，将其计入辅助生产成本。 |

↓

| 然后分配辅助生产费用，将其中应由基本生产负担的制造费用计入基本生产的制造费用中。 |

↓

| 最后分配基本生产的制造费用。 |

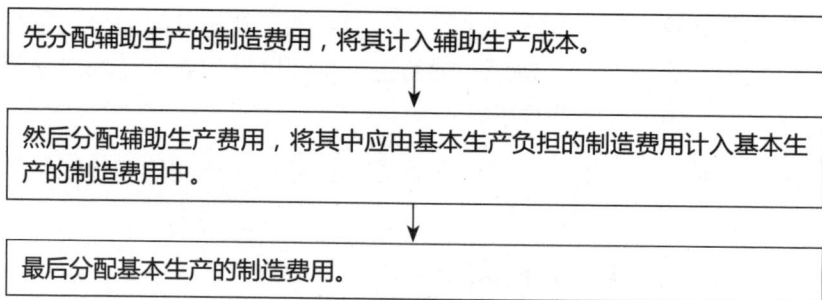

图 6-6　分配制造费用的流程

制造费用的核算应按照车间分别进行，不应将各车间的制造费用汇总后统一分配。最终，制造费用应按合理的分配标准分配计入各成本核算对象的生产成本中。

制造费用的分配方法主要有 4 种：生产工人工时比例法、生产工人工资比例法、机器工时比例法和年度计划分配率分配法。其中生产工人工时比例法最常用，而生产工人工资比例法适用于各种产品生产机械化程度相差不多的企业，机器工时比例法适用于产品生产的机械化程度较高的车间，年度计划分配率分配法适用于季节性生产企业。

分配制造费用时，通用的计算公式如下。

制造费用分配率=制造费用总额÷各产品分配标准之和（如产品生产工时总数或生产工人定额工时总数、生产工人工资总和、机器工时总数、产品计划产量的定额工时总数）

某种产品应负担的制造费用=该产品分配标准×制造费用分配率

制造费用的分配方法一经确定，不得随意变更，若需变更，应在财务报表附注中予以说明。

财会人员应先根据制造费用分配表进行制造费用分配的总分类核算和明细核算，会计分录如下。

借：生产成本
　　贷：制造费用

分配给基本生产的制造费用在归集了全部基本生产车间的制造费用后，转入"生产成本"科目的"基本生产成本"明细科目。下面来看一个简单的关于制造费用分配的案例。

| 范例解析 | 对公司发生的制造费用进行分配

2020年3月，丁公司发生制造费用共100.00万元，其中辅助生产车间应负担的制造费用有20.00万元，已知基本生产车间生产两种产品A和B，产品A消耗的生产工人工时共6 000小时，产品B消耗的生产工人工时共4 000小时，按照生产工人工时比例法分配制造费用。

制造费用分配率=800 000.00÷（6 000+4 000）=80.00（元/小时）

A产品应负担的制造费用=80.00×6 000=480 000.00（元）

B产品应负担的制造费用=80.00×4 000=320 000.00（元）

计入辅助生产成本的制造费用=200 000.00（元）

借：生产成本——基本生产成本——A产品   480 000.00

                       ——B产品   320 000.00

        ——辅助生产成本   200 000.00

    贷：制造费用   1 000 000.00

由上述账务处理可知，该案例中先将辅助生产的制造费用分配转出，计入辅助生产成本中，然后将应由基本生产负担的制造费用计入基本生产的制造费用中，最后将这部分制造费用分配计入各产品的成本项目中，即基本生产成本。

6.2.6 单独核算废品损失和停工损失的账务处理

废品损失，顾名思义就是物品报废而产生的损失；停工损失是指生产车间或车间内某个班组在停工期间发生的各项生产费用支出。

（1）废品损失

要做好废品损失的账务核算，财会人员必须了解哪些废品需确认为损失，哪些废品不能确认为损失。如下所示的两点是需要核算损失的废品情况。

- ◆ 在生产过程中发生的和入库后发现的不可修复废品的生产成本。
- ◆ 可修复废品的修复费用，扣除回收的废品残料价值和应收取的赔款后的净损失。

不能核算废品损失的情况有如下一些。

◆ 经质量检验部门鉴定不需要返修且可以降价出售的不合格品。

◆ 产品入库后由于保管不善等原因而损坏、变质的产品。

◆ 实行"三包"的企业，其产品在出售后发现是废品。

企业可增设"废品损失"一级科目，用于单独核算企业的废品损失。但废品损失业务不多的企业也可不单独设置该科目，相应损失或费用可通过"生产成本——基本生产成本""原材料"等科目核算。另外，企业的辅助生产一般不单独核算废品损失。

不可修复废品损失的生产成本有两种核算方法：一是按废品耗用的实际费用计算；另一种是按废品耗用的定额费用计算。采用前一种方法时，财会人员要将废品报废前与合格品一起计算的各项费用按照恰当的分配方法在合格品和废品之间进行分配，算出废品的实际成本，同时编制如下会计分录。

借：废品损失——××产品

　　贷：生产成本——基本生产成本——××产品

如果废品是在完工后发现的，则单位废品负担的各项生产费用与单位合格产品负担的各项生产费用完全相同，可按合格品产量和废品的数量比例进行各项生产费用的分配，计算出废品的实际成本。

采用后一种方法时，废品的生产成本按废品数量和各项费用定额计算，不需要考虑废品实际发生的生产费用。核算废品实际成本的会计分录同上。

对于可修复废品来说，返修前发生的生产费用不是废品损失，不需要计算其生产成本，仍然保留在"生产成本——基本生产成本"科目及有关产品明细账中，不需要转出。返修时发生的各种费用才应根据各种费用的分配表，计入"废品损失"科目的借方。

无论是不可修复废品，还是可修复废品，回收的残料价值和应收取的赔款等，应从"废品损失"科目的贷方转入"原材料"和"其他应收款"等科目的借方，以此冲减废品损失。最终，"废品损失"科目的借方余额表示归集的可修复损失成本，即可修复废品的实际废品损失，需转入"生产成本——基本生产成本"科目的借方。

下面借助一个案例来学习废品损失账务处理。

| 范例解析 | 核算公司生产时发生的废品损失

　　2020年3月31日，甲公司完成了一批P产品的生产，但在完工后发现有不可修复废品5件，可修复废品10件，该批P产品共500件。已知这批产品发生的各项生产费用共20.00万元，不可修复废品的成本按照耗用的实际费用计算；但可修复废品的修复费用包括直接材料费1 500.00元，直接人工800.00元，制造费用700.00元。

　　不可修复废品和可修复废品的回收残料价值为600.00元，作为辅助材料入库，另外由过失人赔偿300.00元。废品净损失由当月P产品成本负担。

　　相关计算和账务处理如下。

　　不可修复废品的生产成本=20.00×5÷500=0.20（万元）

　　1.结转不可修复废品的生产成本。

　　　　借：废品损失——P产品　　　　　　　　　　　　　2 000.00
　　　　　　贷：生产成本——基本生产成本——P产品　　　　　　2 000.00

　　2.核算可修复废品的修复费用。

　　　　借：废品损失——P产品　　　　　　　　　　　　　3 000.00
　　　　　　贷：原材料　　　　　　　　　　　　　　　　　1 500.00
　　　　　　　　应付职工薪酬　　　　　　　　　　　　　　　800.00
　　　　　　　　制造费用　　　　　　　　　　　　　　　　　700.00

　　3.回收残料价值入库，冲减废品损失。

　　　　借：原材料　　　　　　　　　　　　　　　　　　　600.00
　　　　　　贷：废品损失——P产品　　　　　　　　　　　　　600.00

　　4.核算过失人赔偿，冲减废品损失。

　　　　借：其他应收款——××　　　　　　　　　　　　　300.00
　　　　　　贷：废品损失——P产品　　　　　　　　　　　　　300.00

　　5.结转废品的净损失。

　　废品净损失=2 000.00+3 000.00-600.00-300.00=4 100.00（元）

　　　　借：生产成本——基本生产成本——P产品　　　　　　4 100.00
　　　　　　贷：废品损失——P产品　　　　　　　　　　　　4 100.00

（2）停工损失

企业发生的停工损失包括停工期间发生的原材料费用、人工费用和制造费用等。应由过失人、过失单位或保险公司等负担的赔偿，应从停工损失中扣除，即冲减停工损失。财会人员要想做好停工损失的核算工作，必须先明确停工的类型。

◆ **正常停工**：包括季节性停工、正常生产周期内的修理期间的停工以及计划内减产停工等。

◆ **非正常停工**：包括原材料或工具等短缺导致停工、设备故障导致停工、电力中断导致停工以及自然灾害导致停工等。

正常停工发生的费用损失在产品成本核算范围内计入产品成本，非正常停工发生的费用损失计入企业的当期损益。注意，不满一个工作日的停工，一般不计算停工损失。

企业可增设"停工损失"一级科目，用于单独核算企业的停工损失。但不经常发生停工损失的企业，可不单独设置"停工损失"科目，直接将损失计入"制造费用"和"营业外支出"等科目中。同样，企业的辅助生产一般不单独核算停工损失。

如表 6-9 所示的是关于停工损失的账务处理。

表 6-9　企业停工损失的账务处理

业务	账务处理
发生停工并有费用支出时，归集停工损失	根据停工报告单和各种费用分配表、分配汇总表等编制会计分录。 借：停工损失 　　贷：原材料 / 应付职工薪酬 / 制造费用等
应由过失人、过失单位或保险公司赔偿的部分	借：其他应收款——×× 　　　　　　　　——×× 保险公司 　　　　　　　　——×× 公司 贷：停工损失

续上表

业务	账务处理
期末，停工的净损失要分情况进行结转	1. 属于自然灾害部分的净损失 借：营业外支出 　　贷：停工损失 2. 应由本月产品成本负担的净损失 借：生产成本——基本生产成本 　　贷：停工损失 　　如果停工的车间生产多种产品的，还应采用合理的分配方法和标准，将停工净损失分配计入该车间各种产品的成本明细账的停工损失成本项目中

由于停工损失在期末时进行了结转，所以"停工损失"科目月末无余额。

│范例解析│ 核算公司发生的停工损失

2020年4月8日，乙公司生产一车间由于商某的错误操作，导致电路被烧，于是停工3天进行维修。已知该车间主要生产S产品，停工期间依然需要向员工支付工资，合计为8 100.00元，发生维修费用1 200.00元。需要由过失人赔偿600.00元。账务处理如下。

1.发生停工费用支出。

借：停工损失——S产品　　　　　　　　　　　9 300.00
　　贷：应付职工薪酬　　　　　　　　　　　　　　8 100.00
　　　　制造费用　　　　　　　　　　　　　　　　1 200.00

2.核算过失人的赔偿款。

借：其他应收款——商某　　　　　　　　　　　600.00
　　贷：停工损失——S产品　　　　　　　　　　　　600.00

3.结转停工净损失。

停工净损失=9 300.00-600.00=8 700.00（元）

借：生产成本——基本生产成本——S产品　　　8 700.00
　　贷：停工损失——S产品　　　　　　　　　　　　8 700.00

另外要注意的是，季节性生产企业在停工期间发生的制造费用，应在开工期间进行合理分摊，与开工期间发生的制造费用一并计入产品的生产成本。

6.3
生产费用在完工产品和在产品之间的归集与分配

完工产品就是已经过所有生产环节和步骤，生产完成并待售的产品；在产品就是正处于生产过程中，还没有完成所有生产环节和步骤的产品，包括半成品（不包括可以对外出售的半成品）。生产费用的精准核算要求其在完工产品与在产品之间进行归集分配。

6.3.1　以合理的方法确定在产品的数量

企业财会人员在完工产品与在产品之间进行生产费用的归集和分配时，关键是要确定在产品的数量。企业应当每月月末清查一次在产品，以取得在产品的实际盘存资料，用来计算在产品的成本。

由于企业在产品是还没有完成所有生产工序的产品，所以需要利用合理的方法精准地确定其数量，常用的方法是约当产量法。即将月末在产品数量按照其完工程度折算为相当于完工产品的产量，即约当产量。

在产品约当产量=在产品实有数量×完工程度

| 范例解析 |　利用约当产量法确定在产品的数量

某公司2020年3月末，清查企业在产品时，合计在产品数量有500件。其中300件已完工80%，还有200件已完工50%。采用约当产量法核算3月末该公司的在产品数量。

在产品数量=300×80%+200×50%=340（件）

6.3.2　将生产费用分配给完工产品和在产品

要想准确核算生产完工并入库待售的库存商品的成本价值，就必须学会将生产费用在完工产品和在产品之间进行分配的处理。

一般来说，企业每月月末时，当月"生产成本"明细账中归集的生产成本是本月发生的所有生产成本，包括完工产品的和在产品的，因此需要按照合适的分配方法和标准将这些生产成本分配到完工产品和在产品中。在计算当月完工产品的成本时，最精准的公式如下。

当月完工产品成本=月初在产品成本+当月发生的所有生产成本−月末在产品成本

将生产费用在完工产品和在产品之间进行分配时，可以采用的方法有不计算在产品成本法、在产品按固定成本计价法、在产品按所耗直接材料成本计价法、约当产量比例法、在产品按定额成本计价法、定额比例法以及在产品按完工产品成本计价法等。

实际选用这些分配法时，企业需根据在产品数量的多少、各月在产品数量变化的情况、各项成本比重的大小以及定额管理的效益好坏等因素，做全面的考虑。

如表 6-10 所示的是对这些方法的说明。

表 6-10　完工产品与在产品之间的生产费用分配法

方法	说明	适用范围
不计算在产品成本法	月末虽有在产品，但不计算其成本，即当月发生的生产成本全部由完工产品负担	适用于各月末在产品数量很少的产品
在产品按固定成本计价法	各月末在产品的成本固定不变，某种产品当月发生的生产成本就是当月完工产品的成本，但年末时应根据实际盘点的在产品数量计算其成本，并计算 12 月的产品成本	适用于月末在产品数量较多，但各月在产品的成本变化不大的产品或月末在产品数量较少的产品
在产品按所耗直接材料成本计价法	月末在产品只计算其耗用的直接材料成本，不计算直接人工等加工成本，即企业月初在产品的直接材料成本与当月发生的直接材料成本之和要在完工产品和在产品之间分配，但当月发生的直接人工和制造费用等全部由完工产品负担	适用于各月月末在产品数量较多、各月在产品数量变化较大、直接材料成本在生产成本中所占比重较大且材料在生产开始时一次性全部投入的产品

续上表

方法	说明	适用范围
约当产量比例法	将月末在产品数量按其完工程度折算为相当于完工产品的产量，然后将产品应负担的全部成本按照完工产品数量与月末在产品约当产量的比例分配计算出完工产品成本和在产品成本	适用于产品数量较多、各月在产品数量变化较大且生产成本汇总直接材料成本和直接人工等加工成本的比重相差不大的产品
在产品按定额成本计价法	月末在产品成本按定额成本计算，然后用月初在产品成本加上当月发生的生产成本之和，减去按定额成本计算的月末在产品成本，余额就为当月完工产品的成本。注意，每月生产成本脱离定额的节约差异或超支差异全部计入当月完工产品的成本	适用于各项消耗定额或成本定额比较准确、稳定且月末在产品的数量变化不是很大的产品
定额比例法	产品的生产成本在完工产品和月末在产品之间按照两者的定额消耗量或定额成本比例进行分配。其中，直接材料成本按两者直接材料的定额消耗量或定额成本比例进行分配，直接人工等加工成本可按各自的定额成本比例分配，也可按定额工时比例分配	适用于各项消耗定额或成本定额比较准确、稳定，但各月末在产品数量变动较大的产品
在产品按完工产品成本计价法	将在产品视为完工产品，计算、分配生产费用	适用于月末在产品已经接近完工，或产品已经加工完毕但尚未验收或包装入库的产品

　　不同的企业需根据自身实际经营情况和管理要求，选择合适的分配方法核算当期完工产品成本和在产品的成本。

　　下面主要介绍约当产量比例法，涉及的计算公式如下所示（在产品约当产量的计算在 6.3.1 节已经介绍）。

　　单位产品成本=（月初在产品成本+当月发生的生产成本）÷（当月完工产品数量+月末在产品约当产量）

　　完工产品成本=完工产品数量×单位产品成本

　　在产品成本=在产品约当产量×单位产品成本

| 范例解析 | 利用约当产量比例法核算完工产品成本和在产品成本

　　某公司2020年3月末，对生产的产品进行清点，完工产品有1 000件，在产品数量有500件，其中300件已完工80%，还有200件已完工50%。已知该公司当月初有在产品成本12.00万元，当月发生的生产成本共35.00万元。采用约当产量比例法核算3月末完工产品的成本和在产品成本。

　　　　月末在产品数量=300×80%+200×50%=340（件）

　　　　单位产品成本=（120 000.00+350 000.00）÷（1 000+340）=350.75（元）

　　　　完工产品成本=1 000×350.75=350 750.00（元）

　　　　在产品成本=340×350.75=119 255（元）

> **知识延伸** | 原材料在开始时一次性投入和生产过程中陆续投入的处理
>
> 　　在很多加工生产企业，材料通常是生产开始时便一次性投入的，这时不考虑在产品的完工程度，月末时以在产品实有数量与完工产品数量共同负担材料成本。但有些企业生产用的原材料是随着生产过程陆续投入的，此时就应按照各个环节或工序投入的材料成本占全部材料成本的比例计算在产品的约当产量，进而计算单位产品成本、完工产品成本和月末在产品成本。

　　在众多分配方法中，只要涉及在产品成本的核算，都应先确定在产品的核算数量和单位产品成本（即成本分配率），然后核算月末在产品的成本和完工产品的成本。

6.4
联产品和副产品的成本分配

　　对于联产品和副产品，可能很多人并不清楚它们的性质。联产品是指使用同种原材料，经过同样的生产过程，同时生产出来的两种或两种以上的主要产品；副产品是指使用同种原材料，经过同样的生产过程，在生产出主产品的同时附带生产出来的非主要产品。两者有什么区别呢？主要特点又是什么？本节就来认识这两类产品。

6.4.1　生产联产品应如何进行产品成本的分配

联产品的生产，主要具有以下特点。

◆　生产开始时，各产品未分离，同一加工过程中对联产品进行联合加工。

◆　进行到一定的生产步骤，联产品之间分离，分离点以前发生的生产成本称为联合成本。

◆　分离后的联产品，有的可直接出售，有的还需进一步加工才可出售。

联产品的生产过程可简单地用图 6-7 所示的流程概括。

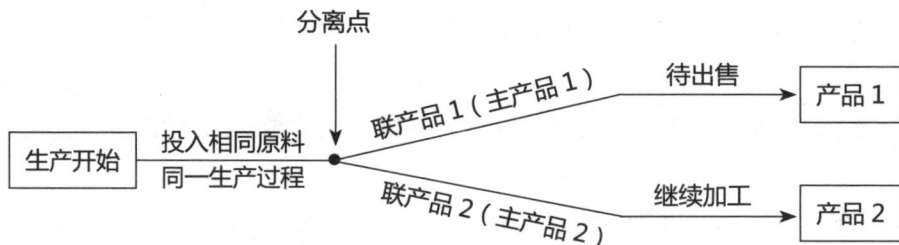

图 6-7　联产品的生产流程

联产品的成本计算通常分为两个阶段。

第一阶段核算联产品分离前发生的生产成本（即联合成本），可按一个成本核算对象设置一个成本明细账进行归集，然后将其总额按一定的分配方法（如相对销售价格分配法、实物数量法等）在各联产品之间分配。

第二阶段分别核算分离后各联产品的加工成本，同时按各种产品分别设置明细账，归集分离后各自发生的成本。

由于联产品的在产品一般比较稳定，所以在第一阶段的核算工作中不需要计算期初、期末在产品成本，当期发生的生产成本全部为联产品的完工产品成本，即联合成本。

随后，企业需根据自身生产经营特点和联产品的工艺要求，选择合理的方法分配联合成本。这里的"合理的方法"主要有相对销售价格分配法和实物量分配法等，相关说明如表 6-11 所示。

表 6-11 联产品的成本分配方法

方法	说明	适用范围
相对销售价格分配法	联合成本按分离点上的每种产品的销售价格比例进行分配	1. 联产品在分离点上即可以出售，且每种产品在分离点上的销售价格可以可靠地计量。 2. 联产品在分离点后续进一步加工才可出售，对分离点上的销售价格进行估计，采用可变现净值进行分配
实物量分配法	联合成本以产品的实物数量为基础进行分配。实物数量可以是数量，也可以是重量	适用于生产的产品的价格很不稳定或无法直接确定。 单位数量（或重量）成本＝联合成本÷各联产品的总数量（或总重量）

由于联产品生产在分离点后将分别按照各产品发生的生产费用进行成本核算，所以联产品的成本分配重点就是联合成本的分配。

| 范例解析 | 用实物量分配法分配联产品的联合成本

乙公司的其中一条生产线可生产出两种产品A和B，且这两种产品为联产品。2020年3月，该生产线在分离点前发生生产成本20.00万元，且在分离点时产出A产品600件，B产品400件，采用实物量分配法分配联合成本。

单位数量成本＝200 000.00÷（600+400）＝200.00（元/件）

A产品应负担的联合成本＝600×200.00＝120 000.00（元）

B产品应负担的联合成本＝400×200.00＝80 000.00（元）

将每种联产品负担的联合成本与其后期发生的成本相加，得出每种产品最终的成本，然后编制相应的生产成本归集、分配会计分录。

6.4.2 生产副产品应如何进行产品成本的分配

在副产品的生产中，副产品的产量取决于主产品的产量，随主产品产量的变动而变动，这是副产品生产的显著特点。如甘油是由生产肥皂这个主产品生产出的副产品。

企业财会人员在分配主产品和副产品的生产成本时，先确定副产品的生产成本，然后确定主产品的生产成本，其中重点是确定副产品的成本，方法有不计算副产品成本扣除法、副产品成本按固定价格或计划价格计算法、副产品只负担继续加工成本法、联合成本在主副产品之间分配法以及副产品作价扣除法等。

注意，副产品作价扣除法需要从产品售价中扣除继续加工成本、销售费用、销售税金和相应的利润。下面以副产品成本按固定价格或计划价格计算法为例，通过案例来学习该方法的使用。

| 范例解析 | **按计划价格计算法分配主副产品的成本**

丙公司的某条生产线上在产出主产品C的同时，还会产出副产品D，且副产品D可直接对外出售，计划销售价格为200.00元/件。已知2020年3月，该条生产线上发生的生产成本总额为15.20万元，副产品的产量为200件。采用计划价格计算法分配主副产品各自的成本。

副产品的成本=200.00×200=40 000.00（元）

主产品的成本=152 000.00−40 000.00=112 000.00（元）

经济实务中要注意，企业的主副产品之间的区分并不是绝对的，甚至是可以相互转化的。比如，焦炭和煤气的主副关系取决于企业的生产目标，如果企业以生产焦炭为主，则焦炭为主产品，煤气为副产品；以生产煤气为主，则煤气为主产品，焦炭为副产品。

| 07 |

银行账户管理与货币资金收付

　　本书前 6 章的内容主要是从企业会计工作出发作详细介绍，从本章起至本书的第 9 章，我们将详细介绍企业出纳方面的工作内容，主要涉及企业银行账户的管理、各种货币资金的收付业务、各种结算工具的使用、各种原始凭证的获取以及工资、社保和住房公积金等的核算。

7.1
经营企业要开立单位银行结算账户

单位银行结算账户是指存款人以单位名称开立的银行结算账户，其中包括个体工商户凭借营业执照以字号或经营者姓名开立的银行结算账户。

在经济活动中，单位银行结算账户一般分成 4 类：基本存款账户、一般存款账户、专用存款账户和临时存款账户。下面分别作详细介绍。

7.1.1 基本存款账户的开立和使用

基本存款账户是存款人用来办理日常转账结算和现金收付业务的银行结算账户。那么，哪些存款人可以申请开立基本存款账户呢？如图 7-1 所示。

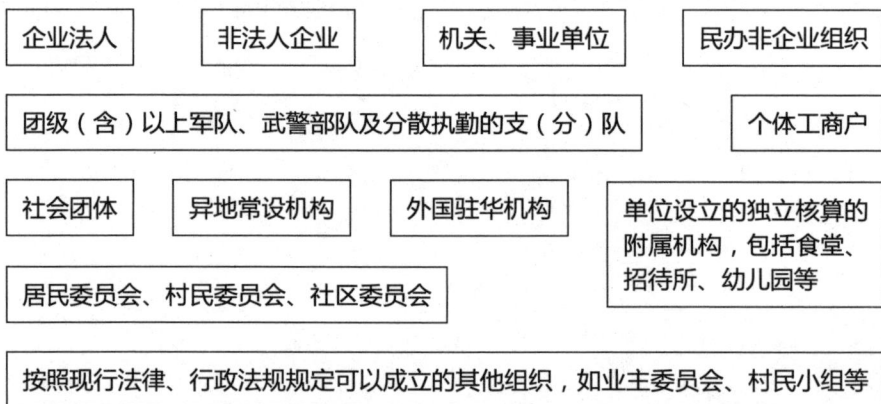

图 7-1　可以申请开立基本存款账户的存款人

无论企业需要开立哪种银行结算账户，都必须与银行签订银行结算账户管理协议，明确双方的权利和义务。当企业开立基本存款账户时，需要根据实际情况提供相应的证明文件，具体如表 7-1 所示。

表 7-1　企业开立基本存款账户应出具的证明文件

企业情况	应出具文件
企业法人	应出具企业法人营业执照原件
非法人企业	应出具企业营业执照原件

续上表

企业情况	应出具文件
机关和实行预算管理的事业单位	应出具政府人事部门或编制委员会的批文或登记证书，以及财政部门同意其开户的证明，因年代久远、丢失等原因而无法提供这些证明文件的，需提交上级单位或主管部门出具的证明和财政部门同意其开户的证明
民办非企业组织	应出具民办非企业登记证书
军队、武警团级（含）以上单位以及有关边防、分散执勤的支（分）队	应出具军队军级以上单位财务部门、武警总队财务部门的开户证明
个体工商户	应出具个体工商户营业执照原件
社会团体	应出具社会团体登记证书，若是宗教组织，还需出具宗教事务管理部门的批文或证明
异地常设机构	应出具其驻在地政府主管部门的批文，异地常设机构在已经取消对外地常设机构审批的省（市）的，需出具派出地政府部门的证明文件
外国驻华机构	应出具国家有关主管部门的批文或证明，外资企业驻华代表处、办事处等应出具国家登记机关颁发的登记证
单位设立的独立核算的食堂、招待所、幼儿园等	应出具其主管部门的关于基本存款账户的批文
居民委员会、村民委员会、社区委员会	应出具其主管部门的批文或证明
按照现行法律法规规定可以成立的业主委员会、村民小组等	应出具政府主管部门的批文或证明

　　企业开立的基本存款账户是企业的主办账户，一家企业或一个单位只能开立一个基本存款账户。企业日常经营活动的资金收入、工资和奖金的发放以及现金的支取等，都需要通过该存款账户办理。

　　单位和个体工商户开立基本存款账户时，需要办理如图 7-2 所示的手续。

根据企业自身实际情况，向银行提交有关开户证明，等待银行审核。

↓

申请人（企业事务代办人）按要求填写基本存款账户开户申请书，加盖企业印章后交由银行审查。

↓

申请人填写印鉴卡片，并核对卡片上预留的印鉴名称是否与账户名称一致（要求是必须一致）。

↓

银行根据企业的行政隶属关系和资金性质，向企业编发银行账号。

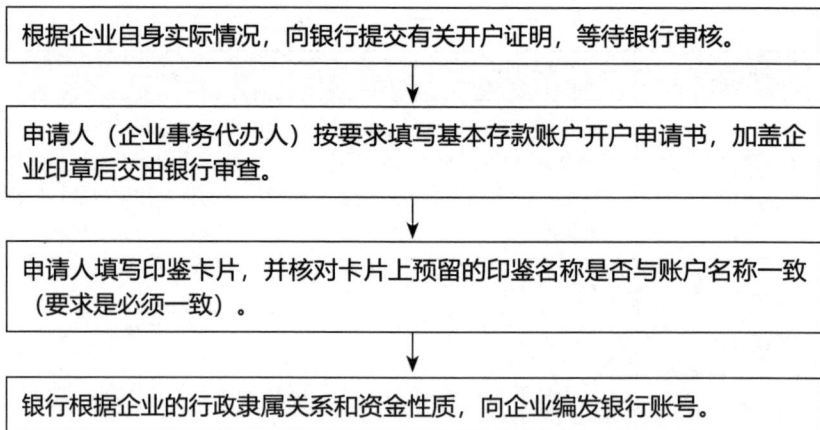

图 7-2　单位和个体工商户开立基本存款账户的流程

7.1.2　一般存款账户的开立和使用

一般存款账户是存款人因为借款或其他结算需要而在基本存款账户开户银行以外的银行营业机构开立的银行结算账户。虽然一般存款账户有开户银行的限制，但其开户数量并没有限制。

从一般存款账户的概念可知，有借款或者其他结算需要的单位或组织，可以开立一般存款账户。

开立时，申请人除了要向银行出具其开立基本存款账户的规定证明文件外，还需根据不同的情况，提供如下所示的证明文件。

◆ **企业因向银行借款需要：** 应出具借款合同。

◆ **企业因其他结算需要：** 应出具有关证明。

企业开立的一般存款账户主要用来办理借款转存、借款归还和其他结算的资金收付。

换句话说，一般存款账户可以办理现金缴存，但不得办理现金支取。企业开立一般存款账户实行备案制，即无需中国人民银行核准。

如图 7-3 所示的是企业开立一般存款账户的大致流程。

根据企业自身实际情况，向银行提交有关开户证明，等待银行审核。

↓

申请人（企业事务代办人）按要求填写一般存款账户开户申请书，加盖企业印章后交由银行审查。

↓

银行对申请人提交的证明文件和填写的申请表进行真实性、完整性和合规性审查，符合开户条件的，为其办理开户手续。

↓

申请人在开户之日起 5 个工作日内向中国人民银行当地分支行备案，并在开户之日起 3 个工作日内书面通知企业的基本存款账户开户银行。

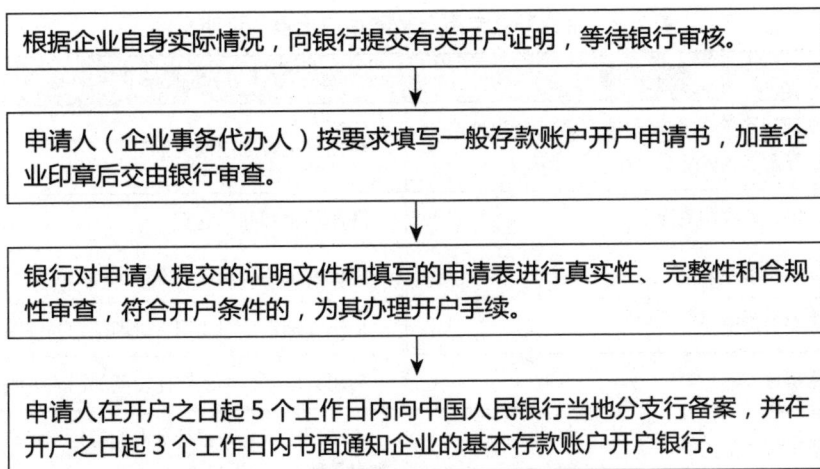

图 7-3　企业开立一般存款账户的流程

7.1.3　专用存款账户的开立和使用

专用存款账户是存款人按照法律、行政法规和规章的有关规定，对特定用途资金进行专项管理和使用的银行结算账户。该类银行结算账户适用于对如图 7-4 所示的这些资金进行管理和使用。

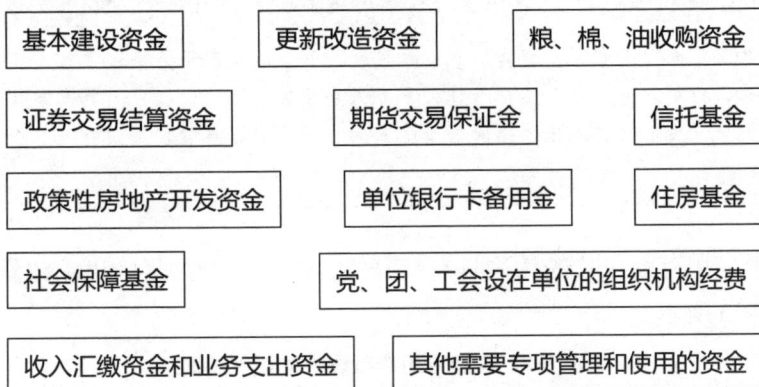

基本建设资金	更新改造资金	粮、棉、油收购资金
证券交易结算资金	期货交易保证金	信托基金
政策性房地产开发资金	单位银行卡备用金	住房基金
社会保障基金	党、团、工会设在单位的组织机构经费	
收入汇缴资金和业务支出资金	其他需要专项管理和使用的资金	

图 7-4　可通过专用存款账户进行管理和使用的资金类型

企业开立专用存款账户时，除了要向银行出具其开立基本存款账户规定的证明文件外，还需根据资金用途，提供如表 7-2 所示的证明。

表7-2 企业开立专用存款账户应出具的证明文件

资金用途	应出具文件
基本建设资金、更新改造资金、政策性房地产开发资金、住房基金、社会保障基金	应出具主管部门批文
粮、棉、油收购资金	应出具主管部门批文
证券交易结算资金	应出具证券公司或证券管理部门的证明
期货交易保证金	应出具期货公司或期货管理部门的证明
信托基金	应出具信托公司或信托管理部门的证明
单位银行卡备用金	应按照中国人民银行批准的银行卡章程的规定出具有关证明和资料
党、团、工会设在单位的组织机构经费	应出具该单位或有关部门的批文或证明
收入汇缴资金和业务支出资金	应出具基本存款账户存款人有关的证明
其他需要专项管理和使用的资金	应出具有关法规、规章或政府部门的有关文件

知识延伸 | 合格境外机构投资者在境内从事证券投资的银行结算账户管理

合格境外机构投资者在境内从事证券投资，开立的人民币特殊账户和人民币结算资金账户，都纳入专用存款账户管理。开立人民币特殊账户时，应出具国家外汇管理部门的批复文件；开立人民币结算资金账户时，应出具证券管理部门的证券投资业务许可证。

由于专用存款账户的用途具有特殊性，所以其使用规则也比较复杂，具体如表7-3所示。

表7-3 企业专用存款账户的使用规则

账户的用途	使用规则
用来存储基本建设资金、更新改造资金和政策性房地产开发资金	需要支取现金的，应在开户时报中国人民银行当地分支行批准
用来存储证券交易资金、期货交易资金和信托基金	不得支取现金

续上表

账户的用途	使用规则
用来存储粮、棉、油收购资金，住房基金，社会保障基金以及党、团工会经费	需要支取现金的，应按照国家现金管理的规定办理。银行应加强监督，不得办理不符合规定的资金收付和现金支取
用来存储单位银行卡备用金	资金必须由企业的基本存款账户转账存入专用存款账户，且该账户不得办理现金收付业务
用来存储收入汇缴资金	账户除了向企业的基本存款账户或预算外资金财政专用存款户划缴款项外，只收不付，且不得支取现金
用来存储业务支出资金	账户除了从企业的基本存款账户拨入款项外，只付不收；若需支取现金，必须按照国家现金管理的规定办理

专用存款账户的开立程序需分情况处理，如图 7-5 所示。

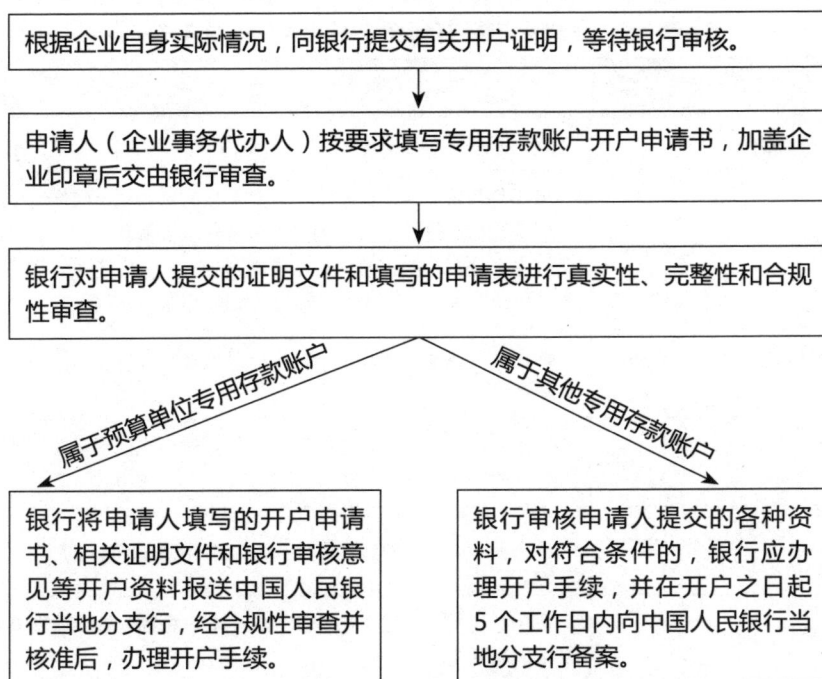

图 7-5 单位开立专用存款账户的程序

与一般存款账户一样，当企业开立了专用存款账户后，在开立之日起 3 个工作日内书面通知其基本存款账户的开户银行。

7.1.4 临时存款账户的开立和使用

临时存款账户是存款人因为临时需要并在规定期限内使用的银行结算账户。该类银行结算账户适用于如下一些经济活动。

◆ 设立临时机构，如工程指挥部、摄制组等。

◆ 异地临时经营活动，如建筑施工及安装单位等在异地的临时经营活动。

◆ 注册验资、增资。

◆ 军队、武警单位承担基本建设或异地执行作战、演戏、抢险救灾和应对突发事件等临时任务。

不同的单位、组织、机构或者经济活动，需要提供的临时存款账户开户证明文件是不同的，具体如表 7-4 所示。

表 7-4 企业开立临时存款账户应出具的证明文件

单位、机构或资金用途	应出具文件
临时机构	应出具其驻在地主管部门同意设立临时机构的批文
异地建筑施工及安装单位	应出具其营业执照正本或其隶属单位的营业执照原件、施工及安装地建设主管部门核发的许可证或建筑施工及安装合同，以及与基本存款账户的编号信息。外国及港、澳、台地区建筑施工及安装单位，应出具其行业主管部门核发的资质准入证明
异地从事临时经营活动的单位	应出具其营业执照正本、临时经营地工商行政管理部门的批文和基本存款账户的编号信息
境内单位在异地从事临时活动的	应出具政府有关部门批准其从事该项活动的证明文件和基本存款账户的编号信息
境外（含港、澳、台地区）机构在境内从事经营活动	应出具政府有关部门批准其从事该项活动的证明文件
注册验资资金	应出具工商行政管理部门核发的企业名称预先核准通知书或有关部门的批文

单位、机构或资金用途	应出具文件
增资验资资金	应出具股东会或董事会决议等证明文件和基本存款账户的编号信息
军队、武警单位因执行作战、演戏、抢险救灾和应对突发事件等任务需要开立银行账户的	应出具军队、武警团级以上单位后勤（联勤）部门出具的批件或证明，开户银行先予以开户，同时启用临时存款账户，然后由这些单位补办相关手续

　　企业开立的临时存款账户主要用于办理临时机构和存款人临时经营活动发生的资金收付业务，且该类存款账户的有效期最长不得超过两年。需要注意的是，因注册验资和增资验资开立的临时存款账户属于"备案类"账户，所以设立临时机构、异地临时经营活动开立的临时存款账户也需要备案。

　　另外，用于验资的临时存款账户在验资期间只收不付，其他临时存款账户支取现金时应按照国家现金管理的规定办理。

　　如图 7-6 所示的是开立临时存款账户的一般程序。

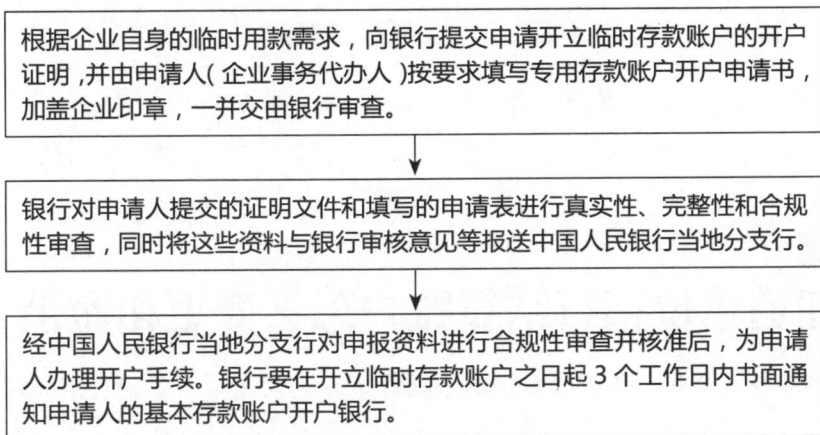

> 根据企业自身的临时用款需求，向银行提交申请开立临时存款账户的开户证明，并由申请人（企业事务代办人）按要求填写专用存款账户开户申请书，加盖企业印章，一并交由银行审查。

> 银行对申请人提交的证明文件和填写的申请表进行真实性、完整性和合规性审查，同时将这些资料与银行审核意见等报送中国人民银行当地分支行。

> 经中国人民银行当地分支行对申报资料进行合规性审查并核准后，为申请人办理开户手续。银行要在开立临时存款账户之日起 3 个工作日内书面通知申请人的基本存款账户开户银行。

图 7-6　开立临时存款账户的流程

　　如图 7-7 所示的是开立单位银行结算账户申请书的一般样式，当然，开立不同的结算账户，内容可能有细微差别，具体以银行实际提供的为准。

中国人民银行

开立单位银行结算账户申请书

存款人		电话	
地址		邮编	
存款人类别		组织机构代码	
法定代表人（ ） 单位负责人（ ）	姓名		
	证件种类		
行业分类	A（ ）B（ ）C（ ）D（ ）E（ ）F（ ）G（ ）H（ ）I（ ）J（ ） K（ ）L（ ）M（ ）N（ ）O（ ）P（ ）Q（ ）R（ ）S（ ）T（ ）		
注册资金		地区代码	
经营范围			
证明文件种类		证明文件编号	
税务登记证编号 （国税或地税）			
关联企业	关联企业信息填列在“关联企业登记表”上		
账户性质	基本（ ）一般（ ）专用（ ）临时（ ）		
资金性质		有效日期至	年 月 日

以下为存款人上级法人或主管单位信息：

上级法人或主管单位名称			
基本存款账户开户许可证核准号		组织机构代码	
法定代表人（ ） 单位负责人（ ）	姓名		
	证件种类		
	证件号码		

以下栏目由开户银行审核后填写：

开户银行名称		开户银行机构代码	
账户名称		账号	
基本存款账户开户许可证核准号		开户日期	

本存款人申请开立单位银行结算账户，并承诺所提供的开户资料真实、有效。 存款人（公章） 年 月 日	开户银行审核意见： 经办人（签章） 存款人（签章） 年 月 日	人民银行审核意见： 经办人（签章） 人民银行（签章） 年 月 日

填列说明：

1、申请开立临时存款账户，必须填列有效日期；申请开立专用存款账户，必须填列资金性质。

2、该行业标准由银行在营业场所公告，“行业分类”中各字母代表的行业种类如下：A：农、林、牧、渔业；B：采矿业；C：制造业；D：电力、燃气及水的生产供应业；E：建筑业；F：交通运输、仓储和邮政业；G：信息传输、计算机服务及软件业；H：批发和零售业；I：住宿和餐饮业；J：金融业；K：房地产业；L：租赁和商务服务业；M：科学研究、技术服务和地质勘查业；N：水利、环境和公共设施管理；O：居民服务和其他服务业；P：教育业；Q：卫生、社会保障和社会福利业；R：文化、教育和娱乐业；S：公共管理和社会组织；T：其他行业。

图 7-7 开立单位银行结算账户申请书

7.2 要知道单位银行结算账户怎么变更和撤销

相信很多企业、单位或组织都不能保证永远使用同一个银行结算账户，相反，可能会因为业务或经济活动的需要而变更银行结算账户，包括不再使用原结算账户时需要对其进行撤销处理。那么，对于银行结算账户的变更和撤销，具体有哪些知识点需要掌握呢？本节内容将作详解。

7.2.1 银行结算账户发生变更要做的事

银行结算账户的变更是指存款人的账户信息资料发生变化导致需要进行

账户信息变更的活动总称。根据银行结算账户管理的要求，如果存款人变更账户名称、单位的法定代表人或主要负责人以及地址等其他开户信息资料，应及时向开户银行申请办理变更手续，填写变更银行结算账户申请书。如图 7–8 所示是变更申请书的一般样式。

中国人民银行

变更银行结算账户申请书

账户名称			
开户银行代码		账号	
账户性质	基本（ ）一般（ ）专用（ ）临时（ ）个人（ ）		
开户许可证核准号			
变更事项及变更后的内容如下：			
账户名称			
地址			
邮政编码			
电话			
注册资金规模			
证明文件种类			
证明文件编号			
经营范围			
法定代表人或单位负责人	姓　名		
	证件种类		
	证件号码		
关联企业		变更后的关联企业信息填列在“关联企业登记表”中	
上级法人或主管单位的基本存款账户核准号			
上级法人或主管单位的名称			
上级法人或主管	姓　名		

单位法定代表人或单位负责人	证件种类	
	证件号码	
本存款人申请变更上述银行账户内容，并承诺所提供的资料真实、有效 存款人（签章） 年　月　日	开户银行审核意见： 经办人（签章） 开户银行（签章） 年　月　日	人民银行审核意见： 经办人（签名） 人民银行（签章） 年　月　日

填写说明：

1、存款人申请变更核准类银行结算账户的存款人名称、法定代表人或单位负责人的，中国人民银行当地分支行应对存款人的变更申请进行审核并签署意见。

2、填表说明：带括号的选项填“ √”（一式三联，两联开户银行留存，一联人民银行当地分支行留存）

图 7–8　变更银行结算账户申请书

申请人申请变更单位银行结算账户的，应在填写的变更银行结算账户申请书上加盖单位公章和法定代表人（单位负责人）或其授权代理人的签名或盖章。具体的变更事宜有如下两种。

◆ 存款人更改名称，但不改变开户银行和账号

如果企业需要更改其银行结算账户的存款人名称，但不改变其开户银行和账号，则应在 5 个工作日内向开户银行提出银行结算账户的变更申请，并出具有关部门的证明文件。一般来说，企业名称发生变化时，就需要办理这样的银行结算账户变更手续。

◆ 单位的法定代表人或主要负责人、住址及其他开户资料发生变化

如果企业的法定代表人或主要负责人发生变化，或者企业经营地址及其他开户资料发生变化，则应在 5 个工作日内书面通知开户银行并提供有关证明，申请办理银行结算账户变更。

银行在接到存款人变更通知后，应及时办理变更手续，并在两个工作日内向中国人民银行报告。

7.2.2 银行结算账户不再使用要及时撤销

银行结算账户的撤销是指存款人因开户资格或其他原因终止银行结算账户的使用的行为。有如表 7-5 所示的情形之一的，存款人应向开户银行提出撤销银行结算账户的申请。

表 7-5 企业开立临时存款账户应出具的证明文件

条目	情形
1	企业被撤并、解散、宣告破产或关闭的
2	企业注销或被吊销营业执照的
3	企业因迁址而需要变更开户银行的
4	其他原因需要撤销银行结算账户的

如果企业出现上表中的第一或第二种情形，应在 5 个工作日内向开户银行提出撤销银行结算账户的申请。

如果银行得知存款人有上表中第一或第二种情形的，存款人超过规定期限未主动办理撤销银行结算账户手续的，银行有权停止其银行结算账户的对外支付。

如果企业因出现上表中第三或第四种情形而撤销基本存款账户后，需要重新开立基本存款账户的，应在撤销其原基本存款账户后的 10 日内申请重新开立基本存款账户。

企业申请撤销银行结算账户时，应填写撤销银行结算账户申请书，一般样式如图 7-9 所示。

撤销银行结算账户申请表

账户名称	
开户银行名称	
开户银行代码	账　号
账户性质	基本（　）专用（　）一般（　）临时（　）个人（　）
开户许可证核准号	
销户原因	

本存款人申请撤销上述银行账户，承诺 所提供的证明文件真实、有效。 　　　　　　存款人（签章） 　　年　　月　　日	开户银行审核意见： 经办人（签章）　　　　开户银行（签章） 　　　　　　　　　　　　年　　月　　日

填表说明：

1、带括号的选项填"√"。

2、本申请书一式三联，一联存款人留存，一联开户银行留存，一联中国人民银行当地支行留存。

图 7-9　撤销银行结算账户申请表

　　企业在填写撤销银行结算账户申请书时，应加盖企业公章和法定代表人（或单位负责人）或其授权代理人的签名或盖章。而银行在收到存款人撤销银行结算账户的申请后，对于符合销户条件的，应在两个工作日内办理撤销手续。那么，符合销户的条件具体有哪些呢？内容如下。

　◆　企业开户银行的债务已经清偿完毕。

　◆　向银行交回了各种重要空白票据和结算凭证，且银行核对无误。

　　也就是说，企业在办理撤销银行结算账户手续前，必须保证债务已经清偿，否则不得申请撤销该银行结算账户。并且，在撤销银行结算账户时，应先撤销一般存款账户、专用存款账户和临时存款账户，将这些账户内的资金转入基本存款张数后，才可办理基本存款账户的撤销。

　　按照银行结算账户管理规定应撤销而未办理销户手续的单位银行结算账户，银行会通知该单位银行结算账户的存款人在发出通知之日起 30 日内办理销户手续，逾期未办理的，视同自愿销户，其账户中未划转的款项列入久悬未取专户管理。

7.3
企业经营时还会涉及结算票据

结算票据，顾名思义就是具有结算功能的票据。企业在生产经营过程中，有时会遇到无法立即支付现款的情况，为了给销售方一颗"定心丸"，会以支付票据的方式结算货款。常见的结算票据有银行本票、银行汇票、商业汇票和支票等。

7.3.1 了解票据的功能和当事人

其实，广义上的票据包括各种有价证券和凭证，如股票、企业债券、发票和提单等，但狭义上的票据（即我国《票据法》中规定的票据）主要包括银行本票、汇票和支票。这些票据是由出票人签发，约定自己或委托付款人在见票时或指定的日期向收款人或持票人无条件支付一定金额的有价证券。

下面从票据的功能和票据的当事人这两方面入手，初步认识企业经济业务中会涉及的结算票据。

（1）票据的功能

票据的功能有很多，且不同类型的票据具有的功能是不同的。在不考虑票据类型的前提下，其具有如表 7-6 所示的功能。

表 7-6　票据具有的功能

功能	说明
支付	票据可以充当支付工具，代替现金使用
结算	即票据具有债务抵销功能，比如互有债务的双方当事人各签发一张银行本票，待两张本票都到了到期日，就可以相互抵销债务，若有差额，由需要多付款的一方以现金支付
汇兑	票据可以代替货币在不同地方之间运送，方便异地支付
信用	票据当事人可以凭借自己的信誉，将未来才能获得的金钱作为现在的金钱使用。如 A 公司购买 B 公司生产的货物，A 公司暂时无法支付货款，可凭借自己的信誉签发一张以"B 公司"为收款人、以自己的开户银行为付款人，约定一定时间后付款的票据给 B 公司，此时 A 公司实际上是用一定时间后才能筹足的款项拿来现在使用

续上表

功能	说明
融资	票据可以用来融通资金或调度资金，主要通过票据的贴现、转贴现和再贴现来实现
流通	票据的转让无需通知其债务人（即票据的出票人），只要票据要式具备，就可以交付或者背书转让票据权利

（2）票据的当事人

票据当事人是指在票据法律关系中享有票据权利、承担票据义务的主体，一般分为基本当事人和非基本当事人。

基本当事人是指票据作成和交付时就已经存在的当事人，如出票人、付款人和收款人。非基本当事人是指在票据作成并交付后，通过一定的票据行为而加入票据关系、享受一定的票据权利并承担一定义务的当事人，如承兑人、背书人、被背书人和保证人等。

这些票据当事人只是统称，对于不同的票据，这些当事人的身份是不同的，具体如表 7-7 所示。

表 7-7　票据的当事人

当事人		说明
基本当事人	出票人	指依法定方式签发票据并将票据交付给收款人的人。 1. 银行本票的出票人：出票银行。 2. 银行汇票的出票人：出票银行。 3. 商业汇票的出票人：银行以外的企业、单位和其他组织。 4. 支票的出票人：在银行开立支票存款账户的企业、单位、其他组织和个人
	付款人	指由出票人委托付款或自行承担付款责任的人。 1. 银行本票的付款人：出票人，即出票银行。 2. 银行汇票的付款人：出票人，即出票银行。 3. 商业承兑汇票的付款人：承兑人，即合同中应支付款项的一方。 4. 银行承兑汇票的付款人：承兑人，即承兑银行。 5. 支票的付款人：出票人的开户银行
	收款人	只票据正面记载的到期后有权收取票据所载金额的人

续上表

当事人		说明
非基本当事人	承兑人	指接受汇票出票人的付款委托，同意承担支票票款义务的人，是汇票的主债务人。 1. 商业承兑汇票的承兑人：合同中应支付款项的一方。 2. 银行承兑汇票的承兑人：承兑银行
	背书人与被背书人	背书人是指在转让票据时，在票据背面或粘单上签字或盖章，并将票据交付给受让人的票据收款人或持有人。 被背书人是指被记名受让票据或接受票据转让的人。 背书后，被背书人称为票据的新持有人，享有票据的所有权利
	保证人	指为票据债务提供担保的人，由票据债务人以外的第三人担当。保证人在被保证人不能履行票据付款义务时，需以自己的金钱履行票据付款义务，然后取得持票人的权利，可以向票据债务人追索

7.3.2 票据权利丧失时必须要会的补救措施

如果企业对票据的管理不够完善，则可能会使票据权利丧失。票据丧失是指票据因灭失、遗失或被盗等原因而使票据权利人脱离其对票据的占有，灭失主要指被烧毁，遗失主要是不慎丢失。

票据如果丧失，且票据的债权人不采取措施补救，就不能阻止债务人向拾得票据的人履行义务，这样会造成正当票据权利人经济上的损失。所以，当企业所持票据权利丧失时，需要及时采取票据丧失的补救措施，如挂失止付、公示催告和普通诉讼。

（1）挂失止付

挂失止付是一种临时性措施，是丧失票据的人将丧失的票据情况通知付款人或代理付款人，由接受通知的付款人或代理付款人审查后暂停支付的一种补救方式。

然而，并不是所有票据的丧失都可以进行挂失止付，只有付款人或代理付款人确定的票据丧失时才可进行挂失止付，具体包括如下几种。

◆ 已承兑的商业汇票。

◆ 支票。

◆ 填明"现金"字样和代理付款人的银行汇票。

◆ 填明"现金"字样的银行本票。

如图 7-10 所示的是挂失止付的办事流程。

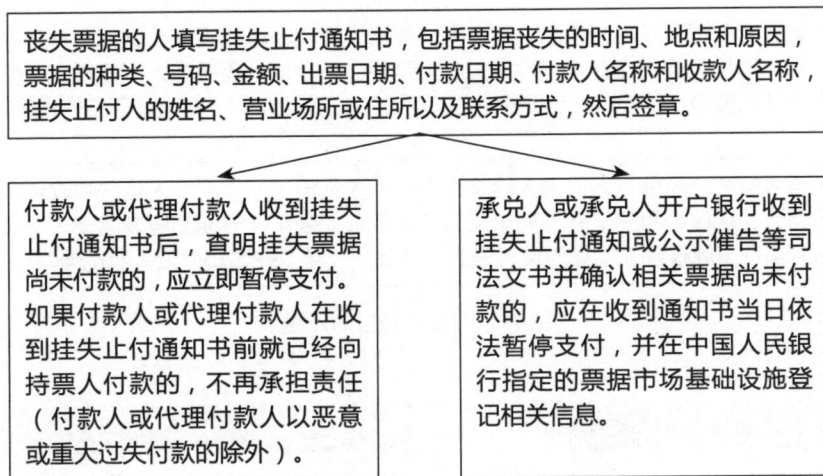

丧失票据的人填写挂失止付通知书，包括票据丧失的时间、地点和原因，票据的种类、号码、金额、出票日期、付款日期、付款人名称和收款人名称，挂失止付人的姓名、营业场所或住所以及联系方式，然后签章。

付款人或代理付款人收到挂失止付通知书后，查明挂失票据尚未付款的，应立即暂停支付。如果付款人或代理付款人在收到挂失止付通知书前就已经向持票人付款的，不再承担责任（付款人或代理付款人以恶意或重大过失付款的除外）。

承兑人或承兑人开户银行收到挂失止付通知或公示催告等司法文书并确认相关票据尚未付款的，应在收到通知书当日依法暂停支付，并在中国人民银行指定的票据市场基础设施登记相关信息。

图 7-10 挂失止付的流程

挂失止付不是票据丧失后采取的必经措施，它只是一种预防措施，最终丧失票据的企业还是要通过申请公示催告或提起普通诉讼来补救票据权利。

（2）公示催告

公示催告是指丧失票据的人在票据丧失后向人民法院提出申请，请求人民法院以公告方式通知不确定的利害关系人限期申报权利，逾期未申报的，则权利失效，由法院通过除权判决宣告丧失的票据无效的制度或程序。

根据我国《票据法》的规定，丧失票据的人有两个时间可依法向票据支付地人民法院申请公示催告：一是在通知挂失止付后的 3 日内；二是在票据丧失后。

需要说明的是，可以背书转让的票据只有最后持票人才可以申请公示催告，换句话说，不能背书转让的票据的持票人或者票据可以背书转让但不是最后持票人的，不能申请公示催告。如图 7-11 所示的是进行公示催告的事务流程。

丧失票据的人填写公示催告申请书，包括票面金额、出票人、持票人和背书人，申请理由、事实，通知票据付款人或代理付款人挂失止付的时间，以及付款人或代理付款人的名称、通信地址和电话号码等。

↓

人民法院决定受理公示催告申请，同时通知付款人或代理付款人停止支付，并在立案之日起 3 日内发出公告（应在全国性的报刊上登载），催促利害关系人申报权利。付款人或代理付款人收到人民法院发出的止付通知后应立即停止支付，直至公示催告程序终结。

↓

利害关系人应在公示催告期间向人民法院申报，主张自己的权利，人民法院收到申报后应裁定终结公示催告程序，并通知申请人和付款人。公示催告期间届满后无人申报的，人民法院需作出除权判决，宣告票据无效。判决应公告，并通知付款人或代理付款人。

图 7-11　公示催告的流程

知识延伸 | 公示催告期间

　　国内票据，公示催告期间为自公告发布之日起60日；涉外票据可根据具体情况适当延长公示催告期间，但最长不得超过90日。在公示催告期间，转让票据权利的行为无效，比如，以公示催告的票据进行质押、贴现，因质押、贴现而接受该票据的持票人如果主张票据权利，人民法院不予支持，但公示催告期间届满后人民法院作出除权判决前取得该票据的除外。

（3）普通诉讼

　　普通诉讼是指丧失票据的人为原告，票据的承兑人或出票人为被告，请求法院判决承兑人或出票人失票人付款的诉讼活动。若与票据上的权利有利害关系的人是明确的，则无需公示催告，可直接按票据纠纷向法院提起诉讼。

7.3.3　银行本票的使用与管理

　　本票指由出票人签发，承诺自己在见票时无条件支付确定的金额给收款人或持票人的票据。常见样式如图7-12所示。在我国，本票一般是指银行本票，即银行出票、银行付款。银行本票的用途主要有如下所示的两种。

◆　可用于转账。

◆　注明"现金"字样的银行本票，可用于支取现金。

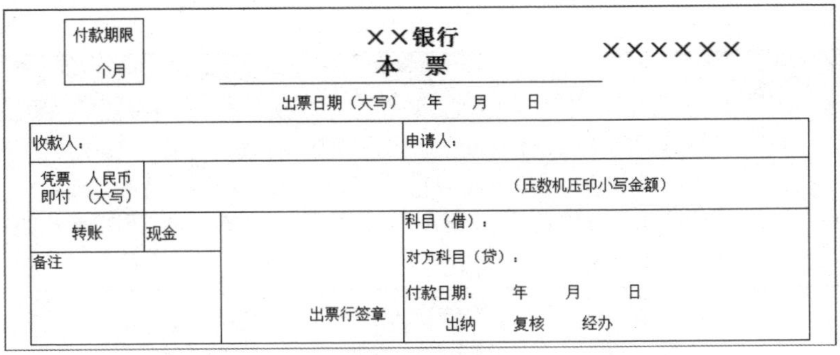

付款期限 个月

××银行
本 票

××××××

出票日期（大写） 年 月 日

收款人： 申请人：

凭票即付 人民币（大写） （压数机压印小写金额）

转账 现金

备注

出票行签章

科目（借）：

对方科目（贷）：

付款日期： 年 月 日

出纳 复核 经办

图 7-12 银行本票

银行本票适用于单位和个人在同一票据交换区域需要支付各种款项的情况，也就是说，如果不在同一票据交换区域，则不能使用银行本票。

银行本票的使用与管理包括本票的出票、付款、退款和丧失等，其中出票又分为申请、受理和交付，具体使用和管理规则如表 7-8 所示。

表 7-8 银行本票的使用与管理

使用与管理	说明
出票	1. 申请：申请人向银行填写银行本票申请书，申请使用银行本票。 2. 受理：银行受理申请人填写的银行本票申请书，收妥款项，签发银行本票，交给申请人，即为出票。注意，签发银行本票时必须记载下列事项：①表明“银行本票”的字样；②无条件支付的承诺；③确定的金额；④收款人名称；⑤出票日期；⑥出票人签章。缺少其中之一的，银行本票无效。另外，申请人为单位的，银行不能为其签发现金银行本票。 3. 交付：申请人将银行本票交付给本票上载明的收款人，收款人在受理银行本票时，需审查本票的相关内容
付款	银行本票见票即付，有提示付款期限，自出票日起最长不得超过两个月。在持票人提示付款、出票人见票时，必须承担付款责任。 1. 在银行开立存款账户的持票人向开户银行提示付款时，应在银行本票背面“持票人向银行提示付款签章”处签章（与预留银行签章相同），并将银行本票和进账单等送交开户银行，银行审查无误后办理转账。 2. 未在银行开立存款账户的个人持票人，在持注明“现金”字样的银行本票向出票银行支取现金时，应在银行本票背面签章，记载本人身份证件名称、号码及发证机关，并交验本人身份证件及其复印件。注意，如果持票人超过提示付款期限不获付款的，在票据权利时效内向出票银行作出说明，并提供本人身份证件或单位证明，可持银行本票向出票银行请求付款

续上表

使用与管理	说明
退款	银行本票申请人因本票超过提示付款期限或其他原因要求退款的，应将银行本票交给出票银行，单位应出具单位的证明，个人应出具本人的身份证件。对于在出票银行开立存款账户的申请人，出票银行只能将款项转入原申请人的账户；对于现金银行本票和未在本行开立存款账户的申请人，可以退付现金
丧失	银行本票的持票人如果丧失了本票，则可以凭借人民法院出具的其享有票据权利的证明，向出票银行请求付款或退款

7.3.4 银行汇票的使用与管理

银行汇票是由出票银行签发的，在见票时按照实际结算金额无条件支付给收款人或持票人的票据。银行汇票有如下两种用途。

- ◆ 可用于转账。
- ◆ 填明“现金”字样的银行汇票，可用于支取现金。

银行汇票适用于单位和个人的各种款项结算，包括单位和个人在不同票据交换区域的，也可使用银行汇票。常见的银行汇票样式如图 7-13 所示。

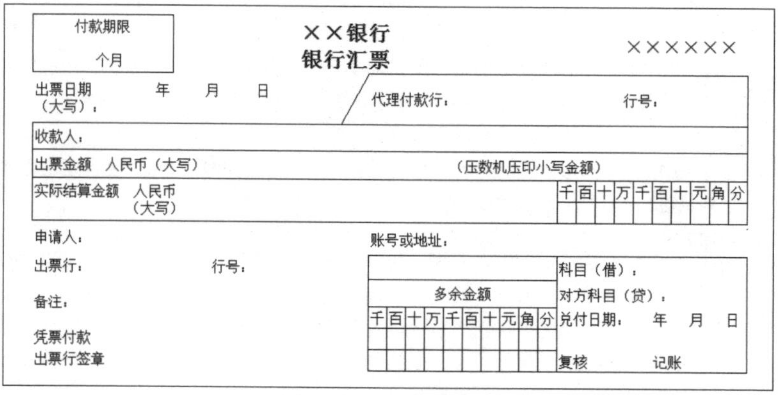

付款期限 个月
××银行
银行汇票
××××××
出票日期（大写）： 年 月 日
代理付款行： 行号：
收款人：
出票金额 人民币（大写） （压数机压印小写金额）
实际结算金额 人民币（大写） 千 百 十 万 千 百 十 元 角 分
申请人： 账号或地址：
出票行： 行号：
备注：
凭票付款
出票行签章
多余金额 千 百 十 万 千 百 十 元 角 分
科目（借）：
对方科目（贷）：
兑付日期： 年 月 日
复核 记账

图 7-13 银行汇票

银行汇票的使用与管理包括很多，如出票、填写实际结算金额、背书、提示付款、退款和丧失等，体重出票又分为申请、签发和交付，如表 7-9 所示。

表 7-9　银行汇票的使用与管理

使用与管理	说明
出票	1. 申请：申请人向出票银行填写银行汇票申请书，申请使用银行汇票。 2. 签发并交付：出票银行受理申请人的申请书，收妥款项后签发银行汇票，并将银行汇票和解讫通知一并交给申请人。签发的银行汇票必须载明下列事项：①表明"银行汇票"的字样；②无条件支付的承诺；③出票金额；④付款人名称；⑤收款人名称；⑥出票日期；⑦出票人签章，缺少其中之一的，银行汇票无效。另外，签发现金银行汇票的，申请人和收款人必须都是个人
填写实际结算金额	收款人在受理申请人交付的银行汇票时，应在出票金额以内，根据实际需要的款项办理结算，并将实际结算金额和多余金额准确、清晰地填入银行汇票和解讫通知的有关栏内。具体分以下几种情况处理： 1. 银行汇票的实际结算金额小于出票金额的，多余金额由出票银行退交给申请人。2. 收款人未填明实际结算金额和多余金额，或者实际结算金额大于出票金额的，银行不予受理。3. 银行汇票的实际结算金额一经填写，不得更改，更改实际结算金额的银行汇票无效
背书	指银行汇票的前手持有人将汇票背书转让给后手的票据行为。银行汇票的前手背书人在进行背书转让时以不超过出票金额的实际结算金额为准，没有填写实际结算金额或实际结算金额超过出票金额的银行汇票不得背书转让。而被背书人（即接受背书转让的银行汇票的一方）在受理银行汇票时，除了要按照收款人接受银行汇票进行相应审查外，还应审查下列事项：①银行汇票是否记载实际结算金额，有无更改，其金额是否超过出票金额；②背书是否连续，背书人签章是否符合规定，背书使用粘单的是否按规定签章；③背书人为个人的身份证件
提示付款	银行汇票见票即付，有提示付款期限，自出票日起一个月内。持票人向银行提示付款时，必须同时提交银行汇票和解讫通知，否则银行不予受理。 1. 在银行开立存款账户的持票人向开户银行提示付款时，应在汇票背面"持票人向银行提示付款签章"处签章（必须与预留银行签章一致），同时还需将进账单送交给开户银行。 2. 未在银行开立存款账户的个人持票人，可以向任何一家银行机构提示付款，提示付款时应在汇票背面"持票人向银行提示付款签章"处签章，并填明本人身份证件名称、号码和发证机关，并由本人向银行提交身份证件及其复印件。 持票人超过付款期限提示付款的，代理付款人（一般为持票人的开户银行）不予受理；持票人超过期限向代理付款银行提示付款而不获付款的，必须在票据权利时效内向出票银行作出说明，并提供本人身份证件或单位证明，持银行汇票和解讫通知向出票银行请求付款

续上表

使用与管理	说明
退款	经济活动中，各种退款情形下的处理方式不同。 　1. 申请人因银行汇票超过提示付款期限或其他原因要求退款时，应将银行汇票和解讫通知一并提交给出票银行。申请人为单位的，还应出具单位的证明；申请人为个人的，还应出具本人的身份证件。 　2. 代理付款银行查询的、要求退款的银行汇票，应在汇票提示付款期满后才能办理退款。 　3. 在办理转账银行汇票的退款时，出票银行只能退款转入原申请人账户；办理符合规定填明"现金"字样的银行汇票的退款时，出票银行可以退付现金。 　4. 申请人不能提交解讫通知而需要退款的，出票银行应在银行汇票提示付款期满一个月后才能办理退款
丧失	银行汇票丧失包括灭失和遗失。丧失时，失票人可以凭借人民法院出具的其享有票据权利的证明，向出票银行请求付款或退款

7.3.5　商业汇票的使用与管理

商业汇票是出票人签发的，委托付款人在指定日期无条件支付确定的金额给收款人或持票人的票据。

按照承兑人的不同，可将商业汇票分为商业承兑汇票和银行承兑汇票，两种类型的对比分析如表 7-10 所示。

表 7-10　商业承兑汇票与银行承兑汇票的对比

区别项	商业承兑汇票	银行承兑汇票
出票人及其资格条件	是在银行开立存款账户的法人及其他组织，并与付款人具有真实的委托付款关系，具有支付汇票金额的可靠资金来源	必须是在承兑银行开立有存款账户的法人及其他组织，并与承兑银行具有真实的委托付款关系，资信状况良好，具有支付汇票金额的可靠资金来源
签发	可由付款人签发并承兑，也可由收款人签发交由付款人承兑	应由在承兑银行开立了存款账户的存款人签发

如图 7-14 和 7-15 所示的分别是常见的商业承兑汇票和银行承兑汇票。

商业承兑汇票 ××××××

出票日期（大写） 年 月 日

付款人	全　称		收款人	全　称	
	账　号			账　号	
	开户银行			开户银行	
出票金额	人民币（大写）				亿 千 百 十 万 千 百 十 元 角 分
汇票到期日（大写）			付款人开户行	行号	
交易合同号码				地址	
本汇票已经承兑，到期无条件支付票款。 承兑人签章 承兑日期　年　月　日			本汇票请予以承兑，并于到期日付款。 出票人签章		

图 7-14　商业承兑汇票

银行承兑汇票 ××××××

出票日期（大写） 年 月 日

出票人全称		收款人	全　称		
出票人账号			账　号		
付款行全称			开户银行		
出票金额	人民币（大写）				亿 千 百 十 万 千 百 十 元 角 分
汇票到期日（大写）		付款行	行号		
承兑协议编号			地址		
本汇票请你行承兑，到期无条件支付票款。 出票人签章 承兑日期　年　月　日			本汇票已经承兑，到期日由本行付款。 备注：		密押 复核　记账

图 7-15　银行承兑汇票

知识延伸 | 电子商业汇票

电子商业汇票指出票人依托上海票据交易所电子商业汇票系统，以数据电文形式制作的，委托付款人在指定日期无条件支付确定的金额给收款人或持票人的票据。电子银行承兑汇票由银行业金融机构、财务公司承兑；电子商业承兑汇票由金融机构以外的法人或其他组织承兑。若出票人办理电子商业汇票业务，除了要具备表7-10所示的资格条件，还需具备签约开办对公业务的企业网银等电子服务渠道、与银行签订《电子商业汇票业务服务协议》。

商业汇票的使用与管理的内容包括出票、承兑、提示付款、付款、贴现和交易等，具体如表 7-11 所示。

表 7-11　商业汇票的使用与管理

使用与管理	说明
出票	出票人按规定签发商业汇票，且必须记载下列事项：①表明"商业承兑汇票"或"银行承兑汇票"的字样；②无条件支付的委托；③确定的金额；④付款人名称；⑤收款人名称；⑥出票日期；⑦出票人签章，欠缺其中之一的，商业汇票无效。其中"出票人签章"为出票人（这里指单位）的财务专用章或公章加其法定代表人或其授权的代理人的签名或盖章
承兑	商业汇票有两种提示承兑方式：一是在出票时向付款人提示承兑后使用；二是在出票后先使用再向付款人提示承兑。 付款人承兑汇票后，应承担到期付款的责任。如果付款人拒绝承兑，则必须出具拒绝承兑的证明。另外，银行承兑汇票的出票人或持票人向银行提示承兑时，银行的信贷部门要按照有关规定和审批程序，认真审查出票人的资格、资信、购销合同和汇票记载内容等（如果是资信良好的企业申请电子商业汇票承兑，则金融机构需审查合同、发票等材料的影印件以及企业电子签名的方式，审核申请人的真实交易关系和债权债务关系；如果是电子商务企业申请电子商业汇票承兑，则金融机构需审查电子订单或电子发票的方式，审核企业电票的真实交易关系和债权债务关系），符合条件的，银行与出票人签订承兑协议，并按票面金额向出票人收取 0.5‰的手续费
提示付款	1. 商业汇票的提示付款期限自汇票到期日起 10 日内，持票人应在提示付款期内向付款人提示付款。 2. 承兑人应在提示付款当日进行应答，未作出应答的，视为拒绝付款；承兑人有合法抗辩事由而拒绝付款的，应在提示付款当天出具或委托其开户行出具拒绝付款证明，并通知持票人。 3. 商业承兑汇票的承兑人在提示付款当日同意付款的，且承兑人账户余额足够支付票款的，承兑人开户行应代承兑人作出同意付款应答，并在提示付款日向持票人付款；若承兑人账户余额不足以支付票款，则视同承兑人拒绝付款，承兑人开户行应在提示付款日代承兑人作出拒付的应答并说明理由，同时通知持票人。 4. 银行承兑汇票的承兑人已在到期前进行付款确认的，票据市场基础设施应根据承兑人的委托在提示付款日代承兑人发送指令，划付资金到持票人的资金账户
付款	商业汇票指定日期付款，其付款期限有 3 种形式。 1. 定日付款：汇票付款期限自出票日起计算，并在汇票上记载具体的到期日。 2. 出票后定期付款：汇票付款期限自出票日起按月计算，并在汇票上记载付款期限。

续上表

使用与管理	说明
付款	3. 见票后定期付款：汇票付款期限自承兑或拒绝承兑日起按月计算，并在汇票上记载付款期限。 纸质商业汇票的付款期限最长不得超过 6 个月，电子承兑汇票的付款期限自出票日起至到期日，不超过一年
贴现	贴现是指商业汇票的持票人在票据未到期前向银行贴付一定利息而获得现金所发生的票据转让行为。贴现的期限从持票人贴现之日起至汇票到期日止，银行向持票人实付的贴现金额 = 票面金额 − 贴现利息。 贴现利息指贴现日至汇票到期日前 1 日的利息计算
交易	包括汇票的转贴现、质押式回购和买断式回购等。 1. 转贴现：汇票的卖出方将未到期的已贴现票据转让给买入方。 2. 质押式回购：正回购方在将票据出质给逆回购方而融入资金的同时，双方约定在未来某一日期由逆回购方按约定金额向正回购方返还资金、逆回购方向正回购方返还原出质的票据。 3. 买断式回购：正回购方将票据卖给逆回购方的同时，双方约定在未来某一日期由正回购方再以约定价格从逆回购方买回票据。 转贴现的计息期限从转贴现之日起至票据到期日止，到期日遇法定节假日的，顺延至下一个工作日

注意，只有在银行开立存款账户的法人及其他组织之间的结算，才能使用商业汇票，个人不能使用。

7.3.6 支票的使用与管理

支票是由出票人签发的、委托办理支票存款业务的银行在见票时无条件支付确定金额给收款人或持票人的票据。其中，出票人就是存款人，付款人是出票人的开户银行，持票人是票面记载的收款人或经背书转让的被背书人。

支票即可用于支取现金，也可用于转账。不同种类的支票，用途不同。

◆ **现金支票：** 支票上印有"现金"字样，只能用于支取现金。

◆ **转账支票：** 支票上印有"转账"字样，只能用于转账。

◆ **普通支票：** 支票上未印有"现金"或"转账"字样，即可用于支取现金，也可用于转账。

◆ **划线支票：** 在普通支票的左上角划两条平行线的支票，只能用于转账，不能支取现金。

在同一票据交换区域的单位和个人的各种款项的结算，均可以使用支票。各类支票的样式大同小异，如图 7-16 所示的是常见的现金支票。

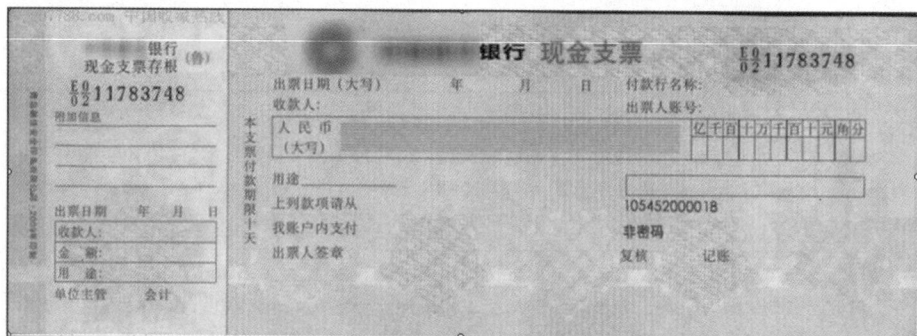

图 7-16　现金支票

支票的使用与管理的内容包括出票、提示付款和付款，如表 7-12 所示。

表 7-12　支票的使用与管理

使用与管理	说明
出票	1. 开立支票存款账户：申请人必须使用本名，提交证明自己身份的合法证件，向银行申请开立支票存款账户，并预留其本名的签名式样和印鉴。 2. 签发：出票人签发支票，必须记载下列事项：①表明"支票"的字样；②无条件支付的委托；③确定的金额；④付款人名称；⑤出票日期；⑥出票人签章，缺少其中之一的，支票无效。支票的金额和收款人名称可以由出票人授权补记，未补记前支票不能背书转让和提示付款。支票的出票人签发的支票金额不得超过其付款时在付款人处实有的存款金额，超过的，为空头支票，法律禁止签发空头支票。除此以外，支票的出票人也不得签发与其预留本名的签名式样或印鉴不符的支票
提示付款	支票的提示付款期限自出票日起 10 日内，持票人可委托开户银行收款，或直接向付款人提示付款。其中，用于支取现金的支票仅限于收款人向付款人提示付款。 1. 持票人委托开户银行收款时，应作委托收款背书，在支票背面"背书人签章"栏签章，同时记载"委托收款"字样和背书日期，另外还要在"被背书人"栏记载开户银行名称，并将支票和填制的进账单送交开户银行。 2. 收款人持用于支取现金的支票向付款人提示付款的，应在支票背面"收款人签章"处签章，若为个人收款人，还需交验本人身份证件，并在支票背面注明证件名称、号码和发证机关

续上表

使用与管理	说明
付款	出票人必须按照其自身签发的支票金额，承担保证向持票人付款的责任。出票人在付款人（即出票人的开户银行）处的存款足以支付支票金额的，付款人应在见票当日足额付款。付款人依法支付支票金额的，其对出票人不再承担委托付款的责任，对持票人也不再承担付款的责任，但付款人存在恶意或有重大过失付款的除外

7.4
现金与银行存款的收支处理

这里的"现金"是指企业的库存现金，库存现金和银行存款是企业流动资产中的重要部分，其收支处理尤其重要，经手人为企业的出纳人员。

7.4.1　学会辨别人民币的真伪

企业中的出纳人员每天的日常工作就是与实实在在的"钱"打交道，为了避免使企业蒙受经济损失，也防止自己收到假的钱币而进行赔偿，出纳人员必须学会辨别人民币的真伪。

想要学会辨别人民币的真伪，不仅要知道如何识别假钞币，还需了解真钞币的特征。

（1）了解真钞币的特征

从钞币的材质、票（币）面的设计以及印刷技术等方面看，真钞币使用的是专用钞票用纸或硬币材料，钞票上还使用了防伪油墨，并且钞票的正背面采用了多色接线技术、彩虹印刷技术和对印技术等先进的印刷技术，而硬币的铸造也使用了专业且复杂的技术，且原材料的含量配比十分精确。

我国目前使用的是第五套人民币，钞票和硬币的具体特征如表 7-13 所示。

表 7-13　第五套人民币钞票与硬币的特征

面额	特征
1元	1.1999 年制版，主色为橄榄绿，正面为人物头像，背面为西湖三潭映月风景图，防伪标记有兰花水印、凹凸手感线和隐形文字等。 2.2019 年制版，主色为黄绿色，正面为人物头像，背面为西湖三潭映月风景图，防伪标记有：正面左侧增加面额数字白水印、取消左下角装饰纹样和增加全埋安全线等
5元	1.1999 年制版，主色为紫色，正面为人物头像，背面为泰山风景图，防伪标记有水仙花水印、全息开窗安全线和隐形文字等。 2.2005 年制版，主色为紫色，正面为人物头像，背面为泰山风景图，防伪标记有水仙花水印、全息半开窗安全线、凹凸手感线和硬性文字等
10元	1.1999 年制版，主色为蓝黑色，正面为人物头像，背面为长江三峡－瞿塘峡夔门图，防伪标记有月季花水印、全息开窗安全线、互补对印图案和隐形文字等。 2.2005 年制版，主色为蓝黑色，正面为人物头像，背面为长江三峡－瞿塘峡夔门图，防伪标记有月季花水印、全息半开窗安全线、互补对印图案、凹凸手感线和隐形文字等。 3.2019 年制版，主色为天蓝色，正面为人物头像，背面为长江三峡－瞿塘峡夔门图，防伪标记有正面中部面额数字调整为"10"、取消全息磁性开窗安全线、调整左侧胶印对印图案、右侧增加光变镂空开窗安全线和竖号码
20元	1.1999 年制版，主色为棕色，正面为人物头像，背面为桂林山水图，防伪标记有荷花水印、全埋安全线和隐形文字等。 2.2005 年制版，主色为棕色，正面为人物头像，背面为桂林山水图，防伪标记有荷花水印、全息半开窗安全线、凹凸手感线、互补对印图案和隐形文字等。 3.2019 年制版，主色为橙色，正面为人物头像，背面为桂林山水图，防伪标记有正面中部面额数字调整为光彩光变面额数字"20"、取消全息磁性开窗安全线、调整左侧胶印对印图案、右侧增加光变镂空开窗安全线和竖号码
50元	1.1999 年制版，主色为绿色，正面为人物头像，背面为西藏拉萨布达拉宫图，防伪标记有人物头像水印、全埋安全线、光变油墨、互补对印图案和隐形文字等。 2.2005 年制版，主色为绿色，正面为人物头像，背面为西藏拉萨布达拉宫图，防伪标记有人物头像水印、全息半开窗安全线、光变油墨、互补对印图案、隐形文字和凹凸手感线等。 3.2019 年制版，主色为蓝绿色，正面为人物头像，背面为西藏拉萨布达拉宫图，防伪标记有正面中部面额数字调整为光彩光变面额数字"50"、背面取消全息磁性开窗安全线、左下角光变油墨面额数字调整为胶印对印图案、右侧增加动感光变镂空开窗安全线和竖号码

续上表

面额	特征
100 元	分 1999 年、2005 年和 2019 年 3 个版别，主色均为红色，正面均为人物头像，背面均为北京人民大会堂图。 1.1999 年版别，防伪标记有人物头像水印、全埋安全线、光变油墨、互补对印图案和隐形文字等。 2.2005 年版别，防伪标记有人物头像水印、全息半开窗安全线、光变油墨、互补对印图案、隐形文字和凹凸手感线等。 3.2019 年版别，防伪标记有人物头像水印、光变安全线（右侧品红变绿）、全埋磁性安全线、光彩光变油墨和互补对印图案（左下角面额 100）等
1 角	1.2000 年 10 月发行，正面有行名、面额、拼音、年号，背面为兰花，材质为铝镁合金，直径为 19 mm。 2.2005 年 8 月发行和 2019 年 8 月发行的两版，正面均有行名、面额、拼音、年号，背面均为兰花，材质均为不锈钢，直径均为 19 mm
5 角	1.2002 年 11 月发行，正面有行名、面额、拼音、年号，背面为荷花，材质为铜芯镀铜，直径为 20.5 mm。 2.2019 年 8 月发行，正面有行名、面额、拼音、年号，背面为荷花，材质为铜芯镀镍，直径为 20.5 mm
1 元	1.2000 年 10 月发行，正面有行名、面额、拼音、年号，背面为菊花，材质为铜芯镀镍，直径为 25 mm。 2.2019 年 8 月发行，正面有行名、面额、拼音、年号，背面为菊花，材质为铜芯镀镍，直径为 22.25 mm

（2）学会识别假钞的方法

出纳人员在了解人民币特征的基础上，学会识别假钞的方法也很重要，具体从两方面入手：一是认识假钞币的"长相"；二是学习假钞币的鉴别方法。如表 7-14 所示的是假钞币的类型特征。

表 7-14 假钞币的类型及其特征

假钞币类型	特征
机器设备制作的假钞	这类假钞最逼真，而且制作速度也很快，主要通过机器设备扫描真币，然后形成雕刻刻版，最后在印刷机上批量印制。因此，印制出的假币数量很大，很容易扩散，是危害最大的一类假币，也是最难防范和识别的

续上表

假钞币类型	特征
拓印的假钞	这类假钞的图案和花纹等都与真钞一模一样，很难识别，这是因为它的制作手法。在真钞的基础上，用化学试剂将真钞上的图案、花纹和数字等完全脱落到制作假钞的纸上。因此，该类假钞与真钞的最大区别就是脱落手法导致假钞票面和图案等的颜色都较浅，且纸张比真钞稍薄
临摹仿绘的假钞	这类假钞是最常见的，其制作方法比较简单：使用普通的胶版纸制作，用常用的绘画颜料上色即可。由于制作简单，所以钞票的质量较粗糙、劣质，与真币有明显差别，很容易识别，只是老人和小孩容易受骗
蜡纸版油印的假钞	以蜡纸和蜡版为基础，先按照真钞的样子在蜡纸上刻制，形成蜡版，然后按照蜡版的模子用油墨将图案和文字漏印在纸上，最后上色。由于在用蜡版进行制作的过程中很难控制手的轻重和油墨的均匀程度，所以制作出的假钞颜色会深浅不一，很容易识别
手刻凸版的假钞	将真钞的样式以手工雕刻的方法在木板上形成凸版，然后用小型机具印制而成。由于制作过程中木板自身的纹路会使油墨颜色不一、套色不准确，所以制作出来的假钞存在重叠、错位等情况
石印机制的假钞	这类假钞的制作手法与手刻凸版的假钞类似，唯一的区别就是印制时将木板换成了石头和机器。由于石头印版不平整，导致油墨外溢，所以印出假钞的图案深浅不一、画面协调感差，容易识别
复印合成的假钞	这类假钞的制作手法比以上几种复杂、精细，与真钞的相似性很高，最大的区别是这类假钞没有防伪标签，是识别的关键。制作时，用复印机复印真钞的图案，在这基础上通过电脑合成将复印出来的图案和花纹上色，形成假钞
硬币假币	硬币假币的铸造效果比较模糊，比如1元的硬币，制作粗糙、图案模糊，正反面图案朝向不一，正反不对称，厚薄不均匀，边缘有切割、磨损情况，很多用铅或铝等材料制作，无法被磁铁吸起

那么在真实的工作中，有哪些具体的鉴别方法可供出纳人员使用呢？如表 7-15 所示。

表 7-15　鉴别假钞的方法

方法	钞币	操作与说明
看	真钞真币	1. 有固定人像水印、白水印和胶版对印图案，立体感很强。 2. 票面正面中部偏左有一条安全线，不同面额、不同版次安全线有区别

续上表

方法	钞币	操作与说明
看	真钞真币	3. 人民币 100 元和 50 元纸币的正面左下方的面额数字采用光性油墨印刷，在观察角度和光源角度改变的情况下，100 元纸币有绿色和蓝色的渐变，50 元纸币有金黄色和绿色的渐变。 4. 隐形面额数字与眼睛平行，上下拉动，可看到有"100"和"50"的阿拉伯数字字迹，隐形图案能接上，垂直观察时能看到。 5. 硬币图案非常精细，光洁亮泽，尤其是国徽、麦穗等处的铸造非常清晰，正反面图案朝向一致
	假钞假币	1. 无水印，或者水印不符合标准，缺乏立体感。 2. 安全线位置不正确，甚至没有安全线。 3. 没有光性油墨印刷，或者有光性油墨印刷，但观察角度和光源角度改变时，正面左下角的面额数字没有颜色的渐变效果。 4. 隐形图案无法对接上，或者垂直观察时无法看到隐形面额数字或图案。 5. 硬币图案模糊，正反面图案朝向不一，显得正反不对称
摸	真钞真币	真钞上的"中国人民银行"行名、人物头像、凹印手感线、盲文标记和背面风景图案等摸起来会有凹凸感，用放大镜仔细观察时可看到图像、文字凸出纸面；真币厚薄均匀，摸起来很平滑
	假钞假币	假钞摸起来非常光滑，没有凹凸感，用放大镜观察时可看到"中国人民银行"行名、人物头像、凹印手感线、盲文标记和背面风景图案等处的图像、文字没有凸出纸面；假币厚薄不均匀，摸起来很粗糙，且边缘有切割、磨损痕迹
听	真钞	纸张具有耐折、不易撕裂的特点，轻轻抖动、用手指轻弹或两手一张张轻轻对称拉动时，能听到清脆响亮的声音
	假钞	纸张质地较软，容易撕裂，轻轻抖动时会发出闷响，声音不清脆
测	真钞	真钞在紫光灯照射下，其正面"中国人民银行"行名下面会有一个金色阿拉伯数字"100"，背面主背景图案上方会出现橘红色椭圆灯光图案，另外，真钞的水印在紫光灯下不可见
	假钞	假钞在紫光灯照射下，其整幅钞票纸张一般会发白光，"中国人民银行"行名下面显示出的阿拉伯数字比真钞的颜色淡，图案歪斜或没有，并且在紫光灯下通常可以看到印在纸面上的假头像水印图案

实务中很多有条件的企业，会为出纳人员配置一台验钞机，使钞币的真假鉴别工作更容易、轻松。

知识延伸 | 企业收到假钞币的处理

　　企业收到不能确定其真伪的可疑钞币时，应向持钞（币）人开具临时收据，并将可以钞币报送人民银行当地分支行进行鉴定，确定其真伪。在鉴定前不能擅自加盖假币戳记或没收，经过鉴定后认定为假钞币的，应立即交给相关机构，并向公安机关和银行等举报；经鉴定不属于假钞币的，收好钞币，并重新向持钞（币）人开具正式的收据或收款凭证。如果钞币的持有人对假钞币的收缴和假钞币的真伪有异议的，可向有关鉴定机构申请鉴定或重新鉴定。

7.4.2　掌握点钞技术

　　如果出纳人员涉及清点现钞的工作，为了更准确、高效地清点现钞数量和数额，必须掌握基本要领，了解点钞的基本环节，同时按照自己的需求掌握一定的点钞技术。下面以纸币为例进行具体介绍。

　　点钞的基本要领可概括为 26 个字：坐姿端正、钞票墩齐、工具顺序摆放、扎把捆紧、盖章清晰、动作连贯。而点钞的基本环节主要有 6 个：拆把持钞、清点筛选、记数、墩齐、扎把和盖章。那么，实务中有哪些点钞技术可供出纳人员选择使用呢？

　　（1）手持式点钞法

　　手持式点钞法是将钞券拿在手中进行清点的点钞手法，特点是手没有外力支撑。该类方法又可根据具体的指法，分为不同的点钞方法，如表 7-16 所示。

表 7-16　手持式点钞法的常见类型

类型	操作手法
手持式单指单张点钞法	左手横执钞券，将钞券下边缘朝向身体，左手拇指在钞券正面左侧 1/4 处，食指和中指在钞券背面，与拇指一起捏住钞券，无名指和小指自然弯曲并伸向钞券下边缘压住左下方，中指稍用力弯曲并与无名指和小指一起夹住钞券，食指伸直，拇指按住钞券侧面并向上移动，将钞券压成瓦形，将钞券在桌面轻擦；同时右手拇指、食指和中指清点记数
手持式单指多张点钞法	手法与手持式单指单张点钞类似，左手的操作与手持式单指单张点钞一样，右手由单张点钞变成多张点钞

续上表

类型	操作手法
手持式双指双张点钞法	先将一把钞券正面朝上横放，然后持把，左手小指在钞券左端的背面，无名指在券前，夹住钞券，中指和拇指扶在钞券上、下端，食指顶住钞券正面的中部，拇指用力向上推起钞券下边缘，使钞券向上呈斜面的弧形。右手食指和中指捻动钞券右上角，食指捻第一张，中指捻第二张，捻的幅度不要过大，一次点两张记一个数，50 个数为 100 张。该方法适用于收、付款和整点新、旧币和主币、角币等，记数省力，效率高，但能见的券面小，不利于发现假钞和挑出残缺票
手持式四指拨动点钞法	左手拇指、小指放在钞券正面，其余 3 个手指放在钞券背面，把钞券压成瓦形；右手推起钞券时左手变换各手指的位置，无名指和小指夹住钞券的左下端，拇指向钞券上端伸出，卡住钞券，钞券背面的 3 个手指稍微用力，使钞券右上角稍向后倾斜成弧形，便于点数，同时这 3 个手指稍曲抵住钞券背面中上部；右手拇指贴在钞券的右上角，余下 4 个手指并拢，从小指开始每指一张捻动钞券，一次点 4 张记一个数，25 个数为 100 张。该方法适用于收、付款和整点工作，速度快，记数省力，但不易挑出残破票。与此方法类似的是手持式五指拨动点钞法，只是右手的点数指法不同，其余操作与四指拨动法相同
手持式扇面点钞法	是将一把钞券念成扇面状进行清点的方法，关键在于开扇操作。左手拇指在券前，食指和中指在券后，一起捏住钞券左下角 1/3 处，无名指和小指自然弯曲；右手拇指在券前，其余 4 个手指横在票后约 1/2 处，用虎口卡住钞券，将其压成瓦形，以左手为轴，左手拇指和食指持票的位置为轴心，右手拇指用力将钞券往外推，右手食指和中将钞券往怀里方向转过来后向外甩动，同时左手拇指和食指从右向左捻动，左手捻和右手甩要同时进行；左手持扇，右手中指、无名指和小指托住钞券背面，拇指一次按 5 张或 10 张钞券，按下的钞券由右手食指压住，接着拇指按第二次，以此类推，一次按 5 张的为一组，记满 20 组为 100 张；一次按 10 张的为一组，记满 10 组为 100 张。这种方法适用于整点新券和复点工作，点钞效率较高，但钞券的可视面极小，不利于挑剔残破券和鉴别假钞券，不适用于整点新旧币混合的钞券

（2）手按式点钞法

手按式点钞法可参考手持式点钞法进行划分，这里只介绍简单的手按式单张点钞法。将钞券横放在桌面上并正对点钞人，左手无名指和小指压住钞券左上端，右手拇指托起右端右下角的部分钞票，用食指捻动钞券，每次捻起一张并用左手拇指向上翻送至食指和中指间夹住，连续操作直至清点完毕。

该方法适用于收、付款和清点各种新、旧、大、小钞券，也适合点辅币和残破票券多的捆把钞券，点钞时钞券的可视面积较大，易挑出残破券，但劳动强度比手持式单指单张点钞法大，且速度较慢。

7.4.3 正确使用保险柜

保险柜主要用来存放企业的现金钞券、有价证券和重要单据，通常由出纳人员负责保管和维护。根据企业对保险柜安全性能的不同要求，市面上有多种类型的保险柜可供选择，如表 7-17 所示。

表 7-17 保险柜的种类

种类	特点
防火保险柜	国际标准规定，该类保险柜处于 1 000℃的火灾现场中时，柜内温度要保持在 177℃以下至少 0.5 个小时，使纸张不碳化，字迹清晰可辨
防盗保险柜	顾名思义，该类保险柜的主要用途就是防盗，可分为电子防盗保险柜和机械式防盗保险柜。防盗保险柜的材质比较坚固，且箱体较厚，多采用一次成型技术，使箱体更牢固，门板和门闩等关键部位增加防钻功能
防磁保险柜	采用整体抗震结构，柜体采用专业防磁结构，暗藏式门铰链采用防撬结构，有顶级的防磁处理，防尘防静电，可有效屏蔽磁场，阻隔热源，使音带、磁带、录影带和磁盘等资料的存放更安全可靠
防火防磁保险柜	从字面理解就知道，该类保险柜集合了防火保险柜和防磁保险柜的优点，安全等级更高
防火防盗保险柜	从字面理解，该类保险柜集合了防火保险柜和防盗保险柜的优点，安全等级更高

虽然不同的保险柜类型在使用的操作手法上有一定区别，但仍有些使用规范是相通的，任何类型的保险柜在使用时都必须遵循这些规则，如表 7-18 所示。

表 7-18 保险柜的使用规范

规则	说明
每个保险柜配备两把钥匙	一把由出纳人员按要求使用和保管，另一把由企业或单位的财务负责人、总会计师或保卫人员保管。这样可防止因突发事件发生而影响保险柜的正常使用。出纳人员不得将钥匙交给他人代管

续上表

规则	说明
原则上只能由出纳人员开启和使用	一般来说，除出纳人员以外的其他任何人都不得开启或使用保险柜，出纳人员是企业保险柜的唯一使用人和最终负责人。如果因检查需要或其他突发事件需由其他人开启和使用保险柜的，企业应作出明确规定，并经过企业负责人和财务负责人一致同意后才可开启并使用
保险柜密码的保管	有些保险柜还设有电子密码锁，出纳人员应自行单独保管保险柜的密码，不得将密码告知其他任何人。如果有离职和新任职情况发生，新任职的出纳人员应在接收保险柜管理工作的第一时间修改保险柜的密码
保险柜的使用范围	保险柜只能用来放置企业的现钞、存折、空白支票、凭证、收据和印章等与出纳工作相关的物品，严禁出纳人员将自己或他人的私人物品放在保险柜中
保险柜的安置与维护	企业的保险柜应安置在办公室内干燥、通风的位置，避免被腐蚀或受潮，另外还要做好防虫防鼠措施。出纳人员还需定期清理保险柜，保持外观整洁、物品存放有序。如果保险柜发生故障，出纳人员应及时报修或送修，防止泄密或财物被盗
保险柜被盗的处理办法	出纳人员发现保险柜被盗时，应立即报告当地公安机关和企业负责人、财务负责人，并保护好现场，配合公安机关勘察。如果出纳人员休假或请假超过两天，且没有将工作交接给其他人，应在保险柜的锁孔处粘贴封条，待重新上岗时再揭开封条继续使用。如果发现封条在返岗之前被撕开或锁孔被破坏，也应立即向公安机关报告，同时向企业负责人、财务负责人汇报情况

7.4.4 员工借备用金出差

员工借备用金出差是指企业员工在出差前先向公司申请差旅费，回公司后再进行报销，多退、少补。在这一操作下，员工需在出纳人员处填写借款单（为原始凭证，具体介绍参考本书），交由企业财务部审核款项用途、金额和归还期限等，通过后作出同意借款的决定，并由出纳人员将款项发放给借款员工，财务人员根据借款单做账。

注意，如果出纳人员直接以库存现金向借款员工发放款项，则需填制现金付款凭证，同时出纳人员要登记现金日记账。如果出纳人员通过银行转账方式向借款员工发放款项，则需将收到的银行付款通知交给财务部，财务人员填制银行付款凭证，同时出纳人员要登记银行存款日记账。

| 范例解析 | 员工向公司申请差旅费借款

2020年4月17日，甲公司销售部员工沈某向出纳人员提出借差旅费申请，并在出纳人员的指导下填写了借款单，金额为5 000.00元，经审核，由出纳人员向沈某放款，财会人员根据借款单，需编制如下会计分录。

借：其他应收款——沈某　　　　　　　　　5 000.00

　　贷：银行存款　　　　　　　　　　　　　　　5 000.00

后期财务人员需根据借款人的报销情况，将其他应收款结转到相应的费用科目进行核算。

注意，实务中，财会人员在做账时不仅需要有借款单作记账依据，还需有银行开具的付款通知作为原始凭证。

7.4.5　出纳人员将现金送存银行

由于企业存放在保险柜中的现金数额是有限制的，即银行根据企业的实际经营情况和管理需求制定的库存现金限额，因此当库存现金的数额超过了限额标准，就需要出纳人员将超出部分的现金送存银行，并填制现金付款凭证，同时登记现金日记账和银行存款日记账。财会人员也需要对此业务进行账务处理。

> **知识延伸 | 企业的库存现金限额**
>
> 库存现金限额是指实行现金管理的单位或企业根据日常零星开支需要，由银行核定的现金库存额度。一般来说，按开户人（企业或单位）3~5天的零星开支所需的现金核定；如果企业或单位离银行较远，或者交通不便，则其库存现金的限额可以多于5天的日常零星开支为准，但最高也不得超过15天的日常零星开支所需现金。
>
> 企业或单位的库存现金限额一般每年调整一次，若因为业务发展需要调整的，可向开户银行提出申请，由银行予以核定新的库存现金限额。

| 范例解析 | 将超过限额的现金送存银行

2020年4月16日，乙公司出纳人员将超过企业库存现金限额的10 000.00元送存银行，财会人员需根据填制的现金付款凭证做账，编制如下会计分录。

借：银行存款   10 000.00

    贷：库存现金   10 000.00

实务中，财会人员要根据现金付款凭证和银行开出的收款通知做账，编制上述会计分录。

7.4.6 出纳人员从银行提取现金

既然有超过库存现金限额时将现金送存银行的情况，就有不足库存现金限额时补充库存现金的情况，此时就需要从银行提取现金。但并不是只有这一种情况才会涉及从银行提取现金，还有比如库存现金不足以支付各种生产、管理过程中所需的费用时也需要从银行提取现金。

从银行提取现金的这一工作也需要经过出纳人员之手，除了要接收银行开出的付款通知外，还需填制银行付款凭证，同时登记银行存款日记账和库存现金日记账，同时财会人员也需要做账。

| 范例解析 | 从银行提取现金支付临时工工资

2020年4月15日，丙公司需要向两位临时工支付劳务报酬，金额1.00万元，由于公司内部的库存现金不足以支付，所以出纳人员从银行提取现金来支付工资。相关账务处理如下。

1.出纳人员从银行提取现金。

借：库存现金   10 000.00

    贷：银行存款   10 000.00

2.出纳人员向临时工支付劳务报酬。

借：应付职工薪酬   10 000.00

    贷：库存现金   10 000.00

在该案例中，出纳人员必须向财务部递交银行出具的付款通知，然后由财会人员根据付款通知做账，出纳人员需同时登记现金日记账和银行存款日记账。当出纳人员向临时工支付劳务报酬时，需填制现金付款凭证，同时登记现金日记账。

7.4.7　员工归还未使用的备用金

如果员工事先向公司申请借款，用于差旅费或其他办公支出，则使用后回公司报销时可能出现 3 种情形：一是刚好够用，无需退补；二是钱款不够，需公司补付；三是钱款剩余，需由借款人将剩余钱款交还给公司。这里通过一个实际案例来看看员工归还未使用的备用金的账务处理。

| 范例解析 |　员工出差回公司交还剩余未使用的差旅费

2020年4月28日，丁公司销售部的员工郑某出差回公司，交还了剩余未使用的差旅费共800.00元，已知其前期借款6 000.00元，财会人员需根据员工填写的费用报销单做账。

借：管理费用——差旅费——郑某　　　　　　　　5 200.00
　　库存现金　　　　　　　　　　　　　　　　　　800.00
　　贷：其他应收款——郑某　　　　　　　　　　　　　　6 000.00

如果郑某回公司后进行费用报销时，前期借用的备用金刚好用完，不多不剩，则财会人员需根据填制的费用报销单，编制如下会计分录。

借：管理费用——差旅费——郑某　　　　　　　　6 000.00
　　贷：其他应收款——郑某　　　　　　　　　　　　　　6 000.00

如果郑某回公司后进行费用报销时，前期借用的备用金已经用完，且自己还垫付了一定金额，这里假设垫付了 400.00 元，则财会人员需根据填制的费用报销单，编制如下会计分录。

借：管理费用——差旅费——郑某　　　　　　　　6 400.00
　　贷：其他应收款——郑某　　　　　　　　　　　　　　6 000.00
　　　　库存现金　　　　　　　　　　　　　　　　　　　400.00

08

填制原始凭证并登记日记账

在企业生产经营活动中，经常会收到其他单位开具的发票和单据等原始凭证，公司也会开出相应的发票和单据。本章就来认识与出纳工作相关的原始凭证的填制和日记账的登记工作，为财会人员填制记账凭证提供原始资料，并学习如何登记企业的现金日记账和银行存款日记账。

8.1 做好原始凭证的填制与审核工作

对于企业来说，原始凭证是财会人员填制记账凭证的直接依据，因此原始凭证的获取、填制和审核工作很重要。出纳人员和其他部门相关人员在接收到外单位开具的单据时，应及时递交给财务部，对外开出的单据也需将相应联次交给财务部，以便财会人员据以做账。

8.1.1 了解原始凭证的种类

认识原始凭证的种类主要从 3 个依据入手，每种分类依据下的原始凭证种类是不同的。

（1）按原始凭证来源分类

从原始凭证的来源看，可以将其分为自制原始凭证和外来原始凭证。其中，自制原始凭证指由本企业有关部门和人员在执行或完成某项经济业务时填制而成，并供本企业内部使用的原始凭证，如领料单、入库单、借款单和费用报销单等。如图 8-1 所示的是常见的借款单样式。

借款单

No5

日期：　　年　　月　　日

部　　门		姓名	
借款事由			
借款金额	（大写）　拾　万　仟　佰　拾　元　角　分		
预计还款报销日期		￥	
审批意见		借款人	年　月　日

发据单位盖章　　　会计：　　　出纳：

①存根（白）②收据（红）③记账（蓝）

图 8-1　借款单

公司可根据自身管理要求，在合理范围内自行设置自制原始凭证的格式。

外来原始凭证指企业在执行或完成某项经济业务时从外单位或个人直接取得的原始凭证，如采购货物时收取的增值税专用发票、员工出差报销的飞机票、火车票和餐饮票等票据。如图 8-2 所示的是增值税专用发票样式。

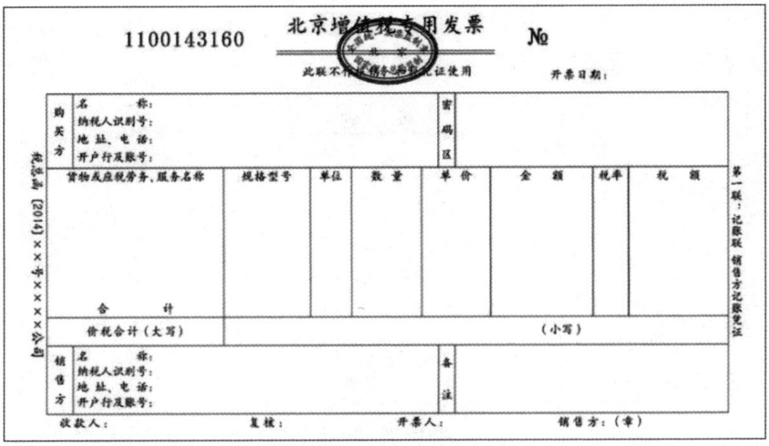
1100143160
北京增值税专用发票
№
此联不作报销、扣税凭证使用
开票日期：
购买方 名称：
纳税人识别号：
地址、电话：
开户行及账号：
密码区
货物或应税劳务、服务名称 | 规格型号 | 单位 | 数量 | 单价 | 金额 | 税率 | 税额
合计
价税合计（大写） （小写）
销售方 名称：
纳税人识别号：
地址、电话：
开户行及账号：
备注
收款人： 复核： 开票人： 销售方：（章）
税总函［2014］××号××××公司
第一联：记账联 销售方记账凭证

图 8-2 增值税专用发票

需要注意的是，发票一般都由国家税务总局监制、设计并印制，专用发票和普通发票均是纳税人反映经济活动的重要会计凭证，但专用发票还是销货方纳税义务和购货方抵扣进项税额的合法证明，而普通发票只是销货方纳税义务的合法证明，并不能作为购货方抵扣进项税额的合法证明，购货方不存在抵扣进项税额的操作。

（2）按原始凭证格式分类

不同的原始凭证格式是不同的，常见的可分为通用凭证和专用凭证。

通用凭证是指由相关部门统一印制，在一定范围内使用且具有统一格式和使用方法的原始凭证，如上述介绍的由国家税务总局统一印制的全国通用的增值税专用发票、由中国人民银行制作的在全国通用的银行转账结算凭证以及某省（市）印制的在本省（市）通用的收据等。

专用凭证是指由单位自行设计、印制且仅在本单位内部使用的原始凭证，如前述提及的各种自制原始凭证，另外资产折旧计算表、应收账款账龄分析表等也属于专用凭证。

（3）按原始凭证反映内容详略分类

按原始凭证反映内容的详略分类也可看成是按填制手续分类，主要类型有一次凭证、累计凭证和汇总凭证。一次凭证是一次填制完成、只记录一笔经济业务且近一次有效的原始凭证，如收据、收料单和发货票等，如图 8-3 所示的是常见的收据样式。

收　据　　　No.▓▓▓▓▓

日期：　　　年　　月　　日	

收　到＿＿＿＿＿＿＿＿＿＿＿＿＿＿＿＿＿
＿＿＿＿＿＿＿＿＿＿＿＿＿＿＿＿＿
＿＿＿＿＿＿＿＿＿＿＿＿＿＿＿＿＿

金额（大写）　拾　万　仟　佰　拾　元　角　分　￥

附　注：

发据单位盖章　　　会计　　　　出纳　　　　经手人

①存根（白）②收据（红）③记账（蓝）

图 8-3　收据

累计凭证指在一定时期内多次记录发生的同类经济业务且多次有效的原始凭证，如图 8-4 所示为限额领料单。

限额领料单

领料部：　　　　　　　　　　　　　　　发料仓库：
用途：　　　　　　　　　年　月　日　　　编号：

材料编号	材料名称	规格	计量单位	单价	领用限额	全月实际数量	
						数量	金额

领用日期	申领数量	实发数量	领料人签章	发料人签章	限额结余数量

供应部门负责人：　　　　　　领料部门负责人：　　　　　　仓库负责人：

图 8-4　限额领料单

汇总凭证指按照一定标准，对一定时期内反映经济业务内容相同的若干张原始凭证进行综合填制的原始凭证，如图 8-5 所示为发料凭证汇总表。

发料凭证汇总表
年　　月

借方科目／材料	生产成本	制造费用	管理费用	销售费用	合计
合计					

图 8-5　发料凭证汇总表

8.1.2 牢记填制原始凭证的基本要求

不管是哪一类型的原始凭证，企业内部难免都会涉及填制，因此必须牢记原始凭证在填制时的基本要求，使填制而成的原始凭证合理、合法、合规。基本要求的具体内容如表 8-1 所示。

表 8-1　填制原始凭证的基本要求

要求	具体内容
记录真实	原始凭证中填列的经济业务内容和数字等必须真实可靠，要符合实际
内容完整	原始凭证中的项目必须逐项填列齐全，不能遗漏或故意省略不写，其中包括名称要齐全，不能简化，品名或者钱款的用途等也要填写明确，不能含糊不清，相关负责人的签章也必须齐全
书写清楚、规范	原始凭证中的文字和数字的书写均要规范，文字简明、字迹清晰且易于辨认，不能使用未经国务院公布的简化汉字；数字必须清晰可辨，特别要注意金额的填写规范，小写金额用阿拉伯数字逐个书写，且不得写连笔字，金额前要填写人民币符号"¥"，且与阿拉伯数字之间不能留空白，金额一律填写到角分，无角分的也要写"00"或符号"–"，有角无分的分位写"0"，但此时不得用符号"–"；大写金额用汉字壹、贰、叁、肆、伍、陆、柒、捌、玖、拾、佰、仟、万、亿、元、角、分、零和整等，大写金额前要有"人民币"字样，且与大写金额之间不能留空白，到元或角的，后面应写"整"或"正"字样，有分的不写
手续完备	企业自制的原始凭证必须有经办单位相关负责人的签章，对外开出的原始凭证上也必须加盖本企业的公章或财务专用章；从外部单位取得的原始凭证也必须该有出具单位的公章或财务专用章；从个人处取得的原始凭证必须有填制人员的签名或盖章
编号连续	各类原始凭证应连续编号，以便查账。如果凭证已经预先印有编号，如发票、支票等，在因错作废时应加盖"作废"戳记，并妥善保管，不得撕毁
不得涂改、挖补、刮擦	如果原始凭证的填制出错，不得涂改、挖补或刮擦来更正错误。如果是金额有错误，应由凭证的出具单位重新开具，不能在错误的原始凭证上更正；如果是其他错误，应由出具单位重新开具或在错误的原始凭证上更正，更正处应加盖凭证出具单位的印章
填制及时	各种原始凭证的填制一定要及时，并按规定的程序及时送交给企业的会计机构审核

不同的凭证，在符合基本要求的基础上，需按照自身填制的特殊要求，

进一步完善凭证的填制工作。

8.1.3　原始凭证具体要审核什么

因为原始凭证是财会人员填制记账凭证的直接依据，所以必须保证编制的或从外部获取的原始凭证合法、真实且有效。应该如何保证呢？这就必须通过严格的审核工作实现。那么在审核原始凭证时具体要审核一些什么呢？从大的方向上看，有如表 8-2 所示的 5 个方面。

表 8-2　原始凭证的审核内容

审核方面	内容
合法性	看原始凭证记录的经济业务是否符合国家法律法规，是否履行了规定的凭证传递和审核程序
真实性	看凭证的填制日期、业务内容和数据等是否真实。外来原始凭证看是否有填制单位的公章或财务专用章；自制原始凭证看是否有经办人员签章
合理性	看原始凭证记录的经济业务是否符合企业的经营活动需要，是否符合企业制定的有关计划和预算，看经济业务的款项金额是否在合理范围内等
完整性	看原始凭证的各项基本要素是否齐全，尤其是必须记载事项，看是否有漏项未填；看凭证的填制日期是否到"日"；看数字和数据是否清晰，文字书写是否工整；看凭证的联次是否完备；看凭证下方是否有所有相关责任人的签章等
正确性	原始凭证的正确性审核主要针对具体的填写内容： 1. 看原始凭证的接受单位的名称是否正确。 2. 看数量、单价、金额和税率等是否正确。 3. 看总金额的计算与填写是否正确，具体看阿拉伯数字是否分位填写，一般不得连写，并且小写金额前必须标注人民币符号"¥"，大写金额前必须标注"人民币"字样，这两种书写情形下符号和字样与金额之间不得留有空位。 4. 看原始凭证的更正是否正确，主要看原始凭证的金额错误时是否重新开具，因为金额错误时不得在原来的原始凭证上直接更正；原始凭证有其他错误的，看凭证是否由出具单位重开或更正，并加盖出具单位公章或在原来的原始凭证更正处加盖财务专用章，只有加盖了单位公章的重开凭证和在更正处加盖了财务专用章的凭证才有效

对于财会人员来说，了解了原始凭证的具体审核内容还不够，还需要学习原始凭证的审核结果处理，一般有 3 种情形。

◆ **原始凭证完全符合要求**：由相关财会人员将原始凭证递交给记账人员，由记账人员及时填制记账凭证，后续及时登记账簿。

◆ **原始凭证不真实且不合法**：财会人员不予接受原始凭证，同时要将具体情况报单位负责人知晓。

◆ **原始凭证真实、合法且合理，但不完整或不正确**：由接收原始凭证的相关负责人将不完整或不正确的原始凭证退回给经办人员，由其重新开具或进行更正，直到凭证完整且正确后才予以接受。

这样，学会原始凭证的审核内容和审核结果处理办法，就算是尽可能地保证了原始凭证的有效性，为日后正确填制记账凭证奠定了良好的基础。

8.2
需要经手人审核的外来原始凭证

在经营过程中，公司必然会收到外部单位开具的发票或者单据，这些票据对公司来说就是外来原始凭证，同样是公司财会人员记账的依据。为了保证后续记账工作的正确性，外来原始凭证的经手人必须严格审核这类凭证。

8.2.1 出纳要审核报销费用提供的外来单据

首先，从员工日常办公活动中看，可能存在先垫付款项，再向公司报销费用的情况。

◆ 采购人员根据各职能部门提交的办公用具和资料使用需求明细，采购相关物资，由采购部垫付相应的货款，用具和资料由各部门验收后，采购部需持用具和资料的销售方开具的发票以及收款收据向出纳人员报销费用。

◆ 行政部门的员工持供水、供电等公司开具的水费、电费等的使用明细和账单，向公司财务部报账，由财务部组织人员缴纳费用。这里的水费、电费明细和账单就是外来原始凭证，如图 8-6 所示的是某自来水公司开具的水费账单。

账单明细	上次抄表读数	4790	本次抄表读数	4820	
供水费	本年度阶梯用水总量(立方米)		本次用水量(立方米)	单价(元)	金额(元)
	贵户截止2019年11月今年累计阶梯水量已达285m³ 第一阶梯水量220m³已用完； 第二阶梯可用水量80m³，还剩水量15m³。		0 30	1.92 3.30	0.00 99.00
代征污水处理费	用水量(立方米)	征收标准(元/立方米)	计算方式		金额（元）
	30	1.70	30*1.70*0.90		45.90
上期零头结转	0.01	本期零头结转 0.01	本月应缴金额合计		¥144.90
本月应缴金额合计大写：	壹佰肆拾肆元玖角整				

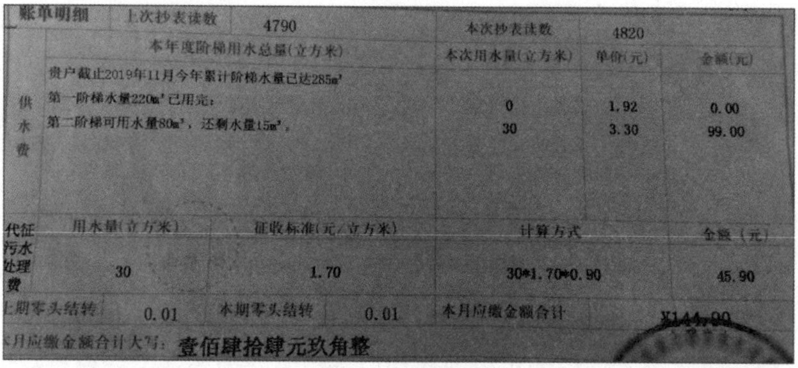

图 8-6　水费账单

其次，出差的员工在出差期间发生的食、住、行等费用，必须取得相关的单据，然后回公司报账时如实提交。如图 8-7、图 8-8 和图 8-9 所示分别是出差人员回公司报账时可能需要提交的餐饮单据、交通运输单据和住宿单据。

图 8-7　餐饮定额发票

图 8-8　高铁乘车票

连锁酒店入住登记单

日　期：　　年　月　日　　№0000001

客人姓名		入住房号		联系电话	
身份证号			常住地址		
房费（元）		押金（元）		车牌号码	
合计金额（大写）	万　仟　佰　拾　元　角　分				
入住日期	年　月　日　时		退房日期	年　月　日　时	
温馨提示	一、您的退房时间为中午12:00，超过12：00按钟点房计算； 二、重要物品请交总台存放，如有遗失，酒店概不负责； 三、退房时请将房卡交还总台，如有遗失则按原价赔偿； 四、请爱护酒店所有设施，如有损坏照价赔偿； 五、本店wifi有偿使用，具体收费请咨询前台。				

客人签字：　　　　经办人：

地址：大道　　　　订房热线：0735-

一存根　二客户

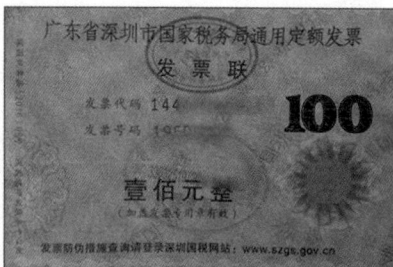

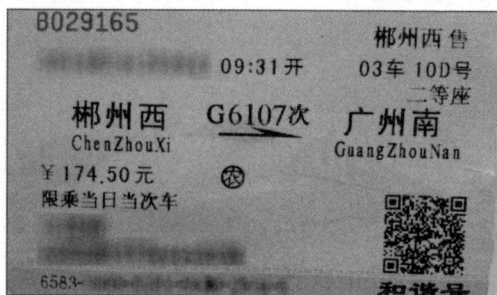

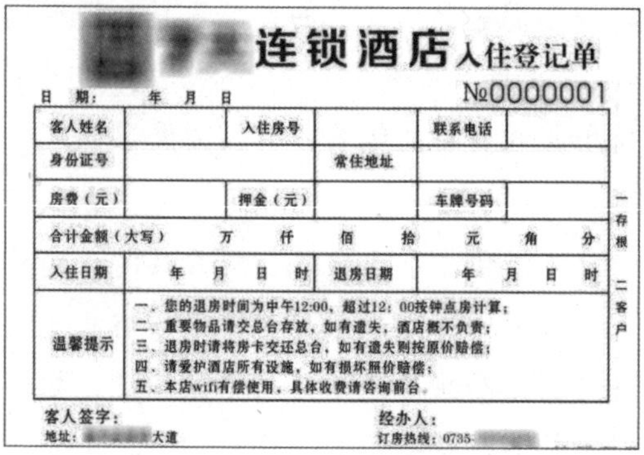

图 8-9　住宿单据

由于科技不断进步，很多乘客只需凭借有效身份证件即可乘车，这时没有获取车票，出差人员可向公司财务部提交乘车记录，作为原始凭证。

不管是哪种外来原始凭证，公司财会人员都应按照 8.1.3 节介绍的内容对这些凭证进行严格的审核，保证经济活动的真实性、有效性，同时确保票据的合法性、真实性、完整性和正确性。

8.2.2 采购人员要审核购货收到的增值税发票

采购人员在为公司采购材料、物资时，一般都会收到供应商（即销售方）开具的增值税发票。这张发票不仅是销售方记账的依据，如果我们是增值税一般纳税人，则更是我们采购方用于抵扣增值税进项税额的重要凭证，因此采购人员要学会审核收到的增值税发票，保证向公司财务部提交的发票是合法、真实、完整且正确的，这样才便于财会人员进行后续的记账凭证填制工作。

在本章 8.1.1 节的内容中已经展示了增值税专用发票的样式，这里展示增值税普通发票的样式，如图 8-10 所示。两种发票虽大同小异（普通发票没有抵扣联），但使用时也要注意区分。

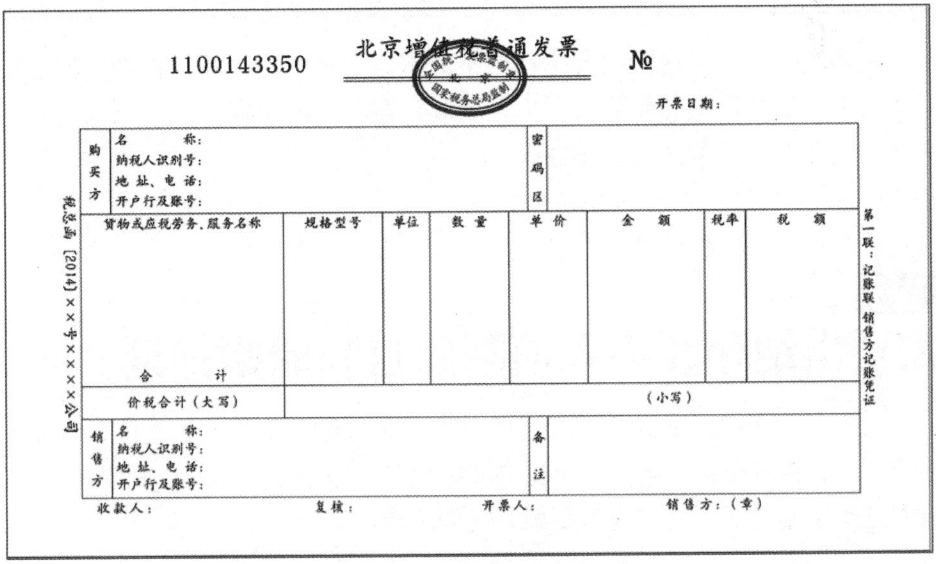
1100143350　北京增值税普通发票　№

开票日期：

购买方	名　　称： 纳税人识别号： 地 址、电 话： 开户行及账号：				密码区		
货物或应税劳务、服务名称	规格型号	单位	数 量	单 价	金 额	税率	税 额
合　　计							
价税合计（大写）					（小写）		
销售方	名　　称： 纳税人识别号： 地 址、电 话： 开户行及账号：				备注		

收款人：　复核：　开票人：　销售方：（章）

税总函〔2014〕××号××××公司

第一联：记账联　销售方记账凭证

图 8-10　增值税普通发票

那么采购人员需要重点审核的增值税发票内容有哪些呢？如表 8-3 所示。

表 8-3　增值税发票的审核要点

审核要点	内容
看票面是否清晰	主要看发票上的字迹是否清晰可辨，如果有涂改的地方，则发票不予接收，需要求开票方重新开具
看票面要素是否齐全	看购销双方的名称、地址、电话、开户银行和账号、纳税人识别号、销售货物或劳务的名称、型号、计量单位、数量、单价、金额、税率、税额、开票日期和签章等内容是否有缺填，这些内容缺一不可
看名称是否一致	查看增值税发票上记录的购销双方的名称和纳税人识别号是否与各自的营业执照上记载的名称和统一社会信用代码一致；看购销双方的名称是否为全称
看销货单位签章	增值税发票上的销货单位签章必须是销货单位的增值税发票专用章或财务专用章，加盖其他银行的，发票无效。另外，发票专用章上的号码必须与销货方的纳税人识别号一致
看发票的联次	如果购货方是增值税一般纳税人，且收到的是增值税专用发票，则收到的应为发票的记账联和抵扣联；如果购货方是增值税小规模纳税人，则一般只能收到增值税普通发票，且收到的只有记账联
看发票名称	正规的增值税发票名称是不会带有"省""市"和"自治区"等字样的，一般为"北京增值税专用发票""四川增值税专用发票"

采购人员通过对这些内容进行严格的审核，确认无误后，将增值税发票递交给公司的财务部，作为财会人员填制记账凭证的依据。这样可以为财会人员的凭证审核工作奠定良好的基础。

8.3
需要出纳和经手人填制的自制原始凭证

对于公司来说，不仅会在经济活动中收到合作单位开具的发票、收据等原始凭证，自身经营管理工作中也会需要填制一些单据，形成自制原始凭证。针对这类原始凭证，公司也需要做好管理工作。

8.3.1　会计人员要开具销货发票

对企业来说，不仅需要从外部单位购进材料、物资，为了获利还需要对外销售产品、服务或提供劳务，此时就会产生销货发票。这是一种用来记录已经售出商品的规格、数量、单价、金额、运费、保险费、税率和税额等信息的原始凭证。

销货发票一般由企业的财务部会计人员或企业的销售门店会计开具，因此，销货发票属于企业的自制原始凭证。在开出销货发票后，企业需保留记账联，财会人员据以记账、登账。除此以外，发票联和抵扣联需交给购买方，其余各联次也由企业自行保留、保管。

企业开具的发票是需要先按照规定的程序领购的，企业的办税人员在办理了税务登记手续后，凭借发票领购簿核准的种类、数量和购票方式，向主管税务机关领购发票。企业在销售业务中根据规定和发票填开要求，如实填写领购的发票，并将填写好的销货发票的相关联次交给购买方。

需要注意的是，农民销售自产的农副产品时，由收购企业开具农产品收购发票，此时相当于购买方开具发票。这是一种特殊情况。

| 范例解析 | 公司发生销售业务开具增值税专用发票

某公司为增值税一般纳税人，2020年5月12日对外销售一批服装，不含税价款为10.00万元，适用增值税税率为13%。已知购买方也为增值税一般纳税人，这批服装共250件，单价400.00元，财会人员当天就开具了增值税专用发票，如图8-11所示（这里展示的是简化了的发票样式）。

四川增值税专用发票								
发 票 联						开票日期：2020年5月12日		
购买方	名称： ＊＊商贸公司 纳税人识别号：＊＊＊＊＊＊＊＊＊＊ 地址、电话：＊＊＊＊＊＊＊＊＊ 开户行及账号：＊＊＊＊＊＊＊＊＊			密码区				
	货物或应税劳务、服务名称	规格型号	单位	数量	单价	金额	税率	税额
	衣服	XS-01	件	250	400.00	100 000.00	13%	13 000.00
	合 计							
价税合计（大写）人民币壹拾壹万叁仟元整					（小写）¥113 000.00			
销售方	名称： ＊＊服装生产公司 纳税人识别号：＊＊＊＊＊＊＊＊＊＊ 地址、电话：＊＊＊＊＊＊＊＊＊ 开户行及账号：＊＊＊＊＊＊＊＊＊			备注				
复核：××		开票人：××				销售方：××		

图 8-11　填开增值税专用发票

注意，在上述案例中的增值税发票底部“销售方”栏处，应加盖销售单位的发票专用章。

知识延伸｜销售业务发生商业折扣的发票填开

商业折扣一般发生在企业确认销售收入之前，此时销售方可在销货发票票面上注明商业折扣的具体金额，同时，销售方的财会人员则将扣减了商业折扣金额后的余额作为销售收入，确认入账。

8.3.2 出纳要监督借款人填写借款单

无论是生产性企业还是商贸企业，职工出差或置办办公用品等时，均可以先向公司申请借款，然后在出差结束后或物资置办齐全后回公司报销，借款多了没用完的，要将剩余的钱退还给公司；借款不够用而自行垫付了钱款的，可向公司申请补差价。

在这种事先向公司申请借款来办事的操作下，借款人需在出纳人员的监督和辅助下填写借款单，报财务部审核通过后，出纳人员才可向借款人支钱。

｜范例解析｜ 员工李倩向公司借款购置办公用品

2020年5月13日，行政部门员工李倩向财务部出纳人员申请借款5 000.00元，用于购置各部门需要的办公用品。在出纳人员的帮助下，李倩填写了如图8-12所示的借款单。

借 款 单

No5[illegible]

日期： 2020 年 5 月 13 日

部　　门	行政部	姓名	李倩
借款事由	购买办公用品		
借款金额	（大写）零拾零万伍仟零佰零拾零元零角零分		
预计还款报销日期	2020年5月14日		￥5000.00
审批意见		借款人	李倩 2020 年 5 月 13日

发据单位盖章　　会计：　　出纳：××

①存根（白）②收据（红）③记账（蓝）

图 8-12　填写借款单

借款人填好借款单后，由出纳人员递交给财务部相关会计人员进行审核，由公司的经理签署审批意见，通过后，由各负责人在相应的位置签章。出纳人员根据签章完毕的借款单，向借款人支钱。

由此可见，企业员工填写的借款单属于企业的自制原始凭证。需要注意的是，借款人在填写借款单时，必须如实填写借款事由、借款金额和预计还款报销日期。对出纳人员来说，如果收到借款人提交的借款单而被要求支取钱款时，一定要仔细查看借款单上的借款事由、审批意见、借款人姓名以及各负责人的签章，确认无误后再向借款人支钱。

8.3.3　出纳要协助报销人员填写费用报销单

费用报销单的形成也与企业的职工出差和采购办公用品等行为有关。需要说明的是，无论是否事先向公司申请借款，只要职工向公司申请费用报销，就需要填写费用报销单。因此，费用报销单也是企业的自制原始凭证。

| 范例解析 | 员工李倩向公司报销办公费用

2020年5月14日，李倩将所有需要采购的办公用品悉数采购齐全后，回到公司，向出纳人员进行费用报销。已知此次采购的办公用品包括A4打印纸5箱，89.00元/箱，价款合计445.00元；中性笔500支，价款合计500.00元；档案袋5箱，共500个，价款合计135.00元；订书针50盒，价款合计40.00元。总价款合计1 120.00元，剩余钱款3 880.00元交给出纳人员退还给公司。李倩向出纳人员提交了相关办公用品的采购票据，并在出纳人员的帮助下填写了如图8-13所示的费用报销单。

图 8-13　填写费用报销单

报销人员填好费用报销单后，由出纳人员递交给财务部相关会计人员进行审核，由相关负责人签章，如接收报销单的会计人员、审核人员等，均要在报销单下方的相应位置签名或盖章，以示负责。后续工作中，会计人员会根据该费用报销单和相应的原始凭证记账，填制记账凭证。

8.4
登记现金和银行存款日记账

对于企业的出纳人员来说，在协助员工填写好相应的原始凭证后，还需要根据填制好的收款凭证和付款凭证登记现金日记账和银行存款日记账。也就是说，现金和银行存款日记账的登记工作由出纳人员完成。

8.4.1　登记账簿前要先编制现金收付凭证

现金收付凭证是企业记账凭证的一个种类，可以由会计人员填制，也可由出纳人员填制。填制好且审核通过的现金收付款凭证将是出纳人员登记现金日记账的直接依据。

现金收付凭证包括了现金收款凭证和现金付款凭证，现金收款凭证用来记录收取现金的经济业务事项，现金付款凭证用来记录支付现金的经济业务事项。

两种凭证的样式大致相同，只是凭证左上角的科目和右上角的凭证编号不同，现金收款凭证的左上角为"借方科目："项目，右上角为"现收字第 × 号"字样；现金付款凭证的左上角为"贷方科目："项目，右上角为"现付字第 × 号"字样。

下面通过具体案例来学习现金收付凭证的编制。

| 范例解析 |　公司发生现金收付业务需要编制现金收付凭证

2020年5月14日，公司销售部员工山某借备用金出差，涉及金额5 000.00元，出纳人员督促其填写了借款单，并将借款单提交给了公司财务部，经过财务部审核批准，出纳人员向山某发放了钱款。此时涉及会计分录如下，财会人员需根据出纳人员提交的借款单编制如图8-14所示的现金付款凭证，记

第15号凭证。

借：其他应收款——山某　　　　　　　　　　　　5 000.00

　　贷：库存现金——备用金　　　　　　　　　　　　　5 000.00

付款凭证

贷方科目：库存现金　　　　　　2020 年 5 月 14 日　　　　　　现付字第 15 号

摘要	借方科目		记账	金额								
	总账科目	明细科目		百	十	万	千	百	十	元	角	分
支付员工山某借备用金	其他应收款	山某				5	0	0	0	0	0	
合计						¥	5	0	0	0	0	0

会计主管：××　　记账：××　　出纳：××　　审核：××　　制单：××

附件 1 张

图 8-14　编制现金付款凭证

5月19日，山某出差后回公司，将剩余的800.00元备用金上交给出纳人员，退还给公司。出纳人员协助山某填写了差旅费报销单，同时山某向出纳人员提供了出差期间各种消费的原始票据。审核无误后，出纳人员将差旅费报销单和原始凭证粘贴单一并交给财务部。涉及的会计分录如下，财会人员需根据这些原始凭证编制如图8-15所示的现金收款凭证，记第10号凭证。

借：库存现金——备用金　　　　　　　　　　　　800.00

　　销售费用——差旅费　　　　　　　　　　　　4 200.00

　　贷：其他应收款——山某　　　　　　　　　　　　5 000.00

收款凭证

借方科目：库存现金　　　　　　2020 年 5 月 19 日　　　　　　现收字第 10 号

摘要	贷方科目		记账	金额								
	总账科目	明细科目		百	十	万	千	百	十	元	角	分
收回山某借备用金	其他应收款	山某					8	0	0	0	0	
合计							¥	8	0	0	0	0

会计主管：××　　记账：××　　出纳：××　　审核：××　　制单：××

附件 2 张

图 8-15　编制现金收款凭证

需要注意的是，这里填制了现金收款凭证以后，凭证的填制工作还没有完结，还需将销售费用对应的那部分其他应收款进行转销，这里可另外填制一张通用记账凭证，记第12号凭证（图8-16）。

记 账 凭 证

2020 年 5 月 19 日　　　　　　　记字第 12 号

摘 要	总账科目	明细科目	记账√	借 方 金 额										记账√	贷 方 金 额										记账符号
				千	百	十	万	千	百	十	元	角	分		千	百	十	万	千	百	十	元	角	分	
收回山某备用金	销售费用	差旅费						4	2	0	0	0	0												
收回山某借款用金	其他应收款	山某																	4	2	0	0	0	0	
合计								¥	4	2	0	0	0	0				¥	4	2	0	0	0	0	

会计主管：××　　　　记账：××　　　出纳 ××　　审核 ××　　制单 ××

附件 2 张

图 8-16　编制通用记账凭证

知识延伸｜什么是原始凭证粘贴单

原始凭证粘贴单是用来粘贴各种原始凭证的一张单据，作用是汇总、归类原始凭证，保证原始凭证不丢失，一般附于记账凭证之后，与记账凭证一起装订成册，以备查询。如图8-17所示的是常见的原始凭证粘贴单样式。

原始凭证粘贴单

年 月 日

	用途
凭证粘贴处	
	金额：

会计主管：　　　审核：　　　领款人：

附凭证 张

图 8-17　原始凭证粘贴单

注意，当公司向银行申请提取现金时，不需要填制现金收款凭证，只需要填制银行存款付款凭证。将超过企业库存现金限额的现金送存银行时，不需要填制银行存款收款凭证，只需要填制现金付款凭证，此时现金付款凭证的贷方科目记"银行存款"，同时记录对应的金额。

8.4.2　如何审核填制的记账凭证是合规的

什么样的记账凭证是合规的呢？首先，内容上必须具备基本的项目，如填制凭证的日期、凭证的编号、经济业务的摘要、会计科目、金额、所附原始凭证的张数以及相关责任人的签名或盖章。其中相关责任人包括填制凭证的人、稽核人员、记账人员、会计机构负责人、会计主管人员以及收付款凭证的出纳人员等。

其次，格式上必须有统一的凭证样式，且与企业会计准则一致。具体格式参考本书第 1 章的 1.3 节的相关内容进行学习。

在具体实施记账凭证的审核工作时，主要从其合规性和技术性两方面来判断凭证是否合规，如表 8-4 所示。

表 8-4　审核记账凭证是否合规

审核要点	内容
合规性	1. 看记账凭证背后是否附有审核无误的原始凭证，如果有则查看原始凭证是否齐全，内容是否合法且是否与记账凭证的记录一致，金额是否相等，原始凭证的实际张数是否与记账凭证所列的附件张数一致。 2. 看记账凭证中列示的内容是否符合会计制度的规定。 3. 看记账凭证的金额栏是否有空行
技术性	1. 看记账凭证所列的会计科目以及科目的应借应贷方向和金额等是否填写正确，账户之间的对应关系是否清晰。 2. 看记账凭证中记录的金额是否正确，借贷方金额是否平衡，明细科目的金额之和是否等于相应的总账科目的金额。 3. 看记账凭证的摘要、填制日期、凭证编号、附件张数以及各责任人的签章等是否填写清楚、各项目填写是否完备。 4. 看记账凭证的更正内容是否正确，包括看凭证差错是否修改正确，是否按照规定的方法进行更正，更正处是否有相关会计人员的签章等

上表中列示的是审核凭证的一些要点，如何通过这些要点来判断凭证的填写确实是合规的呢？这就需要我们了解记账凭证的基本填制要求了，具体内容如下。

◆ 内容要完整，书写要清楚且规范。这一要求可用来判断记账凭证的合规性和技术性。

◆ 除了结账和更正错账的记账凭证不附凭证外，其他各类记账凭证都必须附原始凭证。这一要求可用来判断记账凭证的合规性。

◆ 记账凭证既可以根据每一张原始凭证填制，也可根据汇总同类原始

凭证的原始凭证汇总表调薪至，但内容不同或类别不同的原始凭证
的信息不能汇总填制在一张记账凭证上。这一要求可用来判断记账
凭证的合规性和技术性。

◆ 记账凭证的编号应连续，如现收字第 1 号、现收字第 2 号。如果一
笔经济业务需要填制两张及以上的记账凭证，此时采用"分数编号法"
编号，如转字第 $1\frac{1}{2}$ 号、转字第 $1\frac{2}{2}$ 号。这一要求可用来判断记账凭证
的技术性。

◆ 填制记账凭证时如果发生错误，应重新填制或按规定方法更正。已
经登记入账的记账凭证在当年内发现错误，财会人员可用红字填写
一张与原来的记账凭证内容完全相同的记账凭证，并在红字凭证的
"摘要"栏内注明"注销 × 年 × 月 × 日第 × 号凭证"字样，同
时再用蓝字重新填制一张正确的记账凭证，并在蓝字记账凭证的"摘
要"栏内注明"订正 × 年 × 月 × 日第 × 号凭证"字样；如果跨
年度发现以前年度的记账凭证有错误，则应用蓝字填制一张更正记
账凭证。这一更正错账的要求可用来判断记账凭证的技术性。

◆ 记账凭证填制完毕后若有空行，应从"金额"栏的最后一笔金额数
据下的空行处右上角到"合计数"行上的空行左下角划画线注销。
这一要求可用来判断记账凭证的合规性。

需要说明的是，如果当年内发现已经登账的记账凭证会计科目没有错误，
只是金额有错误，则可以根据正确数据与错误数据之间的差额，另行编制一
张调整记账凭证，如果是调增金额，则用蓝字编制；如果是调减金额，则用
红字编制。

8.4.3 根据现金收付凭证登记现金日记账

现金日记账是一种特种日记账，用来逐日登记库存现金的收入、付出和
结余情况。登记这类账簿的直接依据就是由财会人员审核无误的现金收付款
凭证，并且要逐日逐笔登记。

为了保证现金日记账的安全、完整，该类账簿必须采用订本式，且其账
页格式一般为三栏式。下面通过一个案例来学习现金日记账的登记工作。

| 范例解析 | 登记2020年5月19日和20日的现金日记账

2020年5月19日和20日，丁公司发生了以下一些现金收支业务。

1. 19日，出纳从银行提取现金10 000.00元作为备用金，记第21号凭证。

借：库存现金   10 000.00

　　贷：银行存款   10 000.00

2. 19日，付员工借备用金1 000.00元，记第23号凭证。

借：其他应收款——备用金——××   1 000.00

　　贷：库存现金   1 000.00

3. 19日，补付管理人员报销差旅费600.00元，记第25号凭证。

借：管理费用——差旅费   600.00

　　贷：库存现金   600.00

4. 20日，支付4月的电费800.00元，记第27号凭证。

借：管理费用——电费   800.00

　　贷：库存现金   800.00

5. 20日，收到员工归还的备用金400.00元，记第29号凭证。

借：库存现金   400.00

　　贷：其他应收款——备用金——××   400.00

每天工作结束前，出纳人员都将当天的现金业务涉及的所有凭证和业务金额进行了复核，逐日逐笔地登记了如图8-18所示的现金日记账。

现 金 日 记 账

2020年		凭证		对方科目	摘要	借方									贷方									余额									核对
月	日	种类	号数			百	十	万	千	百	十	元	角	分	百	十	万	千	百	十	元	角	分	百	十	万	千	百	十	元	角	分	
5					承前页																					1	0	0	0	0	0	0	√
5	19	记	21	银行存款	提取现金作为备用金			1	0	0	0	0	0	0												2	0	0	0	0	0	0	√
5	19	记	23	其他应收款	付员工借备用金													1	0	0	0	0	0			1	9	0	0	0	0	0	√
5	19	记	25	管理费用	补付管理人员报销差旅费														6	0	0	0	0			1	8	4	0	0	0	0	√
5	19				本日合计			1	0	0	0	0	0	0				1	6	0	0	0	0			1	8	4	0	0	0	0	√
5	20	记	27	管理费用	付公司4月电费														8	0	0	0	0			1	7	6	0	0	0	0	√
5	20	记	29	其他应收款	收到员工归还备用金					4	0	0	0	0												1	8	0	0	0	0	0	√
5	20				本日合计					4	0	0	0	0					8	0	0	0	0			1	8	0	0	0	0	0	√
					过次页																												

图8-18　登记现金日记账

由案例可知，虽然公司从银行提取现金的业务只填制银行付款凭证而不填制现金收款凭证，但是在登记现金日记账时，该笔业务也应登记在册。

另外，每日业务终了时，出纳人员应计算并登记当日现金收入合计数、现金支出合计数以及账面结余数，同时还要将现金日记账的账面余额与库存现金实有数进行核对，保证现金的账实相符。

注意，实际工作中，无论是登记现金日记账还是银行存款日记账，账页中不能出现空行和隔页的情况。

8.4.4 登记账簿前要先编制银行存款收付凭证

银行存款收付凭证也是企业记账凭证的一个种类，同样由会计人员或出纳人员填制。填制好且审核通过的银行存款收付款凭证将是出纳人员登记银行存款日记账的直接依据。

银行存款收付款凭证包括银行存款收款凭证和银行存款付款凭证，银行存款收款凭证用来记录银行存款收款业务，反之，银行存款付款凭证用来记录银行存款付款业务。

两种凭证的样式大致相同，只是在凭证左上角的科目和右上角的凭证编号有所不同，银行存款收款凭证的左上角为"借方科目："项目，右上角为"银收字第 × 号"字样；银行存款付款凭证的左上角为"贷方科目："项目，右上角为"银付字第 × 号"字样。

下面通过实例来学习银行存款收付款凭证的编制。

| **范例解析** 公司发生银行存款收付业务需编制银行存款收付凭证

2020年5月21日，某公司财务部收到了开户行发来的收款通知，是某公司客户支付的前欠货款，金额共113 000.00元（含税价款）。

出纳人员将这张收款通知单递交给会计人员，此时会计人员需编制如下会计分录，同时还要填制如图8-19所示的银行存款收款凭证，记第33号凭证。

借：银行存款　　　　　　　　　　　113 000.00
　　贷：应收账款——××公司　　　　　　　113 000.00

收款凭证

借方科目：银行存款　　　　　2020 年 5 月 21 日　　　　　银收字第 33 号

摘要	贷方科目		记账	金额										附件
	总账科目	明细科目		百	十	万	千	百	十	元	角	分	
收回××公司前欠货款	应收账款	××公司				1	1	3	0	0	0	0	0	1 张
合计				¥		1	1	3	0	0	0	0	0	

会计主管：××　　　记账：××　　　出纳：××　　　审核：××　　　制单：××

图 8-19　编制银行存款收款凭证

2020年5月22日，该公司出纳人员从开户行的银行账户中提取了5 000.00元的现金作为备用金，并将银行开具的付款通知带回了公司，交给了财务部的同事，此时会计人员需根据这张付款通知单，编制如下会计分录，同时还要填制如图8-20所示的银行存款付款凭证，记第34号凭证。

借：库存现金——备用金　　　　　　　　　　　5 000.00
　　贷：银行存款　　　　　　　　　　　　　　　　5 000.00

付款凭证

贷方科目：银行存款　　　　　2020 年 5 月 22 日　　　　　银付字第 34 号

摘要	借方科目		记账	金额									附件
	总账科目	明细科目		百	十	万	千	百	十	元	角	分	
从银行提取现金	库存现金	备用金					5	0	0	0	0	0	1 张
合计					¥	5	0	0	0	0	0		

会计主管：××　　　记账：××　　　出纳：××　　　审核：××　　　制单：××

图 8-20　编制银行存款付款凭证

需要注意的是，会计实务中，如果发生将多余的现金送存银行的业务，此时不需要编制银行存款收款凭证，只需编制现金付款凭证。实际工作中，很多企业为了简化凭证的填制工作，会统一使用通用记账凭证。

8.4.5　根据银行存款收付凭证登记银行存款日记账

银行存款日记账也是一种特种日记账，用来逐日逐笔登记银行存款的收入、付出和结余情况。登记这类账簿的直接依据是财会人员审核无误的银行存款收付款凭证。实际操作时，为了保证银行存款日记账的安全、完整，该类账簿也必须使用订本式，且账页格式同样是三栏式。下面通过一个案例来学习银行存款日记账的登记工作。

| 范例解析 | 登记2020年5月25日和26日的银行存款日记账

2020年5月25日和26日，乙公司发生了以下一些银行存款收支业务。

1.25日，公司以银行存款的方式支付了一笔前欠的采购货款，共5.65万元（含税价款），记第40号凭证。

借：应付账款——××公司　　　　　　56 500.00

　　贷：银行存款　　　　　　　　　　　56 500.00

2.25日，出纳员将超出现金限额的2 000.00元送存银行，记第41号凭证。

借：银行存款　　　　　　　　　　　2 000.00

　　贷：库存现金　　　　　　　　　　　2 000.00

3.26日，公司银行账户收到某公司客户支付的前欠货款，共6.78万元（含税价款），记第42号凭证。

借：银行存款　　　　　　　　　　　67 800.00

　　贷：应收账款——××公司　　　　　67 800.00

每天工作结束前，出纳员都将当天的银行存款收付业务涉及的所有凭证和业务金额进行了复核，逐日逐笔登记了如图8-21所示的银行存款日记账。

银行存款日记账

开户行　××银行

账　号　××××××××

2020年		凭证		对方科目	摘要	借方									贷方									余额									核对
月	日	种类	号数			百	十	万	千	百	十	元	角	分	百	十	万	千	百	十	元	角	分	百	十	万	千	百	十	元	角	分	
5					承前页																				2	5	0	0	0	0	0	0	√
5	25	记	40	应付账款	支付前欠购货款												5	6	5	0	0	0	0		1	9	3	5	0	0	0	0	√
5	25	记	41	库存现金	将多余现金送存银行				2	0	0	0	0	0											1	9	5	5	0	0	0	0	√
5	25				本日合计				2	0	0	0	0	0			5	6	5	0	0	0	0		1	9	5	5	0	0	0	0	√
5	26	记	42	应收账款	收到营业款			6	7	8	0	0	0	0											2	6	3	3	0	0	0	0	√
					本日合计			6	7	8	0	0	0	0											2	6	3	3	0	0	0	0	√
					过次页																												

图 8-21　登记银行存款日记账

09

工资核算与社保公积金管理

作为企业的出纳人员，不仅要学会处理与现金和银行存款等相关的事务，还需要协助人力资源部做好员工工资的核算与发放。在这一工作中，必然还会涉及社保与住房公积金的管理，出纳人员也应该对这些工作内容有所了解。

9.1 汇总并统计考勤表数据

考勤表不仅是记录公司员工每天准时上班的情况的原始凭证，更是员工领取工资的证明资料，因为该表记录了员工当月上班的天数和上下班的具体时间，从表中记录的数据就可得出员工迟到、早退、旷工、病假、事假和休假等情况，便于人力资源部更精确、科学地核算出员工的当月工资，进一步为出纳人员正确发放工资提供了保障。

不同的企业，需根据自身的管理需求设计科学的考勤表样式。如图 9-1 所示的是某公司设计的考勤表样式。

年　月员工考勤表

单位：　　　　　　　　　　　　　　　　　　　　　　第　页 共　页

序号	日期/姓名	1	2	3	4	5	6	7	8	9	10	11	12	13	14	15	16	17	18	19	20	21	22	23	24	25	26	27	28	29	30	31	出勤天数	迟到次数	出差天数	学习天数	探亲天数	旷工天数	病假天数	休假天数	事假天数	加班时长	备注

单位主管：　　　　　　　　　　复核：　　　　　　　　　　考勤员：

注：√-出勤　！-迟到　※-出差　O-学习　⊙-探亲　×-旷工　●-病假　＼-休假　△-事假

图 9-1　某公司考勤表样式

从该表中我们可以看到，人力资源部（或人事部）可以利用该表详细地记录每位员工的每天的上班情况，如出勤、迟到、出差、学习、探亲、旷工、病假、休假、事假和加班等。最后将一个月的出勤天数、迟到次数、出差天数、学习天数、探亲天数、旷工天数和加班时长等进行汇总统计。

虽然这些事情通常都由企业的人力资源部同事完成，但作为给员工发放工资的出纳人员，也应该了解考勤工作的处理，方便核查员工考勤的正确性，保障公司和员工双方的权益。

除此以外，企业还必须制定完善的薪酬管理制度，规定员工工资的计算方法、标准以及扣除项目的说明，比如社保和住房公积金的购买、专项附加扣除的扣除规定和标准等，这样才能结合考勤表来计算出各位员工的应发工资和实发工资。

9.2
计算员工工资并编制工资表

一般来说，员工的工资由基本工资、奖励、津贴以及提成等组成。其中基本工资也称为标准工资，指员工在规定的工作时间内完成工作任务，同时按照等级工资制的工资标准领取的工资数额，是劳动报酬的基本部分。那么，员工的工资究竟是怎么算出来的呢？

9.2.1 常见的员工工资的核算

目前经济市场中大部分公司都直接给出员工每月工资额标准，人力资源部只需将每月工资额标准加上其他奖励、津贴、提成和加班加点工资等，再扣除因缺勤、旷工或其他因员工个人原因需要扣除的金额，就能得到员工的应发工资；最后由人力资源部从员工的应发工资中扣除社保和住房公积金个人缴纳部分以及员工应缴纳的个人所得税，得到员工的实发工资。公司出纳人员则按照实发工资向员工发放工资。相关计算公式可参考下列所示的两个。

应发工资=基本工资+奖金+津贴或补贴+加班加点工资+其他情况下支付的工资-员工因个人原因需要扣除的数额

实发工资=应发工资-社保和住房公积金个人缴纳部分-应缴个人所得税

如图 9-2 所示的是某公司设计的工资表样式。

年　　月工资表

序号	姓名	应发项目								应扣项目			应发工资	应扣项目				税前工资	个人所得税	实发工资	签名
		岗位工资	工龄工资	执业津贴	绩效提成	奖金	全勤奖	加班加点工资	支付其他工资	迟到	旷工	早退		养老保险	医疗保险	失业保险	住房公积金				
1																					
2																					
3																					
4																					
5																					
合计																					

编制单位：　　　　　　　　　　　　　　　　　　　　　　　　年　　月　　日　　　　　单位：元

单位主管：　　　　　　　　　　　　　　　　复核：

图 9-2　某公司的工资表样式

下面通过一个简单的例子来学习一般的工资核算事务。

| 范例解析 | 核算员工个人的应发工资和实发工资

A公司销售部员工孔某每月基本工资为4 500.00元。2020年5月，孔某挣得5 000.00元的提成工资，同时还获得公司给予的工作奖金1 000.00元，当月没有发生加班或加点工资，也没有发生其他应得工资。当月孔某迟到一次，需从工资中扣除30.00元。已知当月个人交纳社保293.42元，住房公积金240.00元，没有其他专项附加扣除。那么，孔某当月的应发工资和实发工资分别是多少呢？

应发工资＝4 500.00＋5 000.00＋1 000.00－30.00＝10 470.00（元）

应纳税所得额＝10 470.00－5 000.00－293.42－240.00＝4 936.58（元）

由此可知，孔某所获工资适用的个人所得税税率为10%，对应速算扣除数为210.00。

应预缴个人所得税＝4 936.58×10%－210.00＝283.66（元）

实发工资＝10 470.00－293.42－240.00－283.66＝9 652.92（元）

这是比较简单的员工工资核算工作，但有些企业因为发展需求不同，会制定适合本企业发展的工薪制度，工资的核算可能比较复杂，比如接下来要介绍的计时工资、计件工资以及大多数公司都会涉及的加班加点工资的核算。另外，社保和住房公积金的明细核算工作也比较复杂，详细内容将在本章 9.3 节中具体介绍。

> **知识延伸** | 要能区分基本工资和保底工资
>
> 保底工资是一种工薪制度，它是维持员工正常生活的工资水平。一般来说，保底工资包括基本工资、岗位工资、绩效工资或计件工资，但一般不包括工龄工资和高温补贴等其他津贴、补贴。有些企业会在员工因长时间请事假而无法完成固定任务时，取消员工当月的保底工资，直接按实际工作效益来发放工资。

9.2.2 计时工资的计算

计时工资是公司在考虑员工工作时间、工资标准和等级等因素的情况下计算应支付的工资。这里的工资标准是指每位员工在单位时间内应得的工资数额。实务中，工资标准会受到企业所处行业、员工等级、工种以及职务等因素的影响，但无论具体是什么样的标准，工资都应按劳分配。

计时工资主要有 3 种形式：小时工资制、日工资制和月工资制，比如规定每小时工资 18.00 元，日工资 144.00 元，月工资 3 132.00 元。在 9.2.1 节中介绍的就是典型的月工资制。如表 9-1 所示的是这 3 类计时工资制度的说明。

表 9-1　计时工资的不同类型

类型	说明
小时工资制	按照小时工资标准和实际工作的小时数来计算工资的工资制。小时工资标准按日工资标准除以日法定工作小时（8 小时）求得
日工资制	根据劳动者的日工资标准和实际工作天数来计算工资的工资制。日工资标准的计算方法主要有下列 3 种。 1. 按照平均每月应出勤天数计算，即： 平均每月应出勤天数 =25.5（天） 日工资标准 = 劳动者月工资标准 ÷25.5 2. 按平均每月日历天数计算，即： 平均每月日历天数 =365÷12=30.4（天） 日工资标准 = 劳动者月工资标准 ÷30.4 3. 按当月应出满勤天数计算，即： 日工资标准 = 劳动者月工资标准 ÷（当月日历天数 − 当月法定节假日天数）
月工资制	月工资制也称月薪，即按确定的职工工资标准每月向职工支付工资

实务中，员工的年工作日按照 250 天计算，月计薪天数为 20.83 天。但我国《劳动法》规定用人单位在法定休假日和婚丧假期间依然要向员工支付工资，所以年工作日按照 261 天（含 11 天法定节假日）计算，月计薪天数为 21.75 天。

由此可见，工作时间标准不同，员工工资的计算结果就可能不同。下面通过具体的案例来了解和学习。

| **范例解析** | 不同方法下计时工资的计算

假设 B 公司所处地区的小时工资最低标准为 12.64 元，如果采用实务中常用的工作日标准来算，该公司员工的各种工资数额是多少呢？

日最低工资标准 =12.64×8=101.12（元）

月最低工资标准 =101.12×20.83=2 106.33（元）

如果按照《劳动法》规定的每月工作日标准计算，则：

月最低工资标准=101.12×21.75=2 199.36（元）

其实，实务中如果公司实行月工资制，则会直接给出月工资标准，并不需要 HR 通过日工资标准来算出职工的月工资。而且，直接给出的月工资一般都是远高于最低工资标准的。

9.2.3　计件工资的计算

计件工资也是一种工资制，是指按照员工生产的合格品的数量或作业量以及预先规定的计件单价来计算员工的劳务报酬，不直接用劳动时间来计量工资。在实际生产经营中，企业在生产方面必须具备相应的客观条件，才能顺利实行计件工资制，比如要有明确的计量产品数量的方法，要有明确的确定产品质量的标准，以及要有包含劳动定额标准和相应统计方法的合理制度。

由此可见，实行计件工资制需要满足很多前提，且工种或企业还应具备如下所示的一些条件才行。

◆ 企业能准确计量员工生产的产品的数量。

◆ 企业规定了明确的质量标准，且能对产品质量进行准确的检验。

◆ 产品的数量和质量主要取决于生产工人的主观努力。

◆ 能够保证进行较健全的原始记录，且劳动定额先进而合理。

◆ 企业的生产投入和产出要顺畅，使生产任务足够饱满。

在实务中，计件工资的一般表现形式有如表 9-2 所示的 4 种。

表 9-2　计件工资的一般表现形式

表现形式	说明
超额累进计件	超额累进计件工资制是指生产工人完成合格产品的定额生产任务后还多生产了产品，所以定额内的部分按正常计件单价计算工资，超额完成部门按一种或多种在原计件单价基础上递增的计件单价计算工资。该计件工资制度适用于超额难度大，但又急需增加产量的产品或工种。 　　实际计件工资 = 定额内部分产品数量 × 一般计件单价 + Σ（超过定额部分产品数量 × 累进计件单价）

续上表

表现形式	说明
直接无限计件	直接无限计件是指无限计件工资制,是指无论生产工人完成或超额完成劳动定额的多少,每件产品或每项劳务都按统一的计件单价计算计件工资,并且没有最高工资的限制,生产工人应得的计件工资与完成产品数量成正比。该计件工资制度适用于劳动定额符合平均先进水平、产品适销对路且原材料和燃料等不会短缺的情形。 实际计件工资 = 实际完成的合格产品数量 × 计件单价 实际计件工资 = 实际完成的定额工时 × 小时工资率
限额计件	限额计件工资制是指对计件超额工资规定一个最高限额的计件工资制度,该计件工资制可以结合超额累进计件工资制使用,也可结合直接无限计件工资制
超定额计件	超定额计件也称超额计件工资制,是指在劳动定额内发放标准工资,而超过劳动定额的部分按照规定的计件单价核发计件工资,与超额累进计件工资制是不同的。这种工资制下,如果生产工人没有完成定额,通常会被适当地扣减当月的标准工资。 实际计件工资总额 = 定额内的标准工资 + 超额部分产品数量 × 计件单价

范例解析 不同形式的计件工资制核算计件工资

甲公司是一家手机零部件生产企业,为了鼓励员工们积极工作,提高产量和产品质量,采用计件工资制计算薪酬。

1.如果采用超额累进计件工资制,且规定每月完成产量定额1 000件以内,计件单价为3.00元,超额完成1%～15%的部分,累进计件单价为3.50元,超额完成15%～35%的部分,累进计件单价3.80元,超额完成35%以上的部分,累进计件单价为4.00元。假设当月某员工实际生产了1 300件(均为合格品),则其计件工资有多少呢?

超额完成率=(1 300−1 000)÷1 000×100%=30%

员工计件工资=1 000×3.00+1 000×15%×3.50+1 000×15%×3.80=4 095.00(元)

2.如果采用直接无限计件工资制,且每件单价为3.00元,则:

员工计件工资=1 300×3.00=3 900.00(元)

3.假设在超额累进计件工资制条件下,员工超额生产50%以后就不再计算超额计件工资,即员工能获得的最多计件工资为:

员工计件工资=1 000×3.00+1 000×15%×3.50+1 000×20%×3.80+1 000×15%×4.00=4 885.00（元）

假设在直接无限计件工资制条件下，员工的计件工资最高也为4 885.00元，则当员工生产了1 628.33件（4 885.00÷3.00）后，继续再生产出产品将不再计算计件工资。

4.如果采用超定额计件工资制，定额部分的标准工资为3 000.00元，超额部分的计件单价为3.50元，则：

员工计件工资=3 000.00+（1 300-1 000）×3.50=4 050.00（元）

由该案例可知，员工计件工资的多少，不仅与产品定额生产量有关，还与产品超额部分计件工资的单价标准有关。这些都需要出纳人员了解。

9.2.4 了解不同性质的加班工资如何计算

加班工资是指劳动者按照用人单位生产和工作需要在规定工作时间之外继续生产劳动或工作而应得的劳动报酬。

按照我国《劳动法》的相关规定，有下列情形之一的，用人单位应按照下列标准支付高于劳动者正常工作时间工资标准的工资报酬。

- ◆ **安排劳动者在工作日延长工作时间的**：支付不低于正常工资150%的工资报酬。

- ◆ **安排劳动者在休息日工作而又不能安排补休的**：支付不低于正常工资200%的工资报酬。

- ◆ **安排劳动者在法定休假日工作的**：支付不低于正常工资300%的工资报酬。

下面来看一个具体的例子，学习如何计算职工的加班工资。

| 范例解析 | **计算员工的加班工资**

辛某是乙公司财务部的一名财会人员，其月基本工资为3 800.00元。由于业务需要，2020年5月30日（周六）她必须加班一天，且之后没办法补休。则辛某可获得多少加班工资呢？

正常日工资=3 800.00÷21.75=174.71（元）

周六加班工资=174.71×200%×1=349.42（元）

如果辛某只是需要在5月29日下班后加班两个小时，则：

周五加班工资=174.71÷8×150%×2=65.52（元）

如果辛某需要在2020年6月25日（端午节，法定节假日）加班一天，则：

端午节加班工资=174.71×300%×1=524.13（元）

9.3
社保与公积金的核算与缴纳

社保是社会保险的简称，是一种社会经济制度，主要为丧失劳动能力、暂时失去劳动岗位或因健康原因造成损失的人提供收入或补偿。它主要包括养老保险、医疗保险、失业保险、工伤保险和生育保险，所以也称"五险"。

公积金是指住房公积金，由用人单位和职工本人对等缴存的长期住房储蓄，职工可用其购买住房或支付装修费等。相关的事务也需要出纳人员掌握。

9.3.1 了解社保与住房公积金的开户办理手续

根据我国相关法律的规定，应聘者一旦与用人单位签订了劳动合同，用人单位就应立即按规定为其办理社会保险开户手续，后期用人单位和个人按规定及时足额缴纳社会保险费。

在我国，被保险人的社保通常实行比例保险费制，即以被保险人的工资收入为基准，规定一定的百分率，计收保险费。

这里的百分率会因为被保险人所处地区不同而不同，所以没有一个统一的费率标准。企业在实际核算应为员工缴纳多少社保费时，要根据当地的实际社保费率和缴费基数确认。

如图 9-3 所示的是公司为员工开立社保账户的一般流程。

企业与新员工签订了劳动合同并办理完入职手续后，由人力资源部的同事按规定准备为新员工办理社会保险开户登记。

新员工首次参保

新员工在当地已参加过社保

公司 HR 先登录当地的社会保险网上经办系统，进入本单位添加新员工的信息，然后申办社保账户，此时系统会自动为新员工生成一个社保保障号和社保编码。

公司 HR 先登录当地的社会保险网上经办系统，进入本单位添加新员工的信息。

完善新员工的个人基础信息和就职信息，保存录入的数据，然后执行打印操作，就可下载 ×× 社会保障卡申办登记表了。

信息填写完毕后，系统会自动识别该员工在本单位办理了社保登记，公司就可在规定的时间内为新员工办理缴纳社保费的事宜。

将新员工提供的身份证复印件进行裁剪，并将正反面粘贴到 ×× 社会保障卡申办登记表的相应栏次内，完善表格信息的填写。

注意，此时新员工已经有社会保障卡了，企业无需再打印下载 ×× 社会保障卡申办登记表了。

将填写好的 ×× 社会保障卡申办登记表提交到当地的社保局，由社保局工作人员审核，通过后即可为员工领取社会保障卡。

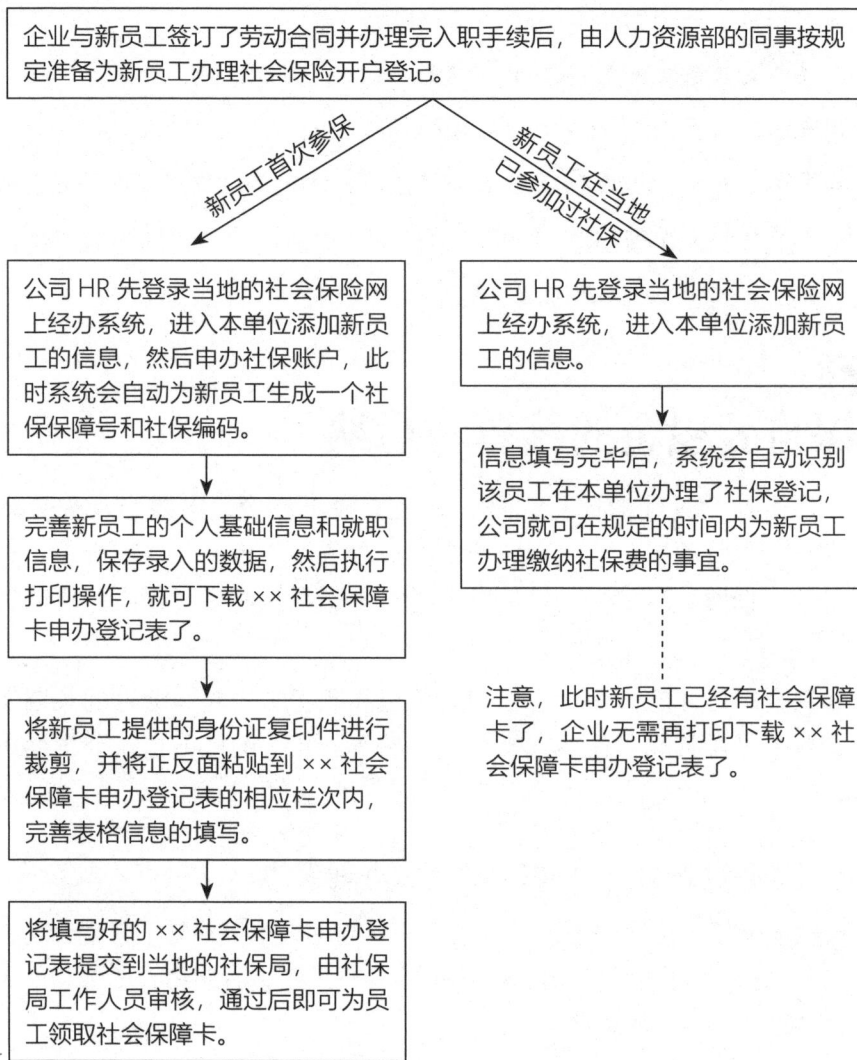

图 9-3　为员工开立社保账户的一般流程

公司 HR 为新员工办理住房公积金开户手续时，相关的操作和流程可参照社保的开户流程，大致上是：首先，公司 HR 先登录当地住房公积金管理中心的官网，进入单位业务办理模块，通过填写单位登记信息表录入本企业的基本信息；然后填写单位开户信息表，完成企业住房公积金缴存登记。如果选择委托银行收款缴纳公积金，则需填写委托收款信息表；接着系统会自动生成单位网上办理住房公积金登记开户申请表，下载并打印该表格，HR

将表格中的内容填写完毕后，携带该表和营业执照原件及复印件等，到当地住房公积金管理中心申请办理住房公积金开户。

当有新员工入职时，HR 要带齐相关材料，包括新入职员工的身份证明和入职证明等，到当地住房公积金管理中心为员工办理住房公积金开户手续；或者直接持新入职员工的身份证在当地住房公积金管理中心官网上新增即可。如果新入职的员工是从其他单位转入的，公司也需要先办理好新增，然后等待原单位的公积金停办之后，公司再为新员工处理住房公积金转入手续。办好之后新员工之前交的公积金金额就可以转到公司为其新开的账户上，其中可能涉及的资料包括公积金变更清册、公积金汇缴书以及公积金转移通知书等。

注意，根据《住房公积金管理条例》的规定，企业在办理了住房公积金缴存登记后 20 日内，要为本企业的职工办理住房公积金账户设立手续。

9.3.2　基本养老保险的计算与缴纳

基本养老保险是社会保险制度中最重要的险种之一，缴存的目的是保障劳动者在退休后的基本生活。

职工的基本养老保险分两个部分缴纳：一部分由任职企业缴纳；一部分由职工本人缴纳。在新的政策下，企业缴纳部分的费率最高为 16%，个人缴纳部分的费率为 8%，具体比例由省、自治区和直辖市人民政府确定。实际缴纳保费金额可通过如下公式计算得出。

缴费金额=缴费基数×缴费比例（即保险费率）

从上述计算公式可看出，要想准确计算出员工应缴纳的基本养老保险的费用数额，还需确定缴费基数。什么是缴费基数呢？它是指企业或职工个人用于计算缴纳社会保险费的工资基数，以这个基数乘以规定的费率，就得出企业或个人应缴纳的社会保险费金额。一般而言，全国各地的社保缴费基数与当地的平均工资水平相关，即按照职工上一年度全年工资性收入所得的月平均额来确定，每年确定一次，确定后一年内不得变动。

实务中，企业和个人缴纳社会保险费的基数需结合城镇职工上一年度的月平均工资和当月实际工资数额的大小关系进行档次的划分，从而确定具体的缴费基数。比如以某市社保的缴费档次划分为例，主要有如下 4 种。

◆ 如果实际工资为 2 500.00 元，低于 2 966.00 元（全口径省平均工资的 55%，下同）和 3 236.00 元（全口径省平均工资的 60%，下同），那么，基本养老保险的缴费基数为 2 966.00 元，其他保险的缴费基数为 3 236.00 元。

◆ 如果实际工资为 3 000.00 元，高于 2 966.00 元，低于 3 236.00 元，那么，基本养老保险的缴费基数为 3 000.00 元，其他保险的缴费基数为 3 236.00 元。

◆ 如果实际工资为 5 000.00 元，高于 2 966.00 元和 3 236.00 元，低于 16 179.00 元（全口径省平均工资的 300%，下同），那么社保的各种保险的缴费基数均为 5 000.00 元。

◆ 如果实际工资为 17 000.00 元，高于 16 179.00 元，那么，社保的各种保险的缴费基数均为 16 179.00 元。

不同地区的具体缴费基数标准是不同的，企业和个人应按照当地的有关规定进行申报和缴纳。我国社会保险经办机构会根据用人单位的申报，依法核定单位的社保缴费基数。

| 范例解析 | **计提并缴纳企业和员工应交基本养老保险费**

甲公司经营地现行的基本养老保险费企业缴纳部分的费率为 16%，个人缴纳部分费率为 8%。已知公司 2020 年 5 月发生工资总额 38.00 万元，其中管理人员工资 14.00 万元，生产工人工资 16.00 万元，销售人员工资 6.00 万元，生产车间管理人员工资为 2.00 万元。财务部幸某当月工资数额为 4 800.00 元。根据当地人民政府的规定，公司员工工资水平对应的基本养老保险的缴费基数为实际工资数额。那么企业和员工当月需缴纳的基本养老保险费共计多少呢？

公司缴纳基本养老保险费总额＝380 000.00×16%＝60 800.00（元）

公司为幸某缴纳基本养老保险＝4 800.00×16%＝768.00（元）

幸某个人缴纳基本养老保险＝4 800.00×8%＝384.00（元）

1.当公司计提应为员工缴纳的基本养老保险时，编制如下会计分录。

公司为管理人员缴纳的基本养老保险＝6.08÷38.00×14.00＝2.24（万元）

公司为生产工人缴纳的基本养老保险＝6.08÷38.00×16.00＝2.56（万元）

公司为销售人员缴纳的基本养老保险＝6.08÷38.00×6.00＝0.96（万元）

公司为车间管理人员缴纳的基本养老保险=6.08÷38.00×2.00=0.32（万元）

借：管理费用   22 400.00

    生产成本   25 600.00

    销售费用   9 600.00

    制造费用   3 200.00

    贷：应付职工薪酬——社会保险费——基本养老保险 60 800.00

2.公司发放工资时要代扣员工个人缴纳的基本养老保险费。

借：应付职工薪酬——工资、薪金、奖金和津贴   384.00

    贷：其他应收款——社会保险费——基本养老保险   384.00

3.公司上交基本养老保险费时，编制如下会计分录。

借：应付职工薪酬——社会保险费——基本养老保险 60 800.00

    其他应收款——社会保险费——基本养老保险   384.00

    贷：银行存款   61 184.00

需要说明的是，在企业经营实务中，并不会单独核算基本养老保险的计提与缴纳，而是统一成"社保"项目一起核算。本节后续内容是为了学习具体的社会保险费项目而做单独的讲解。

9.3.3　基本医疗保险的计算与缴纳

基本医疗保险是一项用于补偿劳动者因疾病风险造成的经济损失的社会保险制度，同样需要企业和个人分别缴纳保险费。基本医疗保险也是社会保险制度中最重要的险种之一，与基本养老保险一样，该险种应缴纳的保险费通过缴费基数和缴费比率来计算。

很显然，全国各地不同地区适用的基本医疗保险费率是不同的，且不仅企业缴纳部分的费率不同，个人缴纳部分的费率也会不一样。但是计算公式可以参照基本养老保险的缴费金额计算公式。

由于不同地区基本医疗保险的具体缴费基数也是不一样的，下面以某市的具体情况为例，讲解基本医疗保险的计算与缴纳。

| 范例解析 | 计提并缴纳企业和员工应交基本医疗保险费

甲公司经营地现行的基本医疗保险费企业缴纳部分的费率为9%，个人缴纳部分费率为2%。已知公司2020年5月发生工资总额38.00万元，其中管理人员工资14.00万元，生产工人工资16.00万元，销售人员工资6.00万元，生产车间管理人员工资为2.00万元。财务部幸某当月工资数额为4 800.00元。根据当地人民政府的规定，公司员工工资水平对应的基本医疗保险的缴费基数为实际工资数额。那么企业和员工当月需缴纳的基本医疗保险费共计多少呢？

公司缴纳基本医疗保险费总额=380 000.00×9%=34 200.00（元）

公司为幸某缴纳基本医疗保险=4 800.00×9%=432.00（元）

幸某个人缴纳基本医疗保险=4 800.00×2%=96.00（元）

1.当公司计提应为员工缴纳的基本医疗保险时，编制如下会计分录。

公司为管理人员缴纳的基本医疗保险=3.42÷38.00×14.00=1.26（万元）

公司为生产工人缴纳的基本医疗保险=3.42÷38.00×16.00=1.44（万元）

公司为销售人员缴纳的基本医疗保险=3.42÷38.00×6.00=0.54（万元）

公司为车间管理人员缴纳的基本医疗保险=3.42÷38.00×2.00=0.18（万元）

借：管理费用	12 600.00
生产成本	14 400.00
销售费用	5 400.00
制造费用	1 800.00
贷：应付职工薪酬——社会保险费——基本医疗保险	34 200.00

2.公司发放工资时要代扣员工个人缴纳的基本医疗保险费。

借：应付职工薪酬——工资、薪金、奖金和津贴	96.00
贷：其他应收款——社会保险费——基本医疗保险	96.00

3.公司上交基本医疗保险费时，编制如下会计分录。

借：应付职工薪酬——社会保险费——基本医疗保险	34 200.00
其他应收款——社会保险费——基本医疗保险	96.00
贷：银行存款	34 296.00

注意，按照国家有关规定，职工个人缴纳的基本医疗保险全部划入个人账户，单位缴纳的基本医疗保险的一部分划入个人账户，一般来说这个一部分是指单位缴费的30%左右。职工如果生小病，可以直接用医疗保险的个人

账户支付医药费；如果生大病住院，就可利用基本医疗保险进行治疗费用的报销，对保险费缴纳人来说是很有意义的。

9.3.4 失业保险的计算与缴纳

失业保险是对因事业而暂时中断生活来源的劳动者提供物质帮助，保障其基本生活的一种社会保险制度，同样需要用人单位和职工个人分别缴纳。缴费金额的确定同样通过缴费基数与缴费比例计算得出。

同理，不同地区的失业保险缴费比率和缴费基数是不同的，具体在核算时按照当地人民政府和相关政府机构的规定计算缴纳。下面来看一个具体的案例，学习失业保险的处理。

| 范例解析 | 计提并缴纳企业和员工应交失业保险费

甲公司经营地现行的失业保险费企业缴纳部分的费率为0.8%，个人缴纳部分费率为0.2%。已知公司2020年5月发生工资总额38.00万元，其中管理人员工资14.00万元，生产工人工资16.00万元，销售人员工资6.00万元，生产车间管理人员工资为2.00万元。

财务部辛某当月工资数额为4 800.00元。根据当地人民政府的规定，公司员工工资水平对应的失业保险的缴费基数为实际工资数额。那么企业和员工当月需要缴纳的失业保险费共计多少呢？

公司缴纳失业保险费总额=380 000.00×0.8%=3 040.00（元）

公司为辛某缴纳失业保险=4 800.00×0.8%=38.40（元）

辛某个人缴纳失业保险=4 800.00×0.2%=9.60（元）

1.当公司计提应为员工缴纳的失业保险时，编制如下会计分录。

公司为管理人员缴纳的失业保险=0.304÷38.00×14.00=0.112（万元）

公司为生产工人缴纳的失业保险=0.304÷38.00×16.00=0.128（万元）

公司为销售人员缴纳的失业保险=0.304÷38.00×6.00=0.048（万元）

公司为车间管理人员缴纳的失业保险=0.304÷38.00×2.00=0.016（万元）

借：管理费用   1 120.00

     生产成本   1 280.00

销售费用	480.00
制造费用	160.00

贷：应付职工薪酬——社会保险费——失业保险　　　　3 040.00

2.公司发放工资时要代扣员工个人缴纳的失业保险费。

借：应付职工薪酬——工资、薪金、奖金和津贴　　　9.60

贷：其他应收款——社会保险费——失业保险　　　　9.60

3.公司上交失业保险费时，编制如下会计分录。

借：应付职工薪酬——社会保险费——失业保险　　　3 040.00

其他应收款——社会保险费——失业保险　　　　9.60

贷：银行存款　　　　　　　　　　　　　　　　3 049.60

那么，什么情况下购买了失业保险的人才能享受失业保险待遇呢？必须同时满足如下3个条件。

◆ 非因本人意愿中断就业，如公司裁员、公司倒闭等。

◆ 已办理失业登记，并且有求职要求。

◆ 按照规定参加了失业保险，且所在单位和个人已经按照规定履行了缴费义务满一年。

如果符合上述所有条件，则参保人可享受失业保险待遇，具体包括以下4个方面。

◆ 按月领取失业保险经办机构按规定支付的失业人员基本生活费用。

◆ 在领取失业保险金期间领取发生的医疗费用补助。

◆ 相关受益人在失业人员领取失业保险金期间死亡时可领取丧葬补助金和供养其配偶、直系亲属的抚恤金。

◆ 在领取失业保险金期间获得职业培训及相关补偿。

9.3.5 工伤保险的计算与缴纳

工伤保险是指劳动者在工作中或规定的特殊情况下遭受意外伤害或患职业病导致暂时或永久丧失劳动能力甚至死亡时，劳动者或其遗属可以从国家和社会获得物质帮助的一种社会保险制度。

需要特别注意的是，工伤不管是什么原因造成，责任是在职工个人还是在用人单位,职工都享有社会保险待遇,即遵循"补偿不究过失"的原则。那么,哪些情形可以认定为工伤呢? 如表 9-3 所示。

表 9-3 工伤的认定范围

条目	说明
1	在工作时间和工作场所内,因工作原因受到事故伤害的
2	工作时间前后在工作场所内,从事与工作有关的预备性或收尾性工作受到事故伤害的
3	在工作时间和工作场所内,因履行工作职责受到暴力等意外伤害的
4	患职业病的
5	因工外出期间,由于工作原因受到伤害或发生事故下落不明的
6	在上下班途中,受到非本人主要责任的交通事故或城市轨道交通、客运轮渡及火车事故伤害的
7	法律、行政法规规定应认定为工伤的其他情形
8	在工作时间和工作岗位,突发疾病死亡或在 48 小时内经抢救无效死亡的
9	在抢险救灾等维护国家利益、公共利益活动中受到伤害的
10	职工原在军队服役,因战、因公负伤致残,已取得革命伤残军人证,到用人单位后旧伤复发的

注意,上表所示的 10 种认定为工伤的情形中,最后 3 种视同工伤处理。

工伤保险只需要用人单位为职工购买缴纳,职工个人不需要缴纳该项保险费。不同的行业,适用的工伤保险费费率是不同的,一般按照如下所示的划分标准来规定工伤保险的缴费费率。

◆ **风险较小行业**:用人单位职工工资总额的 0.5%,如证券业、银行业和保险业等。

◆ **风险中等行业**:用人单位职工工资总额的 1%,如房地产业、娱乐业和农副食品加工业等。

◆ **风险较大行业**:用人单位职工工资总额的 2%,如炼焦及核心燃料加工业、石油加工业和化学原料及化学制品制造业等。

工伤保险的缴费金额也可参照基本养老保险的计算公式确定。

| 范例解析 |　计提并缴纳企业应交工伤保险费

甲公司经营地现行的失业保险费费率为0.5%，已知公司2020年5月发生工资总额38.00万元，其中管理人员工资14.00万元，生产工人工资16.00万元，销售人员工资6.00万元，生产车间管理人员工资为2.00万元。财务部辛某当月工资数额为4 800.00元。

根据当地人民政府的规定，公司员工工资水平对应的工伤保险的缴费基数为实际工资数额。那么公司当月需要为员工缴纳多少工伤保险费呢？

公司缴纳工伤保险费总额=380 000.00×0.5%=1 900.00（元）

公司为辛某缴纳工伤保险=4 800.00×0.5%=24.00（元）

1.当公司计提应为员工缴纳的工伤保险时，编制如下会计分录。

公司为管理人员缴纳的失业保险=1 900.00÷380 000.00×140 000.00=700.00（元）

公司为生产工人缴纳的失业保险=1 900.00÷380 000.00×160 000.00=800.00（元）

公司为销售人员缴纳的失业保险=1 900.00÷380 000.00×60 000.00=300.00（元）

公司为车间管理人员缴纳的失业保险=1 900.00÷380 000.00×20 000.00=100.00（元）

借：管理费用	700.00
生产成本	800.00
销售费用	300.00
制造费用	100.00
贷：应付职工薪酬——社会保险费——工伤保险	1 900.00

2.公司上交工伤保险费时，编制如下会计分录。

借：应付职工薪酬——社会保险费——工伤保险	1 900.00
贷：银行存款	1 900.00

9.3.6　生育保险的计算与缴纳

生育保险是女性劳动者在其怀孕和分娩而暂时中断劳动时，由国家和社会提供医疗服务、生育津贴和产假的一种社会保险制度。我国的生育保险待遇主要有两项：一是生育津贴；二是生育医疗待遇。

和社保中的其他险种一样，生育保险的缴费费率和缴费基数会因地区不同而不同，具体核算时依据当地人民政府和有关行政管理机构的规定。

职工个人不需要缴纳生育保险费，只需用人单位为职工缴纳。

下面来看一个案例，学习生育保险缴费金额的计算和账务处理。

| 范例解析 |　计提并缴纳企业应交生育保险费

甲公司经营地现行的生育保险费费率为0.8%，已知公司2020年5月发生工资总额38.00万元，其中管理人员工资14.00万元，生产工人工资16.00万元，销售人员工资6.00万元，生产车间管理人员工资为2.00万元。

财务部幸某当月工资数额为4 800.00元。根据当地人民政府的规定，公司员工工资水平对应的生育保险的缴费基数为实际工资数额。那么公司当月需要为员工缴纳多少生育保险费呢？

公司缴纳生育保险费总额=380 000.00×0.8%=3 040.00（元）

公司为幸某缴纳生育保险=4 800.00×0.8%=38.40（元）

1.当公司计提应为员工缴纳的生育保险时，编制如下会计分录。

公司为管理人员缴纳的生育保险=3 040.00÷380 000.00×140 000.00=1 120.00（元）

公司为生产工人缴纳的生育保险=3 040.00÷380 000.00×160 000.00=1 280.00（元）

公司为销售人员缴纳的生育保险=3 040.00÷380 000.00×60 000.00=480.00（元）

公司为车间管理人员缴纳的生育保险=3 040.00÷380 000.00×20 000.00=160.00（元）

借：管理费用　　　　　　　　　　　　　　　　1 120.00
　　生产成本　　　　　　　　　　　　　　　　1 280.00
　　销售费用　　　　　　　　　　　　　　　　 480.00
　　制造费用　　　　　　　　　　　　　　　　 160.00
　　贷：应付职工薪酬——社会保险费——生育保险　　　3 040.00

2.公司上交生育保险费时，编制如下会计分录。

借：应付职工薪酬——社会保险费——生育保险   3 040.00

    贷：银行存款   3 040.00

> **知识延伸｜什么是大病医疗保险**
>
> 大病医疗保险是指城乡居民大病保险，是城乡居民因患大病发生高额医疗费用给予的报销，目的是解决人民群众反映强烈的"因病致贫、因病返贫"问题，使绝大部分人不会再因为疾病陷入经济困境。这种保险是基本医疗保障制度的拓展、延伸和补充。不同地区的大病医疗保险费费率是不同的，缴费基数与基本医疗保险一致。

9.3.7 住房公积金的计算与缴纳

住房公积金是指用人单位和其在职职工对等缴存的长期住房储蓄，且只在城镇建立，农村不建立住房公积金制度。职工个人缴存的部分由用人单位代扣后，连同单位缴存的部分一并缴存到住房公积金个人账户中，两方缴存的比例是相等的，在 5% ~ 12% 内根据当地人民政府和相关行政管理机构确定的具体比例缴纳。根据缴费金额等于缴费基数与缴费费率的乘积，我们通过案例来学习住房公积金的缴纳。

｜范例解析｜ 计提并缴存企业和个人应交住房公积金

甲公司经营地现行的住房公积金缴存比例为8%，已知公司2020年5月发生工资总额38.00万元，其中管理人员工资14.00万元，生产工人工资16.00万元，销售人员工资6.00万元，生产车间管理人员工资为2.00万元。财务部幸某当月工资数额为4 800.00元。根据当地人民政府的规定，公司员工工资水平对应的住房公积金缴存基数为实际工资数额。那么企业和员工当月需要缴存多少住房公积金呢？

公司缴存住房公积金总额=380 000.00×8%=30 400.00（元）

公司为幸某缴存住房公积金=4 800.00×8%=384.00（元）

幸某个人缴存住房公积金=4 800.00×8%=384.00（元）

1.当公司计提应为员工缴存的住房公积金时，编制如下会计分录。

公司为管理人员缴存的住房公积金=3.04÷38.00×14.00=1.12（万元）

公司为生产工人缴纳的生育保险=3.04÷38.00×16.00=1.28（万元）

公司为销售人员缴纳的生育保险=3.04÷38.00×6.00=0.48（万元）

公司为车间管理人员缴纳的生育保险=3.04÷38.00×2.00=0.16（万元）

借：管理费用   11 200.00

生产成本   12 800.00

销售费用   4 800.00

制造费用   1 600.00

    贷：应付职工薪酬——住房公积金   30 400.00

2.公司发放工资时要代扣员工个人缴存的住房公积金。

借：应付职工薪酬——住房公积金   384.00

    贷：其他应收款——住房公积金   384.00

3.公司上交住房公积金时，编制如下会计分录。

借：应付职工薪酬——住房公积金   30 400.00

    其他应收款——住房公积金   384.00

    贷：银行存款   30 784.00

职工个人以及用人单位为职工缴存的住房公积金，其用途相对固定，主要有以下一些。

◆ 个人买房时，在自行付完首付款后，可按规定提取住房公积金偿还房贷。

◆ 个人买房后，可提取住房公积金用于支付房屋装修款。

◆ 个人租房，超出家庭收入一定比例的其余部分，可用公积金交租。

前面已经提到过，企业在核算和缴纳社保与住房公积金时，并不会如前述内容一样单独核算每一种保险，而是统一核算。下面将前述案例涉及的社保与住房公积金的计算与缴纳的账务处理进行综合，从实际业务出发学习社保和住房公积金的处理。

前述案例中的公司，为全体员工缴纳的社保共计 102 980.00 元（60 800+34 200.00+3 040.00+1 900.00+3 040.00），住房公积金共计 30 400.00 元。其中，计入管理费用的金额为 49 140.00 元（22 400.00+12 600.00+1 120.00+700.00+1 120.00+11 200.00），计入生产成本的金额为 56 160.00 元（25 600.00+14 400.00+

1 280.00+800.00+1 280.00+12 800.00），计入销售费用的金额为 21 060.00 元
（9 600.00+5 400.00+480.00+300.00+480.00+4 800.00），计入制造费用的金
额为 7 020.00 元（3 200.00+1 800.00+160.00+100.00+160.00+1 600.00）。另外，
由公司为员工幸某代扣代缴的社保为 489.60 元（384.00+96.00+9.60），代扣
代缴的住房公积金为 384.00 元。则实务中账务处理如下。

1. 公司计提应为员工缴纳和缴存的社保与住房公积金。

借：管理费用	49 140.00
生产成本	56 160.00
销售费用	21 060.00
制造费用	7 020.00
贷：应付职工薪酬——社会保险费	102 980.00
——住房公积金	30 400.00

2. 公司发放工资时代扣员工个人缴纳和缴存的社保与住房公积金。

借：应付职工薪酬——工资、薪金、奖金和津贴	873.60
贷：其他应收款——社会保险费	489.60
——住房公积金	384.00

3. 公司上缴社保保费和住房公积金，实际应支付的工资总额为 379 126.40
元（380 000.00−873.60）。

借：应付职工薪酬	378 252.40
其他应收款——社会保险费	489.60
——住房公积金	384.00
贷：银行存款	379 126.00

这里只核算了公司为一名员工代扣代缴社保和住房公积金的情况，实际
业务中应核算全部员工的代扣代缴社保和住房公积金数额。

10

各税种的涉税事项处理

　　各类企业身处经济市场，必然会成为纳税人，且在生产经营管理过程中也免不了要承担纳税义务和责任。然而，税务事项的处理非常复杂，也具有一定的难度，企业要想真正处理好自身税务，避免陷入纳税风险，财会人员就必须了解涉税事项并学会处理。

10.1
增值税、消费税、附加税和关税的税务处理

在企业的税务工作中，必然会涉及增值税的处理，如果经营的是应税消费品，则还会涉及消费税。如果企业当期发生了实际缴纳增值税和消费税税款，则企业还需要计缴附加税费。如果是从事外贸经营的贸易公司，则还会涉及关税的处理。本节就对这些税费做详细介绍。

10.1.1 增值税的征税范围和适用税率

增值税是一种以商品或应税劳务在流转过程中产生的增值额为计税依据的流转税，因此可能出现在多个环节征收的情形。

增值税的征税范围包括在中华人民共和国境内销售货物或劳务，销售服务、无形资产、不动产，以及进口货物等。那么，增值税具体的征税范围和适用税率分别是多少呢？

来看看如表 10-1 所示的内容。

表 10-1　增值税的征税范围和适用税率

征税范围	征税对象		税率
销售货物	指有偿转让货物的所有权的行为，这里的货物指包括电力、热力和气体在内的各种有形动产		13%
销售劳务	指有偿提供加工、修理修配劳务的行为，但是不包括单位或个体工商户聘用的员工为本单位或雇主提供的加工、修理修配劳务。其中，加工指受托加工货物，修理修配指受托对损伤和丧失功能的货物进行修复而使其恢复原状和功能的业务		13%
销售服务	交通运输服务	1. 水路运输服务，包括水路运输的承租、期租业务。 2. 陆路运输服务，包括铁路运输服务和其他陆路运输服务。 3. 航空运输服务，包括航空运输的湿租业务。 4. 管道运输服务，指通过管道设施输送气体、液体或固体物质的运输业务	9%

续上表

征税范围	征税对象		税率
销售服务	邮政服务	1.邮政普通服务，如函件、包裹等邮件寄递，邮票、报刊发行，邮政汇兑等业务活动。 2.邮政特殊服务，如义务兵平常信函、机要通信、盲人读物和革命烈士遗物的寄递等业务活动。 3.其他邮政服务，如邮册等邮品销售、邮政代理等业务活动	9%
	电信服务	基础电信服务，包括利用固网、移动网、卫星和互联网等提供语音通话服务，以及出租或出售带宽、波长等网络元素的业务活动	9%
		增值电信服务，包括利用固网、移动网、卫星、互联网和有线电视网络等提供短信和彩信服务、电子数据和信息的传输及应用服务、互联网接入服务等业务活动	6%
	建筑服务	1.工程服务，指新建、改建各种建筑物和构筑物的工程作业。 2.安装服务，指生产设备、动力设备、起重设备、运输设备、传动设备、医疗实验设备和其他各种设备、设施的装配、安置工程业务。 3.修缮服务，指对建筑物、构筑物进行修补、加固、养护和改善，使其恢复原来的使用价值或延长其使用期限的工程作业。 4.装饰服务，指对建筑物、构筑物进行修饰装修，使其美观或具有特定用途的工程作业。 5.其他建筑服务，如钻井、拆除建筑物或构筑物、平整土地、园林绿化、建筑物平移和爆破等	9%
	金融服务	1.贷款服务，指将资金贷给他人使用而收取利息收入的业务活动，其中包括融资性售后回租。 2.直接收费金融服务，包括提供货币兑换、账户管理、电子银行、信用证和财务担保等服务。 3.保险服务，主要包括人身保险服务和财产保险服务。 4.金融商品转让，转让外汇、有价证券、非货物期货、基金、信托、理财产品以及各种金融衍生品等的所有权的业务活动	6%

续上表

征税范围	征税对象		税率
销售服务	现代服务	1. 研发和技术服务，包括研发服务、工程勘察勘探服务和专业技术服务等。 2. 信息技术服务，如软件服务、电路设计和测试服务、信息系统服务和信息系统增值服务等。 3. 文化创意服务，如设计服务、知识产权服务、广告服务和会议展览服务等。 4. 物流辅助服务，如航空服务、港口码头服务、货运客运场站服务、装卸搬运服务、仓储服务和收派服务等。 5. 租赁服务，包括融资租赁服务和经营租赁服务。注意，有形动产租赁服务适用增值税税率为13%，不动产租赁服务适用增值税税率为9%。 6. 鉴证咨询服务，包括认证服务、鉴证服务和咨询服务。 7. 广播影视服务，包括广播影视节目或作品的制作服务、发行服务和播映、放映服务。 8. 商务辅助服务，包括企业管理服务、经纪代理服务和人力资源服务等。 9. 其他现代服务，除上述现代服务以外的现代服务	6%
	生活服务	1. 文化体育服务。 2. 教育医疗服务。 3. 旅游娱乐服务。 4. 餐饮住宿服务。 5. 居民日常服务，包括家政、婚庆、殡葬、照料和护理、美容美发、按摩和摄影扩印等服务。 6. 其他生活服务	6%
销售无形资产	指转让无形资产所有权或使用权的业务活动，包括技术、商标、著作权和自然资源使用权等。其中转让自然资源中的土地使用权，适用增值税税率为9%		6%
销售不动产	指转让不动产所有权的业务活动，如建筑物、构筑物。包括转让建筑物有限产权或永久使用权、转让在建的建筑物或构筑物所有权，转让建筑物或构筑物时一并转让其所占土地的使用权		9%
进口货物	指申报进入中国海关境内的货物，享受免税政策的除外		13%

如果企业是增值税小规模纳税人，则所有征税范围对应的增值税征收率要么是 3%，要么是 5%。

下面就针对销售货物这一征税范围举例说明增值税的处理。

| 范例解析 |　公司销售一批食品应缴纳增值税

甲公司以生产销售某食品为主营业务，为增值税一般纳税人，2020年5月27日对外售出一批价值为5.20万元（不含税）的食品，同时向客户开具了增值税专用发票，款项尚未收到。则当日的账务处理如下。

增值税销项税额=52 000.00×13%=6 760.00（元）

借：应收账款——××　　　　　　　　　　　　　58 760.00

　　贷：主营业务收入　　　　　　　　　　　　52 000.00

　　　　应交税费——应交增值税（销项税额）　　6 760.00

实务中，企业每月应按照如下所示的公式算出实际应缴纳的增值税税款。

当期应交增值税税额=当期增值税销项税额-当期增值税进项税额-留抵税款

新政策下，企业前期发生的留抵税款可实行留抵退税政策，因此企业在核算当期应交增值税税额时，几乎不会再出现留抵税款。

假设甲公司 5 月最终应缴纳的增值税为 4 500.00 元，应交而未交时和 6 月申报缴纳时应编制如下所示的会计分录。

借：应交税费——应交增值税　　　　　　　　　4 500.00

　　贷：应交税费——未交增值税　　　　　　　4 500.00

借：应交税费——未交增值税　　　　　　　　　4 500.00

　　贷：银行存款　　　　　　　　　　　　　　4 500.00

10.1.2　消费税的征税范围和对应税率

消费税是一种以特种货物和消费品的流转额为征税对象而征收的税，实行价内税，会影响企业的当期损益。该税种通常在生产、委托加工、零售、批发和进口等环节征收，且大部分征税对象都只在一个环节征收消费税。

如表 10-2 所示的是消费税的具体征税范围和对应税率。

表 10-2 消费税的征税范围和适用税率

征税范围	适用税率
一、烟	
1. 卷烟	
（1）甲类卷烟	56% 加 0.003 元 / 支（生产环节）
（2）乙类卷烟	36% 加 0.003 元 / 支（生产环节）
（3）批发环节	11% 加 0.005 元 / 支
2. 雪茄烟	36%
3. 烟丝	30%
二、酒	
1. 白酒	20% 加 0.5 元 /500 克（或毫升）
2. 黄酒	240 元 / 吨
3. 啤酒	
（1）甲类啤酒	250 元 / 吨
（2）乙类啤酒	220 元 / 吨
4. 其他酒	10%
三、高档化妆品	15%
四、贵重首饰及珠宝玉石	
1. 金银首饰、铂金首饰和钻石及钻石饰品	5%
2. 其他贵重首饰和珠宝玉石	10%
五、鞭炮、焰火	15%
六、成品油	
1. 汽油	1.52 元 / 升
2. 石脑油	1.52 元 / 升
3. 溶剂油	1.52 元 / 升
4. 润滑油	1.52 元 / 升
5. 柴油	1.20 元 / 升
6. 航空煤油	1.20 元 / 升
7. 燃料油	1.20 元 / 升
七、摩托车	
1. 气缸容量（排气量，下同）250 毫升的	3%
2. 气缸容量在 250 毫升（不含）以上的	10%
八、小汽车	
1. 乘用车	
（1）气缸容量（排气量，下同）在 1.0 升（含）以下的	1%

续上表

征税范围	适用税率
（2）气缸容量在 1.0 升至 1.5 升（含）的	3%
（3）气缸容量在 1.5 升至 2.0 升（含）的	5%
（4）气缸容量在 2.0 升至 2.5 升（含）的	9%
（5）气缸容量在 2.5 升至 3.0 升（含）的	12%
（6）气缸容量在 3.0 升至 4.0 升（含）的	25%
（7）气缸容量在 4.0 升以上的	40%
2. 中轻型商用客车	5%
3. 超豪华小汽车	10%（零售环节）
九、高档手表	20%
十、高尔夫球及球具	10%
十一、游艇	10%
十二、木制一次性筷子	5%
十三、实木地板	5%
十四、电池	4%
十五、涂料	4%

由上表内容可知，消费税共有 3 种计征方式：一是从价计征；二是从量计征；三是复合计征，即从价和从量结合。不同的计征方式，不同的征税环节，消费税应纳税额的计算公式都是不同的，常用的一些如表 10-3 所示。

表 10-3　消费税应纳税额的各种计算公式

征税环节	计算公式
生产销售	1. 实行从价定率计征：应纳税额 = 销售额 × 比例税率。 2. 实行从量定额计征：应纳税额 = 销售数额 × 定额税率。 3. 实行从价定率和从量定额复合计征：应纳税额 = 销售额 × 比例税率 + 销售数量 × 定额税率
自产自用	1. 实行从价定率计征：组成计税价格 =（成本 + 利润）÷（1 - 比例税率），应纳税额 = 组成计税价格 × 比例税率。 2. 实行复合计征：组成计税价格 =（成本 + 利润 + 自产自用数量 × 定额税率）÷（1 - 比例税率），应纳税额 = 组成计税价格 × 比例税率 + 资产自用数量 × 定额税率

续上表

征税环节	计算公式
委托加工	1.实行从价定率计征：组成计税价格＝（材料成本＋加工费）÷（1－比例税率），应纳税额＝组成计税价格 × 比例税率。 2.实行复合计征：组成计税价格＝（材料成本＋加工费＋委托加工物资 × 定额税率）÷（1－比例税率），应纳税额＝组成计税价格 × 比例税率＋委托加工数量 × 定额税率
进口	1.实行从价定率计征：组成计税价格＝（关税完税价格＋关税）÷（1－比例税率），应纳税额＝组成计税价格 × 消费税比例税率。 2.实行复合计征：组成计税价格＝（关税完税价格＋关税＋进口数量 × 定额税率）÷（1－消费税比例税率），应纳税额＝组成计税价格 × 消费税比例税率＋进口数量 × 消费税定额税率

下面来看一个简单的案例，了解消费税的计征与缴纳。

| 范例解析 | 公司产销甲类卷烟要按规定缴纳消费税

乙公司为增值税一般纳税人，主要经营甲类卷烟的生产与销售，适用增值税税率为13%，而消费税适用复合计征，即56%加0.003元/支。已知公司5月28日销售出了一批甲类卷烟，共150标准箱，价款1 125.00万元，已开出增值税专用发票，当天到达。核算公司该批业务应缴纳的消费税税额。

1.取得价款，确认销售收入。

增值税销项税额＝11 250 000.00×13%＝1 462 500.00（元）

借：银行存款　　　　　　　　　　　　　　12 712 500.00
　　贷：主营业务收入　　　　　　　　　　　　　11 250 000.00
　　　　应交税费——应交增值税（销项税额）　　 1 462 500.00

注意，实务中在确认销售商品主营业务收入的同时，一般会确认主营业务成本，这里未告知，就暂不做该账务的处理。

2.核算应缴纳的消费税。

应交消费税＝11 250 000.00×56%＋150×250×200×0.003＝6 322 500.00（元）

借：税金及附加　　　　　　　　　　　　　 6 322 500.00
　　贷：应交税费——应交消费税　　　　　　　　 6 322 500.00

由案例可知，纳税人应缴纳的消费税是计入"税金及附加"科目的，最终会影响企业的当期损益，从而影响当期利润。

10.1.3 城市维护建设税的征税范围和税率

城市维护建设税是增值税和消费税的附加税，以纳税人实际缴纳的增值税和消费税的税额合计数为计税依据，计缴税款。换句话说，该税的应交税款不以"应交增值税"和"应交消费税"来判定，而是以实际缴纳的增值税和消费税税款的多少来计算。

该税种的征税范围是在市区、县城、镇及其他规定需要缴税的范围内实际缴纳增值税和消费税的纳税人。具体税率有 3 种。

◆ **纳税人所在地在市区的：**税率为 7%。

◆ **纳税人所在地在县城、镇的：**税率为 5%。

◆ **纳税人所在地不在市区、县城或镇的：**税率为 1%。

根据城市维护建设税的定义可知，该税种应纳税额的计算公式如下。

应纳税额=实际缴纳的增值税、消费税税额合计×适用税率

| 范例解析 | 计算公司当月应缴纳的城市维护建设税

丙公司为增值税一般纳税人，所经营的产品不涉及消费税的缴纳。已知 2020 年 6 月上旬实际缴纳了 5 月的增值税 64 320.24 元，公司所在地规定的城市维护建设税的适用税率为 7%，则该公司 2020 年 5 月应缴纳的城市维护建设税有多少呢？

应交城市维护建设税=64 320.24×7%=4 502.42（元）

借：税金及附加　　　　　　　　　　　4 502.42
　　贷：应交税费——应交城市维护建设税　　　　4 502.42

公司实际缴纳城市维护建设税时，财会人员应编制如下会计分录。

借：应交税费——应交城市维护建设税　　4 502.42
　　贷：银行存款　　　　　　　　　　　　4 502.42

10.1.4 教育费附加和地方教育附加的征收范围及税率

教育费附加和地方教育附加是增值税和消费税的附加费，它们不属于税。教育费附加和地方教育附加以纳税人实际缴纳的增值税和消费税税额之和为

计征依据，由此推断，这两种附加费的征收范围就是税法规定征收增值税、消费税的单位和个人。

教育费附加适用的费率为3%，地方教育附加适用的费率为2%，计算公式与城市维护建设税的类似。

应交教育费附加=实际缴纳的增值税、消费税税额合计×3%

应交地方教育附加=实际缴纳的增值税、消费税税额合计×2%

| 范例解析 |　计算公司当月应缴纳的教育费附加和地方教育附加

丙公司为增值税一般纳税人，所经营的产品不涉及消费税的缴纳。已知2020年6月上旬实际缴纳了5月的增值税64 320.24元，公司适用的教育费附加费率为3%，地方教育附加费率为2%，则该公司2020年5月应缴纳的教育费附加和地方教育附加分别有多少呢？

应交教育费附加=64 320.24×3%=1 929.61（元）

应交地方教育附加=64 320.24×2%=1 286.40（元）

借：税金及附加　　　　　　　　　　　　　　　　　　3 216.01
　　贷：应交税费——应交教育费附加　　　　　　　　　　1 929.61
　　　　　　　　——应交地方教育附加　　　　　　　　　1 286.40

公司实际缴纳教育费附加和地方教育附加时，财会人员应编制如下会计分录。

借：应交税费——应交教育费附加　　　　　　　　　　1 929.61
　　　　　　　——应交地方教育附加　　　　　　　　　1 286.40
　　贷：银行存款　　　　　　　　　　　　　　　　　　3 216.01

10.1.5　关税的计税依据和适用税率

关税是对进出国境或关境的货物、物品征收的一种税，一般分为进口关税、出口关税和过境关税。我国目前对进出境货物或物品只征收进口关税和出口关税两类。

根据众多关税优惠政策可知，我国对经营需要缴纳关税的项目的纳税人有着明显的鼓励和支持。也因此，关税税率有很多种类，如普通税率、最惠国税率、协定税率、特惠税率、关税配额税率和暂定税率等。这里我们只详细介绍普通税率，即常见的关税税率，它是指原产于未与我国共同适用最惠国条款的世界贸易组织成员，未与我国订有相互给予最惠国待遇、关税优惠条款贸易协定和特殊关税优惠条款贸易协定的国家或地区的进口货物，以及原产地不明的货物等所适用的税率。

不同的出口货物，对应不同的税率，具体可参照相应的法律、法规文件，如中华人民共和国进境物品进口税税率表，这里不作详述。

想要确定纳税人需要缴纳多少关税时，关键是要确定其计税依据，即完税价格。不同情形下的进出口业务，其计税依据是不同的，具体如表 10-4 所示。

表 10-4 关税的计税依据

情形	计税依据
一般贸易项下进口的货物	以海关审定的成交价格为基础的到岸价格作为完税价格
特殊贸易项下进口的货物	1. 运往海外加工的货物，以加工后货物进境时的到岸价格与原出境货物价格的差额作为完税价格。 2. 运往境外修理的机械器具、运输工具或其他货物，以经海关审定的修理费和料件费作为完税价格。 3. 租借和租赁进口货物，以海关审查确定的货物租金作为完税价格。 4. 国内单位留购的进口货样、展览品和广告陈列品，以留购价格作为完税价格。 5. 逾期未出境的暂进口货物，如果入境超过半年仍留在国内使用的，应从第 7 个月起，按月征收进口关税，且以原货进口时的到岸价格为基础确定完税价格。 6. 转让出售进口减免税货物，在转让或出售而需要补税时，以货物原进口时的到岸价格为基础确定完税价格： 完税价格 = 原入境到岸价格 ×[1- 实际使用月份 ÷（管理年限 ×12）]
出口货物	以海关审定的货物售予境外的离岸价格扣除出口关税后的余额作为完税价格： 出口货物完税价格 = 离岸价格 ÷（1+ 出口税率）

关于关税应纳税额的计算，根据不同的计征方式，有不同的计算公式。

1. 从价计征

应纳税额=应税进（出）口货物数量×单位完税价格×适用税率

2. 从量计征

应纳税额=应税进（出）口货物数量×关税单位税额

3. 复合计征

应纳税额=应税进（出）口货物数量×关税单位税额+应税进（出）口货物数量×单位完税价格×适用税率

| 范例解析 | 企业进口小汽车自用需要缴纳关税

2020年5月29日，B公司从国外进口一辆小汽车，打算作为商务车使用。购买时共支付25.00万元人民币（含已经向境外采购代理人支付的买方佣金1.00万元），该小汽车运抵我国关境输入地点起卸前发生运费和保险费共2.80万元人民币，起卸后又发生运费和保险费共2.00万元。已知小汽车的关税税率为15%，假设没有其他纳税事项，则公司进购该辆小汽车需要缴纳多少关税呢？

关税完税价格=25.00−1.00+2.80=26.80（万元）

应纳关税=26.80×15%=4.02（万元）

借：固定资产——小汽车   290 200.00

    贷：银行存款   290 200.00

由案例可知，企业发生的进口关税需与进口货物的买价一起计入货物的成本中，并不单独核算进口关税。但是，出口关税就不同了，因为出口业务涉及免、抵、退，所以出口关税要通过"应交税费"科目进行单独核算。

10.2
企业所得税和个人所得税的税务处理

企业所得税和个人所得税是关乎用人单位和在职职工权益的税种，企业所得税会影响企业的当期净利润，而个人所得税会影响在职职工拿到手的工资数额。因此，不仅财会人员要学会处理这两种税的税务，企业方领导者和在职职工本人也需对这两种税有初步的认识和了解。

10.2.1　企业所得税的应税收入和扣除项目

什么是企业所得税应税收入？

很简单，从字面意思就可理解，应税收入就是指应缴纳企业所得税的那部分收入，包括销售货物收入、提供劳务收入、转让财产收入、股利和红利等权益性投资收益、利息收入、租金收入、特许权使用费收入、接受捐赠收入及其他收入。

> **知识延伸｜转让财产收入有哪些**
>
> 转让财产收入是指企业转让固定资产、无形资产、生物资产、股权和债权等财产所取得的收入，一般按照财产转让合同或协议价款确认。

那么，相应地就有不征税收入，包括财政拨款、依法收取并纳入财政管理的行政事业性收费和政府性基金，以及国务院规定的其他不征税收入。显然，不征税收入就是不需要计入收入总额计缴企业所得税的收入。

正确区别应税收入和不征税收入对企业正确缴纳企业所得税具有很好的帮助。

什么是扣除项目？就是企业在核算企业所得税的应纳税所得额时，可从总收入中扣减出去的那部分项目金额，通常是企业实际发生的与取得收入有关的合理支出，大致包括成本、费用、税金、损失和其他支出。

◆ 成本主要有销售成本、各种业务支出和其他耗费，而销售成本又包括直接材料成本、直接人工成本和制造费用。

◆ 费用主要是指期间费用，如管理费用、销售费用和财务费用。

◆ 税金指除企业所得税和增值税以外的各种税金及其附加税费。

◆ 损失包括固定资产和存货的盘亏、毁损、报废等损失，坏账损失和减值损失等。

◆ 其他支出则是指除上述合理支出以外的其他与生产经营活动有关的、合理的支出。

具体的扣除项目和扣除标准如表 10-5 所示。

表 10-5　企业所得税的税前扣除项目及扣除标准

扣除项目	扣除标准
工资、薪金支出	包括基本工资、奖金、津贴、补贴、年终加薪和加班工资等，只要是合理的，均准予扣除
职工福利费、职工教育经费、工会经费	1. 职工福利费，不超过工资薪金总额 14% 的部分，准予扣除；超过部分，不予扣除。 2. 职工教育经费，不超过工资薪金总额 8% 的部分，准予当期扣除；超过部分，准予在以后纳税年度结转扣除。 3. 工会经费，不超过工资薪金总额 2% 的部分，准予扣除；超过部分，不予扣除
为员工缴纳的社会保险费	1. 企业依照国务院有关主管部门或省级人民政府规定的范围和标准为职工缴纳的基本养老保险费、基本医疗保险费、失业保险费、工伤保险费和生育保险费等社保费用和住房公积金，准予据实扣除。 2. 企业根据国家有关政策规定，为职工缴纳的补充养老保险费和补充医疗保险费等，在不超过职工工资总额 5% 的标准内准予扣除；超过部分，不予扣除。另外，为职工购买的商业保险不得扣除
业务招待费	生产经营期间发生的业务招待费，按照发生额的 60% 在税前扣除，但最高扣除金额不得超过当年销售收入的 5‰。企业筹建期间发生的业务招待费，可按实际发生额的 60% 计入企业筹办费，并按规定在税前扣除
广告费和业务宣传费	1. 除国务院财政、税务等主管部门另有规定外，不超过当年销售收入 15% 的部分，准予扣除；超过部分，准予在以后纳税年度结转扣除。如果是在企业筹建期间发生的广告费和业务宣传费，则可全部计入企业筹办费并据实扣除。 2. 2016 年 1 月 1 日 ～ 2020 年 12 月 31 日，化妆品制造或销售、医药制造和医疗制造企业发生的广告费和业务宣传费支出，不超过当年销售收入 30% 的部分，准予扣除；超过部分，准予在以后纳税年度结转扣除。另外，烟草企业的烟草广告费和业务宣传费支出一律不得在计算应纳税所得额时扣除
借款费用	指企业在生产经营过程中发生的合理的、不需要资本化的借款费用，准予扣除
利息费用	企业向金融企业借款的利息支出，可据实扣除；向非金融企业借款的利息支出，不超过按照金融企业同期同类贷款利率计算的数额的部分，可据实扣除，超过部分不予扣除

续上表

扣除项目	扣除标准
公益性捐赠	指企业通过公益性社会组织或县级（含）以上人民政府及其组成部门和直属机构，用于慈善活动、公益事业的捐赠支出，在年度利润总额 12% 以内的部分，准予扣除；超过部分，准予结转以后 3 年内扣除
汇兑损失	在货币交易或者货币性资产、负债折算为人民币时产生的汇兑损失，除已经计入有关资产成本和进行了利润分配的外，其余准予扣除
保险费	企业参加财产保险和雇主责任险、公众责任险等责任险所支出的保险费，可按规定据实扣除
其他费用支出	如环境保护专项资金、租赁费、劳动保护费和总计机构分摊的费用等，均可据实扣除；而手续费和佣金支出需按标准进行扣除
以前年度亏损	按照有关规定，企业以前年度发生的经营亏损，可用以后会计年度的利润弥补，间接的就是以后会计年度的收入弥补。换句话说，就是以后会计年度在计算企业所得税应纳税所得额时可扣除以前年度发生的经营亏损

10.2.2　企业所得税的税率标准

企业所得税有常规的税率标准，也有特殊规定下的税率标准。具体有如下 4 种。

◆ **常规税率**：25%。

◆ **小型微利企业**：20%。

◆ **高新技术企业和技术先进型服务企业**：15%。

◆ **非居民企业所得**：指在中国境内未设立机构、场所的，或虽设立机构、场所但取得的所得与其所设机构、场所没有实际联系的非居民企业，这些企业取得的来源于中国境内的所得，为 10%。

下面通过一个简单的案例来学习企业所得税的计缴和账务处理。

| 范例解析 |　企业每月应缴纳的企业所得税

丙公司为增值税一般纳税人，2020 年 5 月实现销售收入 85.00 万元，销售成本为 65.00 万元，当月发生与生产经营活动有关的业务招待费共 1.00 万元，另外还发生了广告费和业务宣传费共 3.00 万元。除此之外，公司还取得了持

有国债的利息收入1.00万元。无其他涉税事项。

已知公司适用的企业所得税税率为25%，则当月丙公司需要预缴的企业所得税有多少？

首先，发生的业务招待费按照实际发生额的60%扣除，即$1.00 \times 60\% = 0.60$（万元），但最高不得超过当月销售收入的5‰，即$85.00 \times 5‰ = 0.425$（万元），也就是说，当月业务招待费允许扣除0.425万元。

其次，发生的广告费和业务宣传费在不超过当月销售收入的15%的部分，准予扣除，即$85.00 \times 15\% = 12.75$（万元），而实际发生额为3.00万元，也就是说，实际发生的广告费和业务宣传费3.00万元可全额扣除。

最后，公司持有的国债利息收入属于免税收入，因此不计入收入总额计缴企业所得税。

应交企业所得税=（$85.00 - 65.00 - 0.425 - 3.00$）$\times 25\% = 4.14$（万元）

借：所得税费用　　　　　　　　　　　　　　41 400.00
　　贷：应交税费——应交企业所得税　　　　　　　　41 400.00

实际缴纳企业所得税税款时，需编制如下会计分录。

借：应交税费——应交企业所得税　　　　　　41 400.00
　　贷：银行存款　　　　　　　　　　　　　　　　41 400.00

知识延伸｜免税收入有哪些

免税收入是指属于企业的应税所得，但按照税法的规定免予征收企业所得税的收入。主要包括国债利息收入、符合条件的居民企业之间的股息和红利等权益性投资收益，以及符合条件的非营利组织的收入等。

10.2.3　个人所得税的应税所得和扣除项目

企业所得税与企业的利益息息相关，相应的，个人所得税也与职工的利益息息相关。个人所得税的应税所得类似于企业所得税的应税收入，是指需要缴纳个人所得税的那部分所得，主要有9种类型，如表10-6所示。

表 10-6　个人所得税的应税所得

所得	说明
工资薪金所得	指个人因任职或受雇而取得的工资、薪金、奖金、津贴和补贴等所得
劳务报酬所得	指个人独立从事非雇用的各种劳务所取得的所得，如设计、装潢、安装、制图、化验、测试、医疗、法律、会计、咨询、雕刻、录音等
稿酬所得	指个人因自己的作品以图书、报刊等形式出版、发表而取得的所得，作品包括文学作品、书画作品和摄影作品等。如果作者去世，则财产继承人取得的遗作稿酬也应计缴个人所得税
特许权使用费所得	指个人提供专利权、商标权、著作权、非专利技术和其他特许权的使用权所取得的所得。注意，作者将自己的文字作品手稿原件或复印件公开拍卖取得的所得，属于提供著作权的使用所得，而不是稿酬所得
经营所得	1. 个人以在中国境内注册登记的个体工商户、个人独资企业和合伙企业等身份从事生产经营活动所取得的所得。 2. 个人依法取得执照并从事办学、医疗和咨询等有偿服务活动所取得的所得。 3. 个人承包、承租、转包和转租取得的所得。 4. 个人从事其他生产经营活动取得的所得
利息、股息、红利所得	指个人因拥有债权、股权而取得的利息、股息和红利所得。利息一般指存款、贷款和债券的利息；股息和红利一般指个人拥有股权取得的企业分红
财产租赁所得	指个人出租不动产、土地使用权、机器设备、车船和其他财产所取得的所得
财产转让所得	指个人转让不动产、土地使用权、机器设备、车船、有价证券、股权、合伙企业中的财产份额和其他财产所取得的所得
偶然所得	指个人得奖、中奖、中彩及其他偶然性质的所得

　　不同性质的个人所得适用的个人所得税税率是不同的，具体内容在 10.2.4 节作详细介绍。这里还需了解的是，在核算个人所得税的应税所得时，有一些需要进行税前扣除的项目，如表 10-7 所示。

表 10-7　个人所得税的扣除项目

项目	说明
减除费用	若以年为单位，每年扣除 6 万元；若以月为单位，每月扣除 5 000 元

续上表

项目	说明
专项扣除	包括居民个人按照国家规定的范围和标准缴纳的基本养老保险、基本医疗保险和失业保险等社会保险费以及住房公积金，均据实扣除
专项附加扣除	指个人所得税法规定的子女教育、继续教育、住房贷款利息、住房租金、赡养老人和大病医疗这6项专项附加扣除： 　　1.子女教育，指纳税人的子女接受学前教育（年满3岁至小学入学前的教育）和学历教育（包括小学和初中的义务教育、普通高中和中等职业教育、大学专科、本科、硕士研究生和博士研究生教育）的支出，按照每个子女每年24 000元（每月2 000元）的标准定额扣除。 　　2.继续教育，指纳税人接受学历教育的支出，在学历教育期间按照每年4 800元（每月400元）的标准定额扣除；接受技能人员和专业技术人员职业资格教育的，在取得相关证书的年度按照每年3 600元的标准定额扣除。 　　3.住房贷款利息，指纳税人本人或配偶使用商业银行或住房公积金个人住房贷款为本人或其配偶购买住房发生的首套住房贷款利息的支出，在偿还贷款期间，可按照每年12 000元（每月1 000元）的标准定额扣除，注意，这是夫妻双方共同的扣除额度，不是每人。 　　4.住房租金，指纳税人本人及其配偶在纳税人的主要工作城市没有住房，而在主要工作城市租赁住房发生的租金支出。承租的住房位于直辖市、省会城市、计划单列市以及国务院确定的其他城市，按照每年18 000元（每月1 500元）的标准定额扣除；承租的租房位于其他城市，且市辖区户籍人口超过100万的，按照每年13 200元（每月1 100元）的标准定额扣除；市辖区户籍人口不超过100万的，按照每年9 600元（每月800元）的标准定额扣除。 　　5.赡养老人，指纳税人赡养60岁（含）以上的父母以及其他法定被赡养人的赡养支出。纳税人为独生子女的，按照每年36 000元（每月3 000元）的标准定额扣除；纳税人为非独生子女的，由兄弟姐妹分摊这一扣除定额，分摊方式可以是指定分摊，也可以是约定分摊，但不管是哪种分摊方式，每一位纳税人分摊的扣除额最高不得超过每年18 000元（每月1 500元）。 　　6.大病医疗，指纳税人在一个纳税年度内，在社会医疗保险管理信息系统记录的由个人负担超过15 000元的医疗费用支出部分，为大病医疗支出，可按照每年80 000元的标准限额据实扣除 　　7.三岁以下婴幼儿照护，纳税人照护3岁以下婴幼儿子女的相关支出，按照每个婴幼儿每月2 000元的标准定额扣除。父母可以选择由其中一方按扣除标准的100%扣除，也可以选择由双方分别按扣除标准的50%扣除，具体扣除方式在一个纳税年度内不能变更
其他扣除	如个人缴付的符合国家规定的企业年金、职业年金以及个人购买符合国家规定的商业健康保险等支出

除此以外，还涉及一些减免税项目，具体在本书第 11 章作详细介绍。

10.2.4 个人所得税的税率与征收管理规定

在学习个人所得税的税率时，我们需要区分三大类所得，内容如下。

（1）综合所得

综合所得包括个人取得的工资、薪金、劳务报酬、稿酬和特许权使用费。其中，工资、薪金所得按照实际发生额确定，而劳务报酬所得、稿酬所得和特许权使用费所得，在每次收入不超过 4 000 元时，以收入额减去 800 元费用后的余额确定，超过 4 000 元的，以收入额减去 20% 后的余额确定，并且稿酬所得还要进一步以余额的 70% 确定，可通过下列计算公式来掌握。

劳务报酬所得（或特许权使用费所得）=收入额-800或者收入额×（1-20%）

稿酬所得=（收入额-800）×70%或者收入额×（1-20%）×70%

这些所得构成的综合所得适用超额累进税率标准，如表 10-8 所示。

表 10-8　综合所得适用的个人所得税税率表

全年应纳税所得额	税率（%）	速算扣除数（元）
不超过 36 000 元的	3	0
超过 36 000 元但不超过 144 000 元的	10	2 520
超过 144 000 元但不超过 300 000 元的	20	16 920
超过 300 000 元但不超过 420 000 元的	25	31 920
超过 420 000 元但不超过 660 000 元的	30	52 920
超过 660 000 元但不超过 960 000 元的	35	85 920
超过 960 000 元的	45	181 920

（2）经营所得

经营所得也适用超额累进税率标准，但具体的标准与综合所得的不同，如表 10-9 所示。

表10-9　经营所得适用的个人所得税税率表

全年应纳税所得额	税率（%）
不超过 30 000 元的	5
超过 30 000 元但不超过 90 000 元的	10
超过 90 000 元但不超过 300 000 元的	20
超过 300 000 元但不超过 500 000 元的	30
超过 500 000 元的	35

（3）利息、股息、红利所得，财产租赁，转让所得和偶然所得

这4种个人所得适用固定的个人所得税税率为20%，但其中个人出租住房取得的所得暂减按10%的税率征收个人所得税。另外，财产租赁所得的确定方式与劳务报酬所得和特许权使用费所得相同；而财产转让所得通过"收入总额 - 财产原值 - 合理费用"来确定。

下面通过一个实际案例来学习个人综合所得应缴纳的个人所得税计算。

| 范例解析 |　综合所得应缴纳的个人所得税

张某在一家生产性企业做销售工作，2020年5月取得的薪金收入共6 800.00元，他当月还收到了4 500.00元的劳务收入。已知张某进行了专项附加扣除的申请，每月可扣除子女教育和住房贷款分别为1 000元和1 000元，每月个人缴纳基本养老保险、基本医疗保险和失业保险和住房公积金共计593.42元。那么张某5月应缴纳的个人所得税是多少呢？

最终劳务报酬所得=4 500.00×（1-20%）=3 600.00（元）

综合所得=6 800+3 600=10 400.00（元）

当月应纳税所得额=10 400.00-5 000.00-593.42-1 000.00-1 000.00=2 806.58（元）

按照综合所得适用的个人所得税税率表换算成以月为单位的等级，第1等级是每月应纳税所得额不超过3 000.00元（36 000.00÷12），所以：

张某5月应缴纳个人所得税=2 806.58×3%-0.00=84.20（元）

个人应缴纳的个人所得税，通常由任职单位代扣代缴，会计分录如下。

借：应付职工薪酬——工资、薪金、津贴和补贴　　84.20

　　贷：应交税费——应交个人所得税　　　　　　84.20

借：应交税费——应交个人所得税　　　　　　84.20

　　贷：银行存款　　　　　　　　　　　　　　84.20

取得综合所得的个人，需要办理汇算清缴，按年计算个人所得税，且应在取得所得的次年 3 月 1 日～ 6 月 30 日内办理汇算清缴。扣缴义务人应按月或按次为个人预扣预缴税款。

如果取得经营所得，也需按年计算个人所得税，由纳税人在月度或季度终了后 15 日内预缴税款，在取得所得的次年 3 月 31 日前办理汇算清缴。

如果取得利息、股息、红利所得、财产租赁所得、财产转让所得和偶然所得，纳税人应按月或按次计算个人所得税，有扣缴义务人的，由扣缴义务人按月或按次代扣代缴税款。

10.3
土地增值税的税务处理

土地增值税是对转让国有土地使用权、地上建筑物及其附着物所取得的增值额征收的一种税，即计税依据就是增值额。该税种的纳税人就是发生这些行为的单位和个人。

10.3.1　土地增值税的征税范围和扣除项目

从概念来看，土地增值税的征税范围比较笼统，下面来看看征税范围的一般规定。

◆ 转让国有土地使用权的行为。

◆ 转让厂房、仓库、商店、住宅、地下室、烟囱和管道等建筑物及其附着物。

◆ 出让国有土地使用权的行为不征税。

在确定土地增值税的增值额时，必然会涉及扣除项目，从转让国有土地使用权、地上建筑物及其附着物所取得的收入中扣除这些项目后的余额，就是增值额。同时，增值额和扣除项目金额的比率决定土地增值税适用的税率等级。因此，了解土地增值税的扣除项目是很有必要的，主要有如表 10-10 所示的几大类。

表 10-10　土地增值税的扣除项目

扣除项目	说明
取得土地使用权支付的金额	主要包括纳税人为了取得土地使用权而支付的地价款（以协议、招标和拍卖等出让方式取得土地使用权的，地价款为土地出让金；以行政划拨方式取得土地使用权的，地价款为按国家有关规定补交的土地出让金；以转让方式取得土地使用权的，地价款为向原土地使用权人实际支付的地价款）和按国家统一规定缴纳的有关费用和税金，如登记过户手续费、契税等
房地产开发成本	包括土地征用及拆迁补偿费、前期工程费、建筑安装工程费、基础设施费、公共配套设施费和开发间接费用等。如土地征用费、耕地占用税、"三通一平"支出以及开发小区内道路、供水、供电、供气、排污、排洪、通信、照明、环卫和绿化等工程发生的支出
房地产开发费用	指与房地产开发项目有关的管理费用、销售费用和财务费用。其中，财务费用中的利息支出的扣除有特殊规定： 1. 凡是能按转让房地产项目计算分摊并提供金融机构证明的，利息支出据实扣除，其他房地产开发费用按取得土地使用权支付的金额和房地产开发成本之和的 5% 以内计算扣除。 2. 凡是不能按转让房地产项目计算分摊利息支出或不能提供金融机构证明的，房地产开发费用全额按取得土地使用权支付的金额和房地产开发成本之和的 10% 以内计算扣除
与转让房地产有关的税金	包括城市维护建设税、教育费附加和印花税等，另外，不允许在增值税销项税额中计算抵扣的增值税进项税额也可计入扣除项目
财政部确定的其他扣除项目	对从事房地产开发的纳税人可按取得土地使用权支付的金额和房地产开发成本之和加计扣除 20%，其余纳税人不适用

除了上表所示的这些扣除项目外，还有一种比较特殊的扣除项目，旧房及旧的建筑物，按照评估价格扣除，或者按照购房发票金额计算扣除。具体按发票所载金额从购买年度起至转让年度止每年加计 5% 计算扣除金额，但这里的"发票所载金额"不包括购房时缴纳的契税。

10.3.2 土地增值税的计税依据和税率标准

土地增值税的计税依据为增值额，即转让征税范围内项目获得的收入减去法定扣除项目金额后的余额。土地增值税的税率标准需要通过增值额与扣除项目金额之间的比例大小来确定，具体如表 10-11 所示。

表 10-11 土地增值税的税率标准

增值额与扣除项目金额的比率	税率（%）	速算扣除系数（%）
不超过 50% 的	30	0
超过 50% 但不超过 100% 的	40	5
超过 100% 但不超过 200% 的	50	15
超过 200% 的	60	35

土地增值税的应纳税额可采用分步计算的方式得出结果，计算公式如下。

应纳税额=Σ（每级距的增值额×适用税率）

由于实务中采用分步计算的方法会使工作量过大，所以通常采用速算扣除法计算，公式如下。

应纳税额=增值额×适用税率-扣除项目金额×速算扣除系数

注意，土地增值税的计算公式中涉及的是"速算扣除系数"，个人所得税的计算公式中涉及的是"速算扣除数"，两者是完全不同的，注意区分。

| 范例解析 | 房地产开发企业销售商品房应缴纳的土地增值税

2018 年下半年，某房地产开发企业按照国家的有关规定，办理好土地申请使用的相关手续后，支付了土地出让金 3 200.00 万元，其他相关税金和费用共缴纳 192.00 万元，不久，公司就开始动工建房。2020 年初，所有住宅全部销售完毕，取得不含税销售收入共 1.10 亿元。

已知在这一过程发生了房地产开发成本 3 100.00 万元，房地产开发费用共300.00 万元，其中包括能提供金融机构证明且可按转让房地产项目计算分摊的利息支出 270.00 万元，根据当地人民政府对房地产开发费用的扣除比例的规定，适用 5% 的比例。

除此以外，还缴纳了 49.20 万元的城市维护建设税和教育费附加，印花税

4.50万元。计算该房地产开发企业需要缴纳的土地增值税税额。

取得土地使用权支付的金额=3 200.00+192.00=3 392.00（万元）

房地产开发成本=3 100.00（万元）

按规定计算的金额之和的5%=（3 392.00+3 100.00）×5%=324.60（万元）

由于房地产开发费用共300.00万元，除去利息支出为30.00万元（300.00-270.00），所以，房地产开发费用可全部据实扣除。

房地产开发费用=300.00（万元）

与转让房地产有关的税金=49.20（万元）

财政部确定的其他扣除项目=（3 392.00+3 100.00）×20%=1 298.40（万元）

转让房地产的扣除项目金额=3 392.00+3 100.00+300.00+49.20+1 298.40=8 139.60（元）

转让房地产的增值额=11 000.00-8 139.60=2 860.40（万元）

增值额与扣除项目金额的比率=2 860.40÷8 139.60=35.14%

增值额与扣除项目金额的比率不超过50%，因此适用土地增值税税率为30%，速算扣除系数为0。

应交土地增值税税额=2 860.40×30%=858.12（万元）

计提应缴纳的土地增值税时，财会人员需编制如下会计分录。

借：税金及附加　　　　　　　　　　　　8 581 200.00
　　贷：应交税费——应交土地增值税　　　　　　8 581 200.00

实际缴纳土地增值税时，财会人员需编制如下会计分录。

借：应交税费——应交土地增值税　　　　8 581 200.00
　　贷：银行存款　　　　　　　　　　　　　　　8 581 200.00

实务中，纳税人应在转让房地产合同签订后的7日内，到房地产所在地主管税务机关办理纳税申报，并在规定的期限内缴纳土地增值税。

所以，土地增值税的计提与缴纳并不会像案例中展示的一样全部统一核算，并在具体的房地产合同签订后规定时间内按照实际发生额编制会计分录。

10.4
其他税种的税务处理

企业在生产经营过程中，可能不仅仅涉及增值税、消费税、附加税费、关税和企业所得税等税种的事务，还可能因为一些特殊的经济活动或事项而涉及其他税种的税务处理。为了更好地帮助公司完成税务工作，财会人员需要对其他税种的知识有大致的了解。

10.4.1 城镇土地使用税的征税范围和适用税率

城镇土地使用税是对在规定范围内使用土地的单位和个人征收的一种税，这里的规定范围是指城市、县城、建制镇和工矿区。该税种的计税依据是单位和个人实际占用的土地面积，并且采用定额税率征收税款。按照大、中、小城市和县城、建制镇、工矿区分别规定每平方米城镇土地使用税的年应纳税额，如表 10-12 所示。

表 10-12　城镇土地使用税的税率标准

征税范围	每平方米年应纳税额
大城市	1.5～30 元
中等城市	1.2～24 元
小城市	0.9～18 元
县城、建制镇、工矿区	0.6～12 元

在上表规定的税额幅度内，各地可根据自身经济发展水平和城镇建设情况等条件，确定具体的适用税额幅度。在经济较落后的地区，可适当降低税额标准，但降低幅度不得超过上述规定最低税额的 30%；经济发达的地区，可适当提高税额标准，但必须报经财政部批准。

实务中，针对不同的用地情况，缴纳城镇土地使用税的人的身份是不同的，主要有以下 4 种。

◆ **常规情形**：纳税人为拥有土地使用权的单位或个人。

◆ **拥有土地使用权的纳税人不在土地所在地**：由代管人或实际使用人

缴纳税款。

◆ **土地使用权没有确定或权属纠纷未解决：** 由土地的实际使用人缴纳税款。

◆ **土地使用权共有：** 共有各方均为该税种的纳税人，由共有各方分别按照自己实际使用土地面积占总面积的比例计算缴纳税款。

根据计税依据和适用的定额税率，来了解城镇土地使用税的计算公式。

年应纳税额=实际占用的应税土地面积（平方米）×适用税额

| 范例解析 | **核算企业应缴纳的城镇土地使用税**

某企业是一家从事食品加工生产的公司，地处某大城市郊区，实际占用应税土地面积为6万平方米，经税务机关核定，该公司所在地适用的城镇土地使用税税率标准为每平方米每年6.00元。计算公司全年应缴纳的城镇土地使用税税额。

年应交城镇土地使用税税额=60 000×6.00=360 000.00（元）

城镇土地使用税按年计算、分期缴纳。因此，上述案例中的企业在按年计提时编制如下会计分录。

借：税金及附加　　　　　　　　　　　　　360 000.00
　　贷：应交税费——应交城镇土地使用税　　　360 000.00

在按月缴纳城镇土地使用税时，每月应缴纳30 000.00元（360 000.00÷12），编制如下会计分录。

借：应交税费——应交城镇土地使用税　　　30 000.00
　　贷：银行存款　　　　　　　　　　　　　30 000.00

10.4.2　耕地占用税的征税范围和适用税率

耕地占用税是一种对在我国境内占用耕地建房或从事非农业建设的单位或个人征收的税，其征税范围是纳税人为了建房或从事非农业建设而占用的国家所有和集体所有的耕地。这里的耕地主要是指用于种植农作物的土地，包括园地、林地、草地、农田水利用地、养殖水面和养殖滩涂等。

耕地占用税也实行定额税率，根据各地区人均耕地面积和经济发展情况实行有地区差别的幅度税额标准，内容如下。

- 人均耕地不超过 1 亩的地区（以县级行政区为为单位，下同）：每平方米 10.00 ～ 50.00 元。
- 人均耕地超过 1 亩但不超过 2 亩的地区：每平方米 8.00 ～ 40.00 元。
- 人均耕地超过 2 亩但不超过 3 亩的地区：每平方米 6.00 ～ 30.00 元。
- 人均耕地面积超过 3 亩的地区：每平方米 5.00 ～ 25.00 元。

国务院根据人均耕地面积和经济发展情况对各省、自治区和直辖市的耕地占用税平均税额作出规定，而各省、自治区和直辖市的耕地占用税适用税额的平均水平不得低于国务院规定的本地区平均税额。经济特区、经济技术开发区和经济发达且人均耕地特别少的地区，适用税额可适当提高，但提高部分最高不得超过国务院规定的当地适用税额的 50%；占用基本农田的，适用税额应在国务院规定的当地适用税额的基础上提高 50%。

耕地占用税的计税依据是纳税人实际占用的耕地面积，税额一次性征收，计算公式如下。

应纳税额=实际占用耕地面积（平方米）×适用税额

| 范例解析 |　核算企业应缴纳的耕地占用税

2020年4月，甲公司成立，在某市的郊区占用耕地3 000平方米修建厂房和办公区，经当地税务机关核定，该公司所在地适用的耕地占用税税率标准为每平方米12.00元。计算公司一次性需缴纳的耕地占用税税额。

应交耕地占用税税额=3 000×12.00=36 000.00（元）

耕地占用税是一次性征收，纳税人从收到土地管理部门农用地专用批复文件之日起 30 日内申报缴纳耕地占用税，并且耕地占用税在发生时并不单独计入税金及附加，而是计入获取土地使用权的无形资产成本中核算。因此直接编制如下会计分录。

借：无形资产　　　　　　　　　　　　　　　36 000.00
　　贷：银行存款　　　　　　　　　　　　　　　36 000.00

10.4.3　车辆购置税的征税范围和对应税率

车辆购置税是对在中国境内购置规定车辆的单位和个人征收的一种税，"购置"包括购买、进口、自产、受赠、获奖或以其他方式取得并自用应税车辆的行为。车辆购置税的征税范围包括在我国境内购置的汽车、有轨电车、汽车挂车、排气量超过一百五十毫升的摩托车这四类车辆。

车辆购置税采用 10% 的固定比例税率，即不因征税对象的不同而不同。应纳税额的计税依据是应税车辆的计税价格，在不同情形下的应税车辆，其计税价格是不同的，主要分如下几大类。

- **纳税人购买自用的应税车辆**：计税价格为纳税人购买应税车辆支付给销售方的全部价款和价外费用（如销售方在价外向购买方收取的基金、集资费、违约金、手续费、包装费、储存费、运输装卸费和报关费等），不包括增值税税款。

- **纳税人进口自用的应税车辆**：计税价格 = 关税完税价格 + 关税 + 消费税。

- **纳税人自产、受赠、获奖或以其他方式取得并自用的应税车辆**：计税价格由主管税务机关参照国家税务总局规定的最低计税价格核定。

- **纳税人购买自用或进口自用的应税车辆，申报的计税价格低于同类型应税车辆的最低计税价格，又无正当理由的**：计税价格为国家税务总局核定的最低计税价格。

- **国家税务总局未核定最低计税价格的应税车辆**：计税价格为纳税人提供的有效价格证明注明的价格；有效价格证明注明的价格明显偏低的，主管税务机关有权核定应税车辆的计税价格。

综合考虑，车辆购置税应纳税额的计算公式可概括为如下两个。

应纳税额=计税依据 × 10%

进口应税车辆应纳税额=（关税完税价格+关税+消费税）× 10%

| 范例解析 |　核算企业应缴纳的车辆购置税

2020 年 6 月初，乙公司购置了一辆小轿车，全部价款和价外费用共计 19.80 万元。计算应缴纳的车辆购置税税额。

应纳税额=198 000.00 × 10%=19 800.00（元）

车辆购置税也实行一次性征收，在购置车辆时发生纳税义务，且发生时直接将相应的税款计入应税车辆的入账成本进行核算，不单独作为税金及附加核算，会计分录如下。

借：固定资产——小轿车　　　　　　　　　　　　　　217 800.00

　贷：银行存款　　　　　　　　　　　　　　　　　217 800.00

注意，如果纳税人购置已经缴纳过车辆购置税的车辆，则不再缴纳。

10.4.4　车船税的征收范围和对应税率

车船税是对在中国境内车船管理部门登记的车辆、船舶征收税款的一种税，纳税人就是这些应税车辆、船舶的所有人或管理人。车船税的征税范围包括五大类，且每一个类别以及每个类别下具体的税目都对应不同的年基准税额，即车船税采用定额税率。

下面通过表 10-14 所示的内容，将该税种的征税范围和对应税率结合起来学习。

表 10-14　车船税的税目税率表

税目		计税单位	年基准税额（元）	补充说明
乘用车（按发动机气缸容量或排气量划分档次）	1 升（含）以下的	每辆	60 ~ 360	核定载客人数 9 人（含）以下
	1 ~ 1.6 升（含）的		300 ~ 540	
	1.6 ~ 2 升（含）的		360 ~ 660	
	2 ~ 2.5 升（含）的		660 ~ 1 200	
	2.5 ~ 3 升（含）的		1 200 ~ 2 400	
	3 ~ 4 升（含）的		2 400 ~ 3 600	
	4 升以上的		3 600 ~ 5 400	
商用车	客车	每辆	480 ~ 1 440	核定载客人数 9 人以上（包括电车）
	货车（包括半挂牵引车、挂车、三轮汽车和低速载货汽车等）	整备质量每吨	16 ~ 120	挂车按照货车税额 50% 计算
摩托车	—	每辆	36 ~ 180	—

续上表

税目		计税单位	年基准税额（元）	补充说明
其他车辆	专用作业车	整备质量每吨	16 ~ 120	不包括拖拉机
	轮式专用机械车	整备质量每吨	16 ~ 120	
船舶	机动船舶	净吨位每吨	3 ~ 6	拖船、非机动驳船分别按照机动船舶税额的50%计算
	游艇	艇身长度每米	600 ~ 2 000	

从上表可以看出，车船税的计税依据有辆数、整备质量吨数、净吨位数和艇身长度4种。在计算车船税的应纳税额时可能会用到的公式有如下几个。

乘用车、客车和摩托车的应纳税额=辆数×适用年基准税额

货车、专用作业车和轮式专用机械车的应纳税额=整备质量吨位数×适用年基准税额（如果是挂车，还要乘以50%）

机动船舶的应纳税额=净吨位数×适用年基准税额

拖船和非机动驳船的应纳税额=净吨位数×适用年基准税额×50%

游艇的应纳税额=艇身长度×适用年基准税额

注意，如果新购置车船在当年应纳税月份不足12个月，则从纳税义务发生的当月起按月计算，公式如下。

应纳税额=计税依据×适用年基准税额÷12×应纳税月份

| 范例解析 | 核算企业应缴纳的车船税

2020年5月初，丙公司购置了一辆货车，用于企业物资运输。已知该货车的整备质量吨位数为4.5吨，当地人民政府规定的车船税年基准税额为60.00元，则2020年该公司应缴纳多少车船税呢？

丙公司2020年应缴纳车船税的月份只有8个月，所以：

应纳税额=4.5×60.00÷12×8=180.00（元）

实务中，车船税按年申报、分月计算、一次性缴纳。也就是说，当公司购置了这辆货车后，要在规定的时间内进行纳税申报并一次性缴纳本纳税年度的应纳税额，且每月应计提当月应缴纳的车船税。计提时，每月金额为22.50 元，编制如下会计分录。

借：税金及附加   22.50
　　贷：应交税费——应交车船税   22.50

购置车船后在规定时间内缴纳当年的车船税，应编制如下会计分录。

借：应交税费——应交车船税   180.00
　　贷：银行存款   180.00

10.4.5　房产税的征税范围和适用税率

房产税是对在我国城市、县城、建制镇和工矿区内拥有房屋产权的单位和个人征收的一种税，纳税人是拥有这些范围内的房屋产权的所有人或者产权承典人、房产代管人或使用人，征税范围就是这些区域内的房屋。

房产税的计税依据会因为计税方法的不同而不同，而计税方法主要分为从价计征和从租计征两种。从价计征的，房产税适用税率为 1.2%，计税依据为房产原值一次性扣除 10% ~ 30% 后的余值，具体扣减比例由省、自治区和直辖市的人民政府确定。从租计征的，房产税适用税率为 12%，计税依据为取得的不含增值税的租金收入。因此，可总结出如下两个应纳税额计算公式。

从价计征的房产税应纳税额=应税房产原值×（1-扣除比例）×1.2%

从租计征的房产税应纳税额=租金收入×12%

注意，从价计征时，应税房产的原值是指不扣除折旧额的原值。下面以从价计征为例，介绍房产税的账务处理。

| 范例解析 |　核算企业应缴纳的房产税

2020年6月1日，甲公司购买了一处房产准备作为办公楼使用。已知该房产价格为210.00万元，当地人民政府规定的房产税扣除比例为20%，当月就投入使用，则该房产年度应缴纳房产税是多少？

应纳税额=2 100 000.00×（1-20%）×1.2%÷12×7=11 760.00（元）

实务中，房产税实行按年计算、分期缴纳的征收方式，具体纳税期限由省、自治区和直辖市的人民政府确定。因此，甲公司在购买了该房产后的规定时间内，应计提当年应缴纳的房产税，会计分录如下。

借：税金及附加   11 760.00

    贷：应交税费——应交房产税   11 760.00

假设当地人民政府规定企业按月缴纳房产税，则甲公司每月缴纳 1 680.00元（11 760.00÷7）的房产税时，编制如下会计分录。

借：应交税费——应交房产税   1 680.00

    贷：银行存款   1 680.00

10.4.6　契税的征税范围和适用税率

契税是对在我国境内承受土地、房屋权属转移的单位和个人征收的一种税，征税对象是土地和房屋权属，而纳税人是承受土地、房屋权属转移的单位和个人。如表 10-15 所示的是契税的具体征税范围。

表 10-15　契税的征税范围

征税范围	说明
国有土地使用权出让	指土地使用者向国家交付土地使用权出让费，国家将国有土地使用权在一定年限内让与土地使用者的行为。出让费包括土地出让金
土地使用权转让	指土地使用者以出售、赠与、交换或其他方式将土地使用权转移给其他单位或个人的行为。该行为不包括农村集体土地承包经营权的转移
房屋买卖	指房屋所有者出售其手中的房屋，由房屋承受者（即购买者）交付货币、实物、无形资产或其他经济利益的行为
房屋赠与	指房屋所有者将其手中的房屋无偿转让给受赠者的行为
房屋交换	指房屋所有者之间相互交换房屋产权的行为
其他特殊情形	1. 以土地、房屋权属作价投资、入股。 2. 以土地、房屋权属抵债。 3. 以获奖方式承受土地、房屋权属。 4. 以预购方式或预付集资建房款方式承受土地、房屋权属等。 土地、房屋典当、继承、分拆、抵押和出租等不属于契税征税范围

契税采用比例税率，实行 3% ~ 5% 的幅度比例税率，具体税率由各省、自治区和直辖市人民政府在幅度税率规定范围内确定。在计算契税的应纳税额时，关键是要确定计税依据，不同征税范围下，计税依据是不同的，内容如表 10-16 所示。

表 10-16　契税的计税依据

征税范围	计税依据
国有土地出让、土地使用权出售、房屋买卖、以土地或房屋权属作价投资入股、以土地或房屋权属抵债等	成交价格
土地使用权赠与、房屋赠与、以获奖方式承受土地或房屋权属等	由征收机关参照土地使用权出售、房屋买卖的市场价格核定
土地使用权交换、房屋交换	交换土地使用权、房屋的价格差额（由支付差额的一方缴纳契税）
以划拨方式取得土地使用权，经批准转让房地产时补交的契税	补交的土地使用权出让费用或土地收益

契税应纳税额=计税依据×适用税率

| 范例解析 |　核算企业应缴纳的契税

2020年6月1日，甲公司购买了一处房产准备作为办公楼使用。已知该房产价格为210.00万元（房屋买卖合同约定的成交价），当地人民政府规定的契税税率为4%，当月就投入使用，该公司承受该房产权属要缴纳多少契税？

应纳税额=2 100 000.00×4%=84 000.00（元）

由于实务中纳税人应在纳税义务发生之日起10日内向土地、房屋所在地的税收征收机关申请办理纳税申报，并在规定时间内一次性缴纳税款，所以账务处理上直接将发生的契税在发生时计入相关土地和房屋的成本中，做入账处理，即该房产的入账价值为218.40万元（210.00+8.40）。故此上述案例中公司财会人员需编制如下会计分录。

借：固定资产　　　　　　　　　　　　　　2 184 000.00

　　贷：银行存款　　　　　　　　　　　　　　　2 184 000.00

10.4.7 印花税的征税范围和对应税率

印花税是对经济活动和经济交往中书立、领受、使用的应税凭证征收的一种税，纳税人是书立、领受或使用这些凭证的单位和个人，具体可分为立合同人、立据人、立账簿人、领受人这 4 类。下面通过表 10-17 来认识印花税的征税范围、对应税率和纳税人。

表 10-17　印花税的税目税率表

税目		税率	纳税人	补充说明
合同	财产保险合同	保险费的 1‰	立合同人	单据作为合同使用的，按合同贴花
	借款合同	借款金额的 0.05‰		
	购销合同	购销金额的 0.3‰		—
	技术合同	合同所载金额的 0.3‰		—
	建设工程合同	价款的 0.3‰		—
	融资租赁合同	租金的 0.05‰		—
	运输合同	运输费用的 0.3‰		单据作为合同使用的，按合同贴花
	承揽合同	报酬的 0.3‰		—
	租赁合同	租赁金额的 1‰		税额不足 1 元的按 1 元贴花
	仓储、保管合同	仓储费或保管费的 1‰		仓单或栈单作为合同使用的，按合同贴花

续上表

	税目	税率	纳税人	补充说明
产权转移书据	土地使用权出让书据,土地使用权、房屋等建筑物和构筑物所有权转让书据(不包括土地承包经营权和土地经营权转移),股权转让书据(不包括应缴纳证券交易印花税的)	书据所载金额的0.5‰	立据人	—
	商标专用权、著作权、专利权、专有技术使用权转让书据	价款的 0.3‰		—
营业账簿(记载资金的账簿)		实收资本(股本)和资本公积合计金额的0.5‰	立账簿人	在规定时间内按0.25‰减半征收

从上表中的内容不仅可以知道印花税的应税税目、纳税人和具体的税率,还可以知道每种税目的印花税计税依据,根据"应纳税额 = 计税依据 × 适用税率"这一公式就可求得印花税的应纳税额。

| 范例解析 |　核算企业应缴纳的印花税

2020年6月4日,丙公司与客户签订了一份货物购销合同,注明购销价款为12.00万元(不含税),那么,丙公司需要缴纳多少印花税?

应纳税额=120 000.00 × 0.3‰=36.00(元)

由于印花税在发生时直接以银行存款支付,且通过"税金及附加"科目核算,因此发生印花税纳税义务时直接编制如下会计分录。

借:税金及附加　　　　　　　　　　　　　　36.00

　　贷:银行存款　　　　　　　　　　　　　　　　36.00

除了前述提及的这些税费外,还有一些特殊的税种会在特殊的经济事项发生时缴纳相应的税费,如环境保护税、烟叶税、船舶吨税和资源税等。

11

申报纳税和税务筹划

　　企业的税务工作，不仅限于会算税额、会做税务处理，还需要财会人员懂得如何进行纳税申报，如何缴纳税款，甚至学会进行税务筹划，帮助企业减轻税收负担。这些事情听起来好像很简单，但实际操作时却没那么容易。本章就来系统地学习这些知识。

11.1
税务登记、变更和注销处理

税务登记是指纳税人按照税法的规定，向主管税务机关申请对自身的生产、经营活动进行登记管理的一种制度，是纳税人依法履行纳税义务的法定手续。税务登记包括税务开业登记、变更登记、停业和复业登记以及注销登记。

11.1.1　营业初期做好税务登记并领购发票

营业初期的税务登记一般指开业税务登记，由企业、企业的分支机构或生产经营场所、个体工商户或者从事生产经营的事业单位等向生产经营所在地税务机关申报办理税务登记。该税务工作中需要财会人员明确的要点如表 11-1 所示。

表 11-1　开业税务登记的要点

要点	说明
办理时间	纳税人领取营业执照或临时营业执照的，应从领取营业执照之日起 30 日内申报办理开业税务登记
需要的资料	营业执照或其他核准执业证件、有关合同或协议书、公司章程、银行账户证明文件、法定代表人或负责人的居民身份证或其他合法的身份证件、经营场所证明、税务机关要求提供的其他资料。 特殊企业或从事特殊经营范围的企业，在办理开业税务登记时可能还会需要提供有关机关、部门批准设立的文件原件和复印件
登记的内容	纳税人名称、经营地址、所有制形式、隶属关系、经营方式、经营范围和其他有关事项

纳税人可从国家税务总局的官网上下载税务登记表，填写好表格后，携带表格和相关资料，在规定的期限内向主管税务机关提出办理税务登记的申请，然后由税务机关收好纳税人填报的登记表和提交的各种资料，最后建立纳税人登记资料档案，开业税务登记就完成了。

纳税人依法办理了开业税务登记后，就需要向主管税务机关申请领购发票，并由税务机关向纳税人发放发票领购簿。

第一步，由纳税人填写纳税人领购发票票种核定申请表，然后与税务经办人员的身份证明以及企业的财务专用章或发票专用章印模一起交给主管税务机关的办税人员。

第二步，由税务机关的办税人员查验纳税人出示的证件是否有效，提供的各种资料是否齐全且有效，印章是否齐全，申请表中填写的内容是否与附报资料一致。如果纸质资料不全或填写不符合规定，办税人员需当场一次性告知企业税务经办人员进行补正或重新填报。

第三步，如果纳税人不符合领购发票的条件，则办税人员需向企业税务经办人员出具税务行政许可不予受理通知书；如果符合条件，则办税人员通过规定的系统将纳税人的有关信息正确地录入纳税人领购发票票种核定申请审批表中，同时向企业税务经办人出具税务行政许可受理通知书和文书受理回执单等单据。

第四步，所有手续齐备后，企业税务经办人就可领购发票回公司，以备日后在经济活动或事项中使用。

目前，我国纳税人可以自行开具增值税发票，只需要去税务机关在工作人员的指导下完成账号注册、税种核定、征收方式选择等即可完成税务登记。日后经济活动或事项需要开具发票的，只需进入国家税务总局地方电子税务局官网填写发票用票申请表，即可开具对应的电子发票。

11.1.2　营业期间发生变化要做税务变更登记

企业在生产、经营过程中，难免会发生经营事项或企业信息的变化，如果涉及纳税人税务登记内容发生重要变化的，就需要做税务变更登记，由纳税人向主管税务机关提出变更税务登记的申请。

那么，究竟哪些税务登记内容发生变化时，纳税人需要办理变更税务登记呢？办理变更税务登记手续时又需要提供哪些资料呢？不同的税务登记内容发生变更时，需要提交的资料有所不同，具体如表11-2所示。

表 11-2　需要进行变更税务登记的变更事项及所需提供的资料

变更事项	所需提供的资料
注册资本变更	变更的决议或补充章程的原件和复印件

续上表

变更事项	所需提供的资料
法定代表人变更	1. 法定代表人居民身份证或护照等身份证明资料原件和复印件。 2. 变更的决议和有关证明文件的原件和复印件。 3. 国有企业还需提供上级部门的任命书原件和复印件，没有任命书的，可提供"新任法定代表人愿意承担前任法定代表人任职期间该纳税人涉税业务的权利和义务的声明"
单位名称改变	1. 法定代表人签署的公司变更登记申请书。 2. 有关部门批准变更单位名称的批准文件。 3. 新单位名称的核准通知书和新的营业执照复印件等
注册类型变更	变更决议和有关证明文件的原件和复印件
注册地或经营地变更	1. 注册地和生产、经营所在地证明（不动产权证、租赁协议等）原件和复印件。 2. 经营地迁移到市内其他行政区的，还需提供发票缴销登记表。 3. 进出口业务的纳税人，需提供经进出口税收管理部门审批通过的出口货物退（免）税注销认定通知书等
经营范围变更	1. 变更的决议和有关证明文件的原件及复印件。 2. 涉及纳税人税种变更的，还需提供纳税人税种登记表等
银行账号变更	银行开立账户的资料原件和复印件
分支机构负责人变更	1. 变更的决议和有关证明文件的原件及复印件。 2. 负责人居民身份证或者护照等身份证明资料原件和复印件等
分支机构申请变更总机构相关登记信息	总机构的营业执照复印件
总机构申请变更其分支机构相关登记信息	分支机构的营业执照复印件

首先，纳税人的税务登记内容发生变更时，应在发生变更后的 30 日内，携带相应的资料、文件，向主管税务机关申请办理变更税务登记。

其次，税务机关的办税人员审查纳税人填报的表格是否符合要求，附送的资料是否齐全，是否有在案的未履行纳税义务的记录等，对符合条件的予以办理变更税务登记；不符合条件的，告知纳税人补正资料或重新填报，直到符合条件才能予以办理。

> **知识延伸｜停业和复业登记**
>
> 　　停业和复业登记是指实行定期定额征收方式的纳税人，因自身经营需要而暂停经营，后续又恢复经营，需要向主管税务机关申请办理的一种税务登记手续。这种情形下，纳税人的停业时间不得超过一年。纳税人在申报办理税务停业登记时，应如实填写停业登记表，说明停业的原因、期限以及停业前的纳税情况和发票领、用、存情况，同时还需结清应纳税款、滞纳金和罚款，而税务机关会暂时收存纳税人的发票领购簿和未使用完的发票等资料。
>
> 　　停业和复业登记是同时存在的。纳税人应在恢复生产经营前，向主管税务机关申请办理税务复业登记，如实填写停、复业报告书，领回并启用发票领购簿和停业前领购但未使用的发票。如果停业期满后纳税人不能及时恢复生产、经营的，应在停业期满前填写延期复业申请审批表并向主管税务机关申请延长停业登记申请，同时还需如实填写停、复业报告书，待主管税务机关核准后发放核准延期复业通知书才可延期。如果停业期满未按期复业，也不申请延长停业，则主管税务机关会视纳税人已经恢复营业，实施正常的税收征收管理。

11.1.3　公司不再继续经营时要办理税务注销登记

　　税务注销登记是指纳税人发生解散、破产、撤销和其他情形时，依法终止纳税义务而应向原税务登记机关申请办理的一项税务登记手续。

　　实务中存在两种税务注销登记的情况：一是应在向工商行政管理机关或其他机关办理注销登记前持相关资料和文件向原税务登记机关申请办理注销税务登记；二是按规定不需要在工商行政管理机关或其他机关办理注销登记的，应从有关机关批准或宣告终止之日起 15 日内，持有关资料和文件向原税务登记机关申请办理注销税务登记。

　　另外，企业因为特殊原因而终止纳税义务的，其注销税务登记的手续办理时间有差异，大致概括为如表 11-3 所示的 3 类。

表 11-3　不同情形下注销税务登记的办理时间

情形	办理时间
纳税人住所或经营地发生变更，导致税务登记机关变更的	在住所或经营地变动前，向原税务登记机关申请办理注销税务登记，并在30日内向迁达地税务机关申请办理税务登记

续上表

情形	办理时间
纳税人被工商行政管理机关吊销营业执照或被其他机关予以撤销登记的	应从营业执照被吊销或被撤销登记之日起 15 日内向原税务登记机关申请办理注销税务登记
境外企业在中国境内承包建筑、安装、装配、勘探工程和提供劳务的	应在项目完工、离开中国前 15 日内，持有关证件和资料，向原税务登记机关申请办理注销税务登记

必须要注意的是，纳税人在办理注销税务登记手续前，应向税务机关提交相关证明文件和资料，同时结清应纳税款、多退税款、滞纳金和罚款等，缴销发票和税务相关证明，经税务机关核准后即可办理注销税务登记。

企业的办税人员将填写好的注销税务登记表及其他需要提供的证明文件和资料一并提交给税务机关，由税务机关的办税人员审核这些表格和资料的完整性、合法性和有效性，同时查看印章是否齐全，税款是否结清，结存的发票是否做了验旧和缴销处理，实地清算纳税人未办结的涉税事项。

如果经审查后发现纸质资料不全或填写内容不符合要求，税务机关办税人员应当场一次性告知企业办税人员补正或重新填报，直到符合要求。如果审查后符合条件，则税务机关办税人员在规定期限内为纳税人办理注销税务登记，纳税人需向税务机关交回防伪税控设备。

11.2
各种税费的纳税申报处理

在进行了税务登记后，企业作为纳税人，需要根据税法的有关规定按时进行纳税申报并缴纳税款，不同的税种有不同的纳税申报流程。

11.2.1 增值税、消费税、城市维护建设税和教育附加费的申报与缴纳

增值税、消费税、城建税（即城市维护建设税）和教育附加费等，这些税费之间有着一定的联系。因此纳税申报事项可相互结合学习和处理。

（1）增值税申报与缴纳

增值税的纳税期限有1日、3日、5日、10日、15日、1个月和1个季度之分，具体的纳税期限由纳税人的主管税务机关确定。若不能按照固定期限纳税，则可按次纳税。

如果纳税人以1日、3日、5日、10日或15日为一个纳税期，则从期满之日起5日内预缴增值税税款，并在次月1日～15日内申报纳税，结清上月的应纳税款。如果以一个月或一个季度为一个纳税期，则从期满之日起15日内申报纳税，结清上月的应纳税款。纳税人进口货物的，应从海关填发《进口增值税专用缴款书》之日起15日内缴纳税款。

增值税一般纳税人通过法定的网上纳税申报系统进行纳税申报，按照系统提示的操作执行即可，然后选择税款缴纳方式，在规定的期限内按时、足额缴纳税款。增值税以及后续要介绍的所有税种的纳税申报表，均可登录网上纳税申报系统进行填写和申报。

增值税小规模纳税人需登录国家税务总局××省(市)电子税务局官网，按照页面提示进行各种税费的申报表填写和提交申报等操作。

（2）消费税申报与缴纳

消费税的纳税期限与增值税的完全相同，具体纳税期限同样由纳税人的主管税务机关确定，不能按照固定期限纳税的，可按次纳税。同样地，消费税的纳税申报期限和税款缴纳时间等也与增值税的完全相同，只不过如果纳税人进口的货物是应税消费品时，应从海关填发《海关进口消费税专用缴款书》之日起15日内缴纳税款。

（3）城建税和教育附加费

教育附加费包括教育费附加和地方教育附加两种费，由于这两种费和城建税一起并称为增值税和消费税的"附加税费"，所以在进行纳税申报并填写申报表时，相关的数据需结合当期实际缴纳的增值税和消费税税款来确定。

城建税一般按月或按季计征，如果不能按照这样的固定期限计征，则可按次计征。如果按月或按季计征，则纳税人应在月度或季度终了之日起15日呃逆申报并缴纳税款；如果按次计征，则纳税人应在纳税义务发生之日起15

日内申报并缴纳税款。

教育费附加和地方教育附加的纳税申报期限和缴纳税款的时间与城建税一致。通常，这些附加税费的应缴纳税款应与增值税和消费税税款同时缴纳。

11.2.2　企业所得税和个人所得税的申报与缴纳

企业所得税的申报和缴纳关系着企业的利益，而个人所得税的申报和缴纳关系着职工个人的利益，因此不能轻视。

（1）企业所得税申报与缴纳

企业所得税按年计征，分月或分季预缴，年终汇算清缴，多退少补。通常，纳税年度从公历 1 月 1 日～ 12 月 31 日。如果企业在一个纳税年度中间开业或终止经营，使该纳税年度的实际经营期不足 12 个月，则应以实际经营期为一个纳税年度。如果企业依法清算，则应以清算期间为一个纳税年度。

纳税人按月或按季预缴企业所得税税款的，应从月份或季度终了之日起 15 日内向主管税务机关报送预缴企业所得税纳税申报表（不同情况的企业，预缴申报表会有不同），按时预缴税款。

纳税人应在年度终了之日起 5 个月内，向主管税务机关报送企业所得税年度纳税申报表（不同情况下适用不同的版次），同时进行汇算清缴，结清应缴、应退税款。如果企业在年度中间终止经营活动，则应从实际经营终止之日起 15 日内，向主管税务机关申请办理当期企业所得税汇算清缴，结清税款。

（2）个人所得税申报与缴纳

不同的应税所得，申报和缴纳事宜是不同的，如表 11-4 所示。

表 11-4　个人所得税的申报与缴纳

所得的情形	申报与缴纳事宜
居民个人取得综合所得	按年计算个人所得税，按月或按季填报相应的纳税申报表，并预缴税款；有扣缴义务人的，由扣缴义务人按月或按次预扣预缴税款。需要办理汇算清缴的，应在取得所得的次年 3 月 31 日～ 6 月 30 日内办理

续上表

所得的情形	申报与缴纳事宜
非居民个人取得综合所得	有扣缴义务人的，由扣缴义务人按月或按次代扣代缴税款，不办理汇算清缴
纳税人取得经营所得	按年计算个人所得税，由纳税人在月份或季度终了后 15 日内向主管税务机关报送纳税申报表，预缴税款；在取得所得的次年 3 月 31 日前办理汇算清缴
纳税人取得利息、股息、红利所得、财产租赁所得、财产转让所得和偶然所得	按月或按次计算个人所得税；有扣缴义务人的，由扣缴义务人按月或按次代扣代缴税款
纳税人取得应税所得，扣缴义务人未扣税款的	纳税人应在取得所得的次年 6 月 30 日前缴纳税款；税务机关通知限期缴纳的，纳税人应按照期限缴纳税款
居民个人从中国境外取得所得的	应在取得所得的次年 3 月 1 日～ 6 月 30 日内申报纳税
非居民个人在中国境内从两处以上取得工资、薪金所得的	应在取得所得的次月 15 日内申报纳税

11.2.3　其他税种的申报与缴纳

除了增值税、消费税、城建税、教育附加费、企业所得税和个人所得税外，其他税种的申报与缴纳或多或少都有不同，本小节作概括讲解。

（1）印花税申报与缴纳

印花税可以按季或按年计征，也可按次计征。按季或按年计征的，纳税人应在季度或年度终了之日起 15 日内申报纳税，并缴纳税款；按次计征的，纳税人应在纳税义务发生之日起 15 日内申报纳税，并缴纳税款。

但是，证券交易的印花税按周解缴，扣缴义务人应在每周终了之日起 5 日内申报解缴税款和孳息。如果已经缴纳了印花税的凭证所载金额或价款增加，则纳税人应补缴印花税；反之，如果所载金额或价款减少，则可向主管税务机关申请退还印花税税款。

（2）关税申报与缴纳

关税与前述提及的税种在申报缴纳方面有明显不同。关税要纳税人按照进出口货物通关规定向海关申报后、海关放行前一次性缴纳，而进出口货物的收发货人或其代理人应在海关签发税款缴款凭证的次日起 15 日内（休息日和节假日除外），向指定银行缴纳税款。

如果纳税人逾期不缴纳关税，除征收机关依法征缴外，海关还会从到期次日起至缴清税款之日止，按日向纳税人征收欠缴税额的 0.5‰的滞纳金。

如果因为海关误征而多缴纳关税税款，或者海关核准免验的进口货物完税后被海关审查认可为有短卸情况，或者已征出口关税的货物因故未装运出口而申报退关，这些情形只要经海关查验核实，纳税人就可以从缴纳税款之日起一年内提出书面声明理由，连同纳税收据向海关申请退税。注意，如果逾期没有办理，则海关不予受理。

（3）房产税申报与缴纳

房产税在房产所在地缴纳。如果房产不在同一地区，应按房产的坐落地点分别向房产所在地的主管税务机关申报纳税。房产税按年计算、分期缴纳，具体纳税期限由省、自治区和直辖市人民政府确定。

（4）契税申报与缴纳

契税实行属地征收管理，即纳税人发生契税纳税义务时，应向土地、房屋所在地的主管税务机关申报纳税。不同地区的土地和房屋，应按土地、房屋的坐落地点分别向土地、房屋所在地的主管税务机关申报纳税。由于契税是一次性征收，所以纳税人应在纳税义务发生之日起 10 日内，向土地、房屋所在地的主管税务机关申请办理纳税申报事宜，并在规定的期限内缴纳税款。

（5）土地增值税申报与缴纳

因为土地增值税是在土地权属发生转移时征收，所以纳税人应在转让房地产合同签订后 7 日内，到房地产所在地主管税务机关办理纳税申报，然后在规定的期限内缴纳税款。

如果纳税人采取预售方式销售房地产，则纳税人是否需要预缴土地增值税，就看各省、自治区和直辖市的税务机关的具体规定。另外需要注意的是，土地增值税涉及纳税清算，指纳税人在符合土地增值税清算条件后，依照税收法律、法规和土地增值税有关规定，计算房地产开发项目应缴纳的土地增值税税额，结清该房地产项目应缴纳土地增值税税款的行为。符合下列条件之一的，纳税人应进行土地增值税清算。

◆ 房地产开发项目全部竣工、完成销售。

◆ 整体转让未竣工决算房地产开发项目。

◆ 直接转让土地使用权。

如果符合下列条件之一的，主管税务机关可要求纳税人进行土地增值税清算。

◆ 已竣工验收的房地产开发项目。

◆ 已转让的房地产建筑面积超过整个项目可售建筑面积85%，或者未超过85%，但剩余的可售建筑面积已经出租或自用。

◆ 取得销售（或预售）许可证满3年仍未销售完毕的房地产项目。

◆ 纳税人申请注销税务登记但未办理土地增值税清算手续的。

◆ 省级税务机关规定的其他情形。

（6）城镇土地使用税申报与缴纳

城镇土地使用税在土地所在地缴纳。如果纳税人使用的土地不由同一省份、自治区或直辖市管辖的，纳税人应分别到土地所在地主管税务机关办理纳税申报，缴纳税款；如果由同一省份、自治区或直辖市管辖，但跨地区使用土地，则纳税地点由各省、自治区和直辖市主管税务机关确定。

城镇使用税按年计算、分期缴纳，具体纳税期限由省、自治区和直辖市人民政府确定。

（7）耕地占用税申报与缴纳

耕地占用税在纳税义务发生时一次性缴纳，且在耕地或其他农用地所在地进行纳税申报。纳税人应从收到土地管理部门出具的农用地专用批复文件之日起30日内申报纳税，并缴纳税款。

如果纳税人未经批准就占用耕地，则应从实际占用耕地之日起30日内申报纳税，并缴纳税款。

（8）资源税申报与缴纳

资源税一般在应税产品销售或自用环节计算缴纳。其中，以自采原矿加工精矿产品的，在原矿移送使用时不缴纳资源税，在精矿销售或自用时缴纳；以自采原矿加工金锭的，在金锭销售或自用时缴纳资源税；销售自采原矿或自采原矿加工的金精矿、粗金，在原矿或金精矿、粗金销售时缴纳资源税，移送使用时均不缴纳。

资源税的纳税期限与增值税和消费税的类似，有 1 日、3 日、5 日、10 日、15 日和 1 个月，具体纳税期限由主管税务机关确定。如果不能按照前述固定期间计算纳税，可按次计缴。以 1 日、3 日、5 日、10 日或 15 日为一个纳税期的，从期满之日起 5 日内预缴税款，在次月 1 日～10 日内申报纳税并结清上月税款；以 1 个月为一个纳税期的，从期满之日起 10 日内申报纳税。

（9）车船税申报与缴纳

车船税在车船的登记地或车船税扣缴义务人所在地缴纳，如果车船依法不需要办理登记，则车船税在车船所有人或管理所在地缴纳。车船税按年申报、一次性缴纳、分月计算，具体纳税申报期限由省、自治区和直辖市人民政府确定。

（10）车辆购置税申报与缴纳

纳税人应在向公安机关车辆管理机构办理车辆登记注册前，向车辆登记注册地的主管税务机关申报纳税，缴纳车辆购置税。车辆购置税一次性征收，因此税款应一次性缴清。如果购置的是已征收车辆购置税的车辆，则纳税人不再缴纳车辆购置税。

纳税人购买自用应税车辆的，应从购买之日起 60 日内申报纳税，缴纳税款；进口自用应税车辆的，应从进口之日起 60 日内申报纳税，缴纳税款；自产、受赠、获奖或以其他方式取得并自用应税车辆的，应从取得之日起 60 日内申报纳税，缴纳税款。

（11）环保税

纳税人应向应税污染物排放地的主管税务机关申报纳税。环保税按月计算、按季申报缴纳。如果不能按固定期限计算缴纳，可按次申报缴纳。

如果按季申报缴纳，应从季度终了之日起 15 日内向主管税务机关办理纳税申报并缴纳税款；如果按次申报缴纳，应从纳税义务发生之日（纳税人排放应税污染物的当天）起 15 日内向主管税务机关办理纳税申报并缴纳税款。

（12）船舶吨税

船舶吨税的纳税义务发生时间为应税船舶进入境内港口的当天，应税船舶在船舶吨税执照期满后还未离开港口的，应申领新的船舶吨税执照。

船舶吨税由海关负责征收，并制发缴款凭证。应税船舶的负责人应从海关填发船舶吨税缴款凭证之日起 15 日内缴清税款；未按期缴清的，从滞纳税款之日起到缴清税款之日止，按日加收滞纳税款 0.5‰的税款滞纳金。

如果应税船舶到达港口前经海关核准先行申报并办结出入境手续，则应税船舶的负责人应向海关提供与其依法履行船舶吨税缴纳义务相适应的担保，待船舶到达港口后按规定向海关申报纳税。

如果海关发现少征或漏征税款，应从应税船舶应缴纳税款之日起一年内补征税款；如果是应税船舶违反规定而是海关少征或漏征税款，则海关可以从应缴纳税款之日起 3 年内追征税款，并从应缴纳税款之日起按日加征少征或漏征税款 0.5‰的税款滞纳金。

相反，如果海关发现多征税款，应在 24 小时内通知应税船舶办理退还手续，并加算银行同期活期存款利息；如果是应税船舶自己发现多缴了税款，可从缴纳税款之日起 3 年内以书面形式要求海关退还多缴的税款并加算银行同期活期存款利息。

（13）烟叶税

烟叶税的纳税义务发生时间为纳税人收购烟叶的当天，一般是纳税人向烟叶销售者付讫收购烟叶款项或开具收购烟叶凭证的当天。由此可见，烟叶税在烟叶收购环节征收。

烟叶税按月计征，纳税人应在纳税义务发生月终了之日起 15 日内申报并缴纳税款，具体纳税期限由当地主管税务机关核定。

目前，我国针对印花税、房产税、契税、土地增值税、城镇土地使用税、耕地占用税、资源税、车船税、环保税和烟叶税等税种已经逐步实行合并纳税申报，支持不同纳税期限的税种同时申报，实现多税种"一张报表、一次申报、一次缴款、一张凭证"，简化了办税手续。

11.3
常见税费的政策优惠及税务筹划方法

企业顺利开展经营活动是很不容易的，盈利的同时还承担纳税义务。为了给企业减负，大力鼓励企业发展，我国出台了很多税收优惠政策，而且纳税人本身也在不断的经营管理工作中总结出了一些合理、合法的税务筹划方法，来为企业减轻税收负担。

11.3.1　找准恰当的税务筹划切入点

要想税务筹划合理、合法，切入点的选择非常重要。常见的有以下 4 个。

◆　纳税人身份

很显然，增值税一般纳税人和小规模纳税人在增值税的缴纳方面存在明显的不同，尤其是税率。

假设某企业当月发生原材料及其他货物的采购价款共计 X 万元（含税），当月实现销售收入共 Y 万元（不含税），如果企业是一般纳税人，则当月实际应缴纳增值税 $=13\%Y-X\div(1+13\%)\times13\%$；如果是小规模纳税人，则当月应缴纳增值税 $=3\%Y$，当两者相等时，即：

$$13\%Y-X\div(1+13\%)\times13\%=3\%Y，Y\approx1.15X。$$

也就是说，当企业的月销售收入是采购价款的 1.15 倍时，两种纳税人身份需要缴纳的增值税是相等的；但是当月销售收入高于采购价款的 1.15 倍，则选择小规模纳税人可以缴纳更少的增值税；反之，一般纳税人可以缴纳更少的增值税。

◆ 企业经营地

在学习前面的税务知识时我们了解到，很多税费的税率和费率会因为所处地区的不同而不同。所以，企业可选择恰当的经营地，使自身适用于较低的税率或费率，从而减少应缴纳的税额。

◆ 税种、税率和税目

在分配税务筹划精力时，主要将精力放在那些税务筹划空间较大的税种上，比如增值税、企业所得税等。如何理解税务筹划空间大呢？比如增值税，由于税率高，所以一旦找对方法减小计税依据，就可以大幅度减少应纳税款；不同的行业税率不一样，因此可选择恰当的经营范围适用较低税率，从而减税。又比如企业所得税，存在税前扣除项目，如果能在税法规定的扣除范围内尽可能多地发生相应的费用和成本，就可减少应纳税所得额，从而减少应纳税额。

◆ 向优惠政策靠拢

对企业来说，不管是从应纳税税种出发，还是从税率、征税范围考虑，都可以尽可能地向对应的优惠政策靠拢，以合法、合理的手段使企业自身适用于现行的税收优惠政策。这是最有效、最直接的税收筹划方法。

11.3.2　增值税的优惠政策和税务筹划方法

在我国，针对增值税的优惠政策和具体规定有很多，下面列举常见的一些，如表 11-5 所示。

表 11-5　增值税的部分税收优惠政策

条目	政策内容
1	《增值税暂行条例》及其实施细则规定了如下免税项目： 1. 农业生产者销售的自产农产品。 2. 避孕药品和工具。 3. 古旧图书，即向社会收购的古书和旧书。 4. 直接用于科学研究、科学试验和教学的进口仪器、设备。 5. 外国政府、国际组织无偿援助的进口物资和设备。 6. 由残疾人组织直接进口供残疾人专用的物品等

续上表

条目	政策内容
2	境内单位和个人销售下列服务和无形资产的跨境行为，免征增值税： 1. 工程项目在境外的建筑服务、工程监理服务。 2. 工程、矿产资源在境外的工程勘察勘探服务。 3. 会议展览地点在境外的会议展览服务。 4. 标的物在境外使用的有形动产租赁服务。 5. 在境外提供的广播影视节目的播映服务、文化体育服务、教育医疗服务。 6. 向境外单位提供的完全在境外消费的电信服务、知识产权服务、物流辅助服务、鉴证咨询服务、专业技术服务、商务辅助服务和无形资产等
3	自 2023 年 1 月 1 日至 2027 年 12 月 31 日，对月销售额 10 万元以下（含本数）的增值税小规模纳税人免征增值税；小规模纳税人以一个季度为一个纳税期的，季度销售额未超过 30 万元，可以享受免征增值税政策

下面我们以实务中可能会用到的纳税人身份筹划法为例，讲解具体的税务筹划的操作思路。

| 范例解析 | 通过纳税人身份筹划税收

根据前一小节的内容，假设甲公司 2020 年 5 月发生原材料采购价款共 20.00 万元（含税），当月实现销售收入为 23.20 万元（不含税），此时不含税销售收入是含税采购价款的 1.16 倍（23.20÷20.00）。

1.如果认定为一般纳税人，实际需要缴纳的增值税为：232 000.00×13%－200 000.00÷（1+13%）×13%=7 151.15（元）

2.如果认定为小规模纳税人，需要缴纳的增值税为：232 000.00×3%=6 960.00（元）。

此时，选择认定为小规模纳税人可少缴纳增值税税款，与 11.3.1 节的结论一致。

如果含税采购价款不变，当月实现的销售收入只有 22.00 万元（不含税），此时不含税销售收入是含税采购价款的 1.1 倍（22.00÷20.00）。

1.认定为一般纳税人，实际需要缴纳的增值税为：220 000.00×13%－200 000.00÷（1+13%）×13%=5 591.15（元）。

2.认定为小规模纳税人，需要缴纳的增值税为：220 000.00×3%=6 600.00（元）。

此时，选择认定为一般纳税人可少缴纳增值税税款，也与11.3.1节的结论一致。

由于实际经营过程中，纳税人的身份并不能随意改变，且一旦认定为增值税一般纳税人，通常不能再转登记为小规模纳税人。所以该筹划方法具有明显的局限性。

11.3.3 企业所得税的优惠政策和税务筹划方法

企业所得税的多与少，会直接影响企业当期可以实现的净利润大小，进而限制企业的盈利能力。所以财会人员要充分了解企业所得税的税收优惠政策，学会税务筹划方法，为企业减轻企业所得税税负。如表11-6所示的是企业所得税的部分优惠政策。

表 11-6 企业所得税的部分优惠政策

项目	政策内容
免税收入	1. 国债利息收入。 2. 符合条件的居民企业之间的股息、红利等权益性投资收益。 3. 符合条件的非营利组织的收入等
减免税所得	1. 企业从事下列项目的所得，免征企业所得税。 ①蔬菜、谷物、薯类、油料、豆类、棉花、麻类、糖料、水果、坚果的种植以及农作物新品种的选育。 ②中药材的种植以及林木的培育和种植。 ③牲畜、家禽的饲养。 ④林产品的采集。 ⑤灌溉、农产品初加工、兽医、农技推广、农机作业和维修等农、林、牧、渔服务业项目。 ⑥远洋捕捞。 2. 企业从事下列项目的所得，减半征收企业所得税。 ①花卉、茶和其他饮料作物、香料作物的种植。 ②海水养殖、内陆养殖。 3. 从事国家重点扶持的公共基础设施项目的投资经营所得和从事符合条件的环境保护、节能节水项目的所得，从项目取得第一笔生产经营收入所属纳税年度起，第1～3年免征；第4～6年减半征收
特殊企业适用较低税率	1. 非居民企业所得，税率为10%。 2. 小型微利企业，税率为20%。 3. 高新技术企业和技术先进型服务企业，税率为15%

| 范例解析 | 公司发生的业务招待费可以进行税收筹划

假设乙公司2020年5月的销售收入总额为180.00万元，销售成本总额为95.00万元，销售费用、管理费用和财务费用共35.00万元，其中业务招待费有1.60万元。假设不存在其他收入、利得、成本和损失，适用税率为25%。

会计上应纳税所得额（利润总额）=180.00-95.00-35.00=50.00（万元）

应缴纳企业所得税税额=50.00×25%=12.50（万元）

净利润=50.00-12.50=37.50（万元）

在税法规定下，企业发生的业务招待费可按照发生额的60%扣除，但最高只能扣除销售收入的5‰，也就是0.90万元，如果前期已经扣除了0.96万元（1.60×60%），则要进行纳税调整。若前期计算时没有扣除0.96万元，则：

应纳税所得额=180.00-95.00-（35-1.60+0.90）=50.70（万元）

应缴纳企业所得税税额=50.70×25%=12.675（万元）

净利润=180.00-95.00-35.00-12.675=37.325（万元）

如果其他情况不变，就是业务招待费当月只发生了1.50万元，则可充分利用业务招待费的税前扣除政策（1.50×60%=0.90万元），此时会计上的应纳税所得额就与税法规定下的应纳税所得额相等，即50.70万元，净利润就为37.325万元。同理，如果业务招待费只发生了1.40万元，则可税前扣除0.84万元（1.40×60%），此时应纳税所得额就为：180.00-95.00-（35.00-1.60+0.84）=50.76（万元），应缴纳企业所得税为：50.76×25%=12.69（元），净利润就为：50.76-12.69=38.07（万元）。

从案例可知，如果单纯从节税角度考虑，企业发生的业务招待费在税前可按照实际发生额的60%扣除时，可使业务招待费的60%达到扣除最高点；但是如果业务招待费的60%超过了最高扣除金额，则需尽量控制业务招待费的支出。从盈利角度看，无论业务招待费的60%是否可以全部在税前扣除，都应尽可能减少业务招待费的支出，这样净利润会更高。

知识延伸 | 学会避免税务筹划中的风险

　　企业在进行税务筹划的过程中，如果认识不到其中存在的风险，可能会使企业蒙受不必要的经济损失。那么，究竟这一过程中存在哪些风险呢？

　　1.存在偷税、逃税的嫌疑而被税务机关查处的风险

　　在税务筹划过程中，如果财税人员不了解政策规定，不清楚哪些筹划方法是合理、合法的，就很可能错用筹划方法而使应缴纳的税款认定为不需要缴纳，或少缴纳税款。这样，税务机关就有理由怀疑企业存在偷税、逃税的嫌疑，可能给予处分。

　　2.多缴纳税款使企业面临直接蒙受经济损失的风险

　　同理，如果财税人员不了解政策规定，不清楚筹划方法的合理性和合法性，错用筹划方法，或者没有充分利用税收优惠政策，就可能使企业所缴纳税款，使企业蒙受直接经济损失。

| 12 |

认识并编制主要财务报表

对企业来说，要想将有用的财会信息进行集中记录和反映，就必须用到财务报表。在财会工作中，资产负债表、利润表、现金流量表和所有者权益变动表并称为"四大报表"。会计人员认识并了解如何编制这些财务报表，对工作能力的提升会有一定的帮助。

12.1
对账、更正错账和结账工作不能少

为了保证企业的会计核算、记账工作准确无误，财会人员必须在编制报表前开展对账和查账工作，然后结账。这样才能最大限度地保证编制的财会报表数据正确、真实、有效。

12.1.1 通过对账发现错账

财务工作中，如何检查账目的记录是否正确呢？有一项专门的工作叫作"对账"。对账工作主要包括3个方面，即账证核对、账账核对和账实核对。

顾名思义，账证核对就是账簿与凭证之间进行核对；账账核对就是账簿与账簿之间进行核对；账实核对就是账簿记录与实物数进行核对。具体的核对内容如表12-1所示。

表12-1　对账工作的具体内容

工作项目	工作内容
账证核对	核对账簿记录与原始凭证、记账凭证的编制时间、凭证字号、内容和金额等是否一致、记账方向是否相等。 1. 看总账与记账凭证汇总表是否相符。 2. 看记账凭证汇总表与记账凭证是否相符。 3. 看明细账与记账凭证和涉及的支票号码、其他结算票据的种类等是否相符
账账核对	1. 总账账簿之间的核对。 ①看总账资产类账户的余额总数与负债、所有者权益类账户的余额合计数是否相等。 ②看总账各账户的借方（或贷方）发生额合计数与各账户的贷方（或借方）发生额合计数是否相等。 2. 总账与其所辖明细分类账簿之间的核对。 ①看总账账户与其下辖的各个明细分类账户之间的本期发生额合计数是否相等。 ②看总分类账户与其下辖的各个明细分类账户之间的期初、期末余额合计数是否相等。

续上表

工作项目	工作内容
账账核对	3. 总账账簿与其他职能部门的账、卡之间的核对。 ①看总账账簿是否分别与现金日记账和银行存款日记账的有关账户的余额相等。 ②看总账账簿关于财产物资的明细分类账的余额是否与财产物资保管部门和使用部门记录的财产物资的余额相等
账实核对	各项财产物资、债权债务等账面余额与实物数量之间的核对。 ①现金日记账的账面余额与现金实际库存数进行逐日核对，看是否相等。 ②银行存款日记账的账面余额与开户银行对账单余额进行定期核对，看是否相等。 ③各种财产物资的明细账账面余额与财产物资实有数进行定期核对，看是否相符。 ④债权、债务明细账账面余额与债务人、债权人的债务、债权账面记录进行定期核对，看是否相符等

如果财会人员按照上表所示内容进行了对账工作，且所有对账都表明相符，即账证相符、账账相符和账实相符，就可以进行下一步的结账工作。但如果对账工作中发现了不相符的账目，则需要财会人员查明不相符的原因，同时更正错账。

12.1.2　学习错账更正方法，修改错误凭证和账簿记录

在对账工作中，可能出现记账凭证记录无误而会计账簿记录错误、记账凭证有误导致会计账簿记录错误等错账。不同类型的错账适用不同的错账更正方法。

下面对常用的方法作详细介绍。

（1）划线更正法

划线更正法是指更正错账时，在错误的文字或数字上画一条红线，在红线的上方填写正确的文字或数字，并由记账人员和会计机构负责人在更正处盖章，以示负责的一种错账更正方法。该方法适用于记账凭证没有错误，只是会计账簿记录中有文字或数字错误的情形。

但要注意，如果是数字错误，需要将整个数据一起划销，而不只是划销错误的单个数字。

比如，应记金额为"8 000"，但实际记成了"3 000"，应用红线将"8 000"这一数据全部划销，而不只是划掉"8"这个数字。

| 范例解析 |　用划线更正法更正错误的账簿记录

2020年5月底，甲公司在对账工作中发现一条账簿记录与记账凭证不符。经查明，记账凭证记录的会计信息没有错误，只是在登记会计账簿时该笔经济业务的"管理费用"科目名称记成了"销售费用"科目。

记账凭证记录的会计分录如下，错误会计账簿记录如图12-1所示。

借：管理费用——差旅费　　　　　　　　　　　　　　150.00

　　贷：库存现金　　　　　　　　　　　　　　　　　　150.00

2020年		凭证		对方科目	摘要	借方	贷方	余额	核对
月	日	种类	号数			百十万千百十元角分	百十万千百十元角分	百十万千百十元角分	
5					承前页			1 1 5 0 0 0 0	√
5	3	记	005	管理费用	付办公室报购办公用品费		5 4 0 0 0	1 0 9 6 0 0 0	√
5	5	记	007	主营业务收入	收到营业款	1 5 0 0 0 0 0		2 5 9 6 0 0 0	√
5	7	记	010	银行存款	取现	3 0 0 0 0 0 0		5 5 9 6 0 0 0	√
5	7	记	011	其他应收款	付赵英借备用金		2 0 0 0 0 0	5 3 9 6 0 0 0	√
5	8	记	012	销售费用	付广告宣传费		2 5 0 0 0 0	5 1 4 6 0 0 0	√
5	9	记	013	管理费用	付办公室报购办公用品费		1 3 8 0 0 0	5 0 0 8 0 0 0	√
5	9	记	014	主营业务收入	收到营业差旅费	2 4 0 0 0 0		5 2 4 8 0 0 0	√
5	12	记	015	销售费用	付赵英报销旅费		1 5 0 0 0 0	5 2 3 3 0 0 0	√
5	20	记	018	管理费用	付办公室报销通讯费		4 5 0 0 0	5 1 8 8 0 0 0	√
5	20	记	018	应付职工薪酬	付职工生活费		1 0 0 0 0 0	5 0 8 8 0 0 0	√
5	23	记	019	管理费用	付驾驶员车辆使用费		3 2 4 0 0	5 0 5 5 6 0 0	√
5	25	记	021	其他应收款	垫付销售部赵费医药费		2 0 0 0 0 0	4 8 5 5 6 0 0	√
5	31	记	024	管理费用	付5月水电费		2 5 9 5 0 0	4 5 9 6 1 0 0	√
5	31	记	025	主营业务收入	收到营业款	5 6 0 0 0 0		5 1 5 6 1 0 0	√
					过次页				

图12-1　错误的会计账簿记录

由于这一项错账没有涉及记账凭证错误，只是登记账簿时会计科目写错，所以符合划线更正法的使用范围。

财会人员要按照划线更正法，在错误的会计科目名称上画一条红线注销，并在其上方写出正确的会计科目名称"管理费用"，同时加盖记账人员的签章，如图12-2所示。

现 金 日 记 账

2020年		凭证		对方科目	摘要	借方	贷方	余额	核对
月	日	种类	号数						
5					承前页			1150000	√
5	3	记	005	管理费用	付办公室报购办公用品费		54000	1096000	√
5	5	记	007	主营业务收入	收到营业款	1500000		2596000	√
5	7	记	010	银行存款	取现	3000000		5596000	√
5	7	记	011	其他应收款	付赵英借备用金		200000	5396000	√
5	8	记	012	销售费用	付广告宣传费		250000	5146000	√
5	9	记	013	管理费用	付办公室报购办公用品费		138000	5008000	√
5	9	记	014	主营业务收入	收到营业款	240000		5248000	√
5	12	记	015	管理费用/销售费用	付赵英报销差旅费		15000	5233000	√
5	20	记	018	管理费用	付办公室报销通讯费		45000	5188000	√
5	20	记	018	应付职工薪酬	付职工生活费				√
5	23	记	019	管理费用	付驾驶员赵贵车辆使用费		324000	5055000	√
5	25	记		其他应收款	垫付销售部赵贵医药费		200000	4855600	√
5	31	记	024	管理费用	付5月水电费		259500	4596100	√
5	31	记	025	主营业务收入	收到营业款	5600000		5156100	√
					过次页				

图 12-2　划线更正法更改错误的账簿记录

（2）红字更正法

红字更正法指更正错账时用红字填写一张与原记账凭证完全相同的记账凭证，在摘要栏内注明"注销某年某月某日第某号凭证"字样，并据以用红字登记入账，以示注销原记账凭证，然后用蓝字填写一张正确的记账凭证，并据以用蓝字登记入账的错账更正方法。

或者是更正时按多记的金额用红字编制一张与原记账凭证应借、应贷科目完全相同的记账凭证，然后在摘要栏内写明"冲销某年某月某日第某号凭证"字样，以冲销多记的金额，并据以用红字登记入账的错账更正方法。

这两种方法适用于不同的情况。

◆ 第一种方法适用于记账（登记账簿）后发现记账凭证中应借、应贷会计科目有错误引起的记账错误。

◆ 第二种方法适用于记账（登记账簿）后发现记账凭证和账簿记录中的应借、应贷会计科目无误，只是所记金额大于应记金额引起的记账错误。

| 范例解析 |　凭证金额多记用红字更正法

2020年5月底，甲公司在对账工作中发现一张记账凭证的记录与实际业务

不符。经济业务为付5月水电费，金额为2 535.00元，但记账凭证上登记成了
2 595.00元，多记了金额，导致会计账簿记录有误。已知该项经济业务的会计
科目填写正确，错误的会计分录如下，错误的账簿登记如图12-2所示，错误
的记账凭证如图12-3所示。

借：管理费用——水电费　　　　　　　　　　　　　2 595.00
　　贷：库存现金　　　　　　　　　　　　　　　　　　　　2 595.00

记 账 凭 证																							
2020 年 5 月 31 日															记字第 24 号								
摘 要	总账科目	明细科目	记账√	借 方 金 额								记账√	贷 方 金 额								记账符号		
				千	百	十	万	千	百	十	元	角	分		千	百	十	万	千	百	十	元	角	分
付5月水电费	管理费用	水电费						2	5	9	5	0	0											
付5月水电费	库存现金																		2	5	9	5	0	0
合 计							¥	2	5	9	5	0	0					¥	2	5	9	5	0	0
会计主管：××		记账：××		出纳 ××			审核 ××			制单 ××														

图 12-3　错误的记账凭证

该笔经济业务是典型的记账凭证会计科目没有错误，但是所记金额大于
应记金额的情况，适用红字更正法中的第二种方法，直接按多记的金额60.00
元（2 595.00-2 535.00）用红字编制一张与原记账凭证应借、应贷科目完全
相同的记账凭证，然后在摘要栏内写明"冲销2020年5月某31第24号凭证"字
样，以冲销多记的60.00元，并据以用红字登记入账。

如图12-4、图12-5所示的分别是更正错账的红字凭证（记字第27号）和
账簿错误的更正。

记 账 凭 证																							
2020 年 5 月 31 日															记字第 27 号								
摘 要	总账科目	明细科目	记账√	借 方 金 额								记账√	贷 方 金 额								记账符号		
				千	百	十	万	千	百	十	元	角	分		千	百	十	万	千	百	十	元	角	分
付5月水电费	管理费用	水电费							6	0	0	0											
付5月水电费	库存现金																			6	0	0	0
注：冲销2020年5月31日第24号凭证多记金额60.00元																							
合 计								¥	6	0	0	0						¥	6	0	0	0
会计主管：××		记账：××		出纳 ××			审核 ××			制单 ××														

图 12-4　冲销多记金额的红字凭证

现金日记账

月	日	种类	号数	对方科目	摘要	借方	贷方	余额	核对
5					承前页			115000.00	√
5	3	记	005	管理费用	付办公室购办公用品费		5400.00	109600.00	√
5	5	记	007	主营业务收入	收到营业款	150000.00		259600.00	√
5	7	记	010	银行存款	取现	300000.00		559600.00	√
5	7	记	011	其他应收款	付赵英借备用金		20000.00	539600.00	√
5	8	记	012	销售费用	付广告宣传费		25000.00	514600.00	√
5	9	记	013	管理费用	付办公室购办公用品费		13800.00	500800.00	√
5	9	记	014	主营业务收入	收到营业款	24000.00		524800.00	√
5	12	记	015	管理费用 销售费用	付赵英报差旅费		1500.00	523300.00	√
5	20	记	018	管理费用	付办公室报销通讯费		4500.00	518800.00	√
5	20	记	018	应付职工薪酬	付职工生活费		10000.00	508800.00	√
5	23	记	019	管理费用	付驾驶员车辆使用费		3240.00	505560.00	√
5	25	记	021	其他应收款	垫付销售部赵勇医药费		20000.00	485560.00	√
5	31	记	024	管理费用	付5月水电费		25950.00	459610.00	√
5	31	记	025	主营业务收入	收到营业款	56000.00		515610.00	√
5	31	记	027	管理费用	调整第24号凭证多记金额60.00元		600.00	516210.00	√
					过次页				

图 12-5　更正账簿中的错误记录

（3）补充登记法

补充登记法指更正错账时按少记的金额用蓝字填制一张与原记账凭证应借、应贷科目完全相同的记账凭证，并在摘要栏内注明"补记某年某月某日第某号凭证少记金额"字样，以补充少记的金额，并据以用蓝字登记入账的方法。

该方法适用于记账后发现记账凭证和账簿记录中应借、应贷会计科目无误，只适用所记金额小于应记金额的情况。

｜范例解析｜　用补充登记法调整记账凭证中的少记金额

2020年5月底，甲公司在对账工作中发现一笔账簿记录有误。经查明，是当月13日第16号凭证的"主营业务收入"科目的金额记错。

实际应记金额为46 000.00元，但财会人员误记成了45 000.00元。会计科目没有错误，"应交税费"科目的金额也没有错误，错误的会计分录如下，如图12-6所示的是错误的记账凭证。

借：银行存款——××银行　　　　　　　　　　50 980.00

　　贷：主营业务收入　　　　　　　　　　　　45 000.00

　　　　应交税费——应交增值税（销项税额）　 5 980.00

记 账 凭 证

2020 年 5 月 13 日　　　　　记字第 16 号

摘要	总账科目	明细科目	记账√	借方金额	记账√	贷方金额	记账符号
收到营业款	银行存款	××银行		5 0 9 8 0 0 0			
收到营业款	主营业务收入					4 5 0 0 0 0 0	
	应交税费	应交增值税（销项税额）				5 9 8 0 0 0	
合计				￥5 0 9 8 0 0 0		￥5 0 9 8 0 0 0	

附件 1 张

会计主管：××　　记账：××　　出纳 ××　　审核 ××　　制单 ××

图 12-6　少记金额的错误记账凭证

该笔经济业务中记账凭证的会计科目没有错误，只是"主营业务收入"科目的金额记错，且所记金额少于应记金额，适用于补充登记法。直接按少记的金额1 000.00元用蓝字编制一张正确的记账凭证，然后在摘要栏内注明"补记2020年5月13日第16号凭证少记金额1 000.00元"字样，并据以用蓝字登记入账，如图12-7、图12-8所示的是更正错账的蓝字凭证和账簿错误更正。

记 账 凭 证

2020 年 5 月 31 日　　　　　记字第 28 号

摘要	总账科目	明细科目	记账√	借方金额	记账√	贷方金额	记账符号
收到营业款	银行存款	××银行		1 0 0 0 0 0			
收到营业款	主营业务收入					1 0 0 0 0 0	
注：补记2020年5月13日第16号凭证少记金额1 000.00元							
合计				￥1 0 0 0 0 0		￥1 0 0 0 0 0	

附件 2 张

会计主管：××　　记账：××　　出纳 ××　　审核 ××　　制单 ××

图 12-7　补记金额的蓝字凭证

银 行 存 款 日 记 账

开户行 ××银行
账　号 ×××××××××

2020年 月	日	凭证 种类	号数	对方科目	摘要	借方	贷方	余额	核对
					承前页			2 5 8 7 0 0 0 0	√
5	1	记	002	主营业务收入	收到营业款	1 0 6 6 3 7 1 7		3 6 5 3 3 7 1 7	√
5	1	记	002	应交税费	收到营业款	1 3 8 6 2 1 3		3 7 9 2 0 0 0 0	√
5	2	记	003	主营业务收入	收到营业款	1 0 5 0 8 8 5 0		4 8 4 2 8 8 5 0	√
5	2	记	003	应交税费	收到营业款	1 3 6 6 1 5 0		4 9 7 9 5 0 0 0	√
5	2	记	004	原材料	付购进原材料价款		3 6 0 5 0 0 0	4 6 1 9 0 0 0 0	√
5	4	记	006	主营业务收入	收到营业款	4 8 6 7 2 5 7		5 1 0 5 7 2 5 7	√
5	4	记	006	应交税费	收到营业款	6 3 2 7 4 3		5 1 6 9 0 0 0 0	√
5	5	记	008	主营业务收入	收到营业款	5 7 3 4 5 1 3		5 7 4 2 4 5 1 3	√
5	5	记	008	应交税费	收到营业款	7 4 5 4 8 7		5 8 1 7 0 0 0 0	√
5	7	记	010	库存现金	取现		3 0 0 0 0 0 0	5 5 1 7 0 0 0 0	√
5	13	记	016	主营业务收入	收到营业款	4 5 0 0 0 0 0		6 0 1 7 0 0 0 0	√
5	13	记	016	应交税费	收到营业款	5 9 8 0 0 0		6 0 7 6 8 0 0 0	√
5	15	记	017	应付账款	付德惠木材材料款		2 0 0 0 0 0 0	5 8 7 6 8 0 0 0	√
5	25	记	020	主营业务收入	收到营业款	2 6 5 4 8 6 7		6 0 9 2 2 8 6 7	√
5	25	记	020	应交税费	收到营业款	3 4 5 1 3 3		6 1 2 6 8 0 0 0	√
5	31	记	023	应付职工薪酬	付2020年5月工资		2 6 8 8 0 4 0 0	3 4 3 7 8 9 6 0 0	√
5	31	记	023	财务费用	付2020年5月财务费用		3 2 0 0 0	3 4 3 7 5 7 6 0 0	√
5	31	记	028	主营业务收入	调整第16号凭证少记金额1000.00元	1 0 0 0 0 0		3 4 3 8 5 7 6 0 0	√

图 12-8　更正账簿中的错误记录

12.1.3　月结、季结和年结的工作内容

无论是一开始核对账目就没有错账，还是有了错账以后更正了错账，这些财会工作处理好后，财会人员都要进入到结账工作的处理环节。根据结账期间的不同，可分为月结、季结和年结。

（1）月结

简单理解，月结就是每月终了后的结账工作。实务中，月结有两种情形，一种是像库存现金、银行存款等日记账和需要按月结计发生额的收入、费用等明细账，每月结账时在最后一笔经济业务记录下方通栏划一条单红线，结出本月发生额和余额，并在摘要栏内注明"本月合计"字样，再在下方通栏画一条单红线，如图 12-9 所示。

現 金 日 記 賬

2019年		凭证		对方科目	摘要	借方	贷方	余额	核对
月	日	种类	号数			百十万千百十元角分	百十万千百十元角分	百十万千百十元角分	
10					承前页			1 1 5 0 0 0 0	✓
10	3	记	005	管理费用	付办公室报购办公用品费		5 4 0 0 0	1 0 9 6 0 0 0	✓
10	5	记	007	主营业务收入	收到营业款	1 5 0 0 0 0 0		2 5 9 6 0 0 0	✓
10	7	记	010	银行存款	取现	3 0 0 0 0 0 0		5 5 9 6 0 0 0	✓
10	7	记	011	其他应收款	付赵英借备用金		2 0 0 0 0 0	5 3 9 6 0 0 0	✓
10	8	记	012	销售费用	付广告宣传费		2 5 0 0 0 0	5 1 4 6 0 0 0	✓
10	9	记	013	管理费用	付办公室报购办公用品费		1 3 8 0 0 0	5 0 0 8 0 0 0	✓
10	9	记	014	主营业务收入	收到营业款	2 4 0 0 0 0		5 2 4 8 0 0 0	✓
10	12	记	015	管理费用	付赵英报销差旅费		1 5 0 0 0 0	5 2 3 3 0 0 0	✓
10	20	记	018	管理费用	付办公室报销通讯费		4 5 0 0 0	5 1 8 8 0 0 0	✓
10	20	记	018	应付职工薪酬	付职工生活费		1 0 0 0 0 0	5 0 8 8 0 0 0	✓
10	23	记	019	管理费用	付驾驶员车辆使用费		3 2 4 0 0 0	4 8 5 6 0 0 0	✓
10	25	记	021	其他应收款	垫付销售部赵勇药费		2 0 0 0 0 0	4 8 5 6 0 0 0	✓
10	31	记	024	管理费用	付10月水电费		2 5 9 5 0 0 0	4 5 9 6 1 0 0	✓
10	31	记	025	主营业务收入	收到营业款	5 6 0 0 0 0		5 1 5 6 1 0 0	✓
10					本月合计	5 3 0 0 0 0 0	1 2 9 3 9 0 0	5 1 5 6 1 0 0	

图 12-9　需要按月结计发生额的月结

另一种是不需要按月结计本期发生额的账户，如应收、应付款明细账和各项财产物资明细账等，每次记账后都要随时结出余额，每月最后一笔余额就为月末余额。月末结账时，只需在最后一笔经济业务记录下方通栏画一条单红线即可，无需再次结计余额。

（2）季结

季结就是每个季度终了后的结账工作。结账时，在每个季度最后一个月月结的下一行"摘要"栏内注明"本季合计"字样，同时结出借、贷方发生

额总额和季末余额。再在该行下面通栏画一条单红线，如图 12-10 所示。

月 日	种类	号数	对方科目	摘要	借方	贷方	余额	核对
12 11	记	008	管理费用	报销车辆使用费		8 1 2 0 0	7 8 6 2 4 0 0	✓
12 11	记	009	主营业务收入	收到营业款	2 4 5 0 0 0 0		1 0 3 1 2 4 0 0	✓
12 12	记	011	主营业务收入	收到营业款	2 1 0 0 0 0 0		1 2 4 1 2 4 0 0	✓
12 12	记	012	管理费用	付办公费		1 5 5 0 0 0	1 2 2 5 7 4 0 0	✓
12 15	记	014	其他应收款	付王文借备用金		2 7 0 0 0 0 0	1 1 9 8 7 4 0 0	✓
12 17	记	015	管理费用	付报业务招待费		1 0 7 5 0 0 0	1 1 8 7 9 9 0 0	✓
12 28	记	020	管理费用	付报会务费		2 1 4 0 0 0 0	1 1 6 6 5 9 0 0	✓
12 30	记	021	管理费用	付通讯费		4 6 5 0 0	1 1 6 1 9 4 0 0	✓
12 30	记	021	应付职工薪酬	付职工生活费		1 0 6 5 0 0	1 1 5 1 2 9 0 0	✓
12 31	记	024	管理费用	付12月水电费		2 5 0 0 0 0	1 1 2 6 2 9 0 0	✓
12 31	记	032	银行存款	将现金存入银行		9 0 0 0 0 0 0	2 2 6 2 9 0 0	✓
12				本月合计	7 3 6 0 0 0 0	1 0 4 2 9 7 0 0	2 2 6 2 9 0 0	
				本季合计	1 3 2 6 7 9 0 0	1 1 0 0 5 0 0 0	2 2 6 2 9 0 0	

图 12-10　季结

（3）年结

年结是指年度终了后的结账工作。需要结计本年累计发生额的明细账户，每月结账时应在"本月合计"行下结出从年初起至本月末止的累计发生额，在"摘要"栏内注明"本年累计"字样，并在下面通栏画一条单红线，如图 12-11 所示。

现金日记账

2019年 月 日	凭证 种类	号数	对方科目	摘要	借方	贷方	余额	核对
11				承前页			5 3 8 4 4 0 0	✓
11 25	记	016	主营业务收入	收到营业款	7 2 5 0 0 0		6 1 0 9 4 0 0	✓
11 28	记	017	管理费用	付驾驶员报销车辆使用费		3 7 0 0 0	6 0 7 2 4 0 0	✓
11 28	记	018	管理费用	付业务招待费		1 5 2 8 0 0	5 9 1 9 6 0 0	✓
11 29	记	020	固定资产	付购买笔记本电脑价款		3 0 0 0 0 0	5 6 1 9 6 0 0	✓
11 30	记	021	管理费用	付11月水电费		2 8 7 0 0 0	5 3 3 2 6 0 0	✓
11				本月合计	1 5 7 0 0 0 0	1 3 9 3 5 0 0	5 3 3 2 6 0 0	
11				本年累计	6 8 7 0 0 0 0	2 6 8 7 4 0 0	5 3 3 2 6 0 0	

图 12-11　月结时的本年累计

12 月末时的"本年累计"就是全年累计发生额，下面应通栏画双红线，如图 12-12 所示。

月 日	种类	号数	对方科目	摘要	借方	贷方	余额	核对
12 15	记	014	其他应收款	付王文借备用金		2 7 0 0 0 0 0	1 1 9 8 7 4 0 0	✓
12 17	记	015	管理费用	付报业务招待费		1 0 7 5 0 0 0	1 1 8 7 9 9 0 0	✓
12 28	记	020	管理费用	付报会务费		2 1 4 0 0 0 0	1 1 6 6 5 9 0 0	✓
12 30	记	021	管理费用	付通讯费		4 6 5 0 0	1 1 6 1 9 4 0 0	✓
12 30	记	021	应付职工薪酬	付职工生活费		1 0 6 5 0 0	1 1 5 1 2 9 0 0	✓
12 31	记	024	管理费用	付12月水电费		2 5 0 0 0 0	1 1 2 6 2 9 0 0	✓
12 31	记	032	银行存款	将现金存入银行		9 0 0 0 0 0 0	2 2 6 2 9 0 0	✓
12				本月合计	7 3 6 0 0 0 0	1 0 4 2 9 7 0 0	2 2 6 2 9 0 0	
				本季合计	1 3 2 6 7 9 0 0	1 1 0 0 5 0 0 0	2 2 6 2 9 0 0	
12				本年累计	1 4 2 3 0 0 0 0	1 3 1 1 7 1 0 0	2 2 6 2 9 0 0	

图 12-12　12 月末的本年累计

如果是总账账户，平时只需结出月末余额，年结时在"本月合计"行或"本季合计"行的下一行"摘要"栏内注明"本年合计"字样，如图 12-13 所示。

12	30	记	022	应收账款	收到前欠货款	2 9 1 0 0 0 0		4 1 0 9 7 7 7 4	✓
12	30	记	023	应付利息	付短期借款利息		4 3 5 0 0	4 1 0 5 4 2 7 4	✓
12	31	记	025	应收票据	应收票据贴现	2 4 2 5 0 0 0		4 3 4 7 9 2 7 4	✓
12	31	记	027	应付职工薪酬	付12月工资并代扣社保		3 1 7 0 5 4 2 0	1 1 7 7 3 8 5 4	✓
12	31	记	028	应交税费	付11月应交税费		3 4 4 8 9 9	1 1 4 2 2 8 9 5 5	✓
12	31	记	030	财务费用	付银行手续费		1 3 5 0 0	1 1 4 1 5 4 5 5	✓
12	31	记	031	财务费用	收到银行利息	1 0 3 1 7 7		1 1 5 1 8 6 3 2	✓
12	31	记	032	库存现金	将现金存入银行	9 0 0 0 0 0 0		2 0 5 1 8 6 3 2	✓
12					本月合计	4 3 7 7 1 7 7	4 0 3 6 2 3 1 9	2 0 5 1 8 6 3 2	
12					本年合计	1 0 2 9 8 2 1 7 7	1 0 8 3 3 3 5 4 5	2 0 5 1 8 6 3 2	

图 12-13　只需年结时结出本年合计数的年结

有余额的账户要将余额结转下年，并在"摘要"栏内注明"结转下年"字样，如图 12-14 所示。

12	12	记	012	管理费用	付办公费	1 6 5 0 0 0	1 2 2 5 7 4 0 0	✓
12	15	记	014	其他应收款	付王文借备用金	2 7 0 0 0 0	1 1 9 8 7 4 0 0	✓
12	17	记	015	管理费用	付报业务招待费	1 0 7 5 0 0	1 1 8 7 9 9 0 0	✓
12	28	记	020	管理费用	付报会务费	2 1 4 0 0 0	1 1 6 6 5 9 0 0	✓
12		记	021	管理费用	付通讯费	4 6 5 0 0 0	1 1 2 0 0 9 0 0	✓
12	30	记	021	应付职工薪酬	付职工生活费	1 0 6 5 0 0	1 1 5 1 2 9 0 0	✓
12	31	记	024	管理费用	付12月水电费	2 5 0 0 0 0	1 1 2 6 2 9 0 0	✓
12	31	记	032	银行存款	将现金存入银行	9 0 0 0 0 0 0	2 2 6 2 9 0 0	✓
12					本月合计	7 3 6 0 0 0 0	1 0 4 2 9 7 0 0	2 2 6 2 9 0 0	
					本季合计	1 3 2 6 7 9 0 0	1 1 0 0 5 0 0 0	2 2 6 2 9 0 0	
12					本年累计	1 4 2 3 0 0 0 0	1 3 1 1 7 1 0 0	2 2 6 2 9 0 0	
					结转下年				
					过次页				

图 12-14　有余额的账户需要结转下年

注意，下一会计年度启用账簿时，要在有关账户的第一行余额栏内填写上年结转的余额，并在该行"摘要"栏内注明"上年结转"字样。

12.2
反映企业"家底"情况的资产负债表

账簿登记工作完成后，财会人员需要编制财务报表。实行会计电算化的企业可利用财务软件直接生成财务报表。其中，资产负债表涵盖了企业的资产、负债和所有者权益等信息，是反映企业"家底"的静态报表。

12.2.1 资产负债表的结构和常用格式

为什么说资产负债表时静态报表呢？因为资产负债表中记录的数据表示企业在一定日期（通常是会计期末）的财务状况。资产负债表有账户式结构和报告式结构，我国采用的是账户式结构的资产负债表，总体为左右结构，左侧是资产类项目，右侧是负债和所有者权益类项目。常用格式如图 12-15 所示。

资产负债表

会企 01 表

资产	期末余额	年初余额	负债和所有者权益（或股东权益）	期末余额	年初余额
流动资产：			流动负债：		
货币资金			短期借款		
交易性金融资产			交易性金融负债		
衍生金融资产			衍生金融负债		
应收票据			应付票据		
应收账款			应付账款		
预付款项			预收款项		
其他应收款			合同负债		
存货			应付职工薪酬		
合同资产			应交税费		
持有待售资产			其他应付款		
一年内到期的非流动资产			持有待售负债		
其他流动资产			一年内到期的非流动负债		
流动资产合计			其他流动负债		
非流动资产：			流动负债合计		
债权投资			非流动负债：		
其他债权投资			长期借款		
长期应收款			应付债券		
长期股权投资			其中：优先股		
其他权益工具投资			永续债		
其他非流动金融资产			租赁负债		
投资性房地产			长期应付款		
固定资产			预计负债		
在建工程			递延收益		
生产性生物资产			递延所得税负债		
油气资产			其他非流动负债		
使用权资产			非流动负债合计		
无形资产			负债合计		
开发支出			所有者权益（或股东权益）：		
商誉			实收资本（或股本）		
长期待摊费用			其他权益工具		
递延所得税资产			其中：优先股		
其他非流动资产			永续债		
非流动资产合计			资本公积		
			减：库存股		
			其他综合收益		
			专项储备		
			盈余公积		
			未分配利润		
			所有者权益（或股东权益）合计		
资产总计			负债和所有者权益（或股东权益）总计		

图 12-15 资产负债表（已经执行新金融准则、新收入准则和新租赁准则）

12.2.2　按规定编制资产负债表

资产负债表的各项目都要填列"期末余额"和"年初余额"两栏。其中"年初余额"栏对应的各项目应根据公司上年年末资产负债表的"期末余额"栏内所列数据填列。

如果上年度资产负债表规定的各项目的名称和内容与本年度不一致，应按照本年度的规定对上年度资产负债表各项目的名称和数据进行调整，再填入本年度资产负债表的"年初余额"栏内。而"期末余额"栏的填列主要涉及如表 12-2 所示的几种方法。

表 12-2　资产负债表"期末余额"栏的填列方法

方法	适用的项目
根据总账科目余额填列	如"短期借款""资本公积"等项目，分别根据"短期借款""资本公积"各总账科目的余额直接填列
根据几个总账科目的余额计算填列	如"货币资金"项目，需根据"库存现金""银行存款"和"其他货币资金"这 3 个总账科目的期末余额合计数填列
根据明细账科目余额计算填列	如"应收账款"项目，需根据"应收账款"科目的期末余额，减去"坏账准备"科目中相关坏账准备期末余额后的金额填列；"预付款项"项目，需根据"应付账款"科目借方余额和"预付账款"科目借方余额之和减去与"预付账款"有关的坏账准备贷方余额计算填列等
根据总账科目和明细账科目余额分析计算填列	如"长期借款"项目，需根据"长期借款"总账科目余额扣除"长期借款"科目下辖的明细科目中将在一年内到期且企业不能自主地将清偿义务展期的长期借款后的金额计算填列
根据有关科目余额减去其自身备抵科目余额后的净额填列	如"投资性房地产"和"固定资产"等项目，应根据"投资性房地产"和"固定资产"等科目的期末余额分别减去"投资性房地产累计折旧""投资性房地产减值准备""累计折旧"和"固定资产减值准备"等备抵科目的期末余额，以及"固定资产清理"科目的期末余额后的净额填列
综合运用上述填列方法分析填列	如"存货"项目，需根据"原材料""库存商品""委托加工物资""周转材料""材料采购""在途物资""发出商品"和"材料成本差异"等总账科目期末余额的分析汇总数，减去"存货跌价准备"科目余额后的净额填列

对于上表中介绍的方法，我们可以概括为以下几点。

◆ 若某项目是总账科目，且没有对应的明细科目，则根据总账科目余额填列。

◆ 若某项目是总账科目，且是其他总账科目的合计，则根据几个总账科目的余额计算填列。

◆ 若某项目有特殊的明细科目，则根据明细账科目余额计算填列。

◆ 若某项目既是总账科目，又与其他总账科目的增减变动密切相关，同时还有特殊的明细科目，则根据总账科目和明细账科目余额分析计算填列。

◆ 若某项目对应的科目有备抵科目，则根据有关科目余额减去其自身备抵科目余额后的净额填列。

◆ 其他复杂的项目需综合运用这些填列方法分析填列。

12.3
体现企业"面子"的利润表

利润表是反映企业在一定会计期间的经营成果的财务报表，是一张动态报表，有些企业也称其为"损益表"或"收益表"。它概括记录了企业成本、费用、损失、收入、利得和利润等经济信息。利润高，则企业在市场中会被看好，也就很有"面子"。

12.3.1　利润表的结构和常用格式

当前国际上常用的利润表结构有单步式和多步式两种，但我国企业大多采用多步式利润表。

单步式利润表采用的是将当期收入总额相加，然后将所有成本、费用相加，一次性计算出当期收益的展示方式，大致结构如 12-16 左图所示；多步式利润表采用的是将各种利润分多个步骤进行计算，最终求得净利润的展示方式，大致结构如图 12-16 右图所示。

利润表

编制单位：　　　　年　月　日　　　　单位：元

项目	行次	本月数	本年累计数
一、收入			
主营业务收入			
其他业务收入			
投资收益			
营业外收入			
……			
收入合计			
二、费用			
主营业务成本			
其他业务成本			
税金及附加			
销售费用			
管理费用			
财务费用			
营业外支出			
所得税费用			
……			
费用合计			
三、净利润			

利润表

编制单位：　　　　年　月　日　　　　单位：元

项目	行次	本月数	本年累计数
一、营业收入			
减：营业成本			
税金及附加			
管理费用			
销售费用			
财务费用			
其中：利息收入			
利息支出			
资产减值损失			
……			
加：投资收益			
资产处置损益（损失以“-”号填列）			
……			
二、营业利润			
加：营业外收入			
减：营业外支出			
三、利润总额			
减：所得税费用			
四、净利润			

图 12-16　单步式利润表（左）和多步式利润表（右）

我国企业在经营管理过程中常用的利润表格式如图 12-17 所示。

利润表

会企 02 表

编制单位：　　　　年　月　　　　单位：元

项目	本期金额	上期金额
一、营业收入		
减：营业成本		
税金及附加		
销售费用		
管理费用		
研发费用		
财务费用		
其中：利息费用		
利息收入		
加：其他收益		
投资收益（损失以“-”号填列）		
其中：对联营企业和合营企业的投资收益		
以摊余成本计量的金融资产终止确认收益（损失以“-”填列）		
净敞口套期收益（损失以“-”号填列）		
公允价值变动收益（损失以“-”号填列）		
信用减值损失（损失以“-”号填列）		
资产减值损失（损失以“-”号填列）		
资产处置收益（损失以“-”号填列）		
二、营业利润（亏损以“-”号填列）		
加：营业外收入		
减：营业外支出		
三、利润总额（亏损总额以“-”号填列）		
减：所得税费用		
四、净利润（净亏损以“-”号填列）		
（一）持续经营净利润（净亏损以“-”号填列）		
（二）终止经营净利润（净亏损以“-”号填列）		
五、其他综合收益的税后净额		
（一）不能重分类进损益的其他综合收益		
1. 重新计量设定受益计划变动额		
2. 权益法下不能转损益的其他综合收益		
3. 其他权益工具投资公允价值变动		
4. 企业自身信用风险公允价值变动		
……		
（二）将重分类进损益的其他综合收益		
1. 权益法下可转损益的其他综合收益		
2. 其他债权投资公允价值变动		
3. 金融资产重分类计入其他综合收益的金额		
4. 其他债权投资信用减值准备		
5. 现金流量套期储备		
6. 外币财务报表折算差额		
……		
六、综合收益总额		
七、每股收益：		
（一）基本每股收益		
（二）稀释每股收益		

图 12-17　利润表（已经执行新金融准则、新收入准则和新租赁准则）

12.3.2 按规定编制利润表

利润表的编制虽然比资产负债表的编制稍显简单，但很多细节仍不能忽视。更重要的是，编制利润表需要遵循严格的计算步骤，如图 12-18 所示。

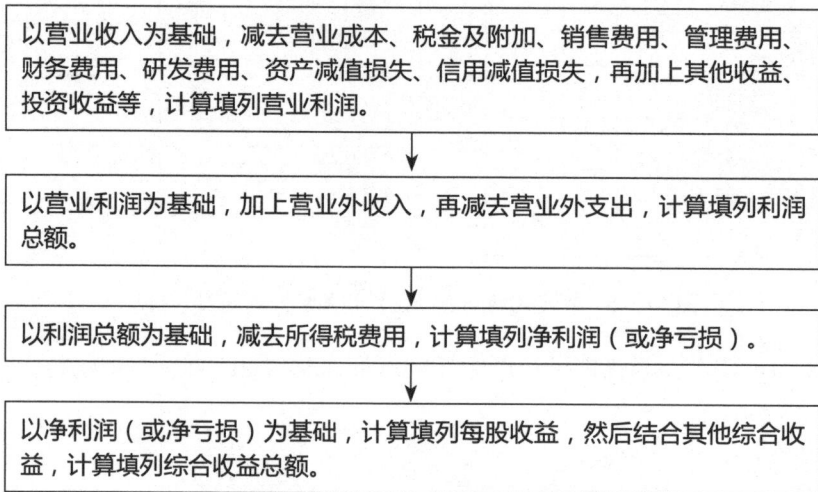

以营业收入为基础，减去营业成本、税金及附加、销售费用、管理费用、财务费用、研发费用、资产减值损失、信用减值损失，再加上其他收益、投资收益等，计算填列营业利润。

以营业利润为基础，加上营业外收入，再减去营业外支出，计算填列利润总额。

以利润总额为基础，减去所得税费用，计算填列净利润（或净亏损）。

以净利润（或净亏损）为基础，计算填列每股收益，然后结合其他综合收益，计算填列综合收益总额。

图 12-18　利润表的编制步骤

在编制利润表时，基本上所有项目都按照当期发生额分析填列，其中需要特别注意的 5 个项目如表 12-3 所示。

表 12-3　利润表部分项目的填列说明

项目	填列说明
营业收入	根据"主营业务收入"和"其他业务收入"科目的发生额分析填列
营业成本	根据"主营业务成本"和"其他业务成本"科目的发生额分析填列
税金及附加	根据消费税、城市维护建设税、教育费附加、土地增值税、房产税、城镇土地使用税、车船税、印花税和资源税等相关税费的发生额和"税金及附加"科目的发生额分析填列
财务费用	根据"财务费用"科目的发生额分析填列，且最终填列的数据结果是"利息收入"抵减了"利息支出"后的净额
综合收益总额	是净利润与其他综合收益的合计金额

12.4
说明企业如何过"日子"的现金流量表

现金流量表反映的是资产负债表中的各个项目对企业现金流量的影响，也反映了一家企业在一个固定期间内的现金增减变动情况。因此，现金流量表也是一张动态报表，反映资金的来龙去脉，就像生活中的"流水账"。

12.4.1 现金流量表的结构和格式

现金流量表的结构一般比较稳定，不经常发生变化。其结构大致为上下结构，常见格式如图 12-19 所示。

现金流量表

会企 03 表

编制单位：　　　　　年　月　　　　　　　　　　　单位：元

项目	本月金额	本年累计金额
一、经营活动产生的现金流量：		
销售商品、提供劳务收到的现金		
收到的税费返还		
收到其他与经营活动有关的现金		
经营活动现金流入小计		
购买商品、接受劳务支付的现金		
支付给职工以及为职工支付的现金		
支付的各项税费		
支付其他与经营活动有关的现金		
经营活动现金流出小计		
经营活动产生的现金流量净额		
二、投资活动产生的现金流量：		
收回投资收到的现金		
取得投资收益收到的现金		
处置固定资产、无形资产和其他长期资产收回的现金净额		
处置子公司及其他营业单位收到的现金净额		
收到其他与投资活动有关的现金		
投资活动现金流入小计		
购建固定资产、无形资产和其他长期资产支付的现金		
投资支付的现金		
取得子公司及其他营业单位支付的现金净额		
支付其他与投资活动有关的现金		
投资活动现金流出小计		
投资活动产生的现金流量净额		
三、筹资活动产生的现金流量：		
吸收投资收到的现金		
取得借款收到的现金		
收到其他与筹资活动有关的现金		
筹资活动现金流入小计		
偿还债务支付的现金		
分配股利、利润或偿付利息支付的现金		
支付其他与筹资活动有关的现金		
筹资活动现金流出小计		
筹资活动产生的现金流量净额		
四、汇率变动对现金及现金等价物的影响		
五、现金及现金等价物净增加额		
加：期初现金及现金等价物余额		
六、期末现金及现金等价物余额		

图 12-19　现金流量表（已经执行新金融准则、新收入准则和新租赁准则）

表格上部分展示与经营活动有关的现金流入、流出及净额情况，中部展示与投资活动有关的现金流入、流出及净额情况，下部分展示与筹资活动有关的现金流入、流出及净额情况。

12.4.2　按规定编制现金流量表

现金流量表的填制非常复杂，财会人员需要从企业当期发生的所有经济业务或事项中抽调出与"现金及现金等价物"有关的经济业务或事项，然后将这些数据进行分类、整理、汇总，再填列到现金流量表的对应位置。

每个项目具体如何计算填列，这里不作详述，只学习编制现金流量表的两种方法。

一种是工作底稿法，以工作底稿为依据，以利润表和资产负债表数据为基础，对每一个项目进行分析，并编制调整分录，从而编制现金流量表。具体操作步骤如图 12-20 所示。

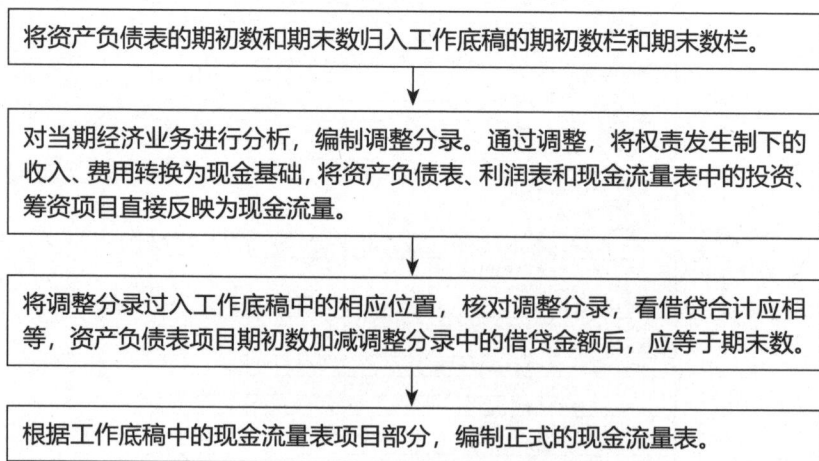

将资产负债表的期初数和期末数归入工作底稿的期初数栏和期末数栏。

↓

对当期经济业务进行分析，编制调整分录。通过调整，将权责发生制下的收入、费用转换为现金基础，将资产负债表、利润表和现金流量表中的投资、筹资项目直接反映为现金流量。

↓

将调整分录过入工作底稿中的相应位置，核对调整分录，看借贷合计应相等，资产负债表项目期初数加减调整分录中的借贷金额后，应等于期末数。

↓

根据工作底稿中的现金流量表项目部分，编制正式的现金流量表。

图 12-20　工作底稿法编制现金流量表的步骤

另一种是 T 形账户法，以 T 形账户为手段，以利润表和资产负债表数据为基础，对每一个项目进行分析，并编制调整分录，从而编制出现金流量表。相关操作如图 12-21 所示。

为资产负债表和利润表中的所有非现金项目分别开设 T 形账户，并将各自的期末期初变动数过入各自的 T 形账户中。

↓

设一个大的"现金及现金等价物" T 形账户，左右两边分别包括经营活动、投资活动和筹资活动 3 部分，左边记现金流入，右边记现金流出，核算出期末期初变动数。

↓

以利润表为基础，结合资产负债表，分析每个非现金项目的增减变动，据以编制调整分录。

↓

将调整分录过入各个 T 形账户中进行核对，该账户的借贷相抵后的余额与事先过入的期末期初变动数应一致。

↓

根据大的"现金及现金等价物" T 形账户，编制正式的现金流量表。

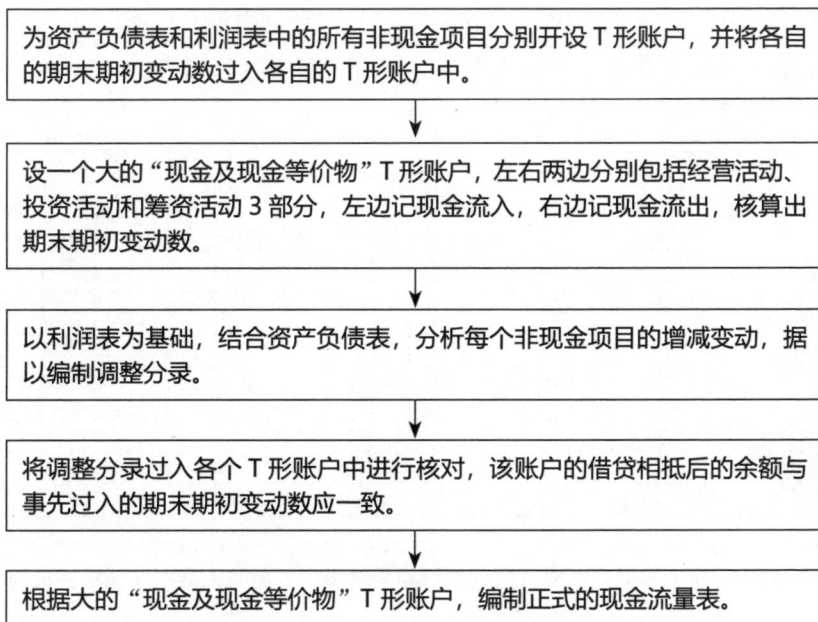

图 12-21　T 形账户法编制现金流量表的步骤

12.5
投资者最关心的所有者权益变动表

所有者权益变动表是反映企业当期所有者权益变动情况的报表，主要反映的信息包括 3 个方面：一是所有者权益总量的增减变动；二是所有者权益增减变动的重要结构性信息；三是直接计入所有者权益的利得和损失。

所有者权益变动表中的各个项目均需填列"本年金额"和"上年金额"两栏。其中"上年金额"栏内各项目的数据应根据企业上一年度所有者权益变动表的"本年金额"栏内所列数据填列。

如果上一年度所有者权益变动表规定的各个项目的名称和内容与本年度不一致，则应对上一年度所有者权益变动表各个项目的名称和数据按照本年度的规定进行调整，再填入本年度所有者权益变动表的"上年金额"栏内。

所有者权益变动表中"本年金额"栏内的各项目的数据应根据"实收资

本（或股本）""资本公积""盈余公积""利润分配""库存库"和"以前年度损益调整"等科目的发生额分析填列。如图 12-22 所示的是常见的所有者权益变动表。

所有者权益变动表

编制单位：　　　　　　　　　年度

会企04表

金额单位：元

项目	本年金额											上年金额										
	实收资本（或股本）	其他权益工具			资本公积	减：库存股	其他综合收益	专项储备	盈余公积	未分配利润	所有者权益合计	实收资本（或股本）	其他权益工具			资本公积	减：库存股	其他综合收益	专项储备	盈余公积	未分配利润	所有者权益合计
		优先股	永续债	其他									优先股	永续债	其他							
一、上年年末余额																						
加：会计政策变更																						
前期差错更正																						
其他																						
二、本年年初余额																						
三、本期增减变动金额（减少以"-"号填列）																						
（一）综合收益总额																						
（二）所有者投入和减少资本																						
1.所有者投入的普通股																						
2.其他权益工具持有者投入资本																						
3.股份支付计入所有者权益的金额																						
4.其他																						
（三）利润分配																						
1.提取盈余公积																						
2.对所有者（或股东）的分配																						
3.其他																						
（四）所有者权益内部结转																						
1.资本公积转增资本（或股本）																						
2.盈余公积转增资本（或股本）																						
3.盈余公积弥补亏损																						
4.设定受益计划变动额结转留存收益																						
5.其他综合收益结转留存收益																						
6.其他																						
四、本年年末余额																						

图 12-22　所有者权益变动表（已经执行新金融准则、新收入准则和新租赁准则）

所有者权益变动表以矩阵的形式列示各个有关项目，纵向列示导致所有者权益变动的交易或事项，对一定时期内所有者权益的变动情况进行全面反映；横向列示所有者权益的各个组成部分，即实收资本（或股本）、资本公积、盈余公积、未分配利润和库存股等，对这些所有者权益项目受到的影响进行反映。

13

分析财务报表的各项指标

　　财务报表中的指标分析工作较一般的财务工作稍显困难，属于财务管理的范畴。但对于财会人员来说，掌握一些简单的财务报表指标的分析方法，可以提升自我工作能力，提高工作效率，对晋升也有一定的帮助，是很多财会人员都急需了解的知识。

13.1
衡量和反映企业偿债能力的财务指标

偿债能力指企业用自身的资产偿还债务的能力。因为企业可能发生短期债务，也可能发生长期债务，所以就有短期偿债能力和长期偿债能力之分。偿债能力是反映企业财务状况和经营能力的重要指标，所以要重视。

13.1.1　企业短期偿债能力的判断可用哪些指标

短期偿债能力指企业偿还短期债务的能力，具体是指以流动资产偿还流动负债的能力。

对企业来说，可用来衡量短期偿债能力的财务指标有流动比率、速动比率、现金比率和现金流量比率等。

$$流动比率=流动资产÷流动负债$$

该比率越高，说明企业偿还流动负债的能力越强；反之，则越弱。但该比率也不宜过高，过高代表流动资产中资金过多，有资金闲置降低资金使用效率的风险。

国际上公认的流动比率标准为 2:1，但因为行业的生产周期不同，所以这一比率标准也不适用于所有行业甚至所有情形。

这里的"流动资产"包括货币资金、交易性金融资产、应收及预付款项、存货和一年内到期的非流动资产等，一般用资产负债表中的流动资产期末余额总额表示；"流动负债"包括短期借款、交易性金融负债、应付及预收款项、各种应交税费和一年内到期的非流动负债等，一般用资产负债表中的流动负债期末余额总额表示。

$$速动比率=速动资产÷流动负债=（流动资产-存货）÷流动负债$$

该比率可以进一步判断企业短期偿债能力的强弱，比流动比率更精准。比率越高，说明短期偿债能力越强；反之，则越弱。

行业一般认为该比率标准为 1:1，也就是说，当速动比率为 1:1 时，被认为短期偿债能力强，且对其他能力的影响较小。

$$现金比率=（现金+现金等价物）÷流动负债$$

现金及现金等价物包括库存现金、可随时用于支付的存款以及 3 个月内到期的债券投资等。

现金比率反映企业的直接偿付能力，即用现金偿付债务的能力，比率越高，说明企业有较好的支付能力；反之，则支付能力越弱。但是这个比率也不宜过高，过高就说明企业拥有过多的现金，不利于资本增值。

$$现金流量比率=经营活动产生的现金流量净额÷流动负债$$

前面 3 个指标属于反映短期偿债能力的静态指标，而现金流量比率就是反映短期偿债能力的动态指标，直接揭示企业当前的现金资源是否可以保证偿还短期债务。

由于"经营活动产生的现金流量净额"是对企业过去一个会计期间的现金流量总计，而流动负债是对企业未来一个会计期间所要偿还的短期债务的估计，两者有时间差，要想运用恰当，必须考虑未来一个会计期间影响经营活动现金流量变动的因素，确保未来一个会计期间的经营活动现金流量与过去一个会计期间的经营活动现金流量情况之间没有太大变化。

13.1.2　企业长期偿债能力的分析可用哪些指标

长期偿债能力是指企业偿还长期债务的能力，具体从总资产、总负债和总的所有者权益等方面去考量。常见的衡量指标有资产负债率、股东权益比率、权益乘数、产权比率和利息保障倍数等。

$$资产负债率=负债总额÷资产总额×100\%$$

资产负债率反映的是企业偿还债务的综合能力，比率越高，说明企业负债占总资产的比例过高，偿还债务的能力越弱，财务风险越大；反之，则越强，风险越小。

一般认为该比率在 50% 左右为宜，但特殊行业除外，比如房地产开发企业，其行业性质决定了企业的资金回收期较长，在资金投入的前期很可能使公司的资产负债率极高。

对于该比率，不同的关系方对其的期望值不同。比如公司方，期望资产负债率高一些，这样可以尽可能地进行举债经营，自有资金就可用于其他投资并获取收益；对于企业的债权方，期望该比率尽可能小，这样他们的债权人权益可以得到保障；公司的所有者们，同样希望企业的该比率不要过高，否则资不抵债就很可能损害他们的所有者权益。

$$股东权益比率=股东权益总额÷资产总额×100\%$$

$$权益乘数=资产总额÷股东权益总额$$

由此可知，股东权益比率和权益乘数是互为倒数关系。

其中，股东权益比率与资产负债率之和为1，所以这两个比率是从不同的角度反映企业长期财务状况，股东权益比率越高，说明股东权益总额在资产总额中占比较高，负债占比较低，负债比率越小，企业偿债能力越强，财务风险越小；反之，则偿债能力越弱，财务风险越大。

权益乘数反映的是资产总额是股东权益总额的倍数，也是反映企业财务杠杆大小的指标，权益乘数越大，说明股东投入的资本在资产总额中占比越小，财务杠杆越大，负债越多，财务风险越大。

$$产权比率=负债总额÷股东权益总额$$

产权比率反映的是债权人提供资金与投资者或股东提供资金的占比关系，用来衡量企业股东权益对债务的保障程度。该比率越低，说明企业长期财务状况越好，债权人的权益有保障，财务风险越小；反之，则财务风险越大。

$$利息保障倍数=（税前利润+利息费用）÷利息费用=息税前利润÷利息费用$$

该计算公式中，税前利润是指缴纳企业所得税之前的利润总额，利息费用包括财务费用中的利息费用和计入固定资产成本的资本化利息。该保障倍数反映了企业利用经营所得偿还债务利息的能力，比率越低，说明企业经营所得偿还债务利息的能力越弱；反之，则能力越强。

一般来说，该保障倍数至少要大于1，即息税前利润刚好等于利息费用，税前的利润总额为0，否则如果小于1，说明息税前利润比利息费用少，也就是利润总额为负，公司经营状态表现为亏损，不利于企业日后的发展，企业可能破产倒闭。

13.2
衡量和反映企业运营能力的财务指标

企业的运营能力也称营运能力，主要反映资金的周转情况。如果资金周转情况良好，则说明企业经营管理水平较高，资金利用效率较高；反之，则资金利用效率较低。

那么，工作中，哪些指标可用来衡量企业的营运能力高低呢？主要有应收账款周转率、存货周转率、流动资产周转率、固定资产周转率和总资产周转率等。

应收账款周转率=赊销收入净额÷应收账款平均余额

赊销收入净额=销售收入-销售退回-销售折扣-销售折让-现销收入

应收账款平均余额=（期初应收账款+期末应收账款）÷2

应收账款周转率是衡量企业应收账款流动性大小的重要财务指标，体现应收账款在一个会计年度内的周转次数，可衡量应收账款的变现速度和效率。该比率越高，应收账款的周转速度越快、流动性越强；反之，则周转速度越慢、流动性越弱。

但是，对于一些季节性经营的公司，或者大量采用分期收款或现金方式结算的公司，该比率会在很大程度上失效，使用价值不大。

存货周转率=销售成本÷存货平均余额

存货平均余额=（期初存货余额+期末存货余额）÷2

存货周转率是衡量企业存货流动性大小的重要指标，体现存货在一定时期内的周转次数，可衡量存货的变现速度、企业的销售能力以及存货是否有积压情况等。

比率越高，说明存货的周转速度越快，企业的销售能力越强，存货不易积压；反之，周转速度越慢，企业销售能力越弱，存货很可能积压，产品销售方面可能存在问题，需要企业采取积极的销售策略。

但是，在一些特殊的情形下，存货周转率降低是正常现象，比如企业受到通货膨胀的影响，为了降低存货的采购成本，会提高存货储备量，最终就会表现为存货周转率降低。从另一方面来看，存货周转率也不能过高，否则容易使企业缺货，且频繁采购可能增加企业的采购成本，对企业发展也不利。

$$流动资产周转率=销售收入÷流动资产平均余额$$

$$流动资产平均余额=（期初流动资产余额+期末流动资产余额）÷2$$

流动资产周转率反映了企业全部流动资产的周转速度和使用效率，可用来评价企业流动资产在一个会计年度的周转次数。该比率越高，说明企业流动资产的周转速度越快，使用效率越高；反之，则周转速度越慢，使用效率越低。

$$固定资产周转率=销售收入÷固定资产平均净值$$

$$固定资产平均净值=（期初固定资产净值+期末固定资产净值）÷2$$

固定资产的净值指固定资产原值减去固定资产的累计折旧后的余额。固定资产周转率用来衡量企业对厂房、机器设备等固定资产的使用效率。该比率越高，说明固定资产的使用效率越高，管理水平越高；反之，则使用效率越低，管理水平越低。当企业固定资产的使用效率较低时，可能会进一步影响企业的盈利能力。

$$总资产周转率=销售收入÷资产平均总额$$

$$资产平均总额=（期初资产总额+期末资产总额）÷2$$

注意，这里的销售收入一般用销售收入净额，即销售收入减去销售退回、销售折扣和折让后的金额。总资产周转率与前述资产的周转率相比，不难发现这个指标主要用来衡量企业全部资产的使用效率和管理水平。该比率越高，说明企业对自身拥有的资产的使用效率越高，管理水平也越高；反之，则使用效率越低，管理水平也越低。

如果该周转率过低，说明企业利用资产开展经营活动的效率很差，会影响企业的盈利能力，因此需要采取积极的措施提高销售收入，或者处置闲置的资产，以提高总资产的利用率。

在衡量企业的营运能力时，每一个周转率指标都可以换算成对应的周转天数，只需用360除以对应的周转率即可。比如存货周转天数=360÷存货周转率。

| 范例解析 | 利用财务指标判断企业运营能力的强弱

甲公司2020年4月初至6月底的部分财务数据如表13-1所示。

表13-1 甲公司第二季度的部分财务数据

资产项目	期初余额（元）	期末余额（元）	损益项目	金额（元）
应收账款	110 000.00	135 000.00	营业收入	4 260 000.00
流动资产	2 980 000.00	3 750 000.00	销售退回	90 000.00
存货	88 000.00	110 000.00	销售折扣	40 000.00
固定资产	5 670 000.00	5 700 000.00	销售折让	45 000.00
资产总计	14 450 000.00	15 440 000.00	现销收入	3 815 000.00
—			营业成本	3 150 000.00

根据上述财务数据，对甲公司的营运能力进行详细分析。表中的固定资产期初、期末余额就是固定资产期初、期末的净值。

应收账款周转率=（4 260 000.00−90 000.00−40 000.00−45 000.00−3 815 000.00）÷[（110 000.00+135 000.00）÷2]=2.20

也就是说，甲公司2020年4月～6月期间的应收账款周转次数大约为2.20次，大概一个半月就会周转一次，即应收账款的平均收账期大概是45天。如果与同行业的平均水平相比，收账期更长，说明企业的应收账款周转率不高，应收账款的流动性欠佳；反之，说明周转率高，应收账款的流动性较强，不易出现坏账的经济损失，营运能力就显得更强。

存货周转率=3 150 000.00÷[（88 000.00+110 000.00）÷2]=31.82

存货周转率为31.82，说明企业的存货在这3个月内周转了接近32次，几乎每3天就周转一次。这说明企业的存货周转速度非常快，存货几乎不会有积压的情况。

但从另一方面来考虑，公司的存货周转速度过快，存在频繁采购的情况，其中可能蕴藏了企业生产用供货不足或者供不应求而断货的危机，管理者一定要重视存货的管理。如此一来，不能肯定地判断公司的营运能力很强。

流动资产周转率＝ 4 260 000.00÷［（ 2 980 000.00+3 750 000.00）÷2]=1.27

流动资产周转率约为1.27，说明企业的流动资产在这3个月内实现了一次周转。由于流动资产周转率没有一个确定的标准，所以企业可以与同行业的平均水平相比，或者与自身以前会计期间的流动资产周转率相比。

如果比同行业平均水平高，说明周转速度快，流动资产的使用效率较高；反之，说明周转速度慢，使用效率低。如果比企业自身前期的周转速度快，说明企业当季加强了对流动资产的管理，使流动资产的使用效率得到提高；反之，说明周转速度减低，企业对流动资产的管理有所松懈，流动资产的使用效率在降低。

固定资产周转率＝ 4 260 000.00÷［（ 5 670 000.00+5 700 000.00）÷2]=0.75

固定资产周转率约为0.75，说明企业的固定资产在这3个月内一次周转都没有实现，看起来似乎周转速度并不高。如果与同行业平均水平相比，其实已经高出了平均水平，则企业的固定资产周转速度还算比较快；反之，说明企业的固定资产周转速度确实比较慢。

如果与自身前期的固定资产周转率相比，速度已经提升了，说明企业正在加强固定资产的管理；反之，则管理者应开始重视固定资产的管理，尽可能地提高固定资产的使用效率，从而保证企业的盈利能力不受"固定资产"这一因素的影响。

总资产周转率＝（ 4 260 000.00-90 000.00-40 000.00-45 000.00）÷［（ 14 450 000.00+15 440 000.00）÷2]=0.27

总资产周转率为0.27，说明企业的总资产在这3个月内一次周转都没有完成，周转速度不高。但如果同行业的平均水平与此相似，则企业可适当提高总资产的使用效率，提升总资产的周转速度，使自身在同行业中占据竞争优势。

如果没有能力提升总资产的周转速度，也可暂时保持现状。但是如果这一周转率比同行业平均水平低，则企业必须要提升总资产的周转速度，提高总资产的使用效率，这样才能在市场中站稳脚跟。

13.3
衡量和反映企业盈利能力的财务指标

盈利能力就是企业获取利润的能力。盈利是大多数企业的重要经营目标，也是其生存和发展的物质基础。企业的盈利能力可以通过一些报酬率来判断和衡量，也可借助一些利润率来分析。

13.3.1　通过个别报酬率来判断企业盈利能力

这里要介绍的个别报酬率主要是指资产报酬率和股东权益报酬率，其中资产报酬率也称资产收益率，股东权益报酬率也称净资产收益率。实际上，资产报酬率在计算时也是某某利润率，如资产利润率、资产净利率等。

$$资产利润率=利润总额÷资产平均总额×100\%$$

资产利润率反映的是企业在扣除企业所得税之前的全部收益占资产总额的比重，可以综合评价企业的资产盈利能力和管理对资产配置的能力强弱。该比率越高，则资产盈利能力越强，说明企业对资产的配置管理能力越强；反之，则盈利能力越弱，企业对资产的配置管理能力也越弱。

$$资产净利率=净利率÷资产平均总额×100\%$$

资产净利率反映的是企业获取的净利润占总资产的比重，因其考虑了经营活动、投资活动、筹资活动和国家税收政策等因素对净利润的影响，所以该比率可用来评价企业对投资者或股权投资的回报能力。

企业股东在评价企业的资产报酬率时常用该比率，而不是资产利润率。该比率越高，说明企业盈利能力越强，对投资者或股权投资的回报能力越强；反之，则盈利能力越弱，对投资者或股权投资的回报能力也越弱。

$$股东权益报酬率=净利润÷股东权益平均总额×100\%$$

$$股东权益平均总额=（期初股东权益总额+期末股东权益总额）÷2$$

股东权益报酬率反映的是企业股东或投资者获取投资报酬的水平，该比率越高，说明企业的盈利能力越强，股东或投资者获取投资报酬的水平越高；反之，则盈利能力越弱，股东或投资者获取投资报酬的水平越低。

| 范例解析 | 从资产和股东权益等报酬率角度看盈利能力

已知甲公司2020年4月初至6月底，实现利润总额570 000.00元，净利润480 000.00元，资产平均总额为14 945 000.00元，股东权益平均总额为2 430 000.00元。分析公司在这3个月内的盈利能力。

资产利润率=570 000.00÷14 945 000.00×100%=3.81%

资产利润率为3.81%，说明企业100.00元的资产可产生3.81元的税前利润。由于资产利润率本身没有一个标准，所以企业需和同行业的平均水平相比，看是高于平均水平还是低于平均水平，然后判断公司的资产利润率高低；或者与自身前期的资产利润率相比，看是提高了还是降低了。

资产净利率=480 000.00÷14 945 000.00×100%=3.21%

资产净利率为3.21%，说明企业100.00元的资产可产生3.21元的净利润，大体上可说明企业的资产有一定的盈利能力。并且从3.81%的资产利润率到3.21%的资产净利率可看出，资产的使用效率还是比较好的。如果这一资产净利率高于同行业平均水平，则说明企业盈利能力较强，在经济市场中有一定的竞争优势；反之，盈利能力弱，企业需要加强对总资产的管理，同时控制好成本、费用，做好销售策略，提高销售收入。

股东权益报酬率=480 000.00÷2 430 000.00×100%=19.75%

股东权益报酬率为19.75%，说明企业100元的股东权益可产生19.75元的净利润，盈利能力比较强。与企业自身前期的股东权益报酬率相比较，看是提高了还是降低了，提高了当然很好，但如果在下降，就要重视股东权益的管理了。从整体来看，甲公司还是具有一定的盈利能力的，但还需要进一步做好资产的管理，从而提高资产的报酬率，使企业的盈利能力得到提升。

13.3.2　利用部分利润率来说明企业盈利能力

除了资产利润率和资产净利率等指标外，企业还可用一些与销售相关的利润率来衡量自身的盈利能力，如销售毛利率、销售净利率和成本费用净利率等。这样可从企业的销售活动入手分析企业的盈利能力。

销售毛利率=销售毛利÷营业收入净额×100%

销售毛利=营业收入净额-营业成本

$$营业收入净额=营业收入-销售退回-销售折扣-销售折让$$

销售毛利率可直接反映企业营业收入与营业成本的比例关系，毛利率越大，说明营业收入净额中营业成本占比较小，企业通过销售业务获取利润的能力越强；反之，则营业成本在营业收入净额中的占比较大，销售业务的获利能力越弱。

$$销售净利率=净利润÷营业收入净额×100\%$$

销售净利率反映了净利润占营业收入净额的比重，可用来衡量企业通过销售活动切切实实获取利润的能力。该比率越高，说明企业销售活动获取净利润的能力越强；反之，则获取净利润的能力越弱。同时该比率与销售毛利率结合使用时，如果有一定的销售毛利率，但销售净利率为0，甚至为负，则说明企业的盈利能力还不够强，缴纳企业所得税就会抵消毛利，使企业无法真正实现盈利。

$$成本费用净利率=净利润÷成本费用总额×100\%$$

$$成本费用总额=营业成本+税金及附加+销售费用+管理费用+财务费用+所得税费用等$$

成本费用利润率反映了净利润占成本费用总额的比重，因为成本费用是企业获取利润所要付出的代价，所以净利率越高，说明企业为了获取同等利润所需支付的代价越小，盈利能力越强；反之，则所需支付的代价越大，盈利能力越弱。

该比率也可侧面反映企业成本费用的管理控制水平，该比率高，说明成本费用的管控水平较高；反之，则管控水平较低。

知识延伸 | 其他衡量盈利能力的财务指标

除了13.3.1和13.3.2节内容介绍的衡量企业盈利能力的财务指标外，还有一些财务指标也可用来衡量盈利能力，如每股利润、每股净资产、市盈率和市净率等。这些财务指标通常受到企业股东或投资者的重点关注，这里我们只简单列举其计算公式。

每股利润=（净利润-优先股股利）÷发行在外的普通股平均股数

每股净资产=股东权益总额÷发行在外的普通股股数

市盈率=每股市价÷每股利润

市净率=每股市价÷每股净资产

| 范例解析 | 从销售活动看企业的盈利能力

已知甲公司2020年4月初至6月底的与销售相关的数据如表13-2所示。

表13-2 甲公司第二季度的部分销售数据

项目	期初余额（元）	项目	金额（元）
营业成本	3 150 000.00	营业收入	4 260 000.00
税金及附加	8 000.00	销售退回	90 000.00
销售费用	121 000.00	销售折扣	40 000.00
管理费用	146 000.00	销售折让	45 000.00
财务费用	25 000.00	利润总额	570 000.00
所得税费用	142 500.00	净利润	427 500.00

销售毛利率＝（4 260 000.00－90 000.00－40 000.00－45 000.00－3 150 000.00）÷（4 260 000.00－90 000.00－40 000.00－45 000.00）×100%=22.89%

销售毛利率为22.89%，说明企业的营业成本很高，销售业务的盈利能力并不是很强，最终企业是否盈利，还是要看销售净利率。

销售净利率=427 500.00÷（4 260 000.00－90 000.00－40 000.00－45 000.00）×100%=10.47%

销售净利率为10.47%，说明企业净利率占营业收入净额的比重超过1/10，在不考虑销售业务中的特殊情况时，可近似看成每100.00元的营业收入，就有10.00元多一点点的净利润。理论上说该公司的盈利能力还是有的，只是盈利能力是高还是低，要看同行业的平均水平来做进一步的判断，如果比同行业平均水平高，则说明企业的盈利能力强；反之，则盈利能力弱。如果与自身前期的销售净利率对比，在上升，说明企业盈利能力在提高；在下降，说明盈利能力在减弱，需要管理者积极采取措施，提高盈利能力。

成本费用净利率=427 500.00÷（3 150 000.00+8 000.00+121 000.00+146 000.00+25 000.00+142 500.00）×100%=11.90%

成本费用净利率为11.90%，说明企业取得11.90元的净利润时需要付出100元的代价。看上去似乎公司的盈利能力还可以，如果与同行业平均水平比，更低，说明企业盈利能力较弱；更高，盈利能力较强。如果与自身前期的成本费用净利率相比，在上升，说明企业成本费用的管控工作做得较好，使盈利能力在不断增强；在下降，成本费用的管控工作有待完善。

13.4
衡量和反映企业发展能力的财务指标

企业发展能力也叫成长能力，是企业扩大经营规模、提高经济实力的潜在能力。在实务中，通常以各方面表现出来的增长率为依据，进行企业发展能力强弱的判断。如销售增长率、利润增长率、资产增长率和股权资本增长率等。

销售增长率=本年营业收入增长额÷上年营业收入总额×100%

销售增长率反映的是企业营业收入的变化情况，可用来评价企业的市场竞争力。

该比率大于0，说明企业本年营业收入比上年营业收入有所增加，且该比率越高，说明增长幅度越大，企业的发展能力越强；反之，则发展能力越弱。

该比率小于0，说明企业本年营业收入比上年营业收入有所下降，发展能力较弱。

利润增长率=本年利润总额增长额÷上年利润总额×100%

利润增长率反映的是利润总额的增减变动情况，是企业用来衡量发展能力的重要指标之一。

该比率大于0，说明企业的利润总额在增加，且比率越大，企业的发展能力越强；反之，则发展能力越弱。

该比率小于0，说明企业的利润总额在减少，企业需查明原因，采取积极的应对措施，防止企业继续亏损。

资产增长率=本年总资产增长额÷本年年初资产总额×100%

资产增长率反映的是企业总资产在一个会计期间的增减变动情况，可用来评价企业的资产规模及发展能力。

该比率大于 0，说明企业的总资产在增加，且比率越大，资产规模发展得越快，发展能力越强；反之，则资产规模发展缓慢，发展能力越弱。

该比率小于 0，说明企业的总资产在减少，可能出现有资产减值或者资产报废等损失，需要查明原因，采取积极措施应对，从而保证企业的资产规模不会缩小，保留经营实力，为发展能力奠定基础。

股权资本增长率=本年股东权益增长额÷年初股东权益总额×100%

股东资本增长率反映的是企业的股东权益的增减变动情况，不仅可以用来评价企业的发展能力，还能用来衡量企业资本的积累能力。

该比率大于 0，说明股东权益在增加，企业的资本在不断积累，且比率越高，发展能力越强；反之，发展能力越弱。

该比率小于 0，说明股东权益在减少，企业的资本在缩减，可能存在投资者或股东撤资、企业亏损等情况，发展能力受到影响。如果不及时找到原因，不及时采取防范措施，则企业的发展能力可能消失殆尽，直至没有发展能力。

14

制定并实施财务预算完成财务监控

生活中，人们做事之前通常都要有计划、有目标，财务工作也一样。一般在一个会计期间开始之前，企业财务部门就要对企业当期的费用、成本、销售、采购、生产和现金等编制预算，为当期的经营活动提供参考和标准，同时起到约束费用开支、督促整个企业完成财务目标和经营目标、实时监控财务工作等作用。

14.1
做好财务预算必须要打下的基础

　　企业的财务预算是全面预算中的一个重要组成部分，涉及企业财务工作中的方方面面。财务预算是财务工作的目标，也是开展工作的标准。预算必须要贴合企业的发展现状，这就要求财务预算必须尽可能做到完善、合理且科学，也就需要财会人员为此打下坚实的知识基础。

14.1.1　财务预算包含哪些预算内容

　　企业的财务预算包括现金预算、销售预算、生产费用预算、期间费用预算和资本预算等。

　　（1）现金预算

　　现金预算是关于现金收支活动的财务预算，包括库存现金、银行存款等货币资金。现金预算的目的是合理地处理现金收支业务、调度资金，保证企业有钱可用。现金预算包括 3 个方面，如表 14-1 所示。

表 14-1　现金预算的 3 个方面

方面	内容
现金收入预算	对预算期内的现金收入数进行预算，包括现金销售收入、回收应收账款和票据贴现等
现金支出预算	对预算期内的现金支出数进行预算，包括支付材料采购款、工资、制造费用、管理费用和销售费用，偿还应付账款，缴纳税费和购买机器、设备等
现金多余或不足的预算	1. 预计现金多余时该怎么办，比如可用于偿还企业的贷款，也可用于购买短期证券等。 2. 预计现金不足时该怎么办，比如预计公司可以向银行借款，可以发行短期商业票据等

　　由于企业经营活动的方方面面都可能涉及现金的收支管理，所以现金预算涉及财务预算的各个方面，如采购、销售、生产等。

　　（2）销售预算

　　销售预算是企业对销售规模的保守估计，一般是企业生产经营全面预算的起点，生产、采购和存货费用等方面的预算都要以销售预算为基础。销售预算是一个财务计划，它与企业的销售目标相结合，预算的内容包括完成销售计划中每个目标所需的费用支出，具体有如表 14-2 所示的一些。

表 14-2　销售预算的内容

方面	内容
销售业务	对当期可能达到或者需要达到的销售额进行预算
销售人员的费用	对当期需要给销售人员发放的工资、提成和津贴等进行预算，对销售人员可能发生的差旅费进行预算，包括住宿、餐饮、交通和娱乐等
销售管理人员的费用	对当期需要给销售管理人员发放的工资、提成和津贴进行预算，对销售经理、主管等可能发生的差旅费进行预算
其他与销售相关的费用	对销售活动开展过程中可能发生的会议费、展览费、广告费、宣传费、销售人员的通信费等进行预算，同时对销售人员离职产生的费用也要进行预算

（3）生产费用预算

生产费用预算主要根据企业的生产计划、车间经费预算和产品成本计划等编制，预算内容包括直接材料费、直接人工费、制造费用和其他与生产活动有关的费用支出等。

（4）期间费用预算

企业的期间费用是指管理费用、销售费用和财务费用。在经营过程中，企业发生的众多费用最终都要归集到成本、销售费用、管理费用和财务费用等成本费用中。其中对期间费用的预算要包括如表 14-3 所示的内容。

表 14-3　期间费用的预算内容

方面	内容
管理费用	对企业当期可能发生的管理人员、财务人员、行政人事员工等的工资、福利费、社会保险费和住房公积金等进行预算，另外还要对当期可能需要的工会经费、职工教育经费、劳动保护费、折旧费、存货盘亏和毁损、业务招待费、差旅费、办公费、水电费、诉讼费、咨询费和董事会会费等进行预算，控制好这些费用的开支范围

续上表

方面	内容
销售费用	对企业当期可能发生的包装费、运输费、装卸费、仓储保管费、展览费、广告费、宣传费、业务招待费、销售人员工资和福利费、样品和产品耗损以及促销费等进行预算，给出销售费用的支出范围
财务费用	对企业当期可能发生的利息支出、利息收入、手续费、汇兑净损失或净收益以及现金折扣等进行预算，管控财务费用的支出额度

（5）资本预算

资本预算通常是指投资预算，研究企业投资活动可行性的同时，也对企业的固定资产购置、扩建、改造和更新等进行相应的资金投入预算。预算的内容包括企业什么时候进行投资、具体投资多少、投资用的资金从哪里获得、投资项目什么时候可以获得收益、进行投资活动时企业每年的现金净流量预计会是多少、各投资项目的资金回收时间有多长等。

14.1.2 了解财务预算的各种编制方法

财务预算的编制方法有很多，不同的划分依据下有不同的类别。

◆ 固定预算和弹性预算

固定预算又称静态预算，将企业预算期的业务量固定在一个预算水平上，然后以此为基础来确定其他项目预计数的预算方法。弹性预算是将企业的所有成本按其形态的不同划分为变动成本和固定成本两部分进行预算，这样可使预算工作更精确，且后期易于调整。

固定预算和弹性预算的区别在于预算内容是否有足够的弹性空间。固定预算是针对一个特定业务量来编制；弹性预算是针对一系列可能达到的预计业务量进行编制。

◆ 增量预算和零基预算

根据是否有基期标准来划分预算方法，就有增量预算和零基预算之分。

增量预算是选定一个基期，然后以基期的成本费用水平为基础，结合预算期内业务量水平和成本控制措施等，通过调整原来的成本费用项目来编制预算的一种方法。零基预算是指对所有的预算支出以零为基础，不考虑各项成本费用项目的以往情况怎样，直接从实际需要和可能触发，研究、分析各项预算费用开支是否必要且合理，确定预算费用的一种方法。

增量预算与零基预算的区别是：增量预算有基期成本费用水平为基础、预算会更准确，但是预算工作比较复杂，对一些不必要的成本费用不好控制；零基预算没有基期成本费用水平为参考，一切从零开始，预算编制工作更简单一些，可有效地复核企业的成本、费用状况，但是预算结果不够精准。

◆ 定期预算和滚动预算

根据预算时是否明确划分上年度和本年度的界限，将预算方法分为定期预算和滚动预算。

定期预算要明确划分会计年度，以会计年度为单位编制财务预算。比如2019 年 1 月 1 日 ~ 12 月 31 日为一个预算期，2020 年 1 月 1 日 ~ 12 月 31 日为一个新的预算期。

滚动预算又称永续预算，其预算期不与会计年度挂钩，但也保持 12 个月的预算时间单位，区别在于该预算方法下，每过去一个月，企业就要根据新的经营情况对原预算进行调整和修订，形成新的预算，即逐月向后滚动、连续不断地编制预算。

定期预算的工作内容比较简单化，预算结果比较系统；滚动预算的工作内容很复杂，预算结果比较精确，有利于企业实际经营几乎不偏离预算。

14.2
编制和实施财务预算

财务预算的编制和实施工作并不是一蹴而就的，这是一个包含诸多工作内容的过程。本节具体介绍财务预算的编制与实施工作。

14.2.1　编制财务预算的基本流程

财务预算的编制涉及整个公司内部的各个职能部门的预算，如何有条不紊地编制出合理、科学的财务预算呢？首先是要将企业最关注的指标确定下来，因为不同的关注指标会使编制财务预算的流程有所不同。

◆ 企业最关注指标——目标成本

企业先通过成本预测来确定当期的目标成本，再确定目标利润。由目标利润推算、编制销售预算，然后编制生产预算、投资预算、筹资预算、采购预算和成本费用预算等。如图14-1所示。

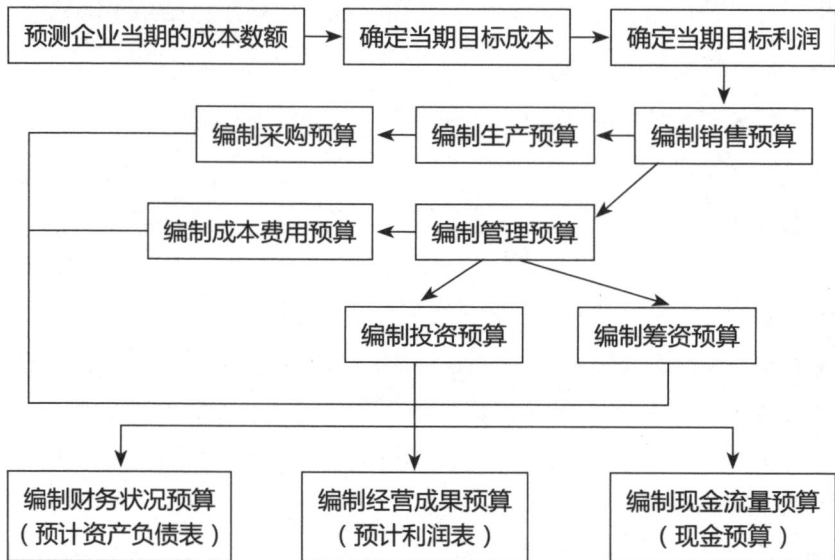

图14-1　以目标成本为指引的财务预算编制流程

该编制流程可促使企业做好成本管控工作，提高成本费用利润率。但是该流程可能造成企业只追求低成本而忽视产品或服务质量的问题，也不利于企业开发新产品。

◆ 企业最关注指标——目标产量

企业先预测当期的产量，确定当期的目标产量，然后根据目标产量编制生产预算，接着编制销售预算，最后编制管理预算、投资预算、筹资预算、采购预算和成本预算等。如图14-2所示。

该编制流程有利于企业扩大自身的生产规模，提高产量，促使企业满负荷生产，可相应地降低产品的单位成本。但是这一流程弱化了企业的销售预算，进而弱化了企业的盈利目标，可能会使企业的盈利水平降低。如果在编制预算时一味地追求产量而忽视产品或服务的质量，可能使企业的产品在市场的竞争力减弱，从而不受消费者喜爱，导致市场份额萎缩。

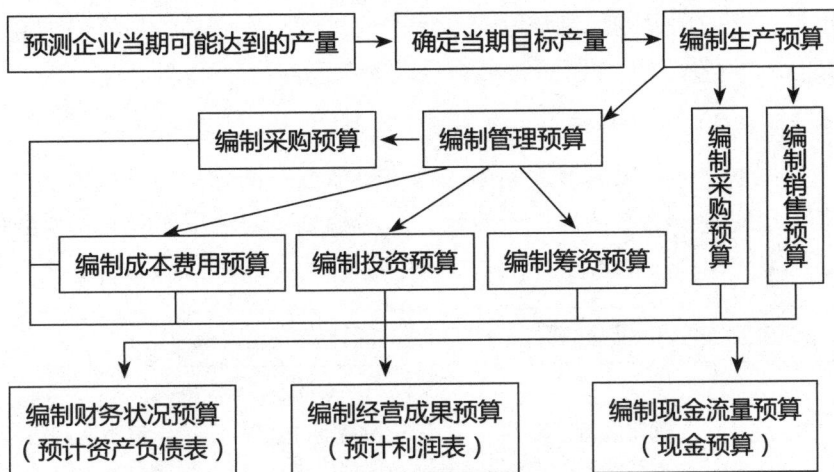

图 14-2　以目标产量为指引的财务预算编制流程

◆　企业最关注的指标——目标销量

企业根据以往会计期间的销量情况对当期销量进行预测，从而确定目标销量，进而编制销售预算，接着编制生产预算，然后编制管理预算、投资预算、采购预算和成本费用预算等。如图 14-3 所示。

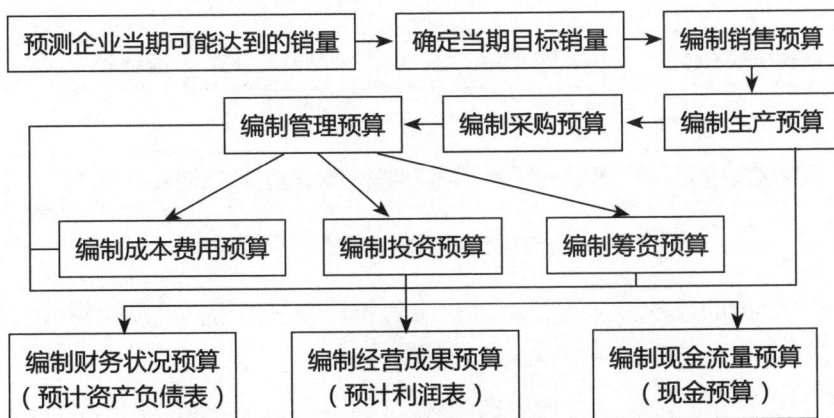

图 14-3　以目标销量为指引的财务预算编制流程

该编制流程一方面有助于企业提高销量，并迅速扩大市场份额，提高竞争力，使企业快速发展。另一方面也可帮助规避存货积压的问题，提高资金使用效率。

但是，这一预算的编制流程可能使企业过度开发产品，一位追求销量而使产品的成本费用利润率降低，减弱企业的盈利能力。

◆ 企业最关注的指标——目标现金流量

该流程下，企业根据前期的净现金流量情况，结合当期发展现状，预测当期净现金流量，确定目标现金流量，然后编制现金流量预算，接着编制采购预算、生产预算、销售预算和成本费用预算等。如图 14-4 所示。

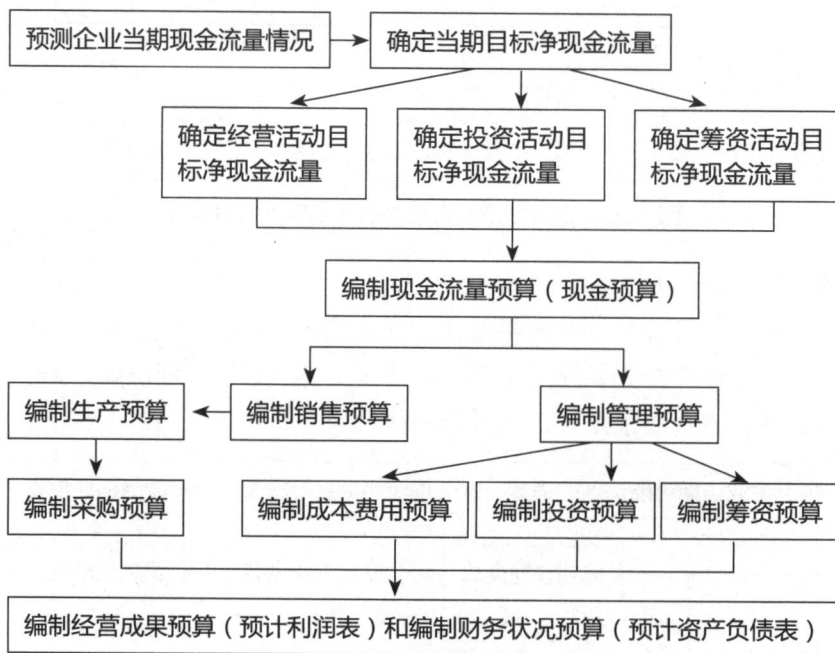

图 14-4 以目标利润为指引的财务预算编制流程

采用该编制流程时，有利于企业控制和管理现金流入、流出情况，有助于实现现金收支平衡，保持企业良好的财务状况。

但是，该编制流程的工作比较细致，细分到各方面经济活动的现金管理，预算保守，可能使企业错过发展机会，对企业的快速发展不利。

◆ 企业最关注的指标——目标利润

企业先根据以往会计期间实现的利润来预测当期可能实现的利润，确定目标利润，然后编制销售预算，接着编制生产预算、采购预算、管理预算、投资预算、筹资预算和成本费用预算等。

以目标利润为指引的财务预算编制流程与以目标销量为指引的财务预算编制流程类似，只是最开始的两个步骤从预测企业当期可能达到的销量、确定当期目标销量变为预测企业当期可能实现的利润、确定当期目标利润，然后编制销售预算，接着编制生产预算、采购预算等。

该编制流程可帮助企业增强自身的综合盈利能力，促使员工的工作和行为以实现企业利润为目标，可极大限度地调动员工的主动性和积极性。

但是，该流程容易使企业忽视一味追求利润可能存在的财务风险和经营风险，进而助长经营上的短期行为。

◆ 企业最关注的指标——目标净资产利润率

企业以目标净资产利润率为编制预算的起点，综合考虑企业经营管理过程中的各方面发展。不仅要追求最大销量的目标，还要追求成本费用最低的目标该预算编制流程可参照杜邦分析法的树状图来制定。

比如先通过预测净资产利润率来确定目标净资产利润率，其次确定目标资产利润率和目标权益乘数，然后确定目标销售利润率、目标资产周转率和目标资产负债率，接着确定目标利润、目标销售收入、目标资产总额、目标负债总额和目标权益总额，最后分别编制销售预算、生产预算、管理预算、投资预算、筹资预算、采购预算、成本费用预算、财务状况预算、经营成果预算和现金流量预算。

该预算编制流程可提高公司的综合管理水平，有利于实现企业的财务管理目标。

但是该流程比较烦琐，工作量大，并且过程中很可能出现财务舞弊行为，给企业带来财务风险和经营风险。

14.2.2 实施财务预算时的具体工作内容

财务预算工作并不是全部由企业财务部门完成，很多预算工作会细分到各个职能部门，财务部门只负责汇总预算数据。在 14.2.1 节内容中我们已经了解了几种不同的预算编制流程，这一小节来了解实施财务预算的工作内容，如表 14-4 所示。

表14-4　实施财务预算时的工作内容

职能部门	财务预算工作内容
生产部门	根据销售目标，如销售额目标或销量目标，确定目标产量，编制生产费用预算，然后将该预算报表递交给公司的财务部进行审核。审核通过后，生产部门就应严格遵循预算计划，开展生产活动
采购部门	根据生产部门作出的生产费用预算，确定预测物资采购数量，编制采购预算，然后将该预算报表递交给公司财务部进行审核。审核通过后，采购部门应严格遵循采购预算计划，实施采购
销售部门	根据企业制定的财务管理目标和经营目标，确定目标销售额或销售量，编制销售预算，然后将该预算报表递交给公司财务部进行审核。审核通过后，将销售预算计划告知生产部门，便于生产部门编制生产费用预算
财务部门	1.根据生产部门、采购部门和销售部门分别提供的生产费用预算、采购预算和销售预算等，编制现金预算。 2.根据企业发展现状，结合现金预算计划，编制企业的管理预算，包括投资预算和筹资预算。 3.汇总生产费用预算、采购预算、销售预算、现金预算、管理预算、投资预算和筹资预算等预算结果，编制企业的财务状况预算（预计资产负债表）、经营成果预算（预计利润表）和现金流量预算。 4.督促各职能部门严格按照各自的财务预算内容开展工作，并及时对偏离预算的情况进行调整

14.2.3　做好财务预算的控制

财务预算控制是指企业以已经编制的财务预算为依据，对预算执行主体（如采购部门、生产部门、销售部门等）的财务收支活动进行监督和调整，使企业各方面的财务收支情况与预算目标相符，同时对财务预算实施过程中不符合实际、不合理且不科学的地方进行修正。

财务预算的控制工作主要包括以下 5 点。

◆ 将财务计划的各项预算指标分配到企业的各个职能部门，将执行预算的工作落实到每位员工。

◆ 通过进行会计核算，反映和监督企业各个部门的预算执行情况和任务完成情况。

◆ 将各部门经济活动实际完成情况与财务预算指标进行定期对比分析，找出存在的偏差，分析产生偏差的原因，提出纠偏的措施，调整经营计划或者财务预算目标。

◆ 对各职能部门和具体责任人的财务预算工作执行情况进行考核和评价，根据考核结果，结合企业有关的奖惩办法，对完成了或超额完成了财务目标的予以奖励，对没有完成目标或者完成情况较差的给予处罚。

◆ 在严格按照财务预算开展经济活动的过程中，不断修正和调整财务预算，保证预算的合理性、可行性和有效性。

企业进行的财务预算控制要适度，不能偏激，最好是遵循下列 4 项原则。

◆ **适时控制原则**：对实际经济活动与财务预算之间的偏差要及时发现和纠正。

◆ **适度控制原则**：对预算控制的范围、程度和频率等要恰到好处，范围不能过大或过小、程度不能过高或过低、频率不能过高或过低。不仅要控制实际经营活动不偏离财务预算，还要使控制费用最低。

◆ **重点控制原则**：企业要将主要精力用于重要事项的控制。

◆ **弹性控制原则**：财务预算控制不能绝对化，要灵活且具有弹性，以适应不同的发展状况。

14.2.4　对财务预算的执行结果进行考评

对财务预算进行考评是指企业运用专门的考评指标，采用特定的考评方法，对财务预算管理过程中各个责任部门和责任人完成预算责任、实现预算管理目标的情况进行考核与评价。

对企业来说，首先需要组织建立一个专门的预算管理委员会或办事小组，负责预算考评事宜；其次制定预算考评的实施办法；然后在一个预算期结束后，收集预算考评工作中需要的各种信息和资料，并对企业内部各级预算责任单位、相关责任人员等进行工作完成情况的考核；接着比较实际工作完成情况和财务预算之间的差距，划分不利差异和有利差异；再分析产生这些差异的原因，明确各级预算责任单位和相关责任人的经济责任；最后由预算管理委员会或办事小组撰写财务预算的考评报告，在企业内部发布考评结果。

对考评结果优等的责任单位和责任人给予奖励，对考评结果劣等的责任单位和责任人给予相应的处罚。同时，要积极进入到下一个预算期的预算编制工作中。

15

熟练运用财务软件实现会计电算化

目前，我国很多企业都已经实现了会计电算化，财会人员可以直接利用专业的财务软件记账、登账、对账和结账，同时由财务软件的自带系统自动生成财务报表，大幅简化了财会人员的许多手工工作，使财会工作变得更有条理、更简化、更便捷、更系统。

15.1
建账并启用账套

公司财会人员要想成功登录财务软件开始工作，必须先建立和启用账套，然后对系统进行初始化，录入相关的财务初始数据等。这样才能顺利完成使用财务软件的准备工作。本章将以"金蝶 KIS 教学版"为例，介绍财务软件的使用方法和一些做账的操作步骤。

15.1.1　新建账套并完成基础设置

由公司统一购买专业的财务软件，并由专业人士安装完成。财务软件安装完成后，会在各财会人员的电脑中形成快捷方式，一般快捷方式放在电脑桌面上，如图 15-1 左图所示。在单击快捷方式准备登录财务软件之前，必须先启动财务软件附带的"加密服务器"程序，如图 15-1 右图所示。

图 15-1　安装财务软件并启动加密服务器

回到电脑桌面，单击快捷方式图标，在打开的对话框中单击"新建账套"按钮，如图 15-2 左图所示。在打开的"账套管理"对话框中输入用户名和密码，单击"确定"按钮，如图 15-2 右图所示。

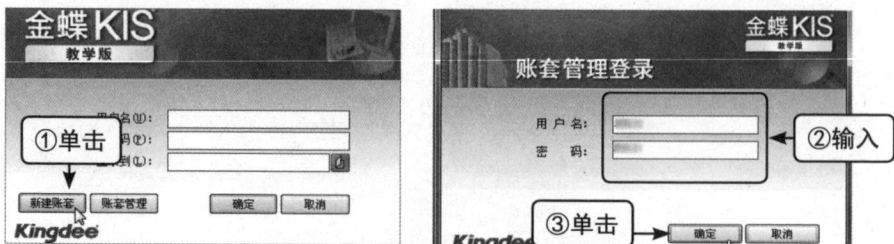

图 15-2　设置账套名称和密码

在打开的"新建账套"对话框中设置账套号、账套名称和单位性质，单击"数据库路径"文本框右侧的按钮，如图 15-3 左图所示。在打开的"选择数据库文件路径"对话框中选择账套保存的路径，单击"确定"按钮，如图 15-3 右图所示。

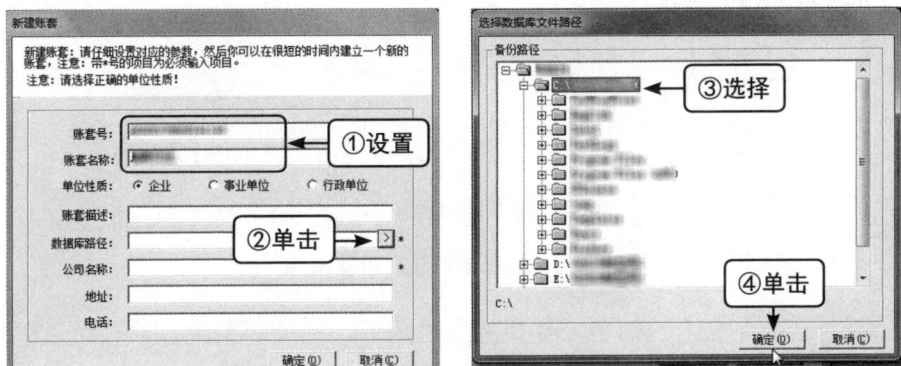

图 15-3   设置账套的名称和保存路径

返回至"新建账套"对话框，输入公司名称，单击"确定"按钮，如图 15-4 左图所示。系统开始自动建立账套，最后会提示用户"新建账套成功"，单击"确定"按钮，账套建立完成，如图 15-4 右图所示。

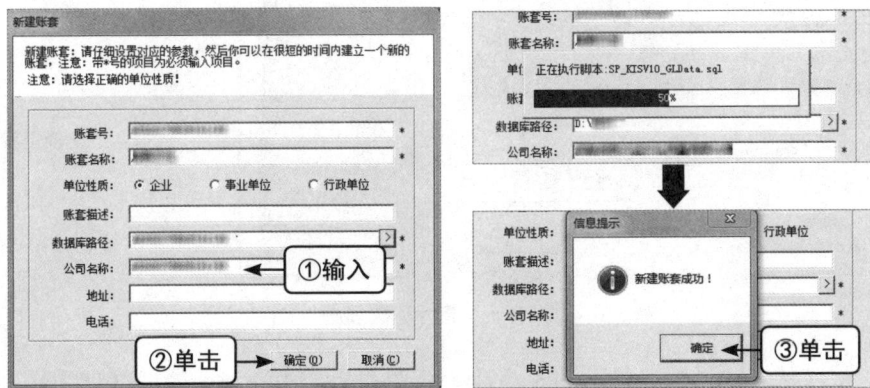

图 15-4   系统自动建立账套

在打开的"账套管理"对话框中，选择新建的账套，单击"属性"按钮，如图 15-5 左图所示。在打开的"账套属性"对话框中单击"确定"按钮，如图 15-5 右图所示。系统提醒"账套基本属性修改成功"，此时单击"确定"

按钮后就会直接打开"系统登录"对话框。

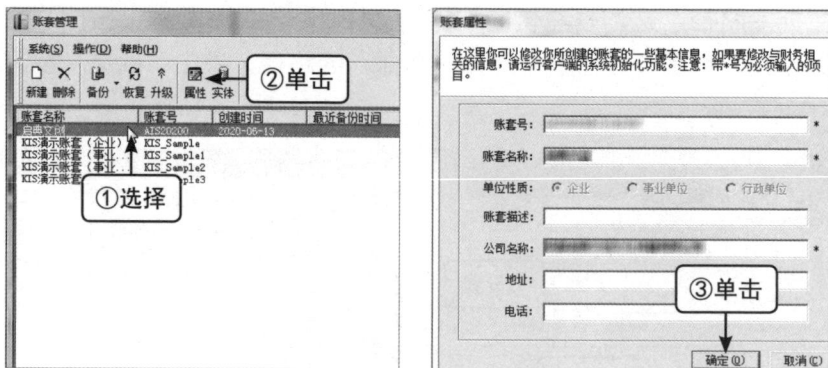

图 15-5　为新建的账套设置属性

双击电脑桌面上的财务软件快捷方式图标，打开"系统登录"对话框，选择新建的账套，单击"确定"按钮，如图 15-6 左图所示，进入财务软件主界面。在界面左侧单击"基础设置"选项卡，在界面右侧单击"系统参数"按钮，如图 15-6 右图所示。

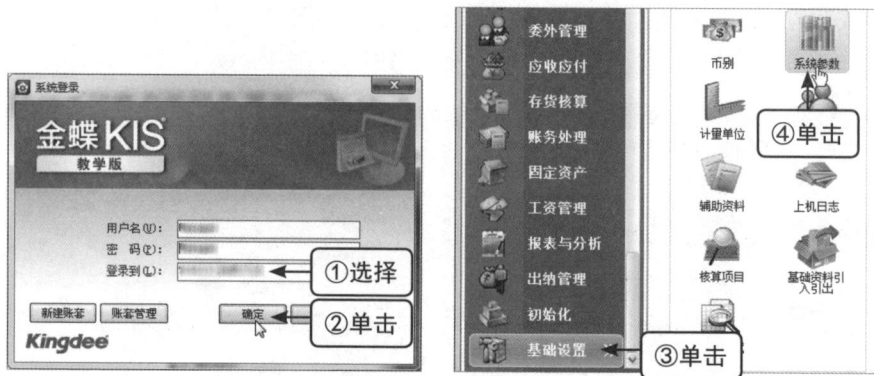

图 15-6　进行基础设置

在打开的"系统参数"对话框中，根据企业自身的经营信息和管理所需，填写税号、银行账号、地址、电话和记账本位币等系统信息，填写完毕后单击"确定"按钮，如图 15-7 左图所示。然后依次切换对话框上方的选项卡，将与企业经营相关的信息填写完整，最后单击"确定"按钮或"保存修改"按钮，保存基础设置，如图 15-7 右图所示。

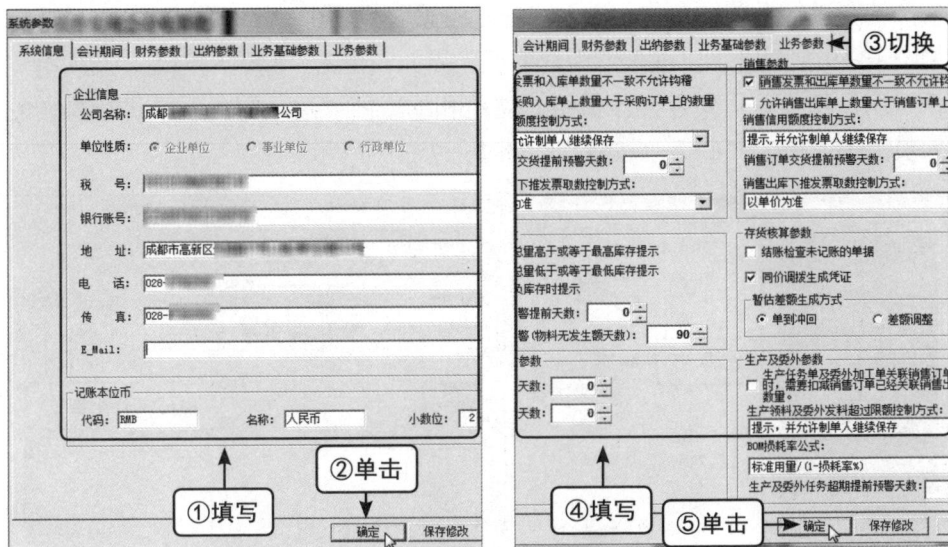

图 15-7　设置各种财务系统参数

　　此时会打开一个信息提示对话框，提示操作人员确认出纳初始参数的设置是否启用账套。单击"是"按钮，会打开另外一个信息提示对话框，确认业务初始参数的设置，确认是否启用，单击"是"按钮，再单击"确定"按钮，打开财务软件登录界面，重新登录财务系统，如图 15-8 所示。

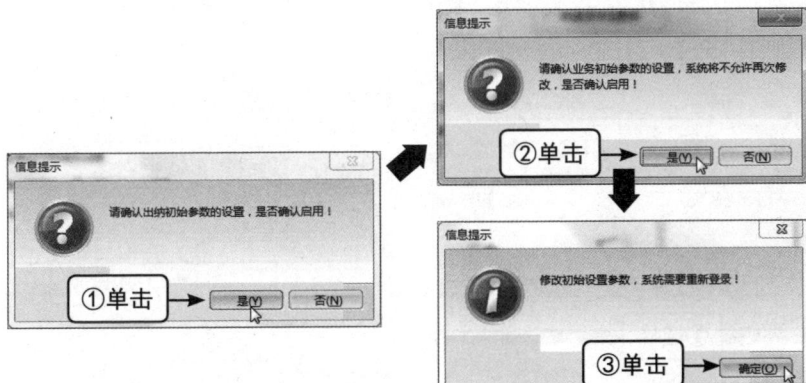

图 15-8　确认初始参数的设置并重新登录财务系统

15.1.2　系统初始化后建立核算框架

　　注意，财会人员进行了财务系统初始参数设置并重新登录财务系统后，紧接着要进行系统初始化。进入"基础设置"界面，单击"用户管理"按钮，如图 15-9 左图所示。进入"用户管理"界面，单击"新建用户组"选项卡，新建用户组，这里新建操作员组，规范和约束能够进入财务系统进行操作的人员范围，单击"确定"按钮，如图 15-9 右图所示。

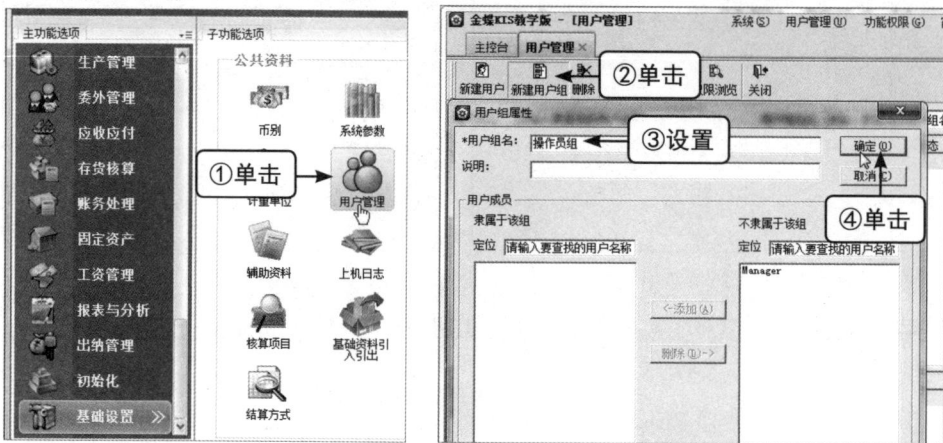

图 15-9　新建操作员组

在"用户管理"界面下方选择"操作员组"选项，单击界面左上角的"新建用户"按钮，如图 15-10 左图所示。在打开的"新增用户"对话框中输入用户姓名（即操作员姓名），如"朱静"，设置密码并确认密码，单击"确定"按钮，如图 15-10 右图所示。

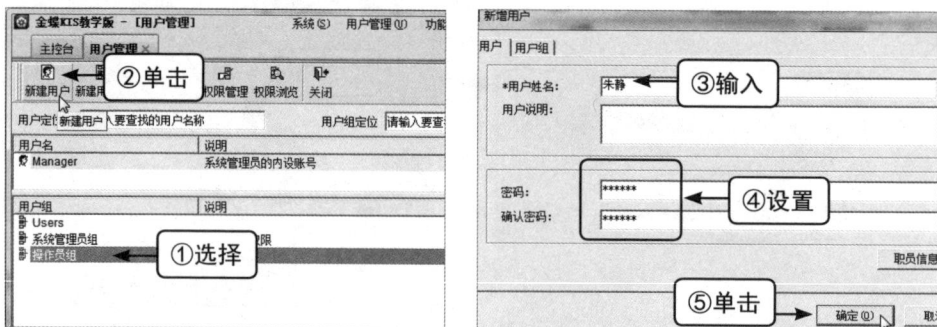

图 15-10　新增具体的操作员

按照相同的操作将其他财会人员添加为财务系统的用户。添加完毕后，再次选择"用户管理"界面下方的"操作员组"选项并双击，在打开的"用户属性"对话框的右侧，选择用户名，如选择"朱静"选项，单击"添加"按钮，如图 15-11 左图所示。重复相同操作添加其他操作员到操作员组中，单击"确定"按钮，如图 15-11 右图所示。

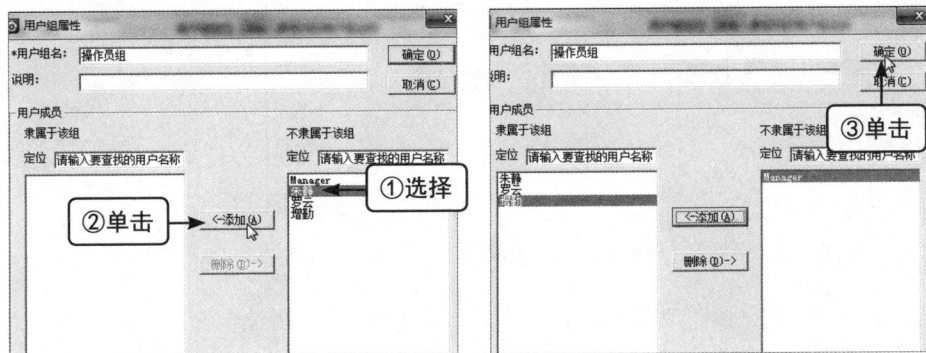

图 15-11　为操作组添加操作员

返回"用户管理"界面，选择操作员选项并右击，在弹出的下拉菜单中选择"属性"选项，如图 15-12 左图所示。在打开的"用户属性"对话框中设置所选操作员隶属的用户组，单击"确定"按钮，如图 15-12 右图所示。

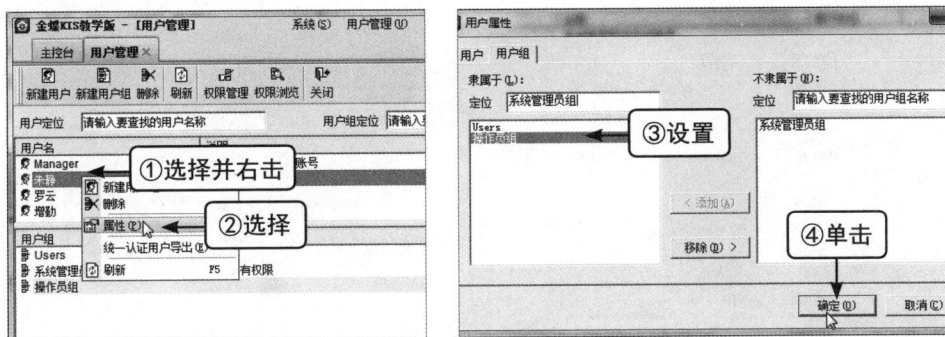

图 15-12　为操作员设置隶属的用户组

设置完用户组和用户后，还要对操作员进行权限分配，指定其对账套数据的处理权限和操作范围。结合所添加的操作员的操作权限，进入"用户管理"界面，选择操作员选项，单击界面上方的"权限管理"按钮，如图 15-13 左图所示。打开"用户管理－权限管理（××）"对话框，选中该操作员需要具备权限复选框，依次单击"授权"按钮和"关闭"按钮，如图 15-13 右图所示。

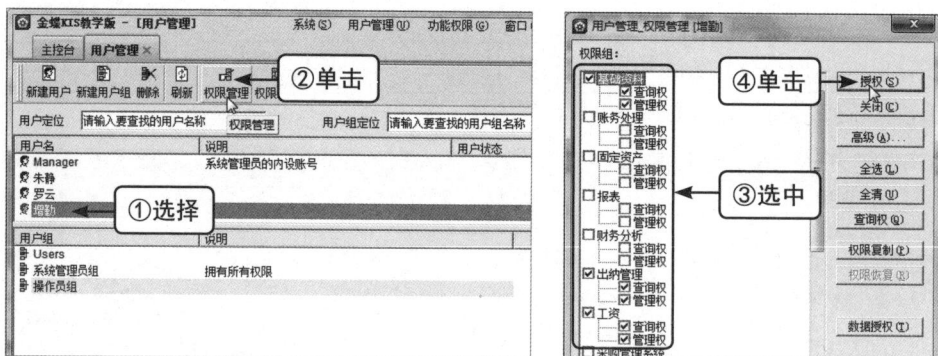

图 15-13　为操作员设置操作权限

　　按照相同的操作为其他操作员设置操作权限。除此以外，还可以更改操作员的登录密码，即利用操作员的用户名重新登录财务系统，然后在"用户管理界面"中打开"用户属性"对话框，在"用户"选项卡下进行修改。也可以切换财务系统的操作员，直接在财务软件登录状态下，在主界面的右下角单击用户名按钮，软件系统就会打开"系统登录"对话框，输入新操作员的用户名和登录密码，单击"确定"按钮，即可成功切换操作员，如图15-14 所示。

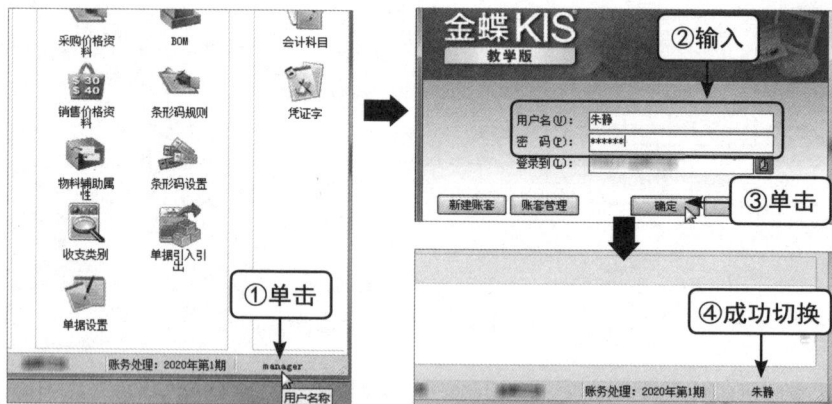

图 15-14　切换财务软件系统的操作员

　　接着要为企业的财务账套设置会计核算基本参数，建立核算框架。

　　在"基础设置"界面单击"核算项目"按钮，如图 15-15 左图所示。在"全部核算项目"界面可选择一种项目，单击界面上方的"修改"选项卡，可修改该项目的代码和名称，如图 15-15 右图所示。

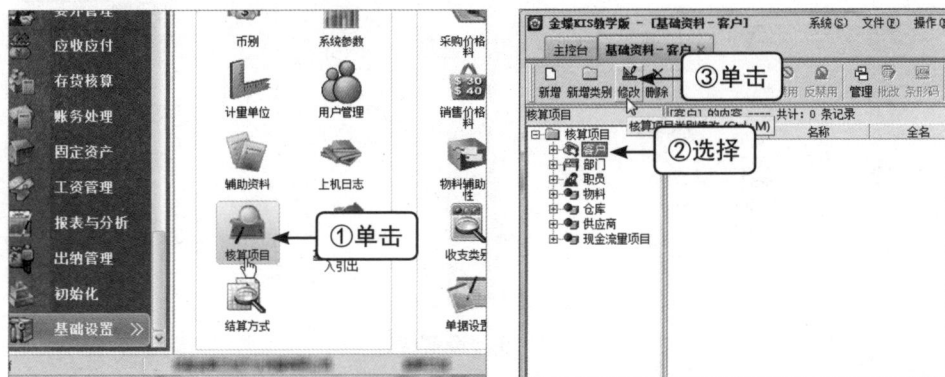

图 15-15　修改核算项目的代码和名称

还可以添加新的核算项目，只需在当前界面单击"新增类别"选项卡，在打开的"核算项目类别 – 新增"对话框中输入新增项目的代码和名称，单击"新增"按钮，如 15-16 左图所示。在打开的"自定义属性 – 新增"对话框中，设置新增项目的名称、相关属性和缺省值等，单击"新增"按钮，如 15-16 右图所示。返回"核算项目类别 – 新增"对话框，单击"确定"按钮。

图 15-16　添加新的核算项目

除此以外还需要设置货币类别，在"基础设置"界面单击"币别"按钮，进入"币别"界面，按照界面中的提示操作，就可以为本企业财务系统新增币别用于核算。

另外比较重要的是在设置企业经营过程中可能用到的会计科目。在"基础设置"界面单击"会计科目"按钮，如图 15-17 左图所示。进入"基础资料"界面，在界面左侧选择科目类别，单击"管理"按钮，如图 15-17 右图所示。

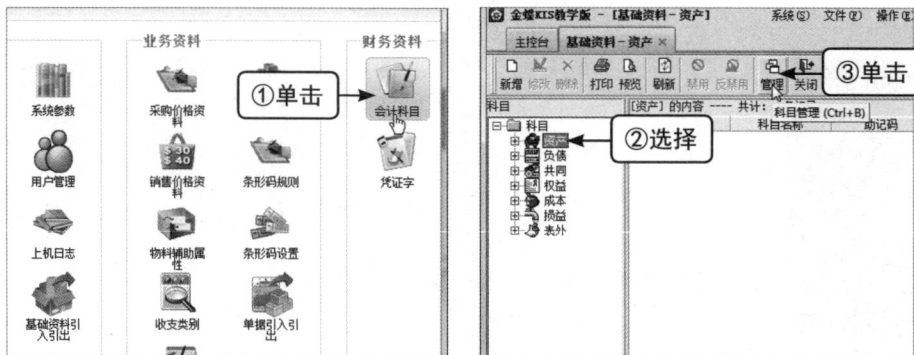

图 15-17　开始设置会计科目

在打开的"会计科目"对话框中单击"新增"按钮，在打开的"会计科目-新增"对话框中，输入新增科目的代码和名称，并完成其他设置，单击"保存"按钮，即可成功添加，如图 15-18 所示。

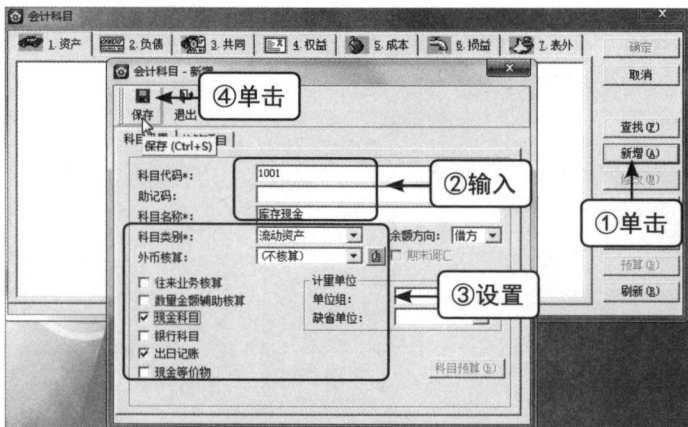

图 15-18　新增会计科目

接着可按照相同的步骤为资产类、负债类、共同类、权益类、成本类和损益类等科目类别增添具体的会计科目，直至将企业经营所需的会计科目添加齐全。另外还可对已添加的会计科目进行修改和删除操作，只需在"基础资料-科目"界面选择要修改或要删除的会计科目，单击界面上方的"修改"或"删除"选项卡，按照提示操作即可完成。

会计科目设置完毕后，还要为公司的财务系统设置账套选项，为系统配置相应的控制能力。在"基础设置"界面单击"凭证字"按钮，在打开的"凭证字"界面单击"新增"选项卡，即可开始为公司增添凭证类别，如收款凭证、付款凭证等。在打开的"凭证字 – 新增"对话框中输入凭证字，单击有关按钮设置凭证涉及的会计科目，如图 15–19 所示。

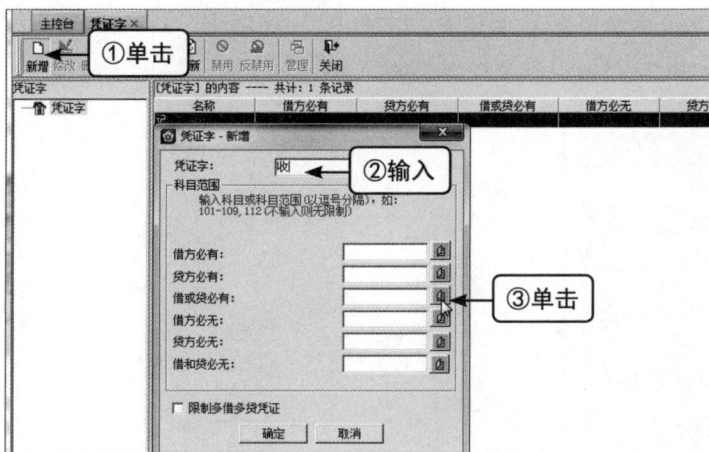

图 15-19　设置凭证字

在打开的"会计科目"对话框中选择恰当的会计科目，单击"确定"按钮即可为当前凭证字关联会计科目，如图 15–20 所示。

图 15-20　为凭证字关联会计科目

某类凭证如果涉及多个会计科目，则按照相同的操作步骤关联其他会计科目。凭证字设置完毕后，财会人员还需设置企业经济活动的结算方式和计量单位等账套选项，这里不再一一详述。

15.1.3　录入各种财务初始数据

财务初始数据包括三大类：业务初始化数据、财务初始化数据和出纳初始化数据。其中，业务初始化数据包括存货初始数据、暂估入库单、未核销出库单和应收应付初始数据等；财务初始数据包括科目初始数据、固定资产初始数据和现金流量初始数据等。比如科目初始数据，按照提示为各个会计科目录入期初余额数据。下面以录入固定资产初始数据为例，讲解操作步骤。

在财务软件主界面左侧单击"初始化"选项卡，在右侧界面的"财务初始化"栏内单击"固定资产初始数据"按钮，如图15-21所示。

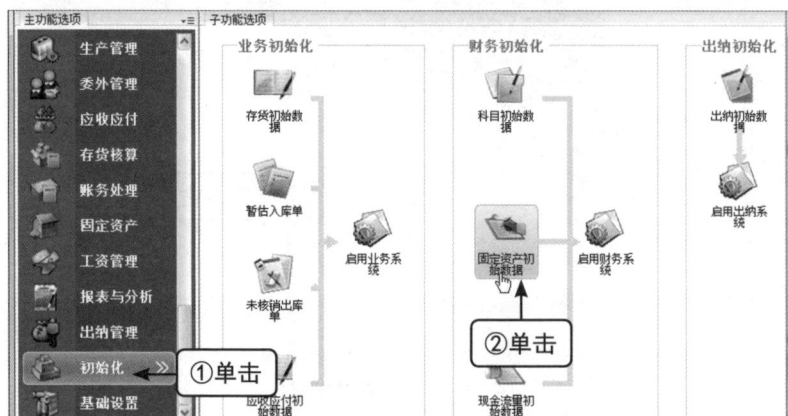

图 15-21　进行固定资产初始数据录入

在打开的"固定资产管理"界面单击"资产类别"栏右侧的展开按钮，打开"固定资产类别"对话框，单击"新增"按钮，打开"固定资产类别 – 新增"对话框，录入固定资产的代码、名称、使用年限、净残值率和预计折旧方法等信息，单击"新增"按钮，如图15-22所示。

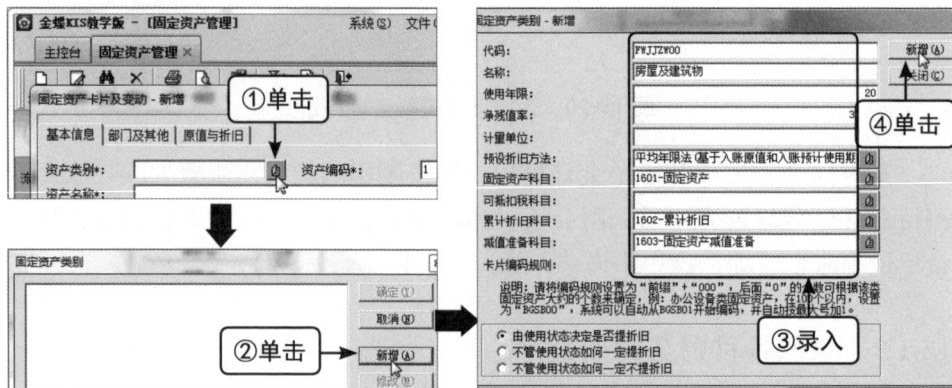

图 15-22　录入固定资产初始数据

返回到"固定资产类别"对话框时就可查看到新添加的固定资产信息。单击"确定"按钮可返回"固定资产卡片及变动 – 新增"对话框，继续设置固定资产的资产名称、资产编码、入账日期、经营用途、使用状况和变动方式等信息，然后切换选项卡，录入固定资产的部门信息和原值、折旧等信息，如图 15-23 所示。

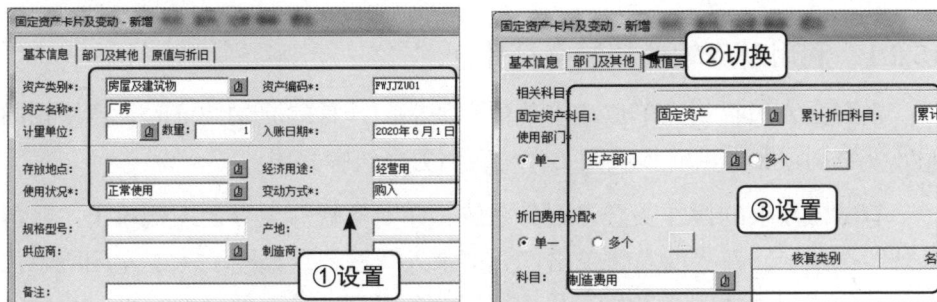

图 15-23　完善固定资产初始数据信息

依次将固定资产初始数据录入完毕后，单击"保存"按钮，即可成功保存固定资产的初始数据，如图 15-24 所示。

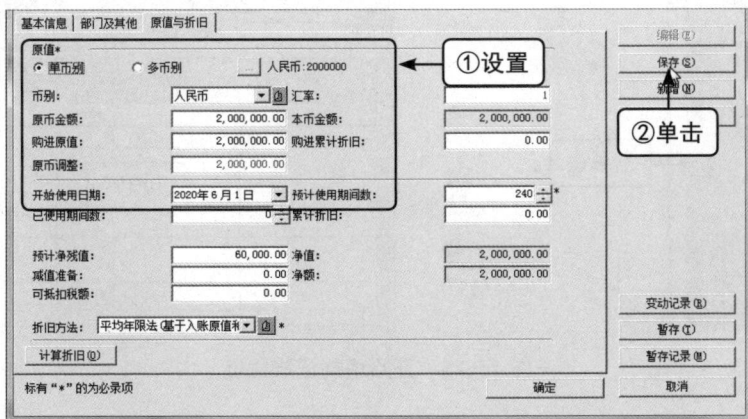

图 15-24　保存录入的固定资产初始数据

其他项目的初始数据根据系统提示，结合企业自身经营情况，如实录入相关数据。在确保每一大类的财务初始数据全部录入完毕后，单击相应的启用系统按钮，启用对应的系统。比如财务初始化栏的财务初始数据全部录入完成后，就可单击"启用财务系统"按钮，启用财务系统。

15.2
填制凭证和审核过账

填制凭证和审核过账是企业内部大多数财会人员的日常工作内容，借助财务软件做账，可有效提高财务工作效率。相关操作如下。

15.2.1 利用财务软件填制会计凭证

当财会人员收到外单位或本单位有关部门开具的原始凭证时，要根据原始凭证填制记账凭证。该填制工作可在财务系统中完成。

有做账权限的操作员登录财务系统，在财务软件主界面左侧单击"账务处理"选项卡，在界面右侧单击"凭证录入"按钮，如图 15-25 左图所示。在打开的"记账凭证 – 新增"界面填写业务日期、编制凭证的日期和相关经济业务的摘要，如图 15-25 右图所示。

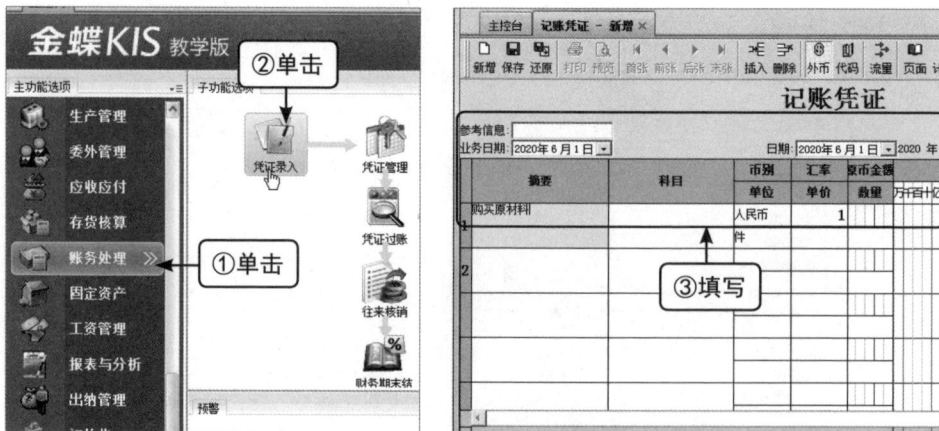

图 15-25 开始填制记账凭证

注意，财务系统会自动识别当期已经填制的凭证张数，从而系统会自动填充凭证右上角的凭证字号，此处只需财会人员如实填写该记账凭证的附件张数。

在"科目"栏双击，打开"会计科目"对话框，选择需要使用的会计科目，单击"确定"按钮，返回填制凭证的界面。如图 15-26 所示。

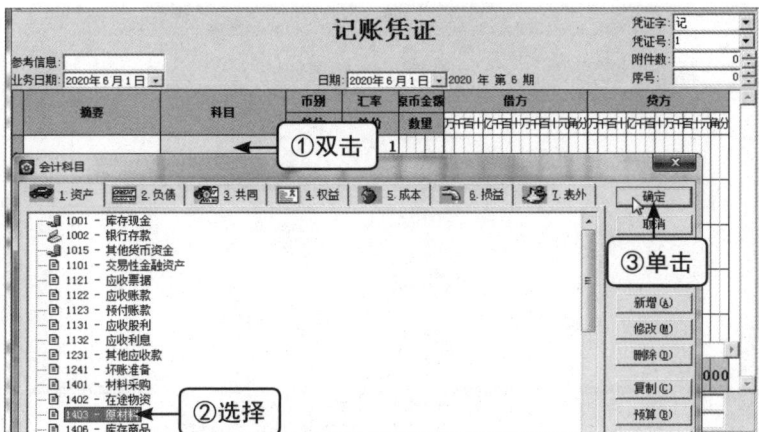

图 15-26　选填会计分录中的会计科目

　　在"原材料"科目对应的"借方"金额栏内输入原材料的不含税价款。按照同样的方法，录入该项经济业务的其他会计科目和金额，注意会计科目方向要填写正确。如图 15-27 所示。

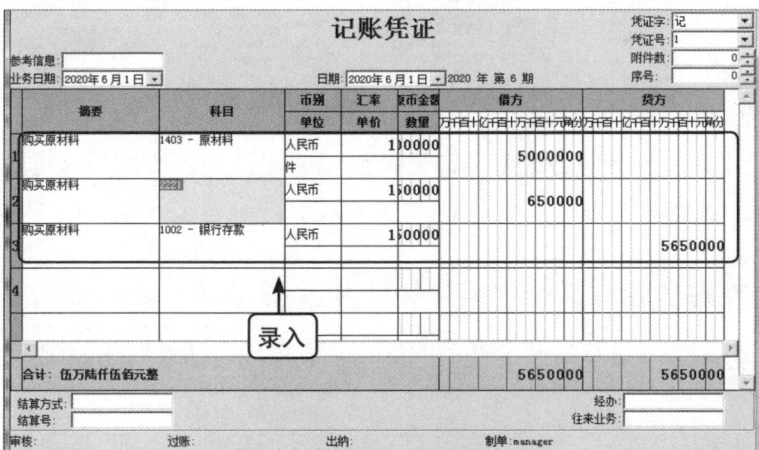

图 15-27　完善记账凭证的填制

　　确认凭证填制完毕后，单击界面左上角的"保存"按钮即可保存填好的凭证。如果原材料要进行供应商的明细核算，则还需双击界面下方"供应商"文本框，在打开的"核算项目－供应商"对话框中选择供应商并双击，返回后按【Enter】键即可看到"供应商"文本框中显示供应商代码及供应商名称，单击界面左上角的"保存"按钮保存该记账凭证，如图 15-28 所示。

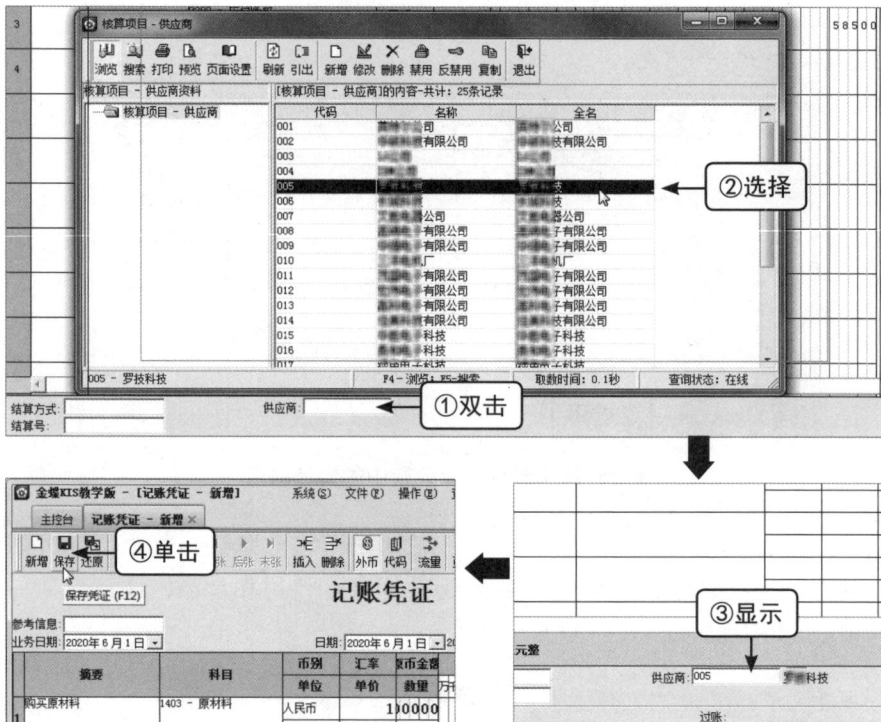

图 15-28　为凭证添加明细核算

同理，其他经济业务或事项需要填制记账凭证的，均按照这样的操作步骤完成填制工作。

15.2.2　在财务软件系统中审核凭证并过账

凭证的审核与过账是两个环节的操作，先审核，通过后才能过账。

（1）审核凭证

审核凭证就是审查所填制的凭证是否正确，通过财务软件系统中的"凭证管理"功能实现。注意，审核凭证的人与填制凭证的人不能是同一人。

会计人员在"账务处理"界面的子功能选项中单击"凭证管理"按钮，如图 15-29 左图所示。在打开"凭证管理"界面的同时会打开"过滤界面"对话框，在"条件"选项卡下进行凭证的过滤设置，如图 15-29 右图所示。

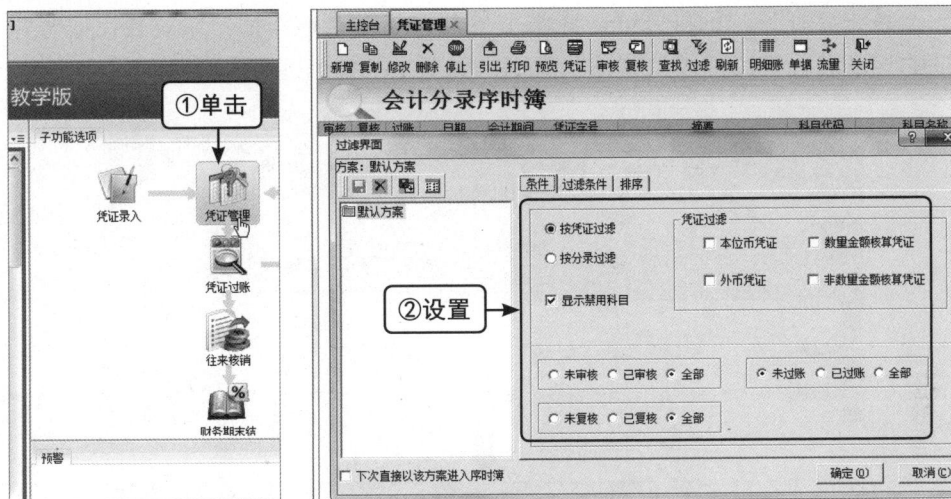

图 15-29　设置凭证的过滤条件

　　如果要更加精确地过滤凭证，从而快速找到需要进行审核的凭证，还可切换选项卡，进行过滤条件和排序的设置。过滤条件全部设置完后，单击"确定"按钮，即可返回"凭证管理"界面，此时可看到按照过滤条件筛选出的凭证，选择需要审核的凭证，单击界面上方的"审核"按钮，如图 15-30 所示。

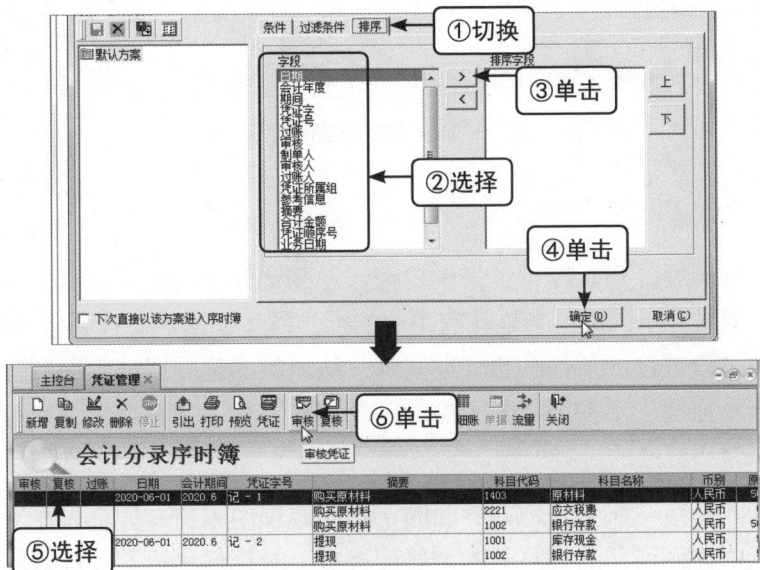

图 15-30　精确查找需要审核的凭证

系统会打开"记账凭证－审核"界面，单击审核按钮，系统会在记账凭证的凭证名称旁边加盖"审核"戳记，如图 15-31 所示。

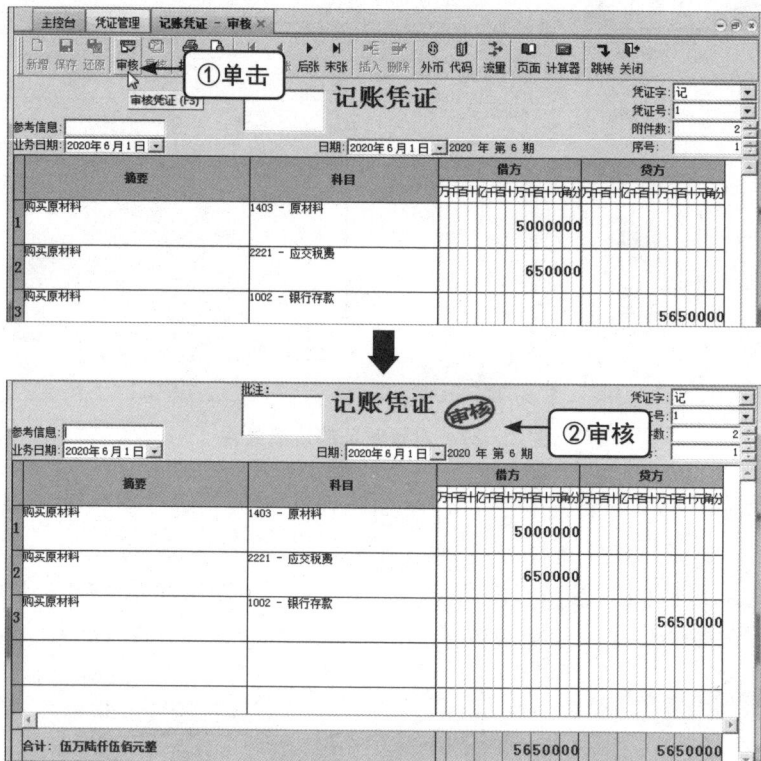

图 15-31　审核所选的凭证

（2）过账

财会人员要注意，理论上来说要在账簿登记完成后才对记账凭证进行过账处理。但可能不同的财务软件有不同的操作顺序要求。而且利用财务软件，可直接通过设置过滤条件和会计期间等，从填制的记账凭证中提取信息来自动生成会计账簿，不需要财会人员像手动记账一样一项一项手动填写。这里我们单独介绍凭证的过账处理。

会计人员在"账务处理"界面的子功能选项中单击"凭证过账"按钮，如图 15-32 左图所示。在打开的"凭证过账"对话框中设置凭证过账参数，单击"开始过账"按钮，即可开始过账，如图 15-32 右图所示。

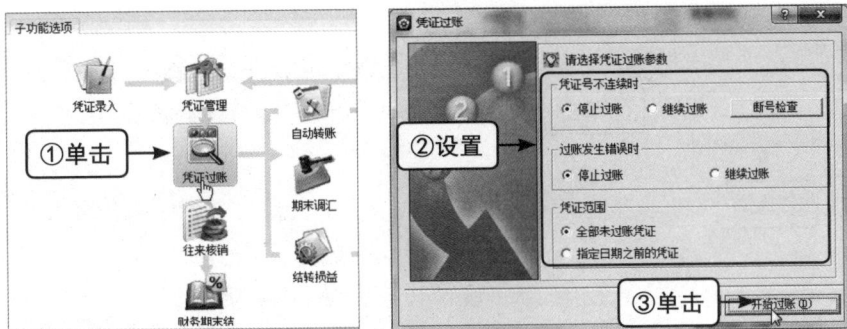

图 15-32　过账

15.2.3　打印凭证形成纸质资料

根据相关法律法规以及企业的管理办法的规定，需要财会人员将电子档的会计凭证打印成纸质资料进行保管。相关操作并不困难，内容如下。

进入"凭证管理"界面，选择需要打印成纸质资料的凭证，单击界面上方的"打印"按钮，如图 15-33 左图所示。打开"打印"对话框，选择打印机，设置打印范围和打印份数，单击"属性"按钮，如图 15-33 右图所示。

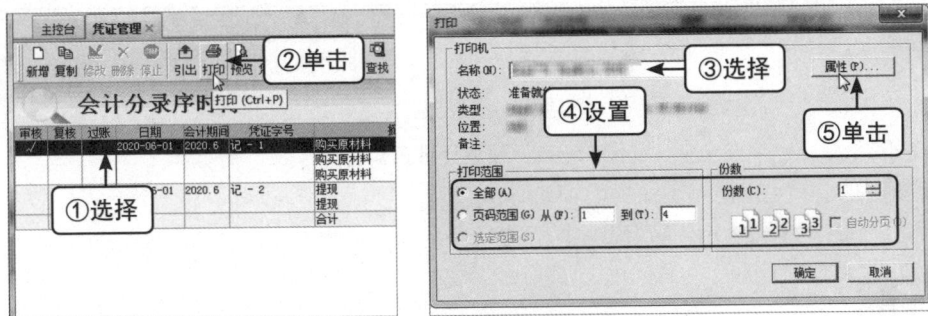

图 15-33　设置凭证的打印参数

在打开的对话框中，单击"方向"文本框右侧的下拉按钮，在弹出的下拉菜单中选择凭证的打印方向，单击"确定"按钮，如图 15-34 左图所示。返回"打印"对话框，确认打印参数设置无误后，单击"确定"按钮，即可开始打印凭证。如图 15-34 右图所示。

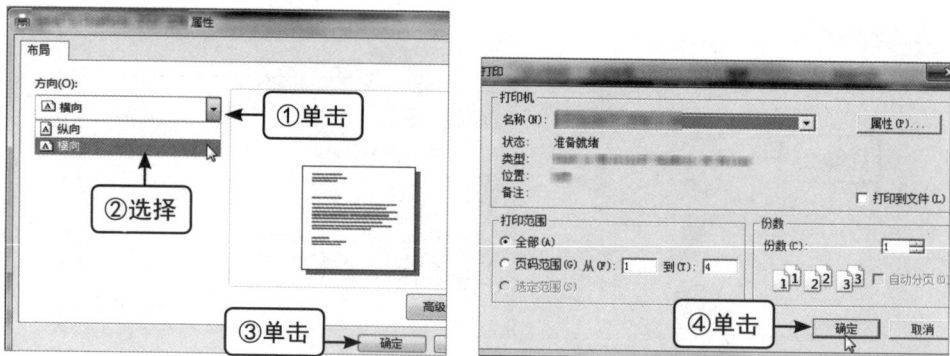

图 15-34　选择凭证的打印方向并打印

如果在打印前还需要确认凭证的格式，则可以在"凭证管理"界面单击上方的"预览"按钮，预览凭证的格式，确认无误后，可在预览界面直接单击"打印"按钮，进行凭证打印。如图 15-35 所示。

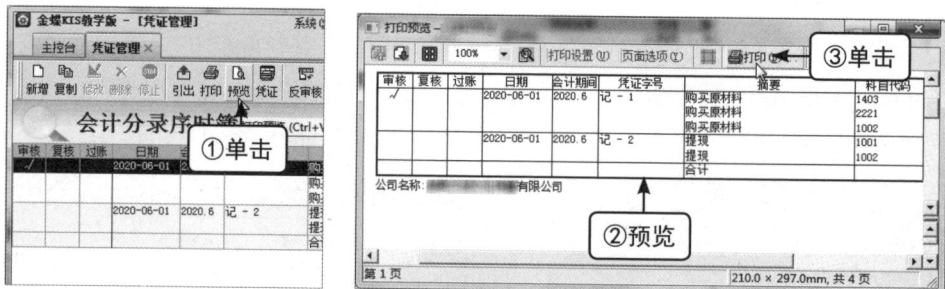

图 15-35　预览凭证后再打印

15.3
进行其他会计电算化操作

企业通过安装专门的财务软件而形成的操作系统，包含了很多电算化操作，不仅限于本章前述内容提及的账套建立、数据初始化、凭证的填制、审核、过账和打印等，还有一些其他操作，如账簿的登记，以及应收应付、固定资产、费用和存货出入库等的管理。这些都需要财会人员熟练掌握。

15.3.1　登记日记账和其他账簿

本书第 8 章的 8.4.3 和 8.4.5 节内容中介绍了手工登记现金日记账和银行存款日记账的操作方法，这里需要学习如何利用财务软件登记会计账簿。

（1）登记现金日记账和银行存款日记账

利用财务软件登记现金日记账，就是按照一定的操作步骤生成现金日记账。单击主界面左侧"出纳管理"选项卡，在右侧"子功能选项"界面中找到"现金日记账"按钮并单击，如图 15-36 左图所示。

在打开"现金日记账"界面的同时会打开"现金日记账"对话框，在该对话框中，系统默认科目名称为"库存现金"，会计人员要根据企业实际经营情况，对币别、期间、币别选项和其他内容进行设置，然后单击"确定"按钮，如图 15-36 右图所示。

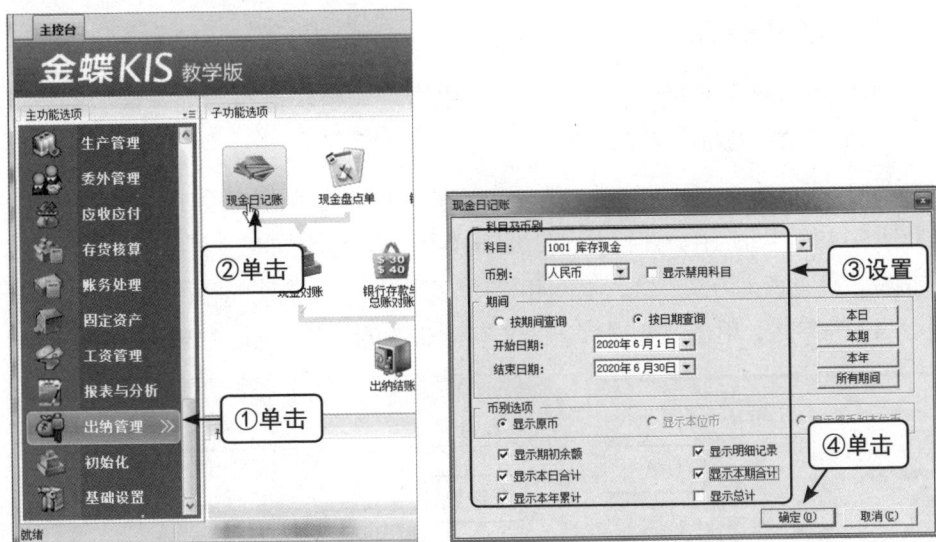

图 15-36　进入现金日记账的登记程序

返回"现金日记账"界面，就可以查看到相应期间的现金日记账记录，如图 15-37 所示。

图 15-37 生成现金日记账

银行存款日记账的生成方法与现金日记账的类似，只需要在"出纳管理"界面单击"银行存款日记账"按钮，即可进入"银行存款日记账"界面，参照现金日记账的生成操作，完成银行存款日记账的登记。

（2）登记明细账和总账

明细账和总账的登记工作不在"出纳管理"模块进行，而是像填制凭证一样，在"账务处理"模块中完成。

在主界面单击"财务管理"选项卡，在界面右侧单击"明细分类账"选项，如图 15-38 左图所示。在打开"明细分类账"界面的同时会打开"过滤条件"对话框，设置查询方式、会计期间和科目级别（明细分类账的科目级别至 2 或 3，甚至 4）等参数，单击"科目代码"文本框右侧的按钮，如图 15-38 右图所示。

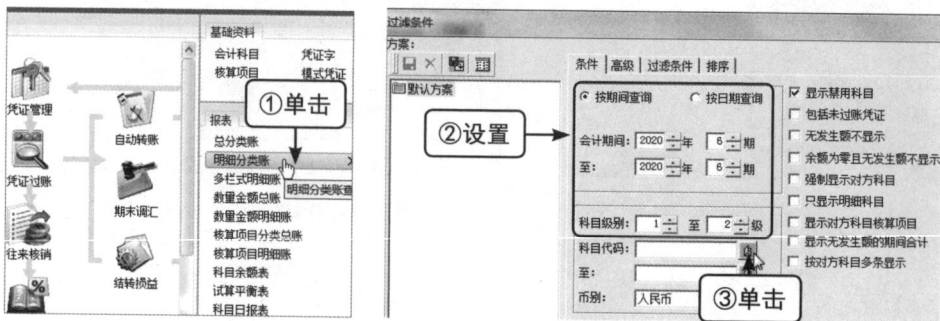

图 15-38 设置明细分类账的过滤条件

在打开的"会计科目"对话框中选择公司的第一个会计科目，单击"确定"

按钮，如图 15-39 左图所示。返回"过滤条件"对话框时可以看到"科目代码"文本框中填入了第一个会计科目的代码，单击"至："文本框右侧的按钮，如图 15-39 右图所示。

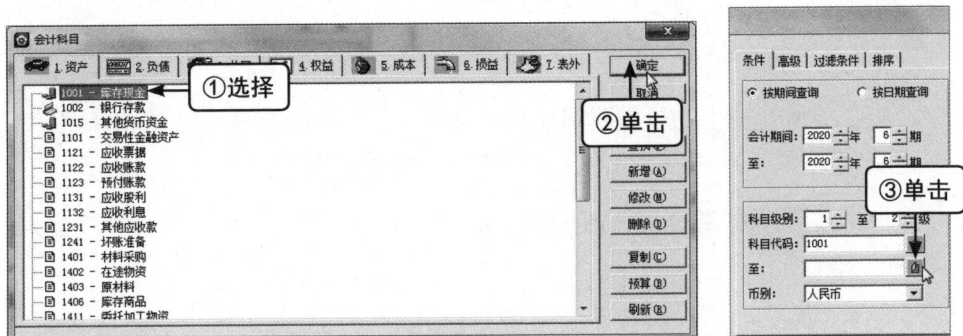

图 15-39　给明细账设置会计科目范围

　　按照同样的方法选择公司的最后一个会计科目，单击"确定"按钮，返回"过滤条件"对话框，设置币别，还可切换选项卡，进行更高级的过滤操作，确认过滤条件设置完毕后，单击"确定"按钮，如图 15-40 所示。返回"明细分类账"界面即可查看到生成的、符合过滤条件的明细账记录。

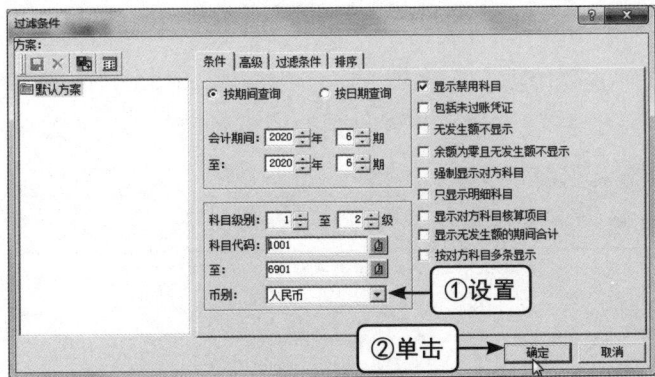

图 15-40　完成明细账的生成操作

　　总账的生成操作与明细账的类似，只需在"财务管理"界面右侧单击"总分类账"按钮，在打开的"过滤条件"对话框中，参照明细账的设置方法设置有关参数，即可生成符合过滤条件的总账记录。需要注意的是，在设置总账的参数时，科目级别是"1 至 1 级"，这是与明细账的主要区别。

15.3.2 进行应收应付管理

在企业的财务系统中，应收应付管理包括各种单据的填制、表格的制作以及应收应付凭证的生成等操作。

（1）单据的填制

应收应付管理中的单据填制包括收款单、付款单、其他收款单和其他付款单的填制工作，操作比较简单。下面以收款单的填制为例作介绍，步骤如下。

单击主界面左侧的"应收应付"选项卡，在界面右侧单击"收款单"按钮，如图 15-41 所示。

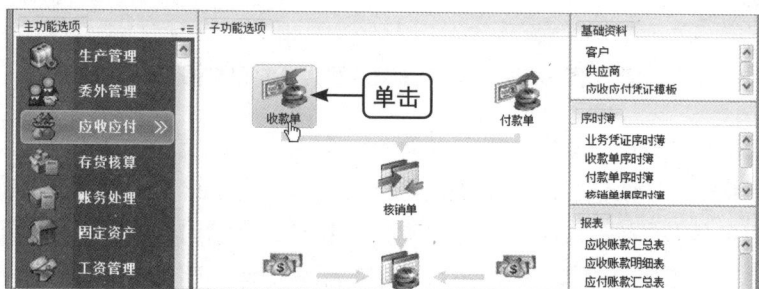

图 15-41　开始填制收款单

在打开的"收款单据【新增】"界面，根据实际的收款情况填写单据内容，如图 15-42 所示。一般来说，当天收到款项当天就要填制收款单据。

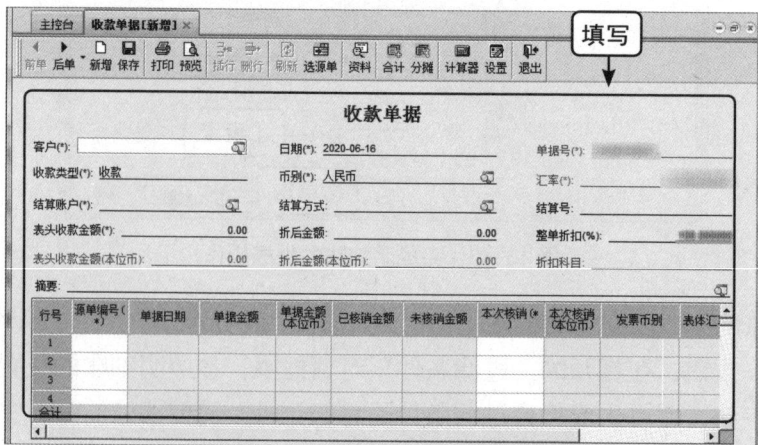

图 15-42　填制收款单

确认单据内容填写完整且正确无误后，单击界面上方的"保存"按钮，即可保存所填的收款单。

同理，付款单、其他收款单和其他付款单，均可参照收款单的填制方法进行填制，然后保存。

（2）表格的制作

应收应付管理中的表格制作包括应收账款汇总表、应收账款明细表、应付账款汇总表、应付账款明细表、应收账款预警表、应付账款预警表、业务往来对账单和账龄分析表等表格的制作。与账簿的生成操作类似，也是直接通过过滤功能，从当期已经填制的记账凭证中提取数据生成表格。下面以生成应收账款汇总表为例，操作步骤如下。

在"应收应付"界面右侧单击"应收账款汇总表"选项，如图 15-43 左图所示。打开"过滤"对话框，设置应收账款汇总的起止日期，单击"客户代码"文本框右侧的按钮，如图 15-43 右图所示。

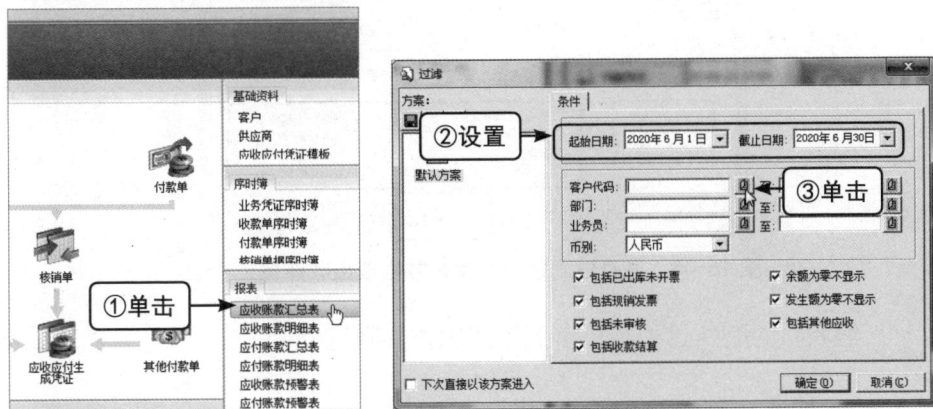

图 15-43　设置应收账款汇总表的起止时间

在打开的"核算项目－客户"对话框中选择第一位客户，双击，如图 15-44 左图所示。返回"过滤"对话框，即可看到"客户代码"文本框中填入了所选客户的代码，单击"至："文本框右侧的按钮，如图 15-44 右图所示。在打开的对话框中选择最后一位客户，双击。

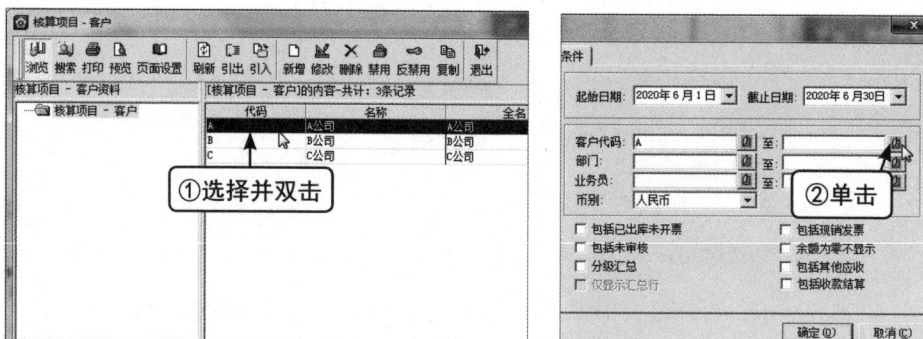

图 15-44　设置应收账款汇总表涉及的客户范围

返回至"过滤"对话框，可以看到设置完成的客户代码范围。再对其他参数进行设置，确认无误后单击"确定"按钮，即可生成应收账款汇总表，如图 15-45 所示。

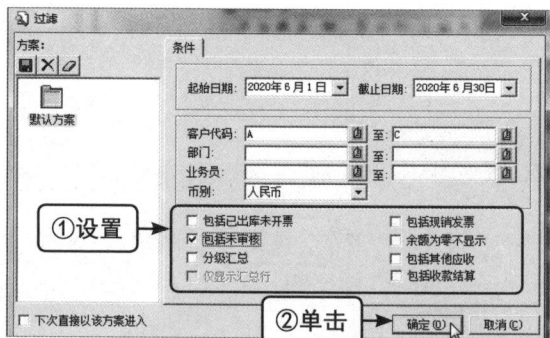

图 15-45　完善过滤条件的设置并生成应收账款汇总表

其他表格的制作过程均可参照上述操作步骤进行。

（3）应收应付凭证的生成

应收应付凭证的生成主要是将汇总收款单和付款单数据的核销单、其他收款单和其他付款单等单据的数据进行整合，然后生成相应的凭证。

在"应收应付"界面单击"应收应付生成凭证"按钮，如图 15-46 左图所示。打开"选择事务类型"对话框，选择相应的凭证类型，单击"确定"按钮，如图 15-46 右图所示。

图 15-46　生成应收应付凭证

按照提示完成各种应收应付凭证的生成操作。

15.3.3　进行固定资产管理

在企业的财务系统中，固定资产的管理分 3 个环节：一是固定资产的增加、变动和工作量管理；二是计提折旧；三是生成固定资产凭证以及将固定资产保管与使用明细账与总账进行对账。

其中，计提折旧的操作可直接根据提示导向完成，而生成固定资产凭证以及对账等操作与生成应收应付凭证类似，这些操作不再赘述，财会人员根据企业实际情况完成凭证的填写即可。

当企业固定资产有增加时，在主界面左侧单击"固定资产"选项卡，在界面右侧单击"固定资产增加"按钮，如图 15-47 左图所示。

在打开"固定资产管理"界面的同时会打开"固定资产卡片及变动 - 新增"对话框，按照新增固定资产的具体情况设置该项固定资产的各项参数，单击"确定"按钮即可保存新增固定资产的数据，如图 15-47 右图所示。具体操作可参考本章 15.1.3 节的内容。

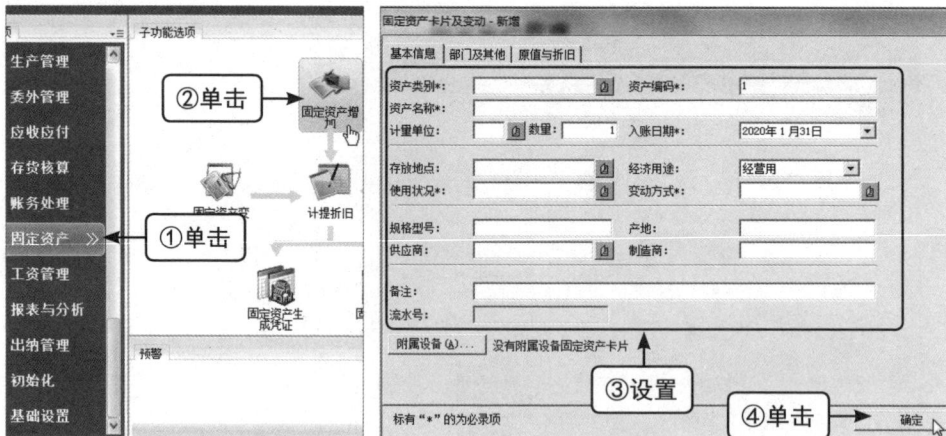

图 15-47　记录新增固定资产的数据

如果是原有的固定资产发生信息变动，则在"固定资产"界面单击"固定资产变动"按钮，进入"固定资产管理"界面，选择需要变动信息的固定资产，单击"编辑"按钮即可对所选的固定资产进行信息变更，如图 15-48 所示。

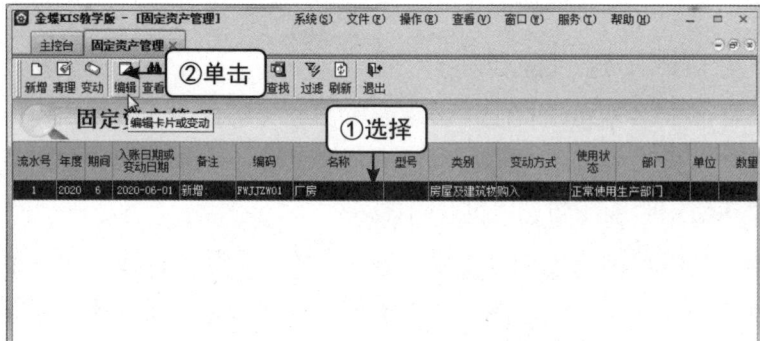

图 15-48　变更原有固定资产的信息

15.3.4　进行存货出入库管理

存货出入库管理包括的内容比较多，有入库核算、组装核算、出库核算、业务生成凭证、业务与总账对账、业务期末结账以及一些与采购活动和材料使用有关的表单制作。其中入库核算有外购入库核算、估价入库核算、其他入库核算和自制入库核算。前 3 种入库核算的操作类似，以外购入库核算为例，来看看操作步骤。

单击主界面左侧的"存货核算"选项卡，在界面右侧单击"外购入库核算"按钮，如图 15-49 左图所示。

在打开的"条件过滤"对话框中，根据企业的外购入库情况，对条件、排序等选项卡下的参数进行设置，同时在表格设置选项卡下选择外购入库核算单据需要记录的项目，确认设置无误后，单击"确定"按钮，如图 15-49 右图所示。

此时系统会系统打开"外购入库核算"界面，并显示出经过过滤条件设置形成的外购入库核算内容。

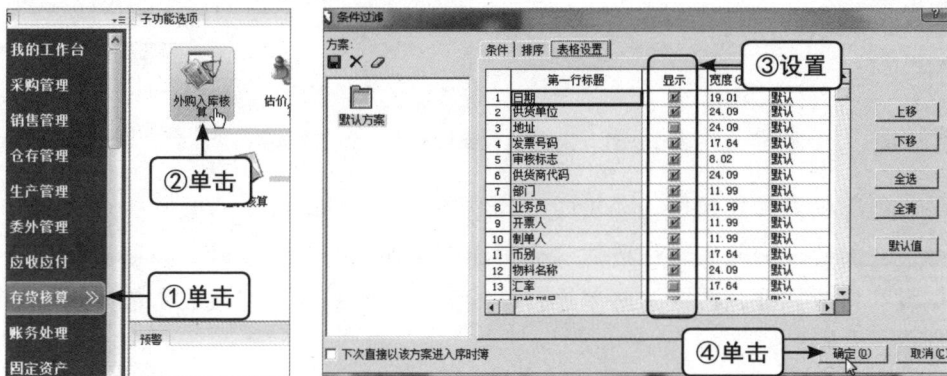

图 15-49　记录外购入库信息

自制入库核算与前 3 种入库核算的操作有一些区别，它需要先设置过滤条件，生成核算单据模板，然后从 Excel、文本文件和账套外部其他数据源引入产品成本数据。先在"存货核算"界面单击"自制入库核算"按钮，在打开的"过滤"对话框中，对条件和排序等参数进行设置，单击"确定"按钮，如图 15-50 所示。

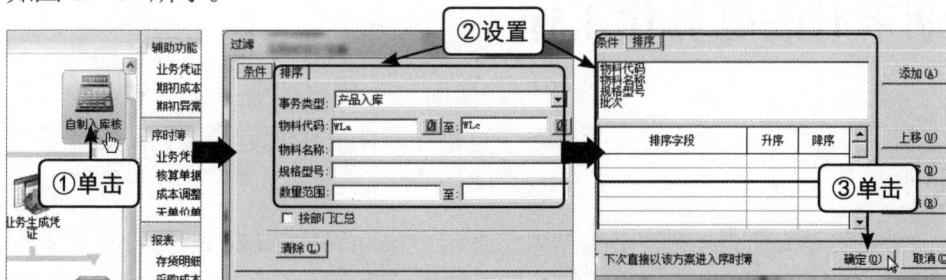

图 15-50　设置自制入库核算的项目

此时系统打开"自制入库核算"界面，单击"引入"按钮，如图 15–51 左图所示。在打开的"数据引入向导"对话框中按照提示操作，单击"下一步"按钮，直至成功引入数据，如图 15–51 右图所示。

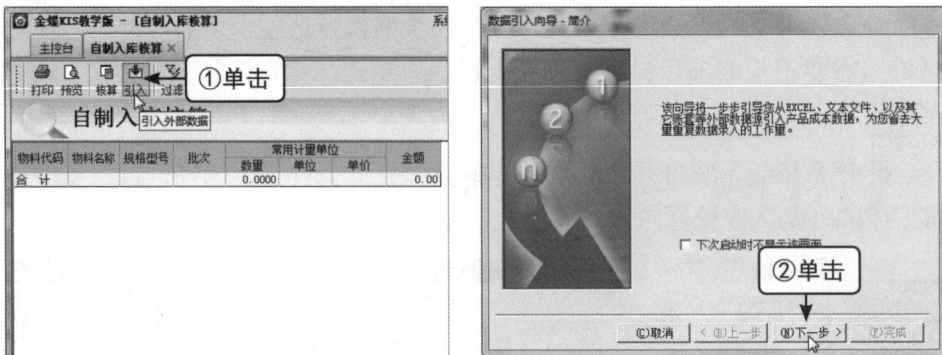

图 15-51　为自制入库核算引入外部数据

组装核算其实是进行存货成本的结转工作，具体操作有向导，这里不再详述。需要说明的是，在进行"存货出库核算"前，必须确认当期出库类单据没有生成凭证，否则这些单据就不能参与成本核算，导致成本数据反而不准确。

另外，在执行生成业务凭证操作前，必须确认存货的出入库核算全部完成，避免后续业务与总账对账结果不平衡。业务与总账对账和业务期末结账工作均通过设置过滤条件来提取数据，完成相应的工作。

15.4
期末时的电算化工作

在一个会计期末，财会人员要将所有需要转账的业务进行转账操作，比如损益的结转、期末调汇等，还要进行往来账的核销，最后进行财务期末结账。

需要注意的是，进行财务期末结账前，必须确认该做的账已经全部处理完毕，否则一旦执行了结账操作，就不能再更改当期的账务处理数据。

15.4.1　期末自动转账并结算损益

期末自动转账包括将成本、费用类科目的借方余额转入"本年利润"科目的借方，将收入、收益等科目的贷方余额转入"本年利润"科目的贷方。而结算损益则是将"本年利润"科目的余额转入"利润分配"科目。

在"账务处理"界面单击"自动转账"按钮，如图15-52左图所示。在打开的"自动转账凭证"对话框中单击"新增"按钮，打开"自动转账凭证 - 新增"对话框，设置名称、转账期间和凭证字等参数，录入凭证摘要、科目、币别、方向和转账方式等信息，单击"保存"按钮，如图15-52右图所示。

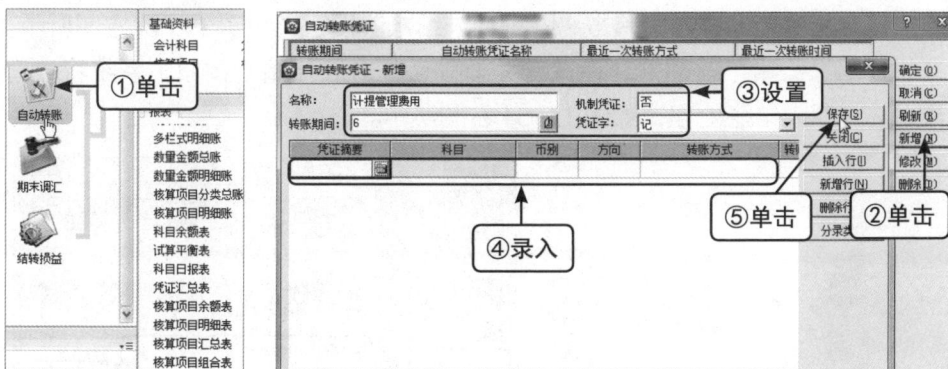

图 15-52　进行自动转账操作

按照相同的操作进行其他转账凭证的录入工作，全部转账凭证均录入完毕后，可单击"自动转账凭证"对话框下方的"生成凭证"按钮，系统将自动完成转账工作。所有转账工作完成后，返回"账务处理"界面，单击"结转损益"按钮，如图15-53左图所示。在打开的"结转损益"向导对话框中按照提示进行操作，单击"下一步"按钮，直至系统提示财会人员损益类科目的结转工作已经完成。如图15-53右图所示。

图 15-53　完成财务期末损益类科目的结转工作

15.4.2　完成期末结账工作

期末的结账工作就是总结企业当期的经营活动情况，并把当期发生的经济业务全部登记入账，然后对各种账簿记录结出"本期发生额"合计数和"期末余额"，为编制会计报表做准备。

财会人员要注意，在进行期末结账操作前，必须检查当期发生的各种经济业务是否均已编制记账凭证并登记入账，还要检查各种成本费用类账户是否已经对余额进行了结转并登记入账。确认这些工作都已经处理完毕后，方可执行期末结账操作。

在"账务处理"界面单击"财务期末结账"按钮，如图 15-54 左图所示。打开"期末结账"对话框，设置有关参数，单击"开始"按钮，系统将自动开始进行期末结账处理，如图 15-54 右图所示。

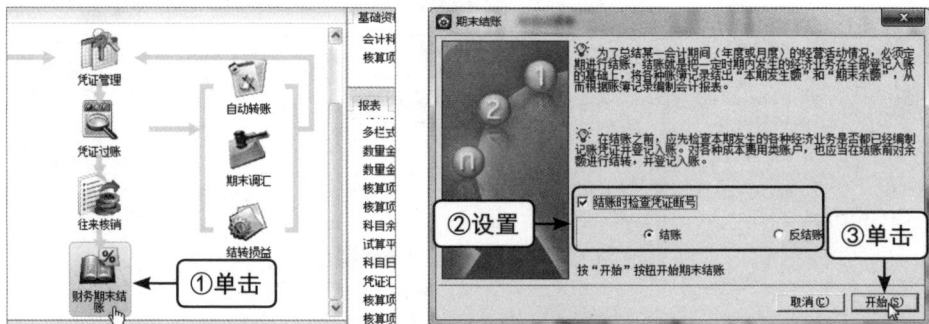

图 15-54　进行财务期末结账操作

财务期末结账操作的执行要谨慎，一旦开始了结账处理，当期所做的账务处理就不能再更改。

16

运用 Excel 技术使财务数据可视化

在财务工作或者与财务工作相关的工作中，必然会涉及一些表单的制作，并以此作为财会人员记账的原始凭证。而这些表单的制作基本上都要借助 Excel 来完成，本章就以一些简单的表单为例，介绍用 Excel 制作表单的方法。

16.1
用 Excel 制作表格并管理数据

在复杂的财务工作中，为了尽可能全面地提供原始财务数据，往往就会涉及 Excel 表单的制作。本节来学习一些常用表单的制作方法。

16.1.1　制作银行存款余额调节表

银行存款余额调节表是用来核对银行存款账的调账工具，并不是登账依据。如果财会人员对账时发现企业银行存款日记账账面余额与开户银行的银行存款余额不一致时，就要编制该表。

启动 Excel，新建一个空白工作簿，并以"银行存款余额调节表"为文件名进行保存，如图 16-1 左图所示。将 Sheet1 工作表重命名为"银行存款余额调节表"，选择 C2:L2 单元格区域，单击"合并后居中"按钮进行合并，在其中输入"银行存款余额调节表"文本，如图 16-1 右图所示。

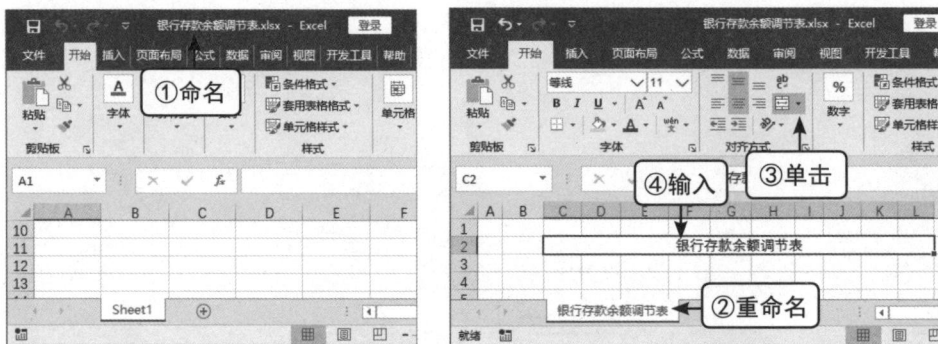

图 16-1　新建文档并为表格命名

以相同的方法合并 C3:L3 单元格区域和 C4:L4 单元格区域，在 C3:L3 单元格区域内输入"编制单位："""年月"和"金额单位：元"文本，按【Alt+Enter】组合键强制换行，继续输入"银行账号：""开户行："和"币种：人民币"等文本。

再合并 C5:F5 单元格区域和 H5:K5 单元格区域，均输入"项目"文本；选择 G6 单元格，输入"金额"文本；选择 L6 单元格，输入"金额"文本。

用相同的方法在其他单元格区域或单元格内输入对应的文本，直至银行存款余额调节表中的各个项目填写完毕，如图 16-2 所示。在输入过程中可根据文本字数的多少调节各单元格的大小。

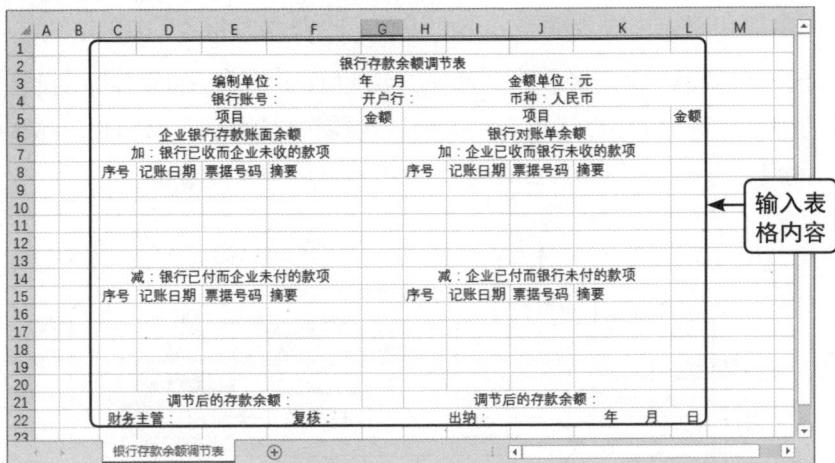

图 16-2　制作表头

按照规范的格式，对整个表格中的字体、字号和对齐方式进行设置。然后先选择 B2:M22 单元格区域，为该区域添加边框效果。接着以相同的方法为该表单其他位置添加对应效果的边框，效果如图 16-3 所示。

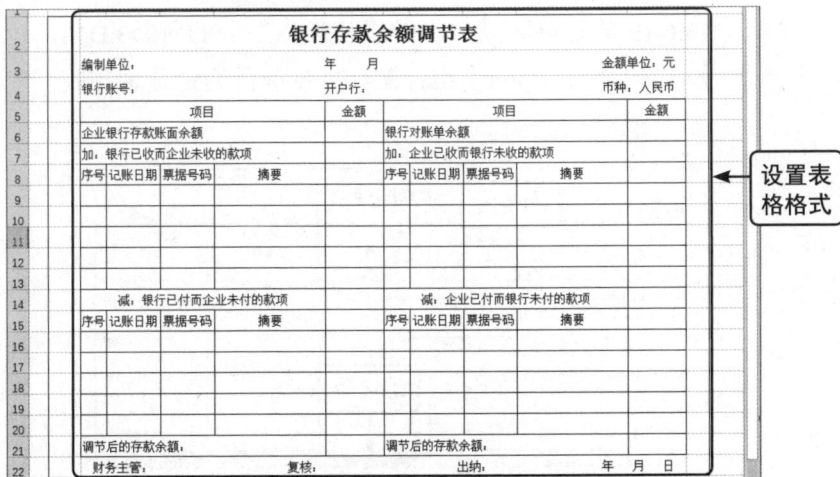

图 16-3　设置表格的样式并添加边框效果

16.1.2 制作应收账款月报表

应收账款月报表是用来汇总企业每月销货额对应的应收账款数额和收款数额等财务数据的报表，主要包括期初应收账款、本期产生的应收账款、款项收回金额和期末未收金额等，下面讲解应收账款月报表的制作。

新建"应收账款月报表"工作簿，按照16.1.1节中的操作方法制作应收账款月报表。选择 G5:G14 单元格区域，在编辑栏输入"=D5+E5−F5"公式，如图 16−4 所示。按【Ctrl+Enter】组合键计算期末未收金额。

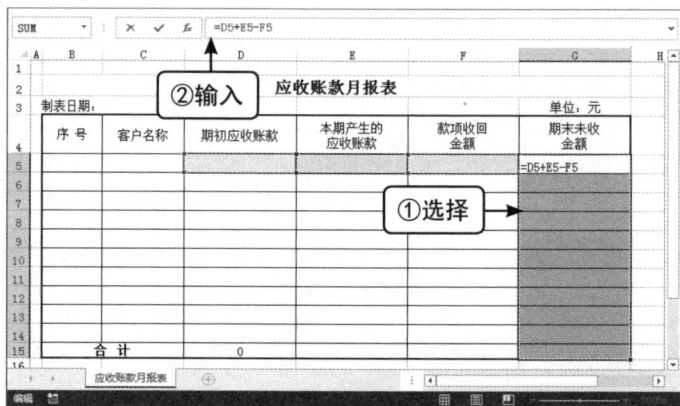

图 16-4　选择单元格输入公式

选择 D15:G15 单元格区域，在编辑栏输入"=SUM(D5:D14)"公式，如图 16−5 所示。按【Ctrl+Enter】组合键计算各项目的合计金额。

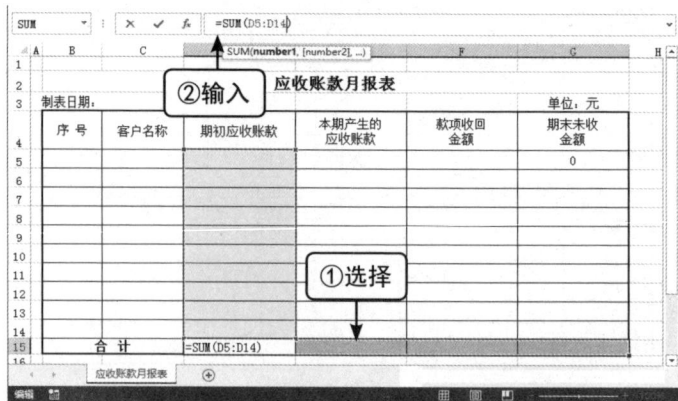

图 16-5　输入公式计算各项目的合计金额

经过上述两大步骤就能将应收账款月报表制作完成。当财会人员在其中填写序号、客户名称和期初应收账款、本期产生的应收账款、款项收回金额等数据信息时，表格就会自动生成"期末未收金额"栏和"合计"栏数据。

16.1.3　制作员工工资汇总表

员工为企业提供劳务时，会获得相应的报酬，即我们俗称的"工资"。企业的人事部门根据各员工的工作情况，编制工资明细表，记录各位员工的基本工资、绩效工资、加班工资、社保、住房公积金和个人所得税的数额。财会人员则会根据这一工资明细表制作工资汇总表，统计各职能部门的工资总额情况。具体操作如下。

首先制作工资汇总表结构，在第一行"序号"栏内输入数字"1"，在"部门"栏输入"财务部"文本，选择 E7 单元格，在编辑栏中输入"=SUM()"公式，单击"员工工资明细表"工作表标签，如图 16-6 左图所示。选择 K4:K8 单元格区域，按【Enter】键完成公式的输入，如图 16-6 右图所示。

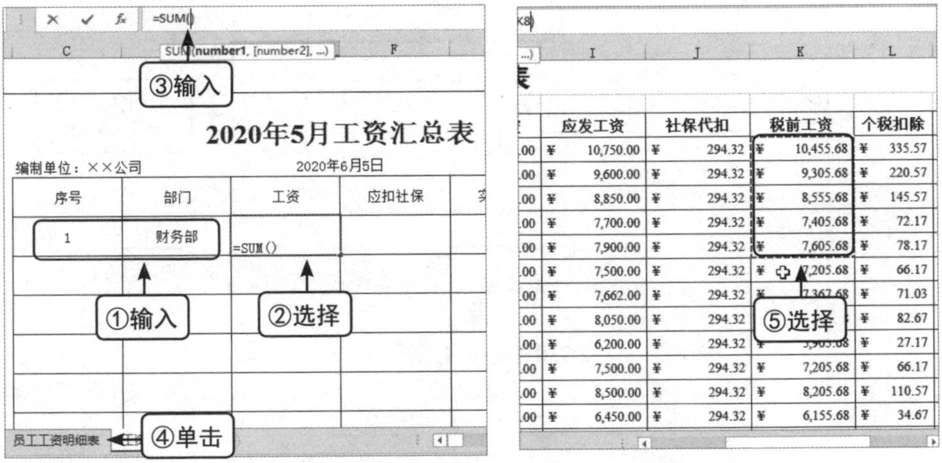

图 16-6　制作工资汇总表开始引入数据

返回到工资汇总表，可查看到 E7 单元各种汇总了财务部所有员工的税前工资数据。按照相同的操作填充"应扣社保"栏和"实发工资"栏的数据，如图 16-7 所示。

图 16-7　引入其他数据并完善财务部的工资数据

按照同样的操作步骤，将其他部门的工资总额统计到工资汇总表中，然后选择 E12:G12 单元格区域，在编辑栏中输入"=SUM(E7:E10)"公式，按【Ctrl+Enter】组合键就可计算出整个公司工资总额、应扣社保总额和实发工资总额，如图 16-8 所示。

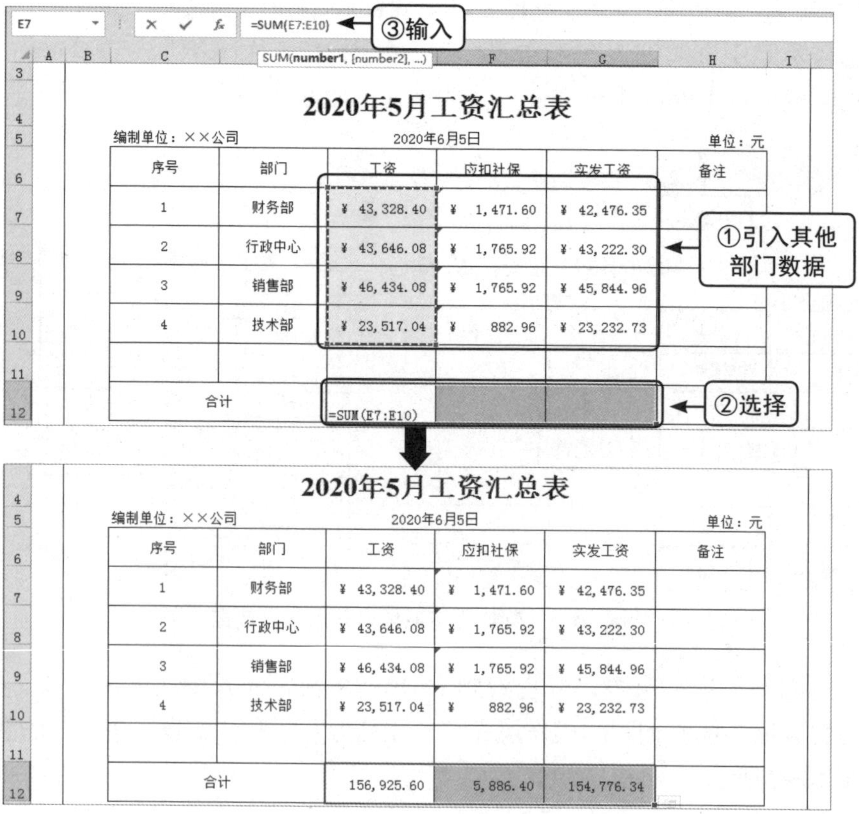

图 16-8　汇总统计其他部门的工资总额情况

16.1.4 制作员工社保和住房公积金代扣情况表

其实，16.1.3 节内容中引用的应扣社保数据通常都是根据企业人事部门制作的社保代扣情况表统计得出的。有些公司将员工个人应缴纳的社保和住房公积金统计在一张表格中，形成社保和住房公积金代扣情况表。

由于不同地区的社保和住房公积金缴费比率不同，且缴费基数也不同，所以这里以成都市为例，基本养老保险个人缴费比例为 8%；基本医疗保险个人缴费比例为 2%；失业保险个人缴费比例为 0.4%；住房公积金的缴费比例为 5%。假设所有员工的基本养老保险缴费基数为 2 697.00 元，基本医疗保险、失业保险和住房公积金的缴费基数均为 3 236.00 元，公司员工社保和住房公积金代扣情况表的制作过程如下。

先制作社保和住房公积金代扣表结构，如图 16-9 左图所示。然后一次性将所有员工的编号和姓名录入表格中，选择 C4:C16 单元格区域，在编辑栏中输入"=2 697*8%"公式，如图 16-9 右图所示，按【Ctrl+Enter】组合键计算出员工的基本养老保险代扣金额。

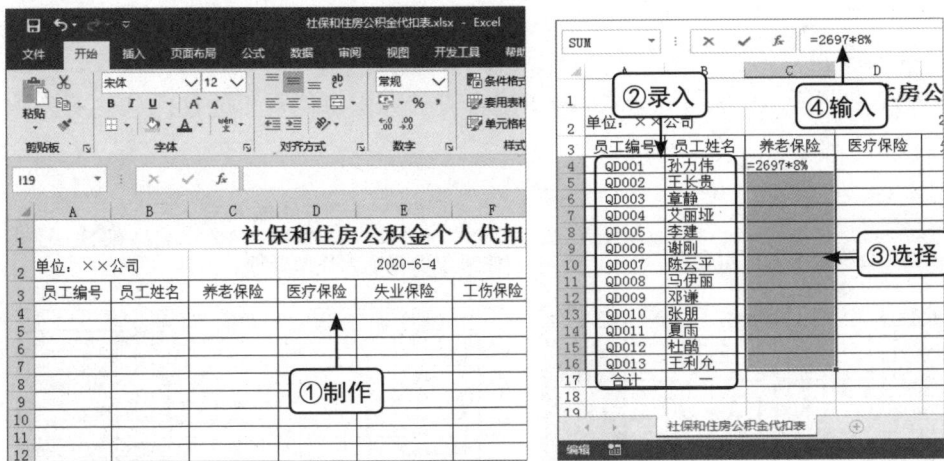

图 16-9　录入员工数据并统计基本养老保险代扣金额

选择 D4:D16 单元格区域，在编辑栏中输入"=3 236*2%"公式，如图 16-10 左图所示，按【Ctrl+Enter】组合键计算出员工的基本医疗保险代扣金额。

选择 E4:E16 单元格区域，在编辑栏中输入"=3 236*0.4%"公式，如图 16-10 右图所示，按【Ctrl+Enter】组合键计算出员工的失业保险代扣金额。

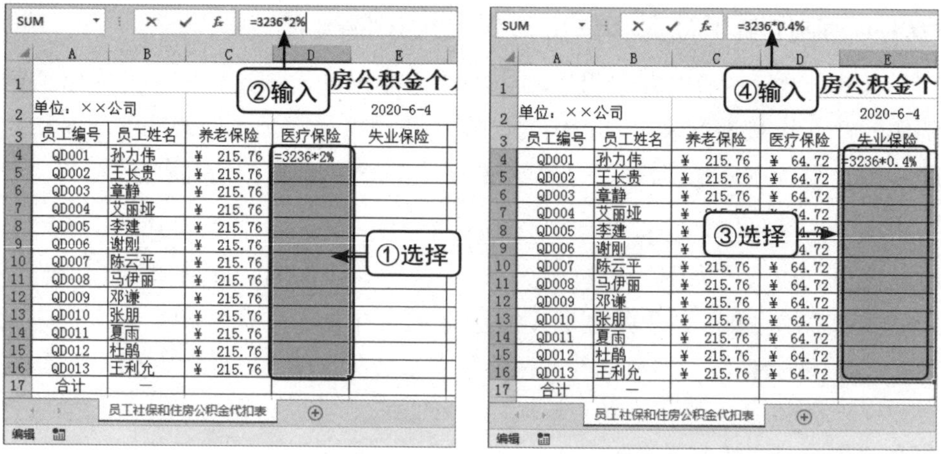

图 16-10　统计基本医疗保险和失业保险的代扣金额

选择 F4:G16 单元格区域，在编辑栏中输入"0"，按【Ctrl+Enter】组合键录入员工的工伤保险和生育保险代扣金额。接着选择 H4:H16 单元格区域，在编辑栏中输入"=3 236*5%"，如图 16-11 左图所示，按【Ctrl+Enter】组合键计算出员工的住房公积金代扣金额。

选择 I4:I16 单元格区域，在编辑栏中输入"=SUM(C4:H4)"公式，如图 16-11 右图所示，按【Ctrl+Enter】组合键计算出每位员工的社保和住房公积金代扣总额。

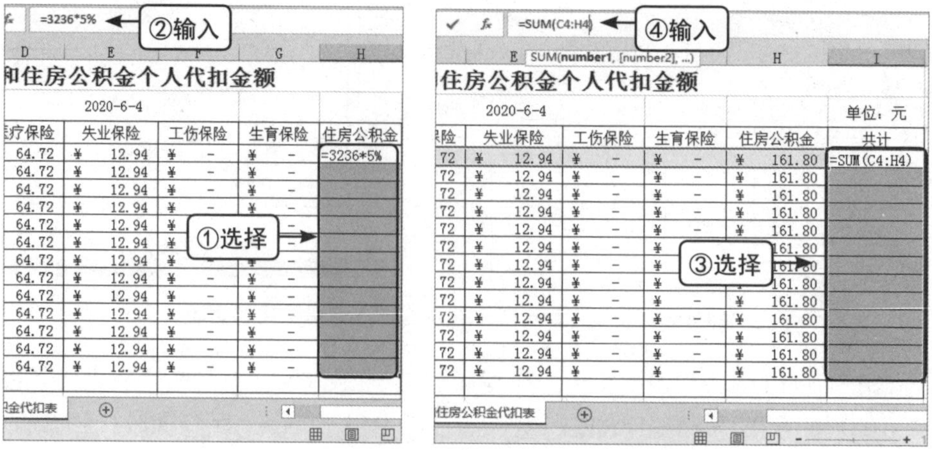

图 16-11　汇总每月员工的社保和住房公积金代扣总额

同理，可对每一项保险费的代扣总额进行求和，选择 C17:I17 单元格区域，在编辑栏内输入"=SUM(C4:C16)"公式，按【Ctrl+Enter】组合键即可求得每一项保险费和住房公积金所需代扣的金额总和。

16.2
直观显示财务数据结果的方法

作为企业的财会人员，不仅要学会制作原始数据表格，还应掌握对财务数据进行直观展示的方法，这样可以快速找到并筛选出需要的数据类型或数据组。本节就来学习常见的一些直观显示数据结果的方法。

16.2.1 自动突出显示试算平衡结果

在财务工作中，有一个表格可用来检查财会人员做账时的借贷方是否平衡、记录是否有误，即试算平衡表。

试算平衡表中的每个账户的余额都会反映在这张表格中的借方或贷方栏内，具体表现在以下 3 个方面。

◆ 全部账户的借方期初余额合计数 = 全部账户的贷方期初余额合计数。

◆ 全部账户的借方发生额合计 = 全部账户的贷方发生额合计。

◆ 全部账户的借方期末余额合计数 = 全部账户的贷方期末余额合计数。

为了更快速地了解财会人员的做账结果是否平衡，可对试算平衡表的结果进行自动突出显示，操作如下。

打开"试算平衡表"工作簿，选择期初余额的借贷合计数据单元格，单击"开始"选项卡，在"条件格式"下拉菜单中选择"突出显示单元格规则/重复值"命令，如图 16-12 左图所示。

在打开的"重复值"对话框中默认选中重复值的设置格式为"浅红填充色深红色文本"，并且可以预览效果，单击"确定"按钮确认设置，如图 16-12 右图所示。

图 16-12　为试算平衡结果设置突出显示的格式

用相同的方法分别为本期发生额的借贷合计金额和期末余额的借贷合计金额设置不同的重复值突出显示规则，完成数据借贷相等的判断设置。效果如图 16-13 所示。

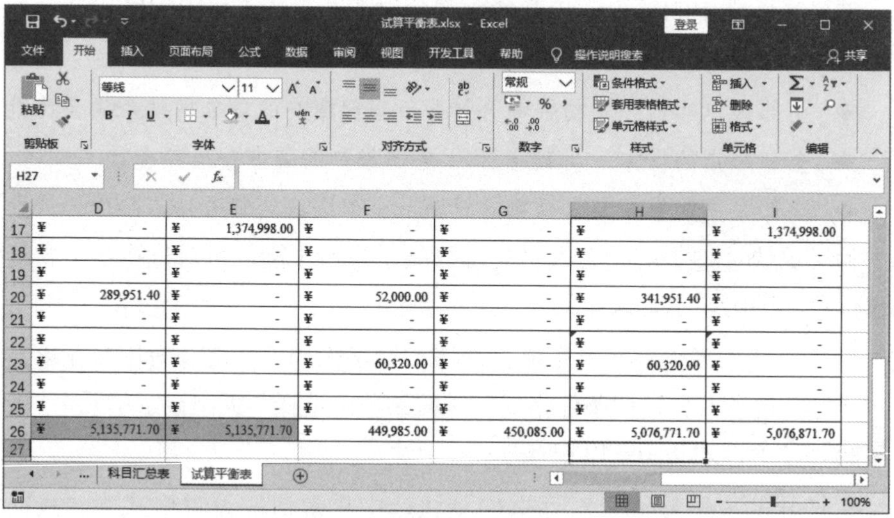

图 16-13　完成试算平衡结果的突出显示设置

从突出显示的结果看出，全部账户的期初借方余额合计数与全部账户的期初贷方余额合计数相等，所以突出显示了试算平衡结果。

全部账户的借方发生额合计不等于全部账户的贷方发生额合计，因此没有突出显示结果；全部账户的期末借方余额合计数与全部账户的期末贷方余额合计数也不相等，也没有突出显示结果。

16.2.2 直观分析坏账金额组成情况

对企业来说，一定要实时监控应收账款的催收情况，从而了解发生坏账的可能性。下面通过分析坏账准备的计提情况来了解坏账金额的组成情况。

打开"坏账金额组成情况分析"工作簿，选中 A2:A7 和 D2:D7 单元格区域，单击"插入"选项卡。在"图表"组中单击"插入饼图或圆环图"下拉按钮，选择"三维饼图"选项创建一个图表，如图 16-14 左图所示。

选择创建的图表，在"图表工具 设计"选项卡的"图表布局"组中单击"快速布局"下拉按钮，选择"布局 1"选项，如图 16-14 右图所示。

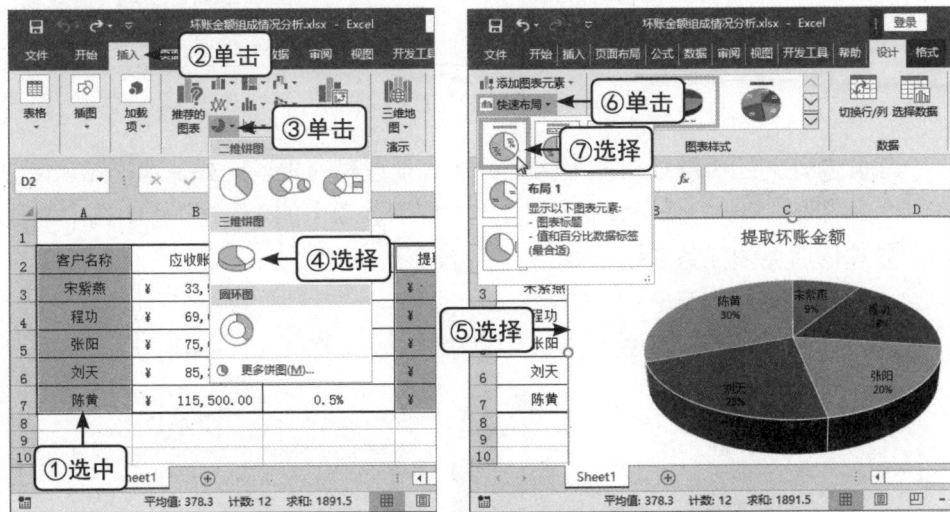

图 16-14 用饼图直观分析坏账准备的占比情况

这样可以更加直观地了解到企业的各债务人提取坏账准备的金额占比情况。但由于 Excel 中内置的图表布局样式比较少，所以用户可以手动添加需要的组成元素来设计图表布局。自动添加的图表元素，其位置可以随意更改，只需要选择图表元素，按住鼠标左键不放，拖动即可。

如果财会人员还想进一步使坏账准备的金额数据更加直观，还可以对生成的饼图进行其他格式设置。比如，选择任意数据系列右击，在弹出的快捷菜单中选择"设置数据系列格式"命令，如图 16-15 左图所示。

在打开的"设置数据系列格式"任务窗格的"系列选项"选项卡中设置"饼图分离程度"值为 10%，可预览饼图的分离状态，如图 16-15 右图所示。

图 16-15　设置饼图的分离程序

除此以外，还可继续对图表区进行格式设置和完善。比如，选择图表区，在"设置图表区格式"任务窗格"填充与线条"选项卡的"边框"栏中选中"圆角"复选框后关闭任务窗格，如图 16-16 所示。

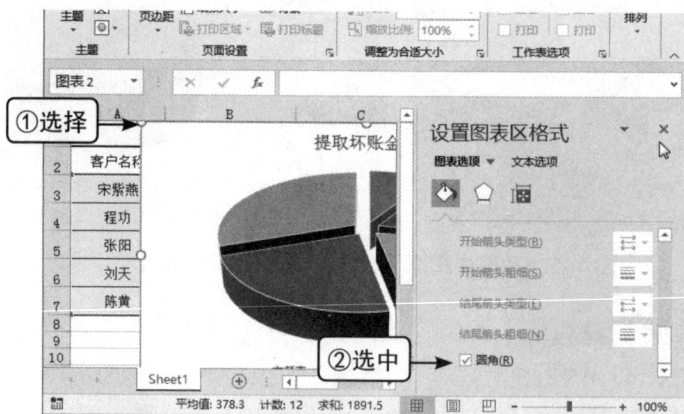

图 16-16　将图表边框设置为圆角

选择图表，在"图表工具 格式"选项卡"形状样式"组中单击"形状轮廓"

下拉按钮，选择颜色为橙色，再设置粗细为 2.25 磅，效果如图 16-17 所示。

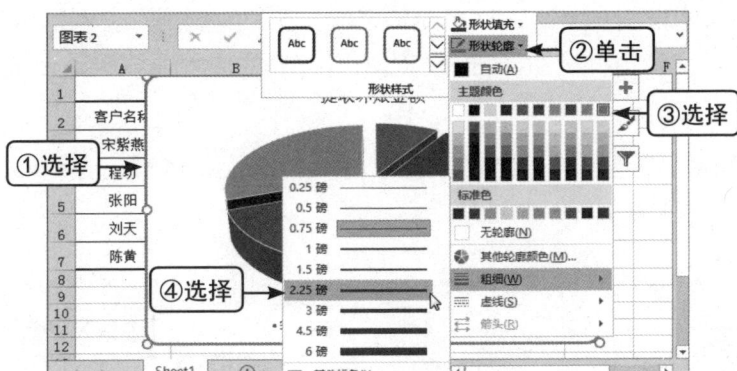

图 16-17   给图表边框设置颜色和粗细

这样就可以突出显示生成的图表了。另外，还可选中标题文本设置其格式。

16.2.3   将账龄分析数据应用到催款通知单中

对企业来说，时刻关注应收账款的收账进度是非常重要的，因为应收账款可能最终收不回来，导致企业产生坏账损失，或者涉及应收而未收款的催收工作等。这一小节的内容主要是介绍如何从应收账款账龄分析表中筛选出应收账款的账龄情况并将数据应用到催款通知单中。

首先在 Excel 中制作出催款通知单待用。打开"筛选逾期应收账款并填制催款单"工作簿，在"应收账款账龄分析"工作表的 A21 和 A22 单元格中输入筛选条件，如图 16-18 左图所示。选择 A3:L18 单元格区域，在"数据"选项卡的"排序与筛选"组中单击"高级"按钮，如图 16-18 右图所示。

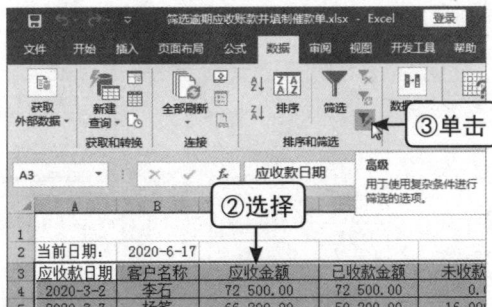

图 16-18   设置筛选条件并选中目标区域

在打开的对话框中选中"将筛选结果复制到其他位置"单选按钮，"条件区域"文本框引用 A21:A22 单元格区域，在"复制到"文本框引用 A24 单元格，单击"确定"按钮即可筛选出所有逾期的应收账款记录，如图 16-19 左图所示。

切换到催款通知单工作表，选择 A6:A15 单元格区域，在编辑栏中输入等号"="，如图 16-19 右图所示。

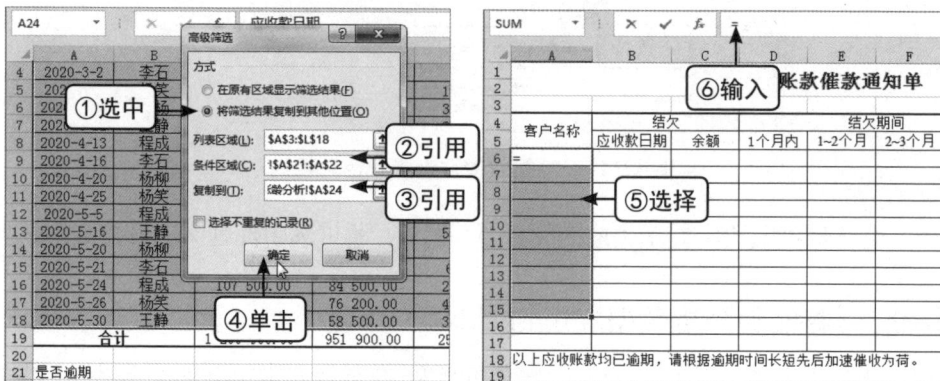

图 16-19　设置高级筛选条件

返回到应收账款账龄分析工作表中，选择 B25 单元格，按【Ctrl+Enter】组合键引用客户名称列的数据，如图 16-20 左图所示。使用同样的方法，依次引用"应收款日期""余额""结欠期间"数据，并使用自动求和功能分别进行求和，如图 16-20 右图所示。

图 16-20　将筛选结果引用到催款通知单中

在相应的单元格中输入日期及其他相应的数据，即可完成应收账款催款通知单的填制。

通过这样的数据处理，财会人员可及时了解各逾期期间对应的未收款金额占未收款总金额的比重，从而制定更科学的催收策略。

16.2.4 突出显示不同付款方案下的应付款对比情况

每个企业都有自己的一套或多套付款方案供选择实施。一般来说，立足于某一时点时，公司的应付款金额越少，其资金周转压力就会越小，所以在不考虑相关的延期利息的情况下，前期应付款金额越少越好。

下面就通过在某一时点对某公司提出的两个应付账款付款方案进行对比分析，选出更优方案。

假设 2020 年 6 月 18 日，某公司需要对外支付一笔应付账款。财务部门制订了两种方案。

方案甲：应付账款小于或等于 50 000.00 元的，一次性付清款项；超过 50 000.00 元的，偿还应付金额的 55%。

方案乙：应付账款小于或等于 100 000.00 元的，一次性付清款项；超过 100 000.00 元的，偿还应付金额的 35%。

现在需要计算两种方案的支付明细和总还款金额，选择最佳付款方案。

打开"应付账款的付款方案对比分析"工作表，选择 D4:D18 单元格区域，在编辑栏中输入"=IF(C4<=50000,C4,ROUND(C4*55%,2))"公式，按【Ctrl+Enter】组合键计算出方案甲的应付账款明细，如图 16–21 左图所示。

选择 E4:E18 单元格区域，在编辑栏中输入"=IF(C4<=100000,C4,ROUND(C4*35%,2))"公式，按【Ctrl+Enter】组合键计算出方案乙的应付账款明细，如图 16–21 右图所示。

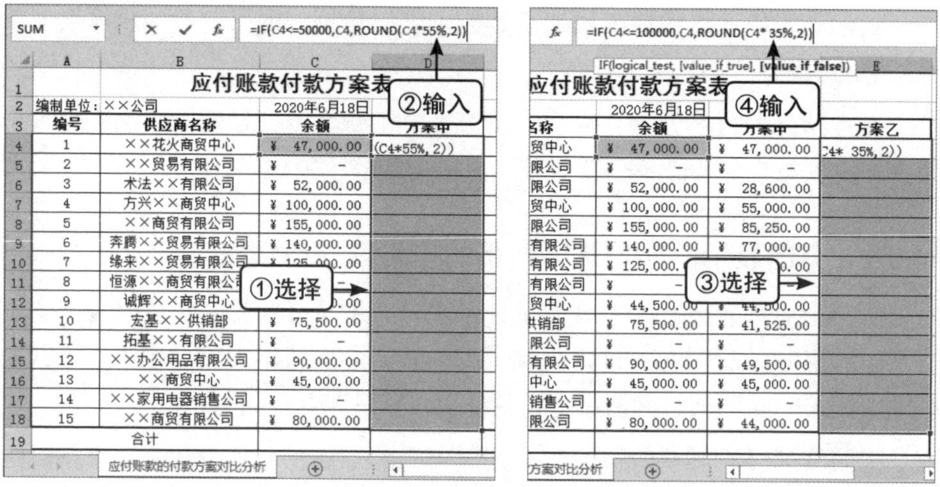

图 16-21　计算两个付款方案的应付账款明细数据

在 C19、D19 和 E19 单元格中利用自动求和功能，分别计算出应付账款总额和两种付款方案的实际应支付金额的合计数，如图 16-22 左图所示。选择 B3:B18 和 D3:E18 单元格区域，在"插入"选项卡"图表"组的"插入柱形图或条形图"下拉菜单中选择"簇状条形图"选项创建一个条形图，如图 16-22 右图所示。

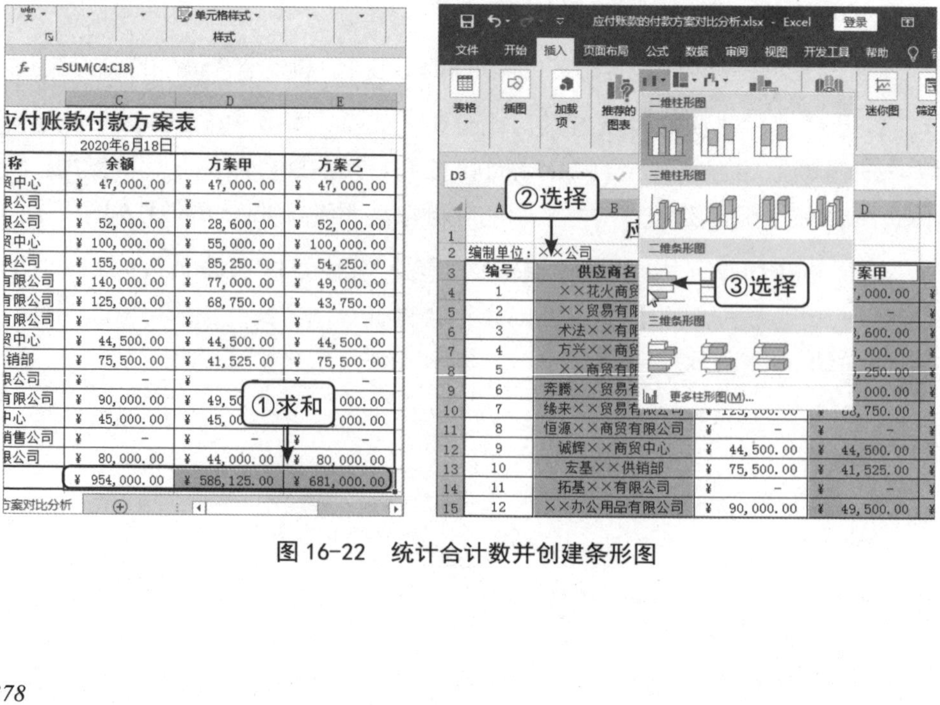

图 16-22　统计合计数并创建条形图

选择创建的图表，拖动外边缘控制柄调整图表大小，在"图表工具设计"选项卡"图表布局"组中单击"快速布局"下拉按钮，选择"布局 2"选项，如图 16-23 左图所示。

在图表的"图表标题"文本框中输入"两种付款方案数据对比"文本，设置标题字体格式为方正大黑简体、黑色、16 号，设置图表标签和图例文本的字体格式为微软雅黑、加粗、黑色，如图 16-23 右图所示。

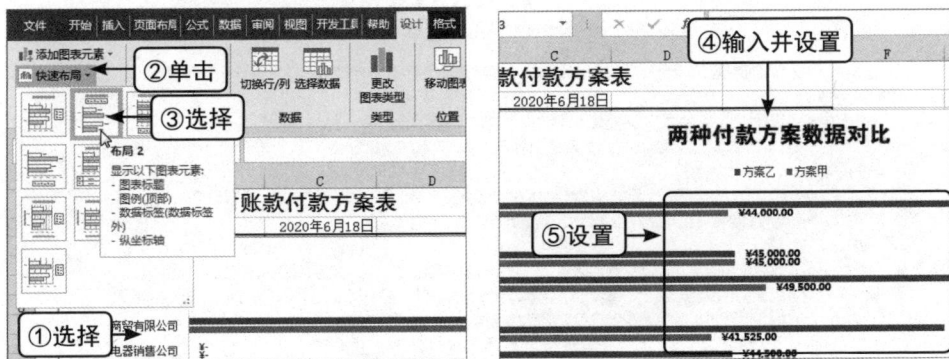

图 16-23　设置图表的格式

选中图表区并右击，在弹出的快捷菜单中选择"设置图表区域格式"命令，打开"设置图表区格式"任务窗格，如图 16-24 左图所示。在"填充与线条"选项卡的"填充"栏单击"颜色"下拉按钮，选择需要的背景颜色，单击任务窗格右上角的"关闭"按钮关闭任务窗格，如图 16-24 右图所示。

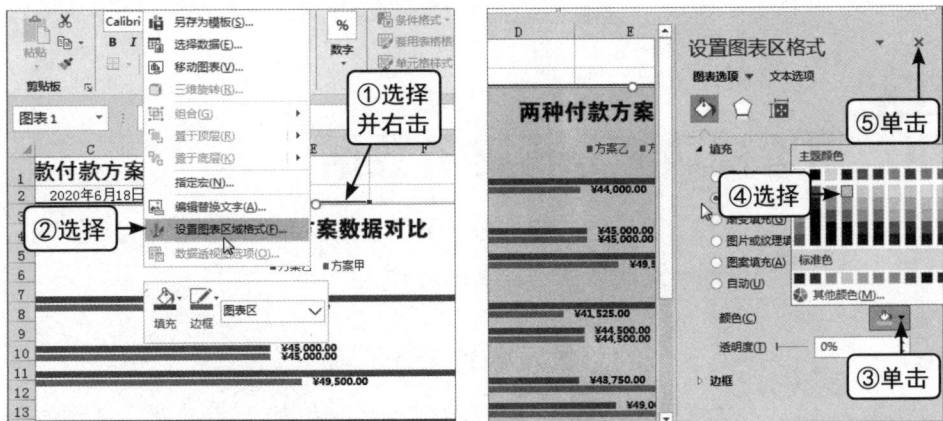

图 16-24　为图表填充背景色

通过上述几个步骤即可完成对两种付款方案的数据分析，最终效果如图
16-25 所示。从 2020 年 6 月 18 日实际应支付的款项总额来看，选择方案甲
对企业来说更有利。

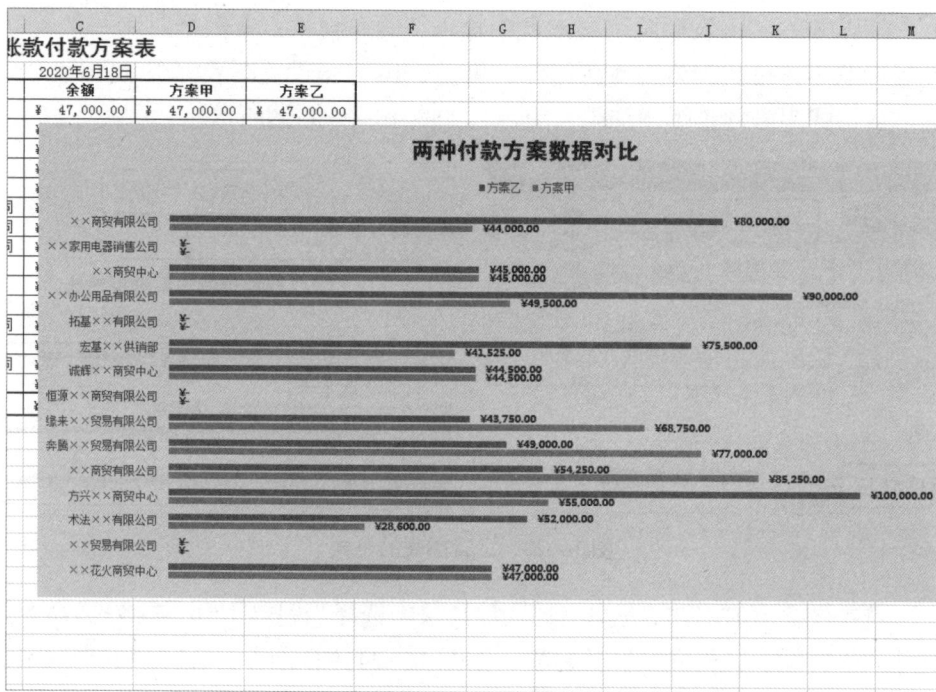

图 16-25　两种付款方案的数据对比效果

16.3 用数据透视功能分析财务数据

如果要对财务数据做更进一步的分析和整理，仅靠16.2节的内容还不够，
财会人员还需要掌握一定的数据透视功能应用。

16.3.1　分析各类资产的总数及购置金额总和

在 Excel 中，数据透视表是一种具有强大的分析能力的工具，且富有创
造性和技术性。它可以将大量繁杂的数据按照不同方式进行汇总的交互式表

格，常用来对大量数据进行分析。

数据透视表的制表基础是普通的数据表，一张普通的数据表可以变成多张不同的数据透视表。一般来说，需要运用数据透视功能进行数据分析的普通数据表，其数据内容会非常多。

下面就以分析企业内部各类资产的总数及购置金额总和为例，介绍数据透视表在财务工作中的应用。

打开"固定资产分类汇总分析"工作簿，在"固定资产明细表"中选择任意数据单元格，单击"插入"选项卡"表格"组中的"数据透视表"按钮，如图 16-26 左图所示。

在打开的"创建数据透视表"对话框的"表 / 区域"文本框中输入A3:I15 单元格区域，单击"确定"按钮，如图 16-26 右图所示。

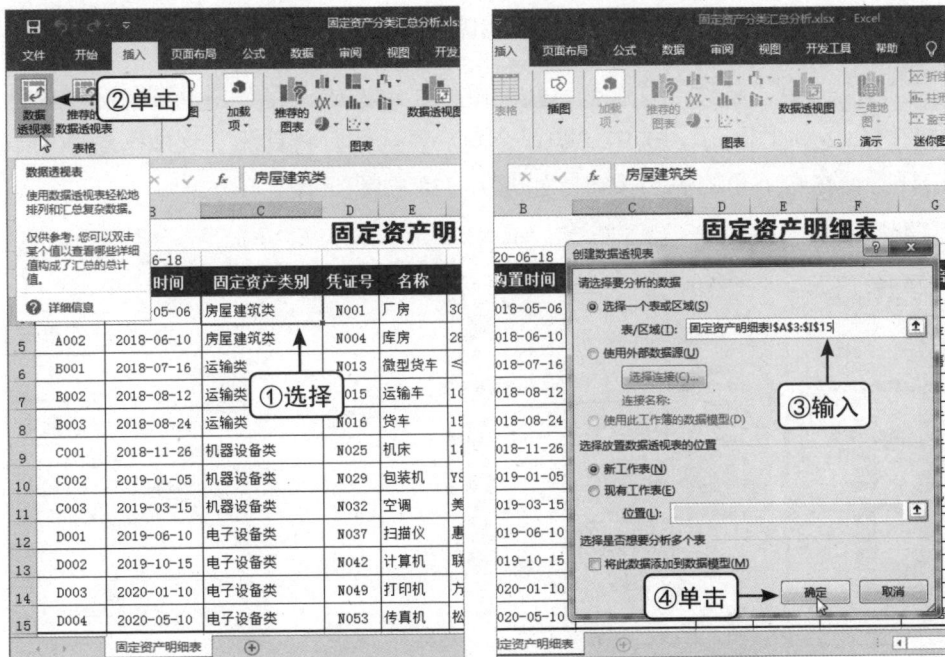

图 16-26　对固定资产明细表创建一个空白数据透视表

在新工作表中即可创建一个空白数据透视表，如图 16-27 左图所示。在右侧"数据透视表字段"任务窗格中选中"固定资产类别"复选框和"名称"

复选框，将对应字段添加到行标签区域，可预览效果，如图16-27右图所示。

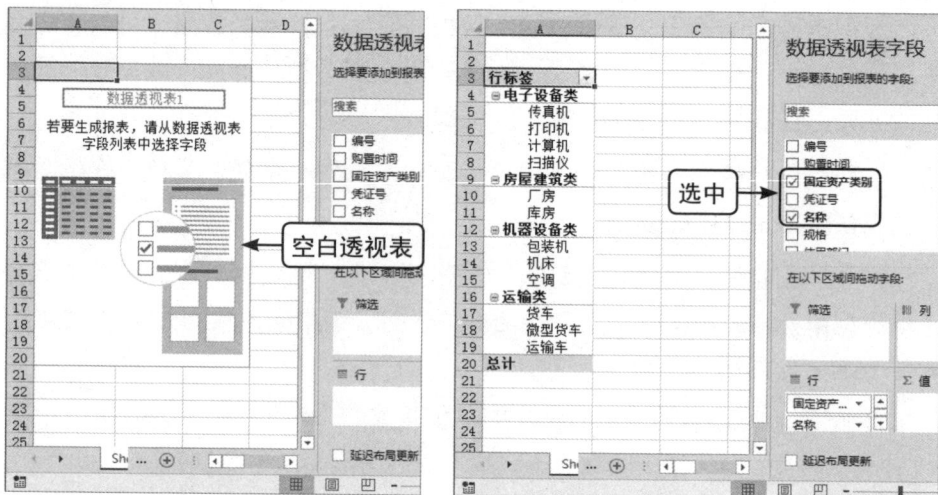

图16-27　为数据透视表添加行标签

再次选中"名称"复选框，按住鼠标左键不放，将其拖动到值区域中，如图16-28左图所示。选中"购置金额"复选框，将其添加到值区域中，单击任务窗格右上角的关闭按钮，如图16-28右图所示。

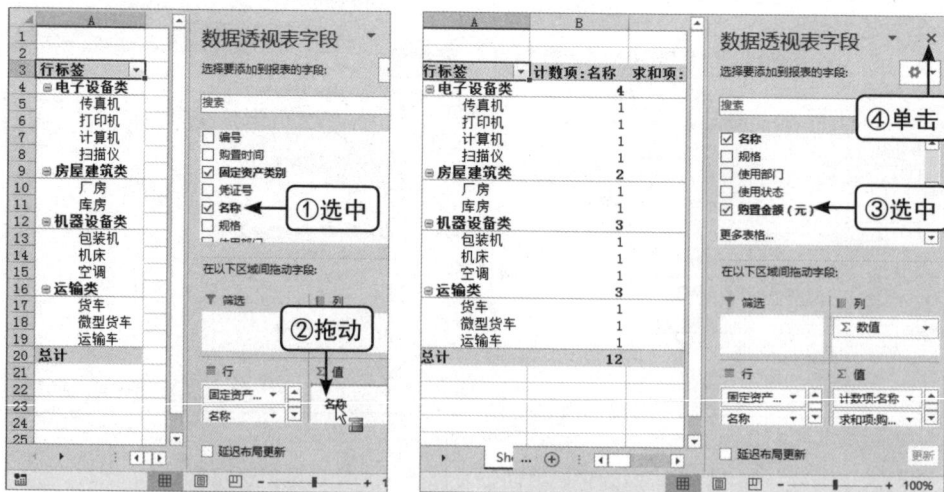

图16-28　为数据透视表添加行标签和列标签并选值

返回工作表中，即可查看到空白数据透视表中按照设置的行列标签显示出了对应的汇总结果，即企业购入固定资产的 4 个类别：电子设备类、房屋建筑类、机器设备类和运输类。同时还汇总出这 4 个类别的固定资产各自的总数和购置金额总和，如图 16-29 所示。

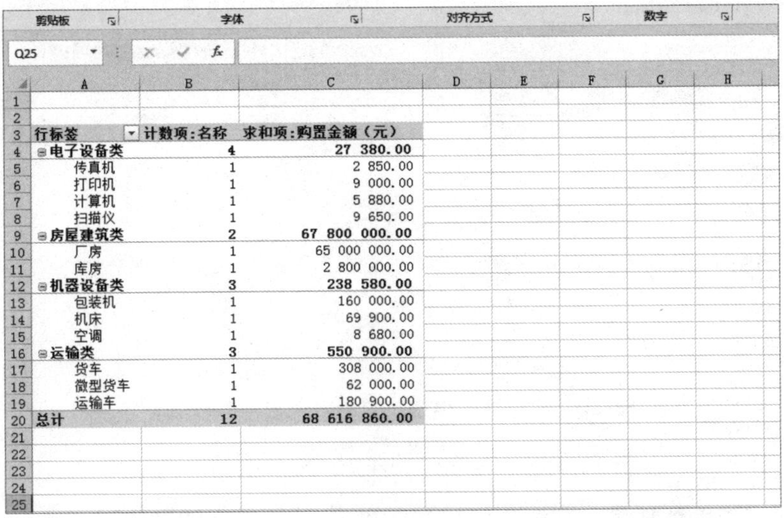

行标签	计数项:名称	求和项:购置金额（元）
⊟电子设备类	4	27 380.00
传真机	1	2 850.00
打印机	1	9 000.00
计算机	1	5 880.00
扫描仪	1	9 650.00
⊟房屋建筑类	2	67 800 000.00
厂房	1	65 000 000.00
库房	1	2 800 000.00
⊟机器设备类	3	238 580.00
包装机	1	160 000.00
机床	1	69 900.00
空调	1	8 680.00
⊟运输类	3	550 900.00
货车	1	308 000.00
微型货车	1	62 000.00
运输车	1	180 900.00
总计	12	68 616 860.00

图 16-29　各类资产的总数及购置金额总和的数据透视表分析效果

16.3.2　编辑固定资产透视分析表的外观效果

通过 16.3.1 节的内容，我们学习了如何创建数据透视表并为其添加行列标签和数值。从最终的分析效果来看，透视表的样式并不十分美观。

在财务工作中，为了美化各种表格，使阅读者更容易看懂表格中数据之间的关系，就需要对生成的数据透视表进行外观设计。

下面就对 16.3.1 节中生成的数据透视表进行外观设计。

打开“固定资产透视分析表”工作簿，在“固定资产数据透视表”中，单击“数据透视表工具 设计”选项卡，在“布局”组中单击“报表布局”按钮，在弹出的下拉菜单中选择“以表格形式显示”命令，将报表布局设置为“以表格形式显示”，如图 16-30 左图所示。

在“布局”组中单击“空行”按钮，在弹出的下拉菜单中选择“在每个项目后面插入空行”命令，在透视表的每个分类后添加空行，如图 16-30 右图所示。

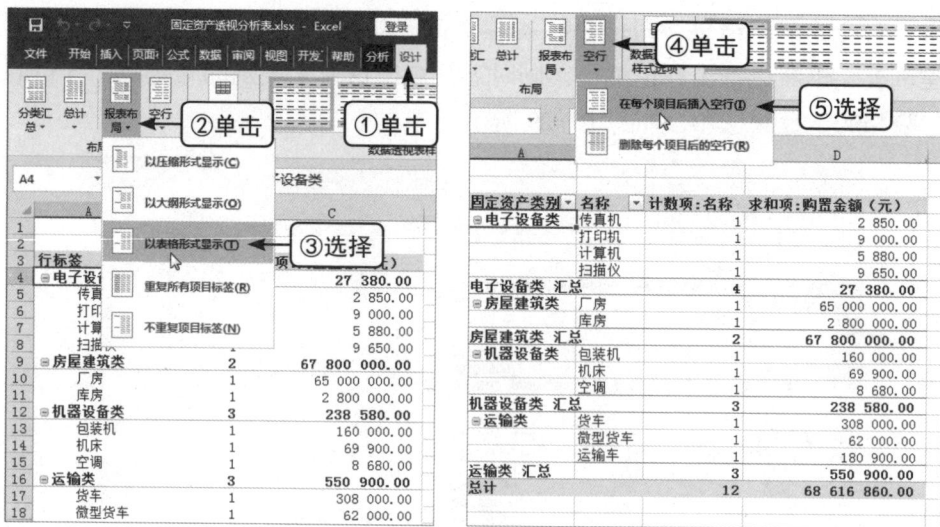

图 16-30　将数据透视表以表格形式显示并插入空行

单击"分类汇总"按钮，选择"不显示分类汇总"选项，如图 16-31 左图所示。这时透视表中每个分类后添加的汇总行就会取消显示，在"数据透视表样式"组中选择"数据透视表样式深色 11"选项，更改透视表默认的表样式，如图 16-31 右图所示。

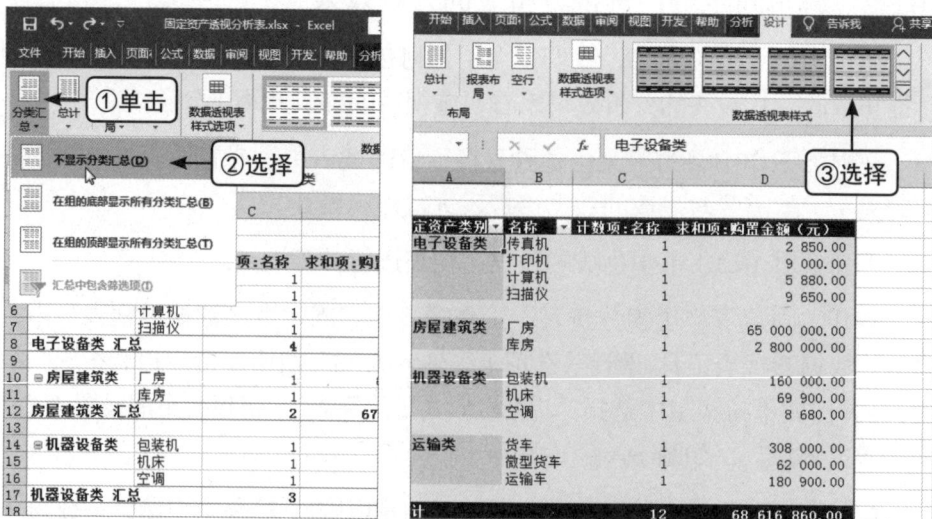

图 16-31　取消显示分类汇总行并为透视表选择颜色样式

单击"数据透视表样式选项"按钮，在弹出的下拉菜单中选中"镶边行"复选框，为每条记录添加分隔线，如图 16-32 所示。

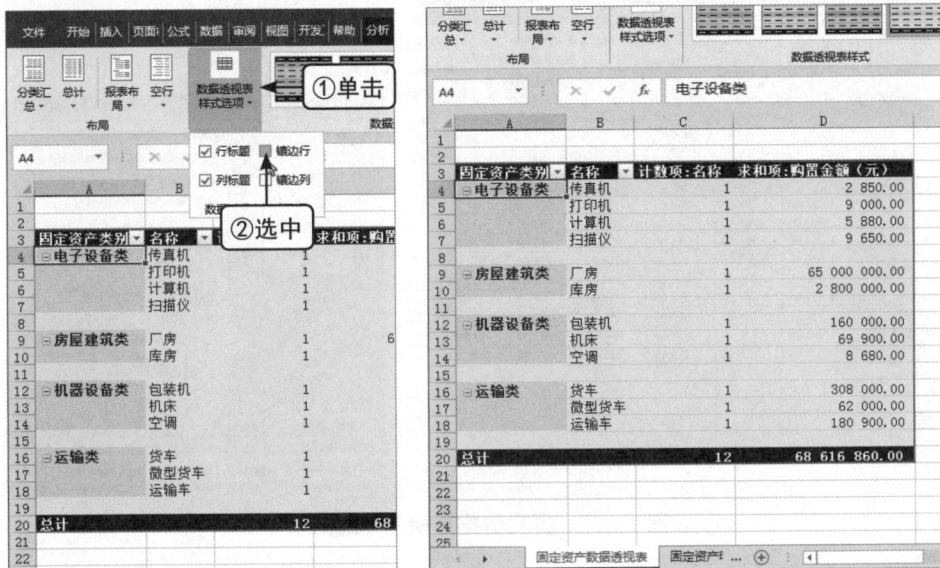

图 16-32　为透视表添加分割线

Excel 中内置了很多数据透视表样式，财会人员在制作相应的透视表时可根据需要进行选择。

16.3.3　利用数据透视图分析费用预算与实际开支

对企业来说，费用控制是一项长久的、复杂的且困难的工作。财会人员需要协助公司领导编制并执行费用预算。那么，公司的费用预算执行情况到底是好是坏呢？

这就必须将前期的费用预算与后期的实际费用开支进行对比分析，实务中，可利用数据透视图来完成。下面介绍一种简单的操作。

打开"费用预算与实际支出分析"工作簿，定位在任意一张工作表中。单击"数据透视表和数据透视图向导"按钮，如图 16-33 左图所示。

在打开的"数据透视表和数据透视图向导 – 步骤 1（共 3 步）"对话框中选中"多重合并计算数据区域"和"数据透视图（及数据透视表）"单选

按钮，单击"下一步"按钮，如图 16-33 右图所示。

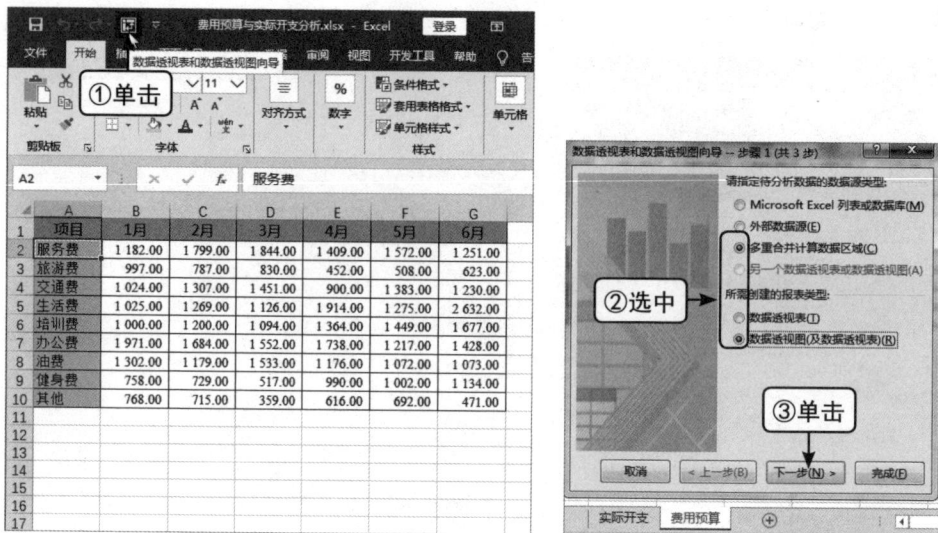

图 16-33　开启数据透视图创建向导

在"数据透视表和数据透视图向导 – 步骤 2a（共 3 步）"对话框中选中"自定义页字段"单选按钮，单击"下一步"按钮，如图 16-34 左图所示。

在打开的"数据透视表和数据透视图向导 – 第 2b，共 3 步"对话框中单击"选定区域"输入框右侧的按钮，选择"实际开支"与"费用预算"工作表中的数据，单击"添加"按钮将这些数据添加到"所有区域"列表框中，如图 16-34 右图所示。

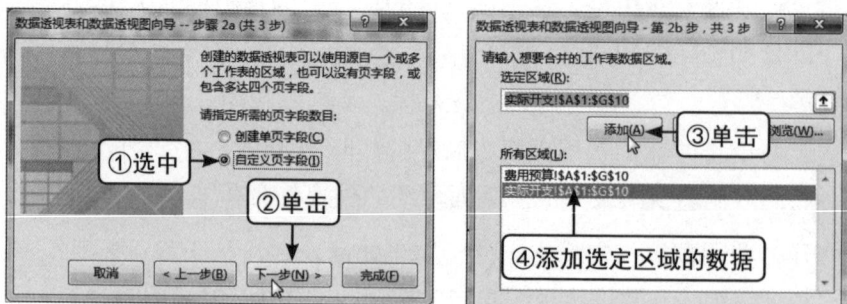

图 16-34　引用数据区域

在"请先指定要建立在数据透视表中的页字段数目"栏中选中"1"单选

按钮，在"所有区域"列表框中选择"费用预算 !A$1:$G$10"选项，并在"字段 1"文本框中输入"费用预算"文本，如图 16-35 左图所示。

再选择"实际开支 !A$1:$G$10"选项，在"字段 1"文本框中输入"实际开支"文本，单击"下一步"按钮，如图 16-35 右图所示。

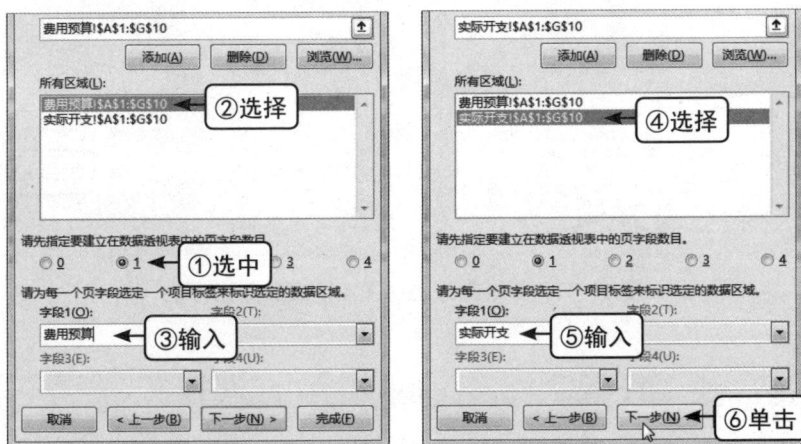

图 16-35　添加页字段

在打开"数据透视表和数据透视图向导 – 步骤 3（共 3 步）"对话框中选中"新工作表"单选按钮，单击"完成"按钮，如图 16-36 所示。

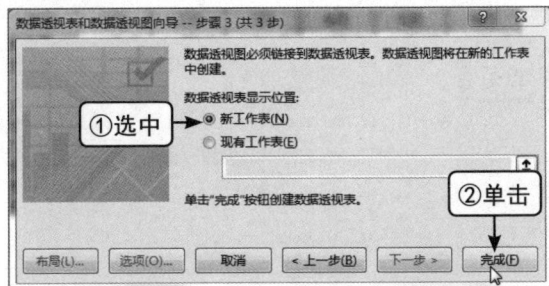

图 16-36　完成数据透视图的创建

在"数据透视图字段"任务窗格中将字段"页 1"拖到轴（类别）区域，即可在透视图表中查看企业各月费用预算与实际开支的数据对比情况，如图 16-37 所示。

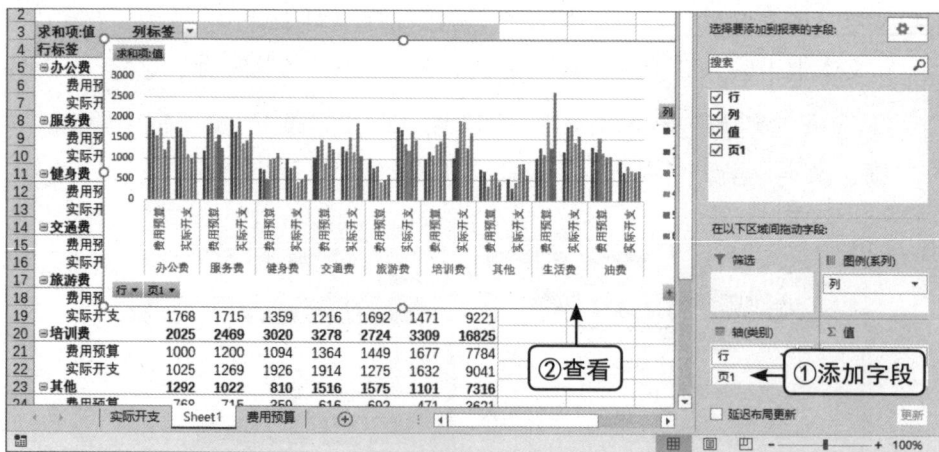

图 16-37　设置数据透视图字段完成数据分析

知识延伸 | 添加"数据透视表和数据透视图向导"按钮

　　需要注意的是，在利用创建向导创建数据透视图之前，需要在Excel工作簿的快速访问工具栏添加"数据透视表和数据透视图向导"按钮。在工作簿左上角单击"自定义快速访问工具栏"按钮，在弹出的下拉菜单中选择"其他命令"命令，在打开的"Excel选项"对话框中选择"数据透视表和数据透视图向导"选项，单击"添加"按钮，再单击"确定"按钮即可成功添加，如图16-38所示。

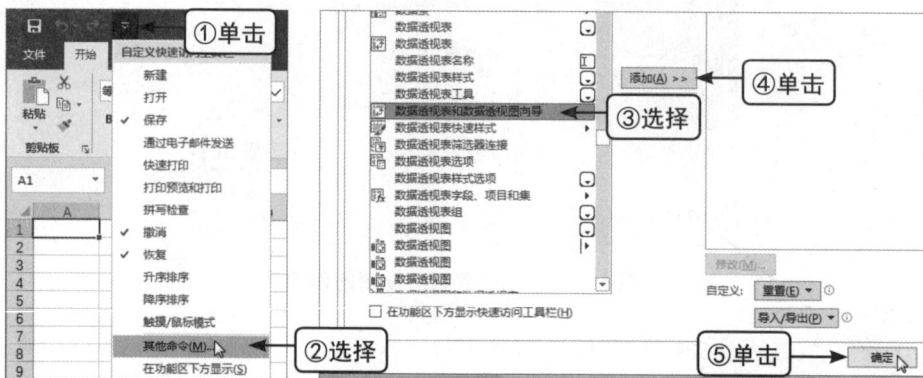

图 16-38　在 Excel 中添加"数据透视表和数据透视图向导"按钮